人間性と経済学

社会科学の新しいパラダイムをめざして

慶應義塾大学名誉教授
岡部光明

日本評論社

Human Nature and Economics
Toward a New Paradigm of Social Science

Mitsuaki Okabe 2017

序　文

　経済学は、経済現象すなわちモノやサービスの充足状況を個人のレベルと社会全体のレベルの両方から研究する学問である。このような理解に立てば、人間の行動やその背後にある動機、それに関連する慣行や制度、公共政策のあり方など、経済学が対象とすることがらは著しく広い。その一方、経済学を研究する目的は、そうした仕組みを解明するだけでなく、究極的には人間にとって「満足できる生活」あるいは人間を「幸せ」にすることを念頭に置いたものでなければならない。

　しかし、近年の経済学の動向をみると、現実の諸問題を対象とした具体的な研究の場合は別として、研究手法が高度化・数学化・技術化する一方、本来の精神が著しく貧弱化し学問本来のあり方から逸脱している面も少なくない。こうした状況を捉え、価値中立性を装って優勝劣敗のイデオロギーをまき散らす米国型経済学はもはや終焉した、あるいは経済学は再構築が必要である、と主張する論者もいる。ところが、こうした論者が新しい方向を具体的かつ体系的に提示した書物は、ほとんど見当たらない。

　では、どのような対応をすればよいのか、またどのような対応が可能か。本書は、それに対する著者の見解と対応の試みを提示した研究結果である。具体的な論点は序章（そこに各章の要約を記載）に譲るが、本書は三つの特徴を持っている。

本書の三つの特徴

　第1に、現在の経済学の「強さ」と「弱さ」をそれぞれできるだけ明確にするとともに、弱さへの対応を具体的に行ったことである。つまり、現在の経済学を超越的な視点から批判して十把一絡げに放棄して何か全く新しいものを提示する（それは言うは易く行うは難いことである）のではなく、あくまで現代

経済学を前提としつつ、それをより実り多いものにする対応をしている。

　例えば、個人は自己の効用最大化を目標として行動する（利己主義）という伝統的な前提をそのまま踏襲するのではなく、利他主義的な動機があることも考慮に入れ、それを通してNPO（非営利組織）を積極的に位置づけている。そうすれば、営利企業と政府を前提とした従来の社会像（二部門モデル）に代えてより現実に近い社会理解の方法（三部門モデル）が導入できることになる。

　経済学の祖とされるアダム・スミスは、ともすれば「利己主義に基づく自由放任主義ないし市場原理主義の教祖」のようにいわれることがあるが、それはその後の経済学が厳密な科学を目指す過程において次第に狭隘かつ一面的な人間像を前提してきたため歪んだ印象が形成されたことに起因する。スミスの著作を読めば分かるとおり、彼はフェアー・プレーの重要性を強調しているほか、道徳、幸福など人間の多面性を重視する思想家であった。この点で本書は、現代の経済学をスミス流の幅広い人間観に立脚した学問に引き戻すことを意図している。また、イギリスの経済学者アルフレッド・マーシャルは「冷静な頭脳を持つ一方、暖かい心をも兼ね備えていること」（cool head but warm heart）が経済学研究者の条件であると130年前に述べた。本書はその精神に共感する著者なりの努力の証しでもある。

　第2に、こうした対応をするに際しては、現在の主流派経済学の論理を基礎に据える（discipline-driven）姿勢ではなく、社会における問題の発見、理解、そして解決に重点を置く（issue-driven）姿勢を採ったことである。このため、ものごとを理解する場合、単に経済学の視点だけでなく、必要に応じて関連する多くの学問分野の視点と成果を自由に援用し、多面的な理解をすることに努めている。これは「総合政策学」を特徴づける研究姿勢といえる。

　例えば、利他主義については、経済学の観点からの解釈（人間が利他主義的行動をする場合でも動機は利己主義にあるとする説明が多い）だけでなく、社会学、思想史、進化生物学、脳科学などでは異なる理解が可能であり、それらを含めた総合的な判断を本書では提示している。また経済学は、上述したように単に社会の仕組みや変動を深く理解する学問であるにとどまらず、究極的にはより良い社会を実現することを理念としていると考える以上、個人の生き方と社会の課題解決がどう関連するかという研究もその射程に入る。このため本書ではそのようなテーマ（実践哲学）も扱っており、通常の経済学の領域を結

果的に相当大きくはみ出したものになっている。これが本書の副題として、経済学の枠にとらわれず「社会科学の新しいパラダイムをめざして」とした所以である。

第3に、研究書にありがちな専門用語の多用あるいは難解な表現を極力回避し、できるだけ平易に記述したことである。そのため、例えば論点を整理して一つの表にまとめるとか、図解して示すといった提示方法をふんだんに活用している。

さらに、基本用語はできるだけ明確に定義する方針を取った。例えば、主流派経済学（mainstream economics）は、人間行動の合理性を前提として市場メカニズムを分析することを中心に据える経済学、と本書では定義した。また、経済学の基本概念や基本的な分析ツール（図による解析）は議論の効率化あるいは厳密化に役立つ場合が多いので、必要に応じてそれらを積極的に活用しており、この結果、読者が論旨を効率的かつ容易に理解できると期待している。また本書冒頭の序章において各章の要約を提示し、読者の便宜を図っている。

以上の方針で取りまとめた本書は、内容面からいえば、次のような諸概念をキーワードとするものになっている。すなわち、人間行動の非合理性、限定合理性、利他主義、人間の絆、幸福度、コミュニティ、NPO（非営利組織）、ソーシャル・ビジネス、三部門モデル、共有資源、社会関係資本、ガバナンス、徳倫理、エウダイモニア、実践哲学、などである。

多くの問題点が指摘されている現在の経済学を、より良い学問にするためのヒントがもし本書の中に含まれていれば、著者として幸いに思う。また、そうした研究がより活発になるならば、本書刊行の目的は達せられたことになる。

謝　辞

本書は、著者が最近約15年間に執筆したおよそ25編の論文を基礎として体系的に書き下ろしたものである。この間においては、多くの研究者や識者から知的刺激とアドバイス、そして大きな励ましをいただいた。まず大垣昌夫（慶應義塾大学）、若杉隆平（京都大学）の両氏は、本書に含まれる幾つかの論文を著者が日本経済学会で発表した際に指定討論者として貴重なコメントをくださった（以下、所属はいずれも原則として当時。一部故人を含む）。

本書の中核を構成するほとんどの論文は、その草稿段階でこれまで約10年間

に亘って慶應義塾大学（SFC）の大学院セミナーで発表してきたものであり、その際に同セミナーを著者とともに共同主催してきた香川敏幸、渡邊頼純の両氏からは示唆に富むコメントを毎回いただいた。また大学院生からも有益な指摘をいただいた。そして、著者が同大学に在勤していた時にキャンパスを挙げて推進した文部科学省21世紀COE（センター・オブ・エクセレンス）プログラム「日本・アジアにおける総合政策学先導拠点」の共同研究者の皆さん、とくに大江守之、國領二郎、小島朋之、梅垣理郎の各氏は、常々有益なヒントをくださり、著者が総合政策学を理解するうえで大きな助けとなった。また著者も論文発表の機会を得たこのCOE主催のシンポジウムや成果報告会においては、伊藤 滋（早稲田大学）、吉田民人（東京大学）、中谷 巌（多摩大学）、白石 隆（京都大学）、藤原帰一（東京大学）、渡辺利夫（拓殖大学）、青木昌彦（スタンフォード大学）の各氏から貴重なご示唆を賜った。さらに慶應義塾大学（SFC）の奥田 敦、廣瀬陽子の両氏は、本書に含まれる内容の一部をそれぞれの授業で発表する機会を与えてくださったほか、かつて研究仲間だった秋山美紀氏はこの研究をいつも暖かく見守ってくださった。

　ごく最近まで勤務した明治学院大学国際学部の同僚の皆さんから受けた様々なご示唆も本書を構想するうえで大きく役立った。とくに高橋源一郎、辻 信一の両氏は、人間には弱さとともに内なる大きな力があることを忘れてはならないと常々著者に説いてくださり、その精神を本書に活かすことができた。また竹尾茂樹氏（学部長）は、著者の定年退職後もふさわしい研究環境を提供してくださった。そして国際学部付属研究所のスタッフの皆さんは、著者が研究を進めるうえで周到なご配慮をしてくださった。さらに元学長の大西晴樹氏は継続的に著者を励ましてくださった。本書を執筆でき完成させることができたのは、これらの方々のご配慮のおかげである。

　多くの研究者や識者の皆さんからいただいた初期草稿へのコメント、論文発表機会の提供、既刊拙著に対する書評、私信、あるいは著者が学会で発表した際のコメントなど、様々なかたちで賜ったご意見、ご援助、そして励ましには計り知れないものがある。この際、橘木俊詔（京都大学）、吉川 洋（東京大学）、広井良典（千葉大学）、林原行雄（東洋大学）、岩田一政（日本経済研究センター）、鹿野嘉昭（同志社大学）、翁 邦雄（京都大学）、福井俊彦（キヤノングローバル戦略研究所）、白川方明（日本銀行）、奥村洋彦（学習院大学）、

高橋正彦（横浜国立大学）、本家正隆（金融広報中央委員会）、由良玄太郎（日本証券アナリスト協会）、浅子和美（一橋大学）、篠原総一（同志社大学）、奥野正寛（東京大学）、池尾和人（慶應義塾大学）、岩井克人（東京大学）、鈴村興太郎（一橋大学）、藤原道夫（南山大学）、栗原　裕（愛知大学）、伊藤隆康（明治大学）、米澤康博（早稲田大学）、田中弥生（大学評価・学位授与機構）、中丸寛信（甲南大学）、加藤眞三（慶應義塾大学）、姉川知史（慶應義塾大学）、豊田尚吾（ノートルダム清心女子大学）、大川昌利（杏林大学）、ジェニー・コーベット（オーストラリア国立大学）の各氏に謝意を表しておきたい。また本書の元になった論文を各種ジャーナルに投稿した際、有益なご意見をくださった匿名の査読者の皆さんにも感謝したい。

　本書に含まれる幾つかの論文は、日本や世界の将来あるべき姿の追求を目的とするビジョン研究会において発表する機会を得た。その際、久水宏之氏（座長）をはじめ、渡辺一雄、加来至誠の両氏ほか研究会メンバー各氏から卓越したご意見をいただいたことも忘れることができない。

　最後に、人間は様々な絆の中で生かされている存在と捉えるトータルライフ（TL）人間学を主宰する高橋佳子氏から賜った、人間と社会へ深い洞察と人間本来の生き方に関するご示唆に対して、心から感謝申し上げたい。もしそのご教示といただいた励ましがなかったならば、本書が刊行されることはなかったであろう。同グループの山田弘子、平岩久美子、谷口健彦、中澤　敏、関　芳郎の各氏からも、著者がTL人間学への理解を深めるうえで種々のご助力をいただいた。

　以上すべての方々に深く感謝したい。なお、当然のことながら、本書に含まれる見解や誤謬は上記の方々のものではなく、全面的に著者に帰属する。

　本書の出版に際しては、今回もまた日本評論社の斎藤　博氏（第二編集部長）の暖かいご支援と的確なアドバイスをいただき、そのおかげで刊行に漕ぎ着けることができた。心から感謝申し上げます。

平成28年9月

岡部光明

目　　次

序文　iii

序章　本書の狙い、構成、概要　1

第1部　経済学の多様な展開と特徴、課題

第1章　多様な展開をみせる現代経済学 ―― 11

　第1節　現代経済学の三つの特徴　11

　第2節　日米経済学会にみる経済学の研究動向　25

第2章　主流派経済学の「強さ」と「弱さ」 ―― 33

　第1節　主流派経済学の「強さ」、その理由、帰結　33

　第2節　「強さ」の裏にある「弱さ」　40

　第3節　経済政策論に現れた歪み　48

　第4節　人間性無視に陥っている企業M＆A政策論　53

第3章　経済政策論からみた経済学の課題 ―― 59

　第1節　経済政策論の基本的視点　59

　第2節　社会的目標の多様性と政策選択のあり方　72

　第3節　政策論が求める経済学の新しい方向　79

　第4節　経済政策論からみた経済学の課題　84

第4章　主流派経済学の課題とその対応方向 ──────87

　　第1節　社会科学がめざすべき方向　87
　　第2節　課題に対する四つの具体的対応　95
　　第3節　社会システムの理解にとって適切な三部門モデル　98
　　第4節　各種「中間領域」とその関連概念の取り込み　110
　　付論1　経済学の前提拡張：利他主義の包摂（1）　116
　　付論2　企業の社会的責任（CSR）論の評価　118

第2部　社会科学の新しいあり方(1)：方法論の革新

第5章　総合政策学の発想：必要性、理論的基礎、方法論 ──────127

　　第1節　環境変化が求める新しい政策学　127
　　第2節　総合政策学の有効性を示す理論的基礎　135
　　第3節　各種学問領域のモジュール的活用　146
　　第4節　従来の社会科学と総合政策学の対比　153
　　付論1　環境変化と多分野活用型研究の有用性上昇　157
　　付論2　総合政策学と国際学の類似性　160
　　付論3　総合政策学の理論化試案　163
　　付論4　多様性は力なり　165

第6章　人間の幸福度への着目：幸福の構成要素 ──────167

　　第1節　GDP統計の限界と新指標開発の流れ　168
　　第2節　新指標の開発1：国際連合の場合　172
　　第3節　新指標の開発2：OECDの場合　185
　　第4節　新指標の開発3：研究者等の場合　199
　　第5節　幸福度を規定する諸要因　206
　　付論1　国の国際競争力　212

第7章　人間を幸せにする要因：結果追求よりも原因指向の対応 ―― 217

第1節　幸福に関する研究方法とここでの視点　217
第2節　幸福感に影響する諸要因と幸福の類型　221
第3節　人類古来の幸福の考え方：代表的な三思想　226
第4節　持続性のある深い幸福：エウダイモニア　232
第5節　エウダイモニアの実現と徳倫理　238
第6節　徳倫理の再興可能性と政策含意　243
付論1　経済学の前提拡張：利他主義の包摂(2)　248

第3部　社会科学の新しいあり方(2)：人間の行動動機の多様性認識

第8章　利他主義の動機、成立構造、効果 ―― 253

第1節　真性の利他主義はあるのか　253
第2節　ボランティア活動の解釈　257
第3節　人文学的・社会科学的・自然科学的解明　259
第4節　利己心と利他心が併存するメカニズム　270
付論1　経済学における利他主義の研究（小史）　276
付論2　利他的行動と利己的動機：ゲーム理論的分析　277

第9章　黄金律の起源、発展、意義 ―― 281

第1節　黄金律の基本形：禁止型と積極型　281
第2節　人類史的にみた黄金律：普遍性　285
第3節　黄金律と利他主義　290
第4節　黄金律の意義　292
第5節　黄金律における留意点　296
付論1　教育理念としての黄金律：明治学院大学の場合　301

第10章　コミュニティの機能：その組織的特徴と力の源泉――305

第1節　市場経済におけるコミュニティの位置づけ　305
第2節　非営利組織（NPO）の成立条件　308
第3節　NPOの活動領域、組織形態、経済的重要性　310
第4節　NPOの存在理由：理論的整理　317
第5節　NPO存立の基盤：ソーシャル・キャピタル　322
付論1　利己主義者間での相互協力：ゲーム理論的説明　329
付論2　ソーシャル・キャピタルの帰属先と含意　332

第4部　社会科学の新しいあり方（3）：人間の生き方の探求

第11章　個人と組織のインテグリティ：その意義と社会的機能――337

第1節　普遍性の高い倫理基準：正直とインテグリティ　337
第2節　インテグリティ：その構成要素と機能　340
第3節　その経済分析1：シェリングの自己管理モデル　344
第4節　その経済分析2：シェリング・モデルの拡張と応用　353
第5節　日本におけるインテグリティ概念普及の必要性　362

第12章　個人の幸福追求と社会の発展：その関連性――369

第1節　三つの学問分野からみた幸福　370
第2節　幸福の思想的差異：三分野の特徴対比　375
第3節　個人の幸福と社会の関わり　378
付論1　仏教経済学と「足るを知る」の普遍性　389
付論2　主流派経済学の個人主義的・功利主義的幸福　394

第13章　個人の幸福実現と社会発展を統合する実践哲学――397

第1節　思想としての先端性と現代性　397

第 2 節　実践性 1：自己変革の方法　401
　第 3 節　実践性 2：ビジョン具現の方法　409
　第 4 節　実践性がもたらす社会的帰結　418
　第 5 節　実践哲学の可能性　423
　付論 1　品質改善の手法「PDCA サイクル」　428
　付論 2　「先智慧」重視とその効果：一つの実践例　432

結語　439
引用文献　443
索引　465

L'avenir, c'est ne pas à prévoir, c'est à bâtir.

未来、それは予測するものでなく、創造するものである。

Antoine de Saint-Exupéry
（フランスの作家・操縦士
サン＝テグジュペリ）

序章―本書の狙い、構成、概要

　経済学がカバーする領域は著しく広い。現に目の前にある様々な対応課題としては、例えば所得や資産の格差拡大、少子高齢化、デフレ、財政赤字、英国のEU離脱とその影響、エネルギー問題、地球温暖化などがある。これらの問題に対して的確な分析を行い、対応策を提言するのは経済学研究者の重要な仕事である。現に優れた著作も多い[1]。

　しかし本書は、そうした具体的な問題を直接取り上げることを意図したものではなく[2]、それらを扱う場合の現代経済学と経済学研究者のあり方をより基本的な視点から問い直そうとする試みである。すなわち、従来の主流派経済学では、自己の効用最大化を前提として行動する利己的個人という面から人間を捉えて分析がなされてきた。しかし現実には、人間は非合理的に行動する場合もあるほか、人間はクモの巣のように張り巡らされた無数の関係性の網（ネットワーク）によって相互につながり依存しながら生きているので、共感力や利他的動機に基づく行動も少なくない（人間の社会性）。したがって、経済学をより実り多い学問にするには、人間の様々な行動動機や社会的つながり（広義の人間性）をもっと重視する必要がある。本書は、その線に沿った著者による幾つかの具体的分析を出来るだけ体系的に提示するものである。

　以下、第1部では、最近の経済学が多様な展開をしている様子をやや具体

---

[1] 例えば、資本主義国における格差拡大を長期歴史的なデータに基づいて明らかにして大きな論争を巻き起こしたピケティ（2014）、福島第一原発事故とその費用負担の実体を実証的に解明した齊藤（2015）、中小企業が日本経済全体にどのような寄与をしているかを客観的かつ緻密に解明した後藤（2014）などがある。これらは、現実を深く解明しようとする（issue-driven）応用経済学の視点に立った最近の研究の好例である。

[2] 著者は、こうした具体的な問題に対しては、経済政策関連（岡部 2015b, 2015d）、国際金融関連（岡部 2003a, 2011c）、あるいはコーポレート・ガバナンス関連（岡部 2007a, 2009a, Okabe 2009）など別途書いたものがある。

にみるとともに、その特徴、そして課題を指摘する。それを受けて第2部、第3部、第4部では、社会科学の新しいあり方を論じる。すなわち、そこでは方法論の革新、人間の行動動機の多様性認識、人間の生き方の探求、をそれぞれテーマとしている。以下、全13章の概要を予め紹介したい。

　まず第1部「経済学の多様な展開と特徴、課題」では、容易なことではないが現代経済学をできるだけ広い観点からとらえることを試み、その多様性、特徴点を明らかにする。そして今後の課題を指摘し、本書全体の方向づけをする。

　冒頭の**第1章「多様な展開をみせる現代経済学」**では、現代経済学の動向を大きく捉えた場合、そこには三つの特徴が見られることを指摘する。すなわち(1)精緻化・体系化、(2)新しい手法や概念の導入による分析対象の拡大、(3)隣接学問領域との連携進展、である。そして、それらをやや具体的な研究事例をもって提示する。次いでアメリカ経済学会および日本経済学会の最近の年次大会において見られる研究動向（具体的には研究発表のために設けられた分科会のテーマ）を整理し、そこにおいてこうした動向が明確に現れていることを示す。

　第2章「主流派経済学の『強さ』と『弱さ』」では、現代経済学において中心的な位置を占める主流派経済学、すなわち人間行動の合理性を前提として市場メカニズムを分析することを中心に据える経済学（新古典派経済学といわれることが多い）を「強さ」と「弱さ」という観点から性格づけることを試みる。そして「強さ」の要因は、単純な前提と自然科学的分析方法の適用にあることを明らかにし、そこでは三つの基本概念（最大化、均衡、効率性）が中心的位置を占めることを論じる。そして、こうした単純化された方法論に基づいて人間の様々な行動を理解しようとする「経済学帝国主義」と称される研究方法が蔓延してきたことを指摘する。このような単純な論理は明らかに強さを持つが、一方では人間の一面だけを捉えた理解にとどまる点に弱さがある。この結果、経済政策を論じる場合、人間性（合理性だけでなく非合理性、限定合理性、利他主義、絆、消費以外に起因する幸福など）を置き去りにした主張が少なくないことを批判的に指摘する。

　第3章「経済政策論からみた経済学の課題」では、経済政策を論じる場合、その基本となる視点（資源の効率的配分、景気と物価の安定、所得の公正な分

配、経済成長、革新など）をまず多少分析的に論じる。そして、社会的目標が多様化した場合の政策選択のあり方を考察する。議論は多岐にわたるが、(1)政策運営目標が多様化した場合（例えば制度のあり方や非数量的政策目標が重要化する場合）には、政策運営に際しても、NPO（非営利民間組織）など各種の中間組織が重要性を増す、そして(2)政府の政策行動を受けて民間が対応するといった一方向的な政策理解ではなく新しい理解の枠組み（市場か政府かという二分法に代わる市場・政府・コミュニティという三部門モデル）、あるいは比較的新しく導入された概念（共有資源、社会関係資本、ガバナンス等）を取り入れた理解の必要性が大きくなっている、などを論じる。

 第4章「主流派経済学の課題とその対応方向」 では、以上論じた主流派経済学の問題点に具体的にどう対応すべきかを議論する。ここでは、それを4つの課題にまとめて提示する。すなわち(1)人間の行動動機には多様性があることを理解しそれを踏まえた分析をすること、(2)社会を理解する場合には前章で述べたとおり従来の二分法（市場と政府）に代えて三部門（市場・政府・各種コミュニティ）モデルによって理解を進めるべきこと（99ページの図表4-3を参照）、(3)単純な市場均衡をもって社会の動態を捉えるよりもガバナンスという多面性を持つ理解をすべきであること、そしてもし可能ならば(4)個人の生き方（例えば幸福の追求）がそのまま個人の人間的成長と社会の課題解決に結びつくような未開拓の思想を追求すること、である。これらを指向すれば、その結果は、経済学というよりもむしろより幅広い一つの社会科学になると理解するのが適切かもしれない。本書第2部以降では、この挑戦を試みる。

 第2部「社会科学の新しいあり方(1)：方法論の革新」では、第1部で指摘した主流派経済学が抱える課題のうち、経済学の伝統的な方法論を拡張する試みを二つの視点から提示する。一つは「総合政策学」という視点、もう一つは「幸福」という視点であり、こうしたアプローチの導入によって経済学の現実有効性が向上することを論じる。

 第5章「総合政策学の発想：必要性、理論的基礎、方法論」 では、1990年前後に発想され開発された「問題発見・解決」を主眼とする総合政策学を取り上げ、こうした新しい社会科学が必要となった理由、その概要、理論的基礎、方法論のユニークさなどを紹介する。そして総合政策学は(1)個別学問領域の内

的論理を重視する（discipline-driven）研究というよりも問題の発見と解決に重点を置く（issue-driven）研究である、(2)多様な分野の研究者との共同作業を重視する、(3)こうした新しい発想は政策論の基本理論（ティンバーゲンの原理、マンデルの定理）を援用することによってその妥当性が保証される、などを論じる。

　第6章「人間の幸福度への着目：幸福の構成要素」では、経済活動を評価する指標として従来広範に利用されてきたGDP（国内総生産）統計の限界を整理するとともに、それを補完するため国際機関（国際連合、OECD等）で活発化している幸福度（well-being）指標の開発の流れと関連する指標群の議論を整理する。そして(1)幸福度を規定する要因として共通に挙げられているのは健康寿命、生活水準、個人の安全、環境の質、個人の社会的つながりなどである、(2)幸福度指標は多面性、長期性、持続性を持つことが不可欠である、(3)究極的には人間の潜在能力（capabilities）を発展させることが幸福と密接な関係を持つ、などが現時点での結論であることを述べる。

　第7章「人間を幸せにする要因：結果追求よりも原因指向の対応」では、幸福とは何かについて、前章の議論を一歩進める。すなわち、経済学的視点のほか、思想史，倫理学，心理学，脳科学など多様な先行研究の知見を取り入れて考察する。そして(1)幸福の深さや継続性に着目すると、気持ち良い生活（pleasant life）、良い生活（good life）、意義深い人生（meaningful life；アリストテレスのいうエウダイモニア：eudaimonia）の三つに区分できる、(2)このうち第3番目の幸福を支える要素として自律性、自信、積極性、人間の絆、人生の目的意識が重要であり、これらは徳倫理（virtue ethics）に相当程度関連する、(3)今後の公共政策運営においては，これまで中心的位置にあった上記第1番目（気持ち良い生活）の達成にとどまらず第2番目や第3番目に関連する要素も考慮に入れる必要性と余地がある、などを論じる。

　第3部「社会科学の新しいあり方(2)：人間の行動動機の多様性認識」では、正統派経済学が前提していた人間は利己主義的に行動するという人間観を見直すとともに、現実にみられる利他主義的な行動（例えばボランティア活動）はどう考えれば良いのか、といった問題を正面から、そして関連する学問領域の知見を踏まえて議論する。

第8章「利他主義の動機、成立構造、効果」では、利他主義（altruism）につき人文学、社会科学、自然科学での知見を活用しつつ考察する。そして(1)利他主義は世界中の多くの宗教や文化に共通する伝統的な道徳ないし倫理基準になっている、(2)人間が利他主義的行動を取る動機については見解が対立しているが、心理学、進化生物学、神経科学などの研究によれば、人間は利己主義に加えて真性の利他主義的動機を持つことが明らかにされている、(3)「受けるよりは与える方が幸いである」という箴言は、単に道徳の観点から良いとされるだけでなく、人間の健康と幸福にとって良い効果を持つことが現代の科学的研究によって明らかにされている、などを述べる。

第9章「黄金律の起源、発展、意義」では、洋の東西を問わず古くから黄金律（Golden Rule）として知られる倫理命題を取り上げ、その生成と発展の歴史をたどるとともに、その意義を多面的に考察し、また留意点も明らかにする。そして(1)それは「自分にしてもらいたくないことは人に対してするな」（禁止型）、「自分にしてもらいたいように人に対してせよ」（積極型）という二つの類似命題から成っている、(2)この命題自体は自己の行動に関するものであるがいずれの場合でも相手を思い量る利他主義（altruism）の要素が含まれている、(3)黄金律は現代においても多くの宗教や文化を超えて道徳の基礎となっているので普遍性（universality）がある、(4)「自分を相手の立場に置いてみること」を根本に据えているので相互性（reciprocity）、論理整合性（consistency）があり、さらに人間の平等性といった重要な原則も暗黙のうちに主張している、などを論じる。

第10章「コミュニティの機能：その組織的特徴と力の源泉」では、家計、企業、政府いずれの主体とも性格を異にするコミュニティ（community：共同体）ないし非営利組織（non-profit organization：NPO）に注目し、それが成立するための組織的条件、形態、社会における機能、存立を支える基盤などにつき、隣接学問領域の成果をも取り込みつつ考察する。そして(1)NPOを特徴づけるうえで最も重要な条件は非営利かつ非利潤分配の方針を採る組織である、(2)このためNPOは市場あるいは政府によって適切に対応できない各種の問題（準公共財の供給等）に効率的に対応できる場合が多い、(3)NPOの存在ならびに機能の基礎を提供するのは、構成員相互間の社会関係としてのソーシャル・キャピタル（社会関係資本）である、(4)日本ではNPO部門の発達が先

進諸国と対比して遅れているので今後これを積極的に位置づけてゆく必要がある、などを述べる。

　第4部「社会科学の新しいあり方(3)：人間の生き方の探求」では、人間性と社会のあり方を関連付ける規範的な議論を行う。経済学の究極的な目的がより良い社会を創ることにあると理解する限り、人間のどのような行動がそれに結びつくか、という議論にまで至るのは自然なことである。

　第11章「個人と組織のインテグリティ：その意義と社会的機能」では、欧米社会で比較的浸透しているインテグリティ（integrity）という概念に焦点を合わせ、その概念、構成要素、機能などを分析する。そして(1)インテグリティの原義は首尾一貫性であり、それに正直、誠実、公正などの倫理的意味や説明責任という要素も付加されている、(2)インテグリティを体得すれば、どのような状況にも安心して対応できるうえ、第三者からの信頼感が高まる、などのメリットがある（このことをゲーム理論のモデル分析によって提示）、(3)インテグリティは人間としての幸福条件の一つであるだけでなく、職業上のインテグリティ、組織のインテグリティなど多くの面で重要な規範になっており、それらが満たされる組織や社会は健全な良い社会になる、などを論じる。

　第12章「個人の幸福追求と社会の発展：その関連性」では、幸福について三つの学問分野（経済学、文化人類学、哲学）から書かれた最近の書物を取り上げ、その思想的な差異のほか、個人の幸福追求と社会との関連を論じる。そして、幸せを捉える場合(1)経済学の視点では個人の幸せ（特に所得や消費）が中心になる一方、文化人類学の視点では経済的な豊かさの追求がむしろ不幸せをもたらしているという認識がなされている、これに対して(2)一つの実践哲学の視点からは、個人レベルでのすがすがしい生き方という意味での幸せ（ミクロ）と社会としての発展（マクロ）の双方が同時に達成されるという思想が提示されている、(3)その主張は論理的に明快であり、また従来にない先端性がある、(4)今後その思想と実践が広まれば、人々の幸福感が高まると同時に日本が抱える各種社会問題の解決に資する可能性がある、などを述べる。

　最後の第13章「個人の幸福実現と社会発展を統合する実践哲学」では、前章で紹介した実践哲学の考え方と実践方法をより具体的に概観する。そしてそれは(1)論理的な明快さ、体系性を持っているほか、全て個人の思考と行動を出

発点としている点で現代性を持つ、(2)人間の本来的な生き方（自己啓発）にとっての具体的な鍛錬手段が提供され、また多くの実践事例がある、(3)ミクロ（個人）の変革とマクロ（社会）的な意義深い帰結を統合している点に斬新さがある、(4)一つの科学的観点（アドラー心理学）からもほぼ同様の主張がなされているので普遍性を持つ、したがって(5)今後この実践哲学が広まれば、人間が持つ大きな潜在能力ないし内在的エネルギーが解放されて日本が抱える各種社会問題の解決に資する可能性を秘めている、などを示唆する。

　結語では、本書の研究は新しい方向を開拓しようとする一つの試みに過ぎず、今後はより体系的な展開が必要であるので、それを手がける研究者が出てくることを期待していることを述べて本書を結ぶ。

第 1 部

経済学の多様な展開と特徴、課題

第1章　多様な展開をみせる現代経済学

　経済学とは、経済現象すなわちモノやサービスの充足状況を個人のレベルと社会全体のレベルの両方から研究する学問である（Krugman and Wells 2004: 2ページ）。これは経済学の基本を捉えた見事な定義といえる。しかし、経済学研究者が現在行っている研究の対象や方法をより具体的にみると、そこでは単にモノやサービスにとどまらず、人間社会の様々な現象を対象にして著しく多様な展開を示していることがわかる。

　本章では、先ずそのありさまを概観する[1]。第1節では、現代経済学の動向を大きく捉えた場合、三つの特徴があることを指摘する。第2節では、経済学研究者が集う最大の学会であるアメリカ経済学会および日本経済学会を取り上げ、そこで報告される研究テーマをみることにより、現代経済学の研究動向を具体的に展望する。

第1節　現代経済学の三つの特徴

　経済学は、人間の日常生活に密着した側面を扱う学問であると同時に、人間社会を扱う学問の中で中心的な位置を占める「科学」の一つとみなされてきた[2]。このため、研究の方法論が確立している各種の自然科学と同様、近年多面的に発展してきており、その動向は三つの特徴として整理できる。すなわち

1）本章は、岡部（2009d、2012a、2012c、2014e）に依拠している。
2）因みに、ノーベル経済学賞においては、経済学を economics ではなく economic science と称している（http://www.nobelprize.org/）。

(1)精緻化・体系化、(2)新しい手法や概念の導入による分析対象の拡大、(3)隣接学問領域との連携、である。

(1) 精緻化・体系化

　第1の特徴は、理論の精緻化・体系化が進んだことである。具体的には、分析手法が異なることから従来ほとんど関連を持たなかったミクロ経済学とマクロ経済学が理論上統合されたことである。

　経済学は従来、大別してミクロ経済学とマクロ経済学から構成されていた。前者は、企業や家計といった個別（ミクロ）経済主体の行動を分析するとともに、その結果、社会全体の資源配分がどうなるかを探究する経済学の分野であり「資源配分探求の経済学」と性格づけることができる。一方、マクロ経済学は、経済全体（マクロ）の動向とその変動メカニズムを研究する領域であり「変動と安定化の経済学」と特徴づけられる。

　こうした基本視点の差があるため、それぞれにおいて用いられる概念や理論構成は相互にほとんど関係を持たずに発展してきたのが実情であった。さらに後者すなわちマクロ経済学は、その内部においても、1960年代から1970年代初めにかけて基本的発想を異にする二つの流れ（ケインジアンとマネタリスト）が併存してきた[3]。

ミクロとマクロの統合

　しかし、近年はミクロ、マクロそれぞれにおいて理論体系の精緻化（分析手法でも数学化）が進む一方、両者を統合して全体として整合性のある理論体系にしようとする動きが強まることとなった。つまり、マクロ経済現象も個々の人間（ミクロ）の行動動機をもとにして生まれる結果に他ならないので、マクロ理論もミクロ主体の行動の結果として理論を構成する方法が採られることとなった。こうしたアプローチは「マクロ経済学のミクロ的基礎付け」（micro-foundation of macroeconomics）、あるいは「ミクロに基礎を置くマクロ経済学」と称されている。

　この結果、たとえばマクロ経済学においては、1970年以降は上記二つの流れ

　3）詳細は第3章第1節を参照。

の間で基本的事項についての意見の不一致がみられなくなっている（Woodford 2009）。これは、マクロ分析においても、ミクロ経済学の一つのモデル、すなわち経済主体は現在ならびに将来を考慮に入れて合理的な行動をするという発想で構築された通時的一般均衡（intertemporal general-equilibrium）のモデルを用いることによって、短期的変動と長期的成長を一つの整合的な枠組みで分析することが可能となっているからである（Woodford 2009）。したがって現在では、ミクロとマクロを異なる原理によって説明するという発想はもはや一般に採られておらず、ミクロとマクロは理論的に接合された状況にある。従来別々に発展し、関連づけができていなかったミクロ理論とマクロ理論をこのようにして接合しようとする動きは、ごく自然な発展といえる。

ミクロ経済学の発想の基本

では、従来みられた二つの経済学の流れを統合させる基礎を提供したミクロ経済学はどのような考え方をするのか。ここでは、その性格を明らかにするため、米国の大学院で使われている標準的なマクロ経済学の教科書の一つ（Blanchard and Fischer 1989）をもとにそれを示そう。

従来、マクロ経済学といえば、伝統的に「GDP（国内総生産）とは何か」という記述からスタートするのが一般的であった。しかしこの教科書は、さすがに学界での先端研究の成果を踏まえたものであるだけに、新しい理論構成が取られている。すなわち、そこではまずミクロ経済主体すなわち個人の行動から出発し、それを基礎としてマクロ理論を構築する、という発想に立っている。

そこでは、個人の経済行動は**図表1-1**の二つの式で記述できる、と考えている。すなわち個人は、(2)式で示される制約条件の下で、(1)式で示される自分の効用（つまり彼の消費量[4]によって決定される満足度）を最大化するように行動する、と定式化されてる。これが人間行動の基本的な理解である。

これら2式をわかりやすく直感的に書くと**図表1-2**のようになる。すなわ

4）消費者は、むろん男性の場合と女性の場合があるので「彼または彼女の」消費量と表現するのが正確である。このため、両性を含む場合、近年は「彼（彼女）の」「彼／彼女の」「彼（女）の」などと記載されることが少なくないが、美しい日本語表記とはいえない。以下本書では「彼または彼女の」に該当する標記は、両性を区別する必要がない限り、両性を含めて「彼の」ないし「その人の」と記載する。

14　第1部　経済学の多様な展開と特徴、課題

図表1-1　現代の主流派経済学が前提する個人の行動

- 効用（満足度：それは消費量によって決定）を最大化。

$$U_s = \int_s^\infty u(c_t) \exp[-\theta(t-s)]\, dt \quad (1)$$

- 但し一定の制約条件（下記）の下でそれを行う。

$$c_t + \frac{da_t}{dt} + na_t = w_t + r_t a_t \quad (2)$$

（注）Blanchard and Fischer（1989：48ページ）。

図表1-2　個人の最適化行動（図表1-1の意味）

- 最大化目標：満足度 ＝ 今年の ＋ 来年の ＋ 再来年の ＋ ……
　　　　　　　　　　　　満足度　　満足度　　満足度

- 予算制約：　消費額と純資産増加の合計は、賃金収入と
　　　　　　財産収入の合計額を超えることができない。

（注）1. 来年以降の満足度は、いずれも現時点で評価したその価値（割引価値）を示す。
　　　2. 著者作成。

ち、上段の式は最大化目標である個人の満足度を表しており、それは「今年の満足度」プラス「来年の満足度」プラス「再来年の満足度」プラス……、というかたちで考える。一方、下段の式は予算制約（消費額と純資産増加の合計額は、賃金収入と財産収入の合計額を超えることができないこと）を表している。下式を端的に言えば、個人は「長期的には受け取る所得以上に消費することはできない」という制約である。

そこで再び図表1-1に戻り、まず(1)式の意味をややていねいに述べると次のようになる。U_s は、ある個人の時点 s における効用（すなわち満足度）を表している。そして彼の効用は、彼がどれだけの量の財やサービスを消費できるか（消費量）によって決定されること、さらに個人は効用を最大化するよう

に行動すること、この二つがこの式で示されている（英語では utility という言葉が効用に該当するので、ここではそれが U で示されている）。

そして彼の効用は、より具体的にいえばこの式の右辺で表せる、というのが現代主流派経済学（mainstream economics）の考え方である[5]。すなわち、ある一つの時期 t における効用 u は、その個人の消費量 c_t に依存して決まるものであり、したがってそれを $u(c_t)$ と表すことができる。ただし、将来時点における効用を現時点で評価するには、それを割り引いて考える必要がある（割引現在価値で考える必要がある）ので、そのことを示すために第 2 項（exp で示される e の累乗値）[6]がかかっている。この 2 つの値のかけ算として 1 つの時期 t における効用がまず表されることになる。そして、そのような値で示される毎期の効用を、現在から将来にわたって合計したもの、つまり「効用の割引現在価値をある一時点から未来永劫にわたって積分した値」、それがその個人のある時点における総効用 U_s であると考え、それを最大化するように行動する、という理解である。

ただし、そうした消費に基づく効用（満足度）は無制限に大きくすることはできない。なぜなら、個人は一定の制約条件に直面しているからである。その制約を表したのが(2)式である[7]。すなわち、それは「消費額 c_t と純資産（a_t）増加額の合計は、賃金収入 w_t と財産収入（$r_t a_t$）の合計額を越えることはできない」という制約である（これを予算制約という）。つまり「消費額と純資産増加の合計額は、賃金収入と財産収入の合計額を超えることはできない」こと、端的に言えば個人は「長期的には受け取る所得（勤労所得と保有資産からの所得）以上に消費することはできない」という制約である[8]。これ自体は自然な前提であり、この制約があるから満足度を無制限に大きくすることができないことになる。このように個人は、所得制約という条件のもとに自己の効用最大化を図る、という合理的行動を基本に考えるのが現代経済学である。

5）u はある一時期における効用、c はその時期における消費量、θ は時間選好率（主観的割引率）、s はある一時期、t は時期、をそれぞれ示す。

6）exp は、自然対数の底 exponential（ネイピア数とも称される）を意味する。

7）a はある時期における資産残高、w はその時期における賃金、r は資産の収益率、n は家族数の増加率（ここでは無視してよい）、をそれぞれ示している。

8）(2)式において、左辺の第 2 項、第 3 項を右辺に移項すれば、これが明確に理解できる。

ミクロ経済主体の理解から出発するマクロ経済現象

　以上のような考え方が、国内、海外を問わず現在では主流派経済学の実情になっている。その実例をやや具体的に見ておこう。いま、日本経済学会が刊行している *Japanese Economic Review*（英文学会誌）の2011年9月号を取り上げ、そこで掲載されている6編の論文のうちの二つを例としてみてみよう。

　第1の例は「人的資本と経済成長」[9]に関する論文である。その分析に際しては、かなり複雑な幾つかの制約条件が列挙され、その前提の下に代表的個人の効用（対数型の効用関数）を最大化する問題として定式化されている。この論文は、人的資本と経済成長という明らかにマクロ経済現象がテーマになっているが、その問題はこのように個人の行動をもとに定式化できると考え、それを解いて行くことによって結論が得られる、という発想が採られているわけである。

　第2の例は「金利政策のマクロ経済への効果」[10]に関する論文である。中央銀行が政策金利を上げ下げすると、経済全体にどういう効果が現れるか、を扱っている。ここでは、代表的な個人に注目し、彼の生涯全体に亘る割引効用（前掲図表1-1で示したように積分値で表現されている）を考え、予算面からの制約条件の下でそれを最大化する問題として分析されている。

　この二つの論文は、分析テーマは全く異なるが、驚くべきことに前提条件と理論的な枠組み、分析手法は全く同じである。すなわち、いずれの場合も合理的な個人を前提し、その個人は予算制約のもとに自分自身の効用を最大化する、という枠組みを用いた分析を通して取り上げたテーマの結論を導く、という発想が採られている。つまり、現在の主流派経済学においては、その方法論として個人主義的・合理的に行動する個人をかたくなに前提している（論文ではそれがほぼ必須化されている）のが大きな特徴である。

(2) 分析対象の拡大

　現代経済学の第2の特徴は、人間が合理的に行動することを前提にしている上記のようなミクロ理論を基礎として、その分析対象を著しく拡大しているこ

---

[9] 論文タイトルは "Technological change, human capital structure, and multiple growth paths"。
[10] 論文タイトルは "Endogenous time preference, interest-rate rules, and indeterminacy"。

とである。個人は利己的・合理的に行動するという発想をもとに各種概念が開発され、それを用いて人間の様々な活動や制度が分析対象として取り込まれてきている。そして、制度設計など新分野への応用が増大している。

インセンティブ

ここでは、その一例として、人間の行動においてインセンティブ（incentive）を重視する視点を挙げておきたい。インセンティブとは「誘因」あるいは人間の「行動動機」のことである。これは、経済学が近年扱うようになった各種の社会制度の設計で非常に重要な概念になっている。

分かりやすい例でそれを示そう[11]。いま、お腹のすいた兄弟、双子のA君とB君がいるとする（図表1-3の上図）。そして母親からケーキが1つ与えられるとともに、母親はこのケーキを切るためにナイフを1本、この2人に与えたとする。この場合「ケーキを公平に切り分けるには、この2人の間にどのようなルールを設ければ良いか」という問題を考えよう。

一つのアイデアは、1人の子供Aがケーキを2つに切り、切り分けたケーキの一方を彼が別の子供Bに与える、というシステムである。すなわち、1人の子供が切り分ける権利、および切り分けられたケーキを選択する権利の2つの権利を独占保有するシステムといえる。この場合、彼はケーキを二等分するのでなく大小2つに切り分け、小さい方を別の子供に与えようとするであろう（したがって2人の間で公正が維持できない）。

これに対して別のアイデアがある。すなわち、ケーキを「切り分ける権利」を子供Aに与える一方、切り分けられたケーキを「選択する権利」を子供Bに与える、というシステムである（図表1-3の中図）。この場合、明らかにケーキは当初から二等分されることが容易に分かる。なぜなら、もし大小に切り分けた場合、大きい一切れは選択権を持つ別の子供に取られてしまい自分は小さい一切れしか取れなくなるので、大小に切り分ける行動は採らないからである。したがって、このルールの下では、子供A、子供Bはともに同じ大きさのケーキにありつくことができるという意味で、望ましい（フェアな）結果をもたらすことになる（図表1-3の下図）。

---

11) この例は、Bannock et al.（2003：180ページ）からヒントを得た。

図表1-3 インセンティブという概念の適用例

設問：
- お腹のすいた兄弟(双子 A、B)がいる。
- 大きなケーキが一つ与えられた。
- ケーキを切るためにナイフが1本与えられた。
- ケーキを<u>公平に</u>切り分けるルールは？

A　　B

「ルール2」
- 子どもAは、ケーキを切る権利を持つ。
- 子どもBは、切られたケーキを選ぶ権利を持つ。

A(切る権利)　B(選ぶ権利)

「ルール2」の結果

1/2　　　　　1/2

子供A　　　子供B
↓　　　　　↓
満足　　　　満足

(注) 著者作成。

制度設計におけるインセンティブの重要性

　上例は、私的動機の追求がルールの如何では社会的に望ましい結果をもたらす状況が十分ありうることを示している。このことは私的動機と制度機能の整合性、すなわち各個人のインセンティブが全体にとっての利益に合致するという意味でこれら二つが両立する状況を示している。専門用語では、このルールは「動機整合性」(incentive compatibility) を満たしている、と表現される[12]。

　ここでは、あくまで個人の利己性（私的利益の追求）が前提されており、そうした個人が利己的・合理的な行動をするという前提（個人主義的立場）に基づく点で従来の経済学の延長線上にある[13]。しかし、この例が示すとおり、一般に制度ないしシステムを設計する場合、それが望ましい機能を果すうえではインセンティブの側面を考慮することの大切さを示唆しており、確かに有用な視点を提供している。

　より広い視点からみると、次のようにいえよう。すなわち、経済問題は、従来、資源制約への対処（市場メカニズムの評価）が中心と考えられていたが、それに加えてインセンティブ制約があることを視野に入れる必要があることである。したがって、近年発達してきたメカニズムデザイン論という研究領域は、経済問題の視野を広げる点に大きな貢献がある (Myerson 2008)。このため現在の経済学は、従来の配分効率性 (allocative efficiency) という基本概念に加え、制度やルールを評価するインセンティブ効率性 (incentive efficiency) という基幹概念を併せ持つこととなった。ちなみに、2007年度ノーベル経済学賞は「メカニズムデザイン」と称されるこの領域の研究者に授与された[14]。

---

12) 英語の incentive compatibility に対する日本語として「誘因両立性」などの表現があるが、それでは意味がわかりにくいので著者は「動機整合性」という表現を以前から使っている（岡部 1999b：390ページ）。

13) ここでは、子供A、子供Bとも利己主義的行動をすることが前提とされているが、もしいずれか（ないし両者）が利他的に行動をすると前提する場合には、ケーキは当初から2等分されるか、あるいは、より大きな一切れを当初から相手に与える、などの結果になる。ここで強調したいのは、正統派経済学ではそうした行動前提を置くことはほとんどない点である。

14) レオニード・ハーヴィッツ（米ミネソタ大学）、エリック・マスキン（米プリンストン高等研究所）、ロジャー・マイヤーソン（米シカゴ大学）の3氏。

制度設計への応用例

　インセンティブという視点は、各種の制度を構築し、あるいは効率的に機能させるうえで有用な視点を提供している。以下、幾つかの具体例を示そう。

　第1は、当局の銀行監督における応用である。銀行システム（決済や融資）が健全に機能すれば、それは経済全体の円滑な取引を支えるので、銀行の健全性は社会全体にとって非常に重要である。このため金融庁は、銀行の経営に問題がないかどうかを常時点検しており、全ての銀行に対して定期的に立ち入り検査をしている。こうした検査を受ける銀行では、多くの書類を作成したり、インタビューに応じたりしなければならないので、銀行と銀行員にとって非常に大きな負担となり、銀行としては「検査の頻度は少なければ少ないほど良い」という気持ちがある。

　こうした状況において、もし金融庁が「経営状況が良い銀行は監督頻度や監督項目を減らす」という方針を取るとしよう。すると民間銀行は、監督当局による経営検査に伴う負担を減らす（私的利益を追求する）ため良い経営をしようと努力する[15]。その結果、社会的には金融システムの安定性が高まる（私的利益の追求が社会的利益をもたらす）ことになる。現に、日本の銀行監督当局による民間銀行の検査頻度に関してはこの発想が活かされており、経営状態が優良な銀行は、そうでない銀行よりも検査項目を大幅に減らすとともに検査周期も長くする扱いがなされている（金融庁 2006）[16]。

　第2の例は、失業保険給付金の支払い方法への応用である。人が失業した場合、雇用保険制度によって失業保険給付金がもらえるが、その場合、失業者は当然、保険金をなるべく長期間もらいたい、と考える。こうした状況下、政府は「失業者が公共職業訓練校に通っている限り失業給付金を払う」という方針をとったとしよう。すると、失業者は給付金をできるだけ長期間もらおうとして職業訓練校に通うことになる。

　つまり、失業者が自分にとって都合の良い状況（保険金の長期間受領）をもたらそうとする行動が、結果的には社会全体からみると失業者のスキルアップをもたらす（その結果就業の可能性を高める）という望ましい効果をもたらす

---

15) 良い経営をするうえでは、株主からの圧力などむろんそれ以外の動機もある。
16) より詳しくは、第3章の脚注7を参照。

ことになる。現に、失業保険の受給期間が切れても、公共職業訓練を受講していればその期間は失業保険給付金を継続受給することができる仕組み（訓練延長給付）になっている。

また、インターネットにおけるシステム設計に際しても、効率的な利用を図るために動機整合性の概念が広く使われている[17]。

個人の合理的行動を基にした分析対象拡大

上記のインセンティブは、個人の利己性と合理性を前提として各種の行動を理解する一つの視点である。しかし、現代経済学はそれだけにとどまらない。人間が関係するあらゆる社会現象を経済学の論理（個人の効用最大化、利己主義、効率性等）を基にして理解しようとする方向で展開している。

例えば、結婚、離婚、家族をはじめ、贈与、ボランティア活動、教育、医療、健康なども、経済学はその対象として取り込んでおり、現に「結婚の経済学」「教育の経済学」などと題した書物も刊行されている。さらには、次節でみるように、アメリカ経済学会においては、軍隊、犯罪、腐敗、革命といった面にまで及ぶ経済学的分析が現実に学会で報告されている。これは、経済学の論理をもって他領域にまで進出しようとする動きなので経済学帝国主義（economic imperialism：Lazear 2000）と称されている。

(3) 隣接学問領域との連携

現代経済学の第3の特徴は、経済学に隣接する学問領域（心理学、神経生理学、行動科学、社会学、コンピュータサイエンスなど）との連携が進展しており、この結果、経済学の地平が広がりつつあることである。こうした動向を反映して、近年は神経経済学、行動経済学、実験経済学といった新しい分野が一つの独立した研究領域を形成するに至っている。以下では、そうした動向に関する二つの例を示しておこう。

心理学から経済現象を理解する動き

第1の例は、経済現象に対して心理学から接近する動きである。その考え方

---

17) 例えば、横尾ほか（2002）。

図表 1-4　隣接学問領域（心理学）との連携が進展

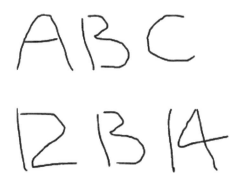

（出典）Kahneman（2003：1454ページ）。

を示すうえで明快かつ興味深い一つの図を示そう（図表1-4）。

　この図をみると、たいていの人はA、B、C、そして12、13、14と読むだろう。しかし、よく見ると、上段および下段にある真ん中の図柄は、全く同じものである。事実は一つである。でも、一つの事実に対して「A」や「C」というコンテクストのなかでそれを解釈するか、それとも「12」や「14」を両側において真ん中の図形を解釈するかによって、同一の事実であるにもかかわらず全く異なった解釈が成立してしまうこと（文脈効果）がわかる。

　これ自体は心理学のテーマであるが、ここで指摘したいのは、経済現象についても、このような人間心理の視点から捉える必要があり、現にそうした研究が、近年発展してきていることである。この図は米プリンストン大学の心理学者ダニエル・カーネマンによるものである。

　同教授は各種の経済現象を心理学から理解するという新しい学問領域を開拓した。例えば、経験則を基にした判断や意思決定には偏向が伴うことを実証的に解明、人間行動は合理性を持つとした従来の経済理論の前提を覆した。その後、近年では経済現象もこのような人間心理の視点から捉える研究（心理学的実験を経済学に導入する実験経済学など）が発展してきている[18]。このように、心理学と経済学を接合して行動経済学（behavioral economics）という分野を開拓した貢献により、同教授は2002年にノーベル経済学賞を受賞した。実

は、この図はその受賞記念講演のテキスト（Kahneman 2003）に掲載された図表の一つである。

世界金融危機の経験から経済学の前提を見直す動き

　もう一つの例は、2007〜2008年に発生した世界金融危機（米国のサブプライム住宅ローン危機を発端とした国際的な金融危機）を契機として、経済学の前提を見直す動きが台頭していることである。この事態は当時「100年に一度の金融危機」と称されるほど深刻なものとみられ、また従来の正統派経済学の見地からは納得的な説明をすることが困難な現象であったため、経済学のあり方を根本から見直そうという動きが一部に台頭した。

　例えば、有力経済学者の中には、従来の経済学を特徴づける合理性至上主義の発想から脱却し、信頼性（confidence）、公正（fairness）などの非経済的要因や、心理学の適用から明らかになった人間の非合理性を前提にしつつ各種の経済現象を説明しようとする研究（Akerlof and Shiller 2009）を刊行するケースがみられる。

　経済学は従来、モノやサービスの充足状況が関心の中心となっており、このため稀少性の意味ならびにその解決方法に関する研究が大きな位置を占めていた。しかし近年の経済学は、協調のあり方（インセンティブを考慮した理論）、選択に関する科学的分析、人間の合理性についての再検討、あるいは行動規範の意義、なども議論の対象とするなど、人間行動に関する幅広い領域を取り込むようになっているのが特徴である（Backhouse and Medema 2009）。これは、複雑化した社会現象を理解するために必要な方向であり、望ましい動きと評価できよう。ただ、そうした動き（とくに経済学研究者による根本的再考）がな

---

18) 従来の経済学では、「人間は合理的な行動をする」といった単純な仮定をおき、そこから演繹的に理論を構築する方法が採られてきたが、カーネマンらが明らかにしたように、各種の実験結果によれば人間の行動は非合理的な側面を多く持つことが広く知られるようになった。このため、人間の実際にみられる選択や行動を踏まえて経済学を再構築しようとする動き（行動経済学）が最近活発化している。例えば、前出図表1-1の(1)式で前提としていることは現実には満たされない（実験結果によれば「今日と明日の違いは明日と明後日の違いより大きい」）ので、実験結果に則した視点（専門用語でいえば時間割引率は一定でないので双曲線型割引率を前提とすること）によって経済現象を理解する動きなどがある。

図表1-5　経済学の対象範囲の広がり（隣接学問領域との融合例）

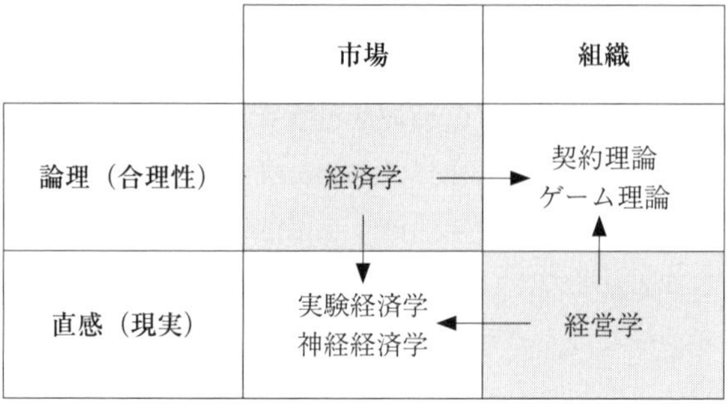

	市場	組織
論理（合理性）	経済学	契約理論 ゲーム理論
直感（現実）	実験経済学 神経経済学	経営学

（注）著者作成。

お十分とはいえない、というのが次章以降で述べるとおり本書の基本視点である。

経済学の対象範囲の広がり

上記のようにして経済学の対象範囲は拡大してきたが、ここでは、これまで経済学と微妙な関係にあった経営学と経済学の関係を取り上げてその状況を理解しておこう。

図表1-5は、両者の関係を図示したものである。すなわち、社会現象を研究する場合の方法論を性格的に大別すると、(a) 論理（合理性）を重視するか（演繹によって命題にたどりつくか）、それとも (b) 直観（現実）を重視するか（現実から帰納的に命題を引き出そうとするか）、という区分が可能である。一方、研究対象をみた場合には、取引活動全体の場としての「市場」を分析の主軸にするか、それとも「組織」を分析の中心に据えるか、を区別することができる。

この分類に従えば、従来の経済学は「論理ないし合理性を重視しつつ市場を分析する研究である」と性格づけることができる。これに対して経営学は「直観ないし現実を重視しつつ、組織のあり方と組織内における人間の行動を対象とする研究である」と理解できよう。

この区分を用いれば、経済学と経営学は、一見類似した学問であるとの印象を与えるものの、本質的にはあまり接点を持たない二つの領域であると位置づ

けられる。しかし、経済学では近年、市場やそこにおける行動主体の現実を重視する行動経済学（behavioral economics。その分析手法に着目すれば実験経済学 experimental economics といえる）や神経経済学（neuroeconomics。脳がどう機能するかという神経学的見地から人間の経済的行動を理解しようとする経済学）などの新領域を拓いてきている。一方、契約理論やゲーム理論など、経済学の領域で開発された分析手法を組織体の理解に援用し、その行動論理を合理性の観点から解き明かす研究も進んできている。このように、近年の経済学は隣接領域への延長ないしそれとの融合が目立っている。この結果、経済学と経営学の境界の曖昧化（opaqueness）も進みつつあるのが現状といえる。

第2節　日米経済学会にみる経済学の研究動向

　前節で述べた近年の経済学の展開を、より具体的にみるとどうなるのか。それを1人の研究者が的確に展望するのは至難の技といわざるを得ないが、本節ではその一つの方法として、経済学会で発表される研究論文のテーマに着目し、それを整理することによって最近の経済学の特徴をより具体的にみることにしたい。

　以下では、先ず世界最大規模の経済学会であるアメリカ経済学会の最近の大会で報告された研究論文のテーマを概観する。次いで、同様の手法により、日本経済学会における発表論文の動向を概観する。

(1) 研究テーマの動向：アメリカ

アメリカ経済学会とその年次大会

　アメリカ経済学会（American Economic Association、略称：AEA）は、1885年にアメリカで創設された経済学研究者の学会であり、アメリカの同分野における最古にして最重要の学術組織である。現在の会員数は約18,000名に達する[19]。会員はアメリカ人に限定されることは全くないため、全世界の主要な経済学研究者はこの学会の会員になっている場合が多いとみられる[20]。

　AEAは、会員の研究論文発表のための大会を毎年1回、3日間にわたって

19）http://www.aeaweb.org/index.php

開催している。この大会は、同学会が中心になりつつも、米国内外の55を超える関連学会（ファイナンス学会、国際経済学会、農業経済学会など）と連合して「社会科学合同年次大会」というかたちで開催されるのが特徴である。

最近の年次大会はフィラデルフィア市において3日間（2014年1月3～5日）開催された[21]。そのプログラムをみると、論文発表のために実に400を超える分科会（scholarly sessions。各分科会における発表論文は4本程度）が設けられており、このため3日間で報告された研究論文は合計約1,600本にも達した。このうち中心になるのはAEAの分科会であり、その数は総計400の分科会のうち180分科会を超えてており、そこでの発表論文の数は700本以上に達している。

研究テーマの動向

2014年大会において、AEAが主催した分科会のテーマを著者なりに整理すると図表1-6のようになる。これにより幾つかの特徴を指摘できる。

第1に、経済学の伝統的テーマ（経済変動、金融、経済発展、各種公共政策など）に関する分科会が最も多いことである[22]。これは当然のことであろう。

第2に、各種社会現象を経済学の切り口で分析する分科会が隆盛を極めていることである。例えば、結婚・離婚・家族をはじめ、贈与、ボランティア活動、教育、医療、健康などが取り上げられているだけでなく、さらには軍隊、犯罪・腐敗、革命といった現象にも経済学の手法を用いて説明しようとする傾向が顕著である[23]。いわゆる経済学帝国主義[24]の傾向が如実に見て取れる。

---

20) AEAの会員になるには、既存会員2名の推薦を得る手続きが必要である。ちなみに、著者は約30年前から同学会の会員になっており、在米時には何度か年次大会に出席し、そこでの発表論文の数の多さに圧倒された。

21) 2015年はボストンで、また2016年はサンフランシスコでそれぞれ開催された。その後は、2017年（シカゴ）、2018年（フィラデルフィア）、2019年（アトランタ）、2020年（サンディエゴ）、2021年（シカゴ）、2022年（ボストン）、2023年（ニューオーリーンズ）、2024年（サンアントニオ）までの毎年の開催日程・都市・会場を確定し、公表している。これは、それ程に関係者が多い学会であることを示唆している。

22) AEA主催の185分科会のうち107分科会。

23) 図表1-6には示されていないが、経済学は近年、宗教も分析対象として取り込んでおり、それに関連する研究論文数はここ10年間で6倍にも増加している（Iyer 2016）。

24) 詳細は、第2章第1節を参照。

図表1-6　アメリカ経済学会における研究報告分科会のテーマ（抜粋）

経済学の伝統的テーマ	各種社会現象の経済学的分析	他の学問領域との共同研究	新しい社会現象等の経済学的分析
・不況/景気変動 ・資産市場/金融/バブル ・金融危機の影響 ・消費/貯蓄/投資 ・雇用と労働市場 ・不平等/貧困 ・技術革新/生産性 ・財政政策/金融政策 ・社会保障/国民健康保険 ・各種公共政策 ・銀行規制のあり方 ・ファイナンス理論/実証 ・貿易/為替レート ・金融グローバル化 ・経済統合の効果 ・ユーロ危機/世界不況 ・交通インフラ ・企業ガバナンス ・知的財産権と投資 ・経済発展論 ・住宅市場 ・地球温暖化対策 ・人口高齢化の経済分析 ・経済史（大不況等）	・性差問題（雇用/昇進） ・女性リーダーシップ ・妊娠/出産の意思決定 ・結婚/離婚/家族の経済分析 ・ボランティア活動の経済分析 ・贈与/寄付/相続の経済分析 ・健康の経済分析 ・軍隊の経済分析 ・犯罪/腐敗の経済分析 ・脱税の経済分析 ・移民の経済分析 ・革命の経済分析 ・教育効果の経済分析 ・学生の勉学促進策 ・途上国の衛生問題 ・自然災害の経済的影響 ・説得の理論分析 ・医療経済学	・主観的幸福の心理学的接近 ・人的資本の心理学的分析 ・神経経済学 ・行動経済学と公共政策 ・最適政策のコンピュータ解析 ・市場デザイン ・競売過程の分析	・インターネット広告の経済分析 ・インターネットの経済学 ・ビッグデータとマクロ経済 ・あいまいさの経済効果 ・不確実性の経済効果 ・説明責任と経済発展

（注）最近の社会科学合同年次大会（2014年1月3～5日にフィラデルフィア市で開催）のプログラム（http://www.aeaweb.org/ に掲載）のうちアメリカ経済学会が主催する分科会のテーマだけを選び出して著者が作成。一部の分科会は一つに統合。またテーマは一般的な名称で表示。

　第3に、経済学に隣接する学問領域（心理学、神経生理学、行動科学、コンピュータサイエンスなど）との共同研究が進展しており、これらが経済学の地平を広げつつあることである。このため近年は、前述したように神経経済学（neuroeconomics）、行動経済学（behavioral economics）などが一つの独立した研究領域を形成している。

図表1-7　最近20年間における経済学の領域拡大を示す一例

書　名	The New Palgrave: A Dictionary of Economics	The New Palgrave Dictionary of Economics, revised edition
出版年	1987年。	2008年（初版の改定版として刊行）。
分　量	全4巻、4,194ページ。	全8巻、7,344ページ。
執筆者	900名。	1,500名。
項目数	1,200項目。	1,900項目。
備　考	・各項目は比較的長文であり一つの論文（articles）という位置づけ。 ・理論、実証、統計、方法論など網羅的に言及。	・左記の2点は継承。 ・書籍版のほか、オンライン版も刊行（後者は四半期に一度改定）。

(注) 1. 出版社はともに Palgrave Macmillan（Basingstoke, Hampshire, UK; New York, USA）。
　　 2. 初版の編者は Peter Newman, John Eatwell, Murray Milgate。改定版の編者は Steven N. Durlauf, Lawrence E. Blume。
(出典) 該当書籍を踏まえて著者が作成。

第4に、新しく登場した重要な社会現象（インターネット、ビッグデータ等）について経済学的な分析が加えられつつあることである。

以上を要すれば、最近の経済学は、ミクロ分析とマクロ分析の統合、各種既存概念（インセンティブ、ガバナンスなど）の適用範囲拡大、隣接学問領域との連携、などを指摘できる。つまり、前述した3つの傾向はこのような具体的な事例をもって確認できる。そして、経済学のこのような「発展」（分析対象の増大、新概念の導入、隣接領域との連携等）は、著名な経済学辞典における項目数やページ数の激増にも反映されている（図表1-7を参照）。

(2) 研究テーマの動向：日本

日本においては、日本経済学会（Japanese Economic Association）が1934年に創設された。80年の歴史を持つこの学会の会員数は近年着実に増加し、現在約3,300名の会員を擁し[25]、経済学に関しては日本で最も重要な学会になっている。会員が論文発表をする大会は、かつては年1回であったが1998年以降は年2回（春と秋）になっている。日本経済学会の大会は、同学会単独で開催さ

れる（この点はアメリカ経済学会の場合と異なる）。

　2013年の大会は秋に横浜市において2日間（9月14〜15日）開催された。そこでは、論文発表のために合計33の分科会が設けられた（各分科会における発表論文は米国の場合と同様、4本程度）。このため2日間で合計約130本の論文が報告された。

　ちなみに、AEA主催分科会における発表論文は前述したとおり約700本であったので、日本経済学会での発表論文（130本）はその2割弱にとどまっている。但し、日本経済学会の大会は年2回であることを考慮すれば、日本経済学会で発表された論文数は、年を単位としてみると米国の4割弱に該当すると見ることもできよう。なお、AEAでの発表論文数が多いのは、アメリカ人ないしアメリカの大学に在籍する研究者だけでなく、全世界（とくに欧州）から多くの発表者が集まってくることも一因である。

研究テーマの動向

　日本経済学会の上記大会における分科会のテーマをAEAの場合と同様に整理すると（図表1-8）、以下の特徴を指摘することができる。

　第1に、経済学の伝統的テーマ（消費・貯蓄・投資、雇用、金融、経済発展、財政金融政策など）に関する分科会が最も多いことである[26]。これはAEAの場合と同様、当然であろう。第2に、各種社会現象（家族、教育、健康、医療）の経済学的分析や、隣接学問領域を取り込んだ領域（行動経済学、実験経済学）の研究も確かに見られることである。これは、AEAの場合と共通する傾向である。

　一方、AEAの場合とは異なる様相も幾つかある。まず、AEAの場合に利用した三区分（経済学の伝統的テーマ、各種社会現象の経済学的分析、隣接学問領域との共同研究）のいずれについても、AEAの場合に比べれば研究の広がりが相対的に小さいことである。また、新しい社会現象（インターネット、

---

25) http://www.jeaweb.org/jpn/index.html。会員になるには、AEAの場合と同様、既存会員2名の推薦が求められる。なお、著者は約40年前に会員になり、学会の大会に定例的に参加してきたほか、折にふれてそこで論文を発表したり、指定討論者の役割を果たすなどをしてきた。

26) 33分科会のうち26分科会。

図表1-8　日本経済学会における研究報告分科会のテーマ（抜粋）

経済学の伝統的テーマ	各種社会現象の経済学的分析	他の学問領域との共同研究
・消費／貯蓄／投資 ・雇用と労働市場 ・金融問題 ・ファイナンス ・財政政策／金融政策 ・企業の組織／人事 ・経済発展論 ・都市経済学 ・環境問題 ・貿易／直接投資 ・国際金融 ・契約理論／ゲーム理論 ・数理経済学 ・計量経済学の理論／応用	・家族の経済分析 ・教育の経済分析 ・健康の経済分析 ・医療経済学	・行動経済学 ・実験経済学

（注）日本経済学会2013年度秋季大会（2013年9月14～15日に横浜市で開催）のプログラム（http://www.jeaweb.org/jpn/index.html に掲載）における分科会のテーマをもとに著者が作成。テーマは一般的な名称で表示。

ビッグデータ等）への取り組みを示す分科会は設けられていない。さらに、経済学の伝統的テーマについても、上記の伝統的テーマに加え、契約理論／ゲーム理論、数理経済学、計量経済学の理論／応用など、数理的展開を基礎とする領域の比重が比較的高いことも一つの特徴といえる。

　以上を踏まえると、次の指摘が可能であろう。すなわち(1)日本の経済学は日本にとって中長期的に最も重要な現実の経済問題（少子高齢化とそれが日本の社会や各種制度に与える影響）を正面から取り上げようとする気概に欠けているようにみえることである（AEAの場合に見られる人口高齢化の経済分析、社会保障／国民健康保険などの分科会は見当たらない）。そして(2)伝統的に日本人研究者が得意としてきた数理的展開[27]を中心とする理論経済学にやや偏する面があることである。この傾向は、日本経済学会の機関誌 *Japanese Economic Review* に掲載された論文をみても、如実にうかがわれる[28]。

---

27) 50年ほど前、世界の経済学界では数理経済学ないし経済成長理論が最先端の研究領域であり、この分野において日本人研究者（宇沢弘文、森嶋通夫、畠中道雄、二階堂副包の各氏ら。多くは数学専攻から出発）が活躍した時代があった。

日本では、人口高齢化が世界のどの先進国よりも急速に進みつつあり、したがってその影響と制度面での対応（マクロ経済への含意、年金や医療など世代間でバランスのとれた社会保障制度の構築）が社会にとって最重要問題であるだけでなく、日本の経験は、今後高齢化が確実に見込まれるその他多くの国にとって重要な示唆を与えるはずである。日本経済学会においては、こうした面で鮮烈なそして継続的な問題意識が維持されるべきであり、それに関連する分科会が継続的に設けられるべきではないかと著者は考えている。

(3) 本章の結論
　本章の主な論点は次のとおりである。
1. 現代経済学の特徴は、(1)精緻化・体系化、(2)新しい手法や概念の導入による分析対象の拡大、(3)隣接学問領域との連携進展、の三つに要約できる。
2. このうち(1)は、経済学が社会を「科学」的に分析する立場を採ることの結果である一方、(2)および(3)は、経済学がその内容と対象領域を拡大しようとしてきた結果である。現実に各種の社会制度を構築する場合、そうした考え方（インセンティブ等）が活かされている例も少なくない。
3. 上記3つの特徴は、日米経済学会で発表される論文の動向に如実にうかがうことができる。

---

28) *Japanese Economic Review*（年4回、英文で刊行）をみると、研究テーマのいかんにかかわらず「個人効用の条件付き最大化」という標準的な定式化（次章で改めて述べる）を行うとともに数学的な展開を中心に据えた論文の比重が相当高い。ちなみに、2013年に刊行された4冊（第64巻第1号～第4号、合計565ページ）に掲載された論文は全部で24本あるが、そのうち13本がそうした定式化とその数理展開を基礎とした論文である。なお、日本経済にとって最も重要なテーマである少子高齢化関連の論文は、3本（健康保険、社会保障、年金改革）にとどまっている。

第 2 章 | **主流派経済学の「強さ」と「弱さ」**

　前章では、現代経済学が多様な展開をしているありさまをみた。端的にいえば、現在の主流経済学は「強さ」を持つ。では「強さ」という場合、具体的に何を意味するのか。なぜそうした「強さ」が生まれたのか。そして、現代経済学ないし主流派経済学はどのような方向に向かおうとしているのか。
　一方、それらの動向には不十分さ、あるいは「弱さ」も認められるのではないか。そうした「弱さ」はとくに経済政策論において問題を提起しているのではないか。本章では、主流派経済学の「強さ」と「弱さ」という観点からこれらの問題を論じることとしたい[1]。

第 1 節　主流派経済学の「強さ」、その理由、帰結

　社会科学の一つとしての経済学（具体的には現代経済学あるいは主流派経済学）[2]をみた場合、それは、人間の行動について比較的単純な前提を置くことによって各種経済現象を理解するとともに政策のあり方ならびにその効果を分析する一つの「科学」である、と理解できる。本節では、経済学をこのように

1）本章は、岡部（2009d、2012a、2012c、2014e）に依拠している。
2）一口に経済学といっても、例えば制度派経済学、マルクス経済学など実に多様な流れがあるが、本書では、基本的に第 1 章で述べた現代経済学（そこで指摘した三つの特徴を持ち日米経済学会が対象としている経済学）を指すこととする。新古典派経済学という表現も併せて用いる。その経済学は、典型的には、米国の大学院で博士号を取得して日本の大学で経済学関係の教職に就いている研究者が対象としている経済学が該当する。

捉えつつ、その「強さ」あるいはその手法の「汎用性」を立入って考えよう。

(1) 単純な前提と自然科学的分析方法

ここでは Lazear（2000）による整理を援用しつつ、経済学の性格を浮き彫りにしてみたい。まず経済学は(1)あたかも物理学のように論証可能な結論が得られるような方法論を用いること、(2)そうして得られる理論的な結論を厳密な統計手法によって検証すること、の二点を大きな特徴として持つ社会科学である、と理解できる。

人間社会の現実は複雑であるが、それをこのような手法で切り込むことによって、単純化した理解を可能にする点が経済学の大きな特徴である。その場合、経済学は他の社会科学とは異なる三つの要素を持つ点が、方法論としての特徴といえる。

第1は「最大化」（maximization）である。経済学者は出発点として「最大化行動をする合理的な個人」という構成物（モデル）を使って社会像を組み立てる。つまり、利己性と合理性を前提としつつ、「予算制約の下での効用最大化」を原理として個人の選択行動を理解する（第1章第1節参照）。また企業の場合、その最大化対象は利潤であり「所与の生産技術の下での利潤最大化」という行動が前提される。このように各種経済主体が「条件付き最大化」を基本原理として行動することを前提として経済全体のイメージが組み立てられている。

第2は「均衡」（equilibrium）概念を重視することである。経済モデルにおいては、どのような理論であれ、物理学と同様に「均衡」（ある変数の動きに影響を与える力が釣り合ってそうした変数がもはや動かなくなった状態）という概念の重要性を遵守している。

例えば、どんな商品（財）でもその市場価格は変動するが、ある価格水準において需要量と供給量が一致した場合、価格はもはや動くことはなくなる。したがって価格変動によって需要量や供給量の変化が誘発されるといった事態はもはや生じず、需要量と供給量、そして価格はともにその水準にとどまることになる。つまりその商品の市場は均衡を達成した（競争経済において均衡が達成した）と理解される。

またゲーム理論におけるナッシュ均衡も、別の一例である。すなわち、どの

プレーヤーも自分の戦略を変更することによってより高い利得を得ることができない戦略の組み合わせの状況になっている時（どのプレーヤーも戦略を変更する誘因を持たない時）、ナッシュ均衡が成立していると称され、この状態はゲーム理論における基本概念となっている。このように、均衡を一つの重要概念としている点で、経済学は物理学と類似した性格を持つ。

第3は「効率性」(efficiency) である。効率性とは「一定の結果を得るうえで投入（インプット）が最小になっていること、あるいは一定の投入によって最大の結果（アウトプット）を得ること」（すなわち無駄がないこと）を意味する。「効率性」は、日常「経済性」と同義で用いられる場合が多いことが示唆するとおり、それは疑いもなく経済学の基本概念となっている。

経済学は、こうした三つの基本要素をもとに様々な社会現象を理解する研究である、というのが方法論からみた特徴である。つまり、その研究対象が人間社会ではあっても、手法は物理学などの場合と同様、自然科学的な分析方法が採られる[3]。このため、経済学の手法は応用可能性が高く、これが経済学の「強さ」あるいは手法の「汎用性」をもたらしていると理解できる。

(2)「強さ」の具体的な姿

経済学におけるこのような方法論としての特徴は、幾つかの面で主流派経済学の「強さ」をもたらしている。以下では、厳密さと体系性、方法論的個人主義の貫徹、経済学帝国主義の蔓延、という三つの側面からそれを述べることとしたい。

厳密さと体系性

人間行動において単純な前提（効用最大化に向けて合理的に行動するという前提）を置く場合、そこでは数学的な手法を大いに活用できる。このため、経済学は論理の厳密さと体系性を持つことになる。

例えば、前述した「条件付き最大化」という問題に対しては、ラグランジュの未定乗数法という確立された数学的手法があり、それを用いることで問題の

---

[3] 本文で述べた均衡のほか、安定性、弾力性など、経済学で標準化している概念は元来、物理学におけるそれであるものが少なくない。

解を求めることができる[4]。また、それとは別に「リニア・プログラミング」という手法によってもそうした問題を解くことができ（岡部 2007a：303-311ページの付論10-2）、その結果、競争均衡に関して一つの別の視点からの洞察[5]が早い段階から得られている（同）。

経済学は、とくにミクロ経済理論に関する限りこのように数理的展開が容易であり、かつそれに馴染む構造を持っている。このため、数理的な定式化（モデル化）が進むとともに、精緻化あるいは体系化がなされてきた。その結果、現在では手法面で極端に数学化が進展する[6]一方、社会科学の中では理論のエレガンスさが際立つ存在となっている。

方法論における個人主義の貫徹

主流派経済学では、人間社会で見られる各種現象や制度は全て個人の選択と行動の結果である、という発想を基本に据えている。つまり、ほとんどの場合、個人について利己主義（egoism：自分の利益を最優先する姿勢）と功利主義（utilitarianism：効用ないし快楽を基準にする生き方）、そして合理性（rationality：物事が論理に適っていること）を前提とし、それに立脚して社会現象を理解するという方針が採られている。

このように、社会現象は基本的に個人の動機ならびに行動に帰着させて（それに還元して）説明ができるとするアプローチは、方法論的個人主義（methodological individualism）と称されている（Basu 2008）。前述した「マクロ経済学のミクロ的基礎付け」という現代経済学の流れ（第1章第1節を参照）は、経済学の理論面でそれを示す典型的な動きといえる。この方向での研究は、前述したとおり、従来ミクロ経済学とマクロ経済学に大きく分かれていた体系を一つの思想で統合することを意味するので、経済学の体系化に資する結果をもたらしている。このため、近年の経済学論文においては、こうした定

4）経済分析においてラグランジュの未定乗数法を用いるのは、古く Hicks（1939：数学付録）以来の標準的な手続きとなっている。

5）競争によって経済の均衡が達成されることは「生産価値総額の最大化」と「生産要素報酬総額の最小化」を同時に達成することを意味する、という命題。

6）経済学の専門論文誌は、後掲図表2-2のように、一見数学ないし物理学の論文誌のような印象を与える。

式化[7]が尊重ないし標準化（場合によっては必須化）されており、理論的研究の場合、それに従わない論文は専門誌に掲載される可能性が乏しいとさえいえる状況になっている。

企業を利害関係者の集合体として理解する見方

　ここでは、その一例として「企業」を取り上げ、主流派経済学では上記の観点が貫徹されていることを示しておこう。

　すなわち、主流派経済学（とくに企業金融論）の標準的な分析においては、企業とはどの主体も利己主義を前提に行動するステークホルダー（利害関係者）によって構成されている、という理解がなされる。つまり株主、企業経営者、従業員は、いずれも自己利益を優先して行動することを前提し、その視点から企業の組織と行動を理解しようとする。

　やや具体的にいえば、まず企業の所有者は株主（個人）であり、株主は自己利益のために株価最大化を目指して企業に働きかける、とされる。一方、株主の委託を受けて企業経営にあたる経営者は、株主利益を最大化しようとするのではなく、経営者自身の利益を最大化するように行動する、と前提される（井上・加藤 2006）。つまり株主は委託者であり、経営者はその代理人であるという理解（プリンシパル＝エージェント理論の適用）がなされる。

　このため、経営者の自己利益追求行動が株主利益と一体化するような制度（例えば経営者の条件付き報酬制度等）をどう構築するか、といったことが中心的研究課題となってきた。さらに、従業員についても、その報酬は「成果主義」といった個人主義的色彩の強い制度の重要性が強調される。企業をこのような自己利益最大化主体の集合体であると捉えるのが主流派経済学の考え方、すなわち徹底した個人主義的思想に基づく規格化された理解の枠組みとなっている。

　なお、企業とは何かを理解するには様々な視点があり、会社統治の問題をこのようにエージェンシー関係に還元して理解すること（Jensen and Meckling 1976）は、理論的にも、また政策論としても多くの問題があることが指摘されている[8]。

　7）その分析は、上述したとおり条件付き最大化・最小化問題に落とし込める。

「経済学帝国主義」の蔓延

　主流派経済学では、人間行動に関する比較的単純な前提（利己性、合理性、効用最大化）を置き、その結果、人間の選択行動や社会の姿がどうなるかを描く点に特徴がある。この前提は比較的単純であり、また強い論理（数学の適用）によって明快な結論を導ける場合が多い。

　このため、こうした分析視点を商品やサービス、金融商品などの取引だけでなく、人間のその他の活動領域に適用する動きが活発化してきた。その結果、経済以外の多くの領域、例えば家族、差別、宗教といった社会学の領域、あるいは法律、政治といった政治学の領域なども分析対象として経済学は逐次取り込んできている。このように、経済学がその論理（人間の合理的行動）を非経済現象に対しても適用する傾向は、既に言及したとおり経済学帝国主義（economic imperialism）と称される（Lazear 2000）。それは、経済現象だけでなく社会に見られるその他多くの現象（結婚、宗教などの人間行動）もこの論理で理解できるという立場である。

　こうした傾向は近年一層強まっている。例えば、アメリカ経済学会の2014年の年次大会プログラムをみると、軍隊の経済分析、犯罪／腐敗の経済分析、移民の経済分析、革命の経済分析などの分科会が設けられている（前掲**図表1-6**）ほか、日本でも最近、教育を効率性という視点から分析した書物[9]が刊行され、注目を浴びている。

　経済学帝国主義とされる傾向は、米シカゴ大学に在籍する歴代の経済学者に従来から顕著にみられる。そのうち特に有名な一人がギャリー・ベッカー教授（1930-2014年）である。彼はそうした視点を最も徹底して追求した研究者として知られており、同教授には何と「結婚の経済学」という1974年の有名な論文（Becker 1974）がある。

　そこで彼は、結婚は2つの特徴をもつ現象である、と主張している。第1に、結婚は、独身のままでいるか、それとも結婚するか、いずれが効用を高めるかという選択問題に他ならない、と述べている。結婚とはそういう選択問題として理解可能である、という見方である。第2に、男女はそれぞれ配偶者を求め

8）岩井（2015：389ページ）。政策論としての帰結にも問題があることは、後掲図表2-3における企業政策を参照。また後出第4節を参照。
9）中室（2015）。

て自由競争しているので、結婚には明らかにマーケットが成立している、という見方をしている。したがって、男女はそのような市場の制約のもとで配偶者を決定するのだと主張し、結婚をそのような問題として定式化できるという説を展開した。

このような考え方に相当違和感を感じる向きがあっても不思議ではないが、ベッカー教授は、経済学に新しい分野を拓いたとして1992年にノーベル経済学賞を受賞した。さらにこの考え方を進めた極端なケースとして、同教授には2004年に書かれた「自殺の経済分析」（共著論文、未定稿）[10]がある。そこでは、生き続ける便益と、死の選択（便益と恐怖の両方を含む）とが比較され、いずれが効用最大化をもたらすかという観点から人間の行動（自殺）が数学的に定式化されている[11]。

論理の強さと価値「中立性」

上記のように経済学帝国主義の傾向が目立つのはなぜなのか。これは、結局二つの理由による、と著者は考えている。

まず、経済学的アプローチにおいては、人間の行動前提や評価尺度（目的関数）がいずれも単純であり、かつ合理性を前提とするため、その発想で構築した枠組みによって説得的な議論をしやすいことである。つまり、モデル構築が比較的簡単であるうえ、それに基づいて厳密な議論（とくに数理的な定式化と演算による結論の導出）が可能となる。このことが多くの領域に対して経済学的アプローチの適用を可能とし、経済学的手法の汎用性をもたらしていると考えられる。

もう一つは、主流派経済学では、研究者が特定の価値判断を持つ、あるいは特定の行動にコミットする、といったことが基本的に回避されている（価値から自由な接近である）ので、研究者の立場が批判されるリスクが小さいことで

---

10) 論文名 "Suicide: An Economic Approach"（Becker and Posner 2004）。長年インターネット上に掲載されていたが、最近は削除されている。

11) その研究の端緒は、ベッカー教授の夫人の自殺にあったことが元同僚教授（宇沢弘文氏）によって語られている（宇沢・内橋 2009：98－99ページ）。ただしそこでは、人間性を顧みない論文主題のおぞましさに配慮したためであろうか、氏名は和らげて「Ｂ教授」と表現されている。

ある。経済学的接近において基準とされることがら（例えば自由、効率性など）はたいてい価値中立的であるとみなされている。このため、分析の枠組みや結論は比較的受け入れ易く、多くの現象に対して経済学的接近を容易にしている面があると考えられる。

ただし、一つ注意しておくべき点がある。例えば、効率性それ自体は価値中立的であるとしても、その他各種の評価尺度を同時に考え合わせる時には、効率性の位置づけは当然変化すること（公平性、人間性などを優先することがより重要になるケースもありうること）を念頭に置く必要がある点である。こうした問題は第4章で議論する。

第2節 「強さ」の裏にある「弱さ」

以上では、経済学の「強さ」といえる幾つかの側面、すなわち単純かつ明快な前提、厳密な論理展開と体系性、分析手法の適用範囲の広さ、などを述べた。これらは確かに強さである一方、その裏にはある種の「弱さ」を持ち合わせている。どのようなことがそうした「弱さ」なのか。本節では、それを考える。

主流派経済学は、端的に表現すれば、過度に限定された視点に基づく人間像を出発点とし、その結果として一つの行きつく社会像ないし望ましい社会像を描き、そしてそれに近づくための政策論を展開する、という学問体系である。以下では、それらがなぜ「弱さ」といえる面を持つのかを具体的に明らかにする。

(1) 過度に限定された視点に立つ人間像

主流派経済学の強さは、人間を理解する場合、一つの重要な側面ではあるが極めて単純化された前提が置かれている点から生じる。すなわち、人間は自己の利益に合致するように発想し行動する（利己性）、モノの消費量に応じて効用（幸せの度合い）が決まる（唯物主義）、そして理屈に合致する仕方でそれらを達成する（合理性）、という三つの主要前提である。

人間をこのように「利己的・合理的個人」という視点から捉えるのは、他分野の研究者からみると「すごく単純でお粗末な人間論」（高橋・辻 2014：189ページ）であり、それを土台とした社会科学は、理論体系としても課題がある

ほか、それに基づく政策論にも当然大きな問題が伴う[12]。ここに主流派経済学の「弱さ」がある。

利己性一辺倒への疑問

　利己性・合理性という前提は「自分のものを他人に与えると自分の満足度は減少する」ことを意味する。しかし、例えば、東日本大震災後に多くの人達が被災地に自ら赴いてボランティア活動（自分の時間・エネルギー・資金を他人のために使う活動）をする動きが目立ったことは記憶に新しい。もし経済学の前提が妥当するのであれば、こうした彼らの行動を理解することは困難である。

　なぜなら、人間は、いつ、どんなときも利己的に行動するわけではなく、また人間は全員が利己的であるわけでもない。ある研究によれば、利己的なのは30％の人にとどまっており（Benkler 2011：13ページ）、50％の人は規則性を持って明らかに協働的に行動すること（behave cooperatively；同14ページ）が明らかにされている。また、献血をするという行為は多くの人が行っており、これは明らかに利他主義的行動である。さらに、前述したように、利己主義とは必ずしも相容れない非営利組織・非政府組織（NPO・NGO）の重要性が世界的に高まっていることも、功利主義仮説からは説明できない。

　人間の行動には、このように利己主義以外の要素、すなわち利他主義（altruism）的な動機とそれに基づいた行動が現に少なからず見られる。しかし、主流派経済学では、当初から利他主義的行動を全面的に排除して人間と社会を理解する立場を採っている。このように、現実に背馳する強い仮定を置いていること（そうした現実が強く現れているにもかかわらず利己主義的ないし功利主義的な人間像をかたくなに継承しようとしていること）に問題がある。

　また、こうした人間の行動動機に関する前提は、主流派経済学で採用されている「市場と政府」という二分法にも問題を提起、その視点の有用性に疑問を投げかけている。なぜなら「市場」に現れるのは利己的な個人ならびに営利企業であり、近年現実に重要化している非営利動機の民間組織（non-profit organizations：NPO）、あるいは非政府民間組織（non-governmental organiza-

---

[12] 高橋・辻（2014）が展開する「弱さ」の思想に対する評価ならびにそれと経済学の関係は、岡部（2014g）で論じた。

tions：NGO）がそこでは何ら積極的に位置づけられていないからである。

利他主義を考慮しようとする動き

　確かに、主流派経済学においても利他主義を考慮に入れようとする動きが一部にはみられる。

　例えば、人間は確かに他人の利益になることを考える場合がある、とする見方である。しかしそこでは、それが最終的に自分の利益を増大する結果を生むかどうかの観点から捉えることによって論理的に理解できる、という立論がなされている（第8章の付論2を参照）。この場合、一見他人の利益を考えて行動しているように見えても、そうした行動は結局自分の利益のためである（それに帰着するはずである）と結論づけている。つまり、一見利他主義的「行動」にみえても、その「動機」は利他主義でなくあくまで利己主義に基づくと理解するわけであり、そう解釈することによって功利主義的思想の論理の一貫性が保たれることになる。ただこの接近では、真性の利他主義的要素を認めないという点にやはり難点があるといえよう（これらの詳細な議論は第8章で行う）。

　いま一つの例としては、「他人の幸せは自分の幸せでもある」という側面を直接考慮する立場がある（第4章の付論1を参照）。この場合、確かに、効用関数をそのように定式化することによって利他主義を取り込むことは技術的に可能となる。ただ、そこでは、人間の効用（幸せ）があくまでモノの消費の多寡によって左右されるという前提（唯物主義的な幸福観）は継承している点が今後の課題として残っている。人間の幸せは単にモノの消費だけから来るのではなく、多様な要因が関連している。この点は第7章で詳細に論じる。

人間行動における合理性の過大視

　現代経済学においては「人間は合理的に行動する」という合理性の前提をおいて人間と社会を理解する場合が依然として多い。この点を含め、現代経済学の全体的な動向を一つの切り口から整理することを試みたものが図表2-1である。

　すなわち、人間の行動は、まず経済的現象と非経済的現象に区別することができる。そして、人間の行動は合理的なものか、それとも非合理的なものかという区分もできる。この区分を用いれば、近年の経済学は、三つの大きな方向

図表 2-1　現代経済学の研究対象の動向：純化と狭隘化

	合理的行動	非合理的行動
経済的現象	○	△
非経済的現象	△	×

○対象、△一部対象、×非対象。
（注）Akerlof and Shiller（2009：168ページ）の記述をもとに著者作成。

を示している、と理解できる。

　第1は、経済的現象でありかつ合理的な行動を対象とする研究（図の左上に属する部分：経済学の伝統的領域）である。これは、引き続き経済学の中心対象であるが、第1章でみたとおり人間行動の合理性を前提としているため、その研究が著しく数学化・高度化していることが特徴である。また統計的研究においても、その手法が高度化している。

　第2は、人間行動の合理性は、単に経済現象についてだけでなく非経済現象についても見られるはずであるという考えに基づき、経済学の論理を非経済現象に対しても拡大適用する動き（図の左下に属する部分）が根強くみられることである。これは、前述した経済学帝国主義と称される動きである。

　第3は、経済現象のうち非合理的なもの（図の右上に属する部分）も取り込んだ研究が最近次第に活発になっていることである。例えば、前述したような人間行動を心理学から理解しようとする研究や、人間の行動に前提を置かずに先ずその観察から出発しようとする行動経済学がその例である。

　また、有力経済学者の中には、米国における2008年の金融溶解（financial meltdown）とそれに続く世界的な金融危機発生に鑑み、従来の経済学を特徴づける合理性至上主義の発想から脱却して信頼性（confidence）、公正（fairness）などの非経済的要因や人間の非合理性（animal spirits と称されるナイーブな楽観主義）を積極的に評価することによって経済現象の理解を深めようとする研究（Akerlof and Shiller 2009）へと重点を移す動きもある[13]。なお、

人間は合理的に行動するにしても、それには限界があるとする「限定合理性」（bounded rationality）を前提にした従来の研究（Simon 1972, 1997）もこの区分に入れてよかろう。

(2)経済学研究者による対応の現状

　上記の三つの動向のうち、第3番目の動向の一例である行動経済学は、確かに一つの重要な流れになっている[14]。しかし、現時点ではなお主流派経済学に属するとは言い難い。一方、第1番目と第2番目の動向は、人間行動の合理性を前提としているため、自ずと厳密な数学的展開が顕著となる。とりわけ日本経済学会ではその傾向が強く（第1章第2節を参照）[15]、同学会機関誌の最近号における冒頭二つの論文は、その見かけが図表2-2に示したような様相を呈している。また、統計を用いた実証的分析でも、経済的意味の探求よりも統計分析技術の厳密さを追求すること自体が目標になっているような印象を与える（経済的意味がほとんど言及されていない）論文も見られる[16]。

　むろん、数学的扱いをすること自体に問題があるわけではない。ちなみに、著者は、かつてある既知命題をより一般的な命題に拡張し、その結果、日本の統計作成方法の変更に対して基礎を提供したことがあるが、それは数学の利用なくしては不可能なことであった[17]。問題は、むしろ経済学研究者の姿勢にあるのではなかろうか。

---

13) ジョージ・アカロフ教授とロバート・シラー教授は、それぞれ2001年、2013年にノーベル経済学賞を受賞している。

14) 日本においても、行動経済学会（http://www.abef.jp/）が2007年に設立されている。

15) 例えば、日本経済学会の機関誌 *Japanese Economic Review* の近年の状況をみると、2009年3月号においては、掲載論文8編のうち、数式を用いていない統計的論文が1編あるが、他の7編はほとんどが理論的内容の論文であり、それらは全て数式（微積分、行列式、集合論など）による定式化とその演算や論理展開を提示した論文である。また最近号（2015年9月刊行）では、掲載論文8編全てが各種の数式を含む論文（統計研究1編を除く7編は理論研究）によって占められている。そこでは、前提（定義）、命題、補助命題、証明などが順次登場するので、一見、数学ないし物理学の専門誌といった様相を呈している（図表2-2）。

16) 例えば、「『……でない』という仮説は棄却できない」といったことを主たる結論とするような定量分析論文も散見される。むろん、こうしたステートメント自体誤りではないが、経済分析の論文の結論としては寂しさを禁じ得ない。

一つには、研究者が一定の前提条件を鵜呑みにしたうえで、理論的な厳密化とエレガンスさを追求するという活動に重心が偏り過ぎている印象を禁じ得ないことである。その結果、主流派経済学の理論は、知的遊戯といえば言い過ぎかもしれないが、現実を深く理解する、あるいはより良い社会を構築するための方策を追求するといった研究本来の出発点から大きく乖離し、経済学自体を狭いものにしてしまっている印象を受けることがある[18]。

---

17) 為替相場の変動が貿易収支に所定の効果を持つためには、よく知られた「マーシャル=ラーナー条件」が満たされている必要がある。実は、その条件は、より一般的な場合（対称性を持つ美しいかたちで表される式）の一つの特殊ケースであることを著者は発見し、その結果（下表の下欄）だけは比較的早い段階で日本金融学会において発表した（岡部 1988：141ページ）。しかし、その証明はかなり複雑であり、当初は日本銀行の内部資料（日本銀行金融研究所 1986）にとどめていたが、比較的最近、証明の過程（岡部 2011e）も日本経済学会の2011年度春季大会において発表した。

　従来、日本の国際収支はドル建てで作成・公表されていたが、その場合には一種の「歪み」が生じるので自国通貨建て（円建て）にする必要があることもこの証明の過程で明らかになった。日本銀行が作成するわが国の国際収支公式統計では、この研究結果が示されたあと1987年7月以降ドル表示と円表示で併記されるようになり、1996年3月以降は円表示に一本化（ドル表示は廃止）された。

　下表において、α は輸出の価格弾力性、β は輸入の価格弾力性、m は輸出額対輸入額の比率をそれぞれ示す。従来知られているマーシャル=ラーナー条件は上段の二式（$m=1$ の場合にだけ成立する特殊ケース）であるが、それは下段に記載した一般的なケース（$m \neq 1$ というケース）における特殊ケースに過ぎないかたちになっている。

マーシャル=ラーナー条件とその一般化

	円ベース収支	ドルベース収支
当初貿易収支が均衡している場合	$\alpha + \beta > 1$	$\alpha + \beta > 1$
当初貿易収支が不均衡（赤字または黒字）の場合	$m\alpha + \beta > 1$	$\alpha + (1/m)\beta > 1$

18) 例えば、セドラチェク（2015：414ページ）は、現代の主流派経済学は、経済と倫理との関係を全て排除して著しく狭隘な機械論に陥っていること（数学にうまく適合するように現実世界や人間をモデル化しているという現状）を強く批判（同414ページ）、自然科学の見せかけをしていても経済学は自然科学ではなく、社会科学の一部門であることを忘れてはならない、と警告している（同425ページ）。ただ、どのような対応をすべきかについては具体的に言及されていない。

図表２－２　日本経済学会機関誌の最近号（冒頭２論文の例）

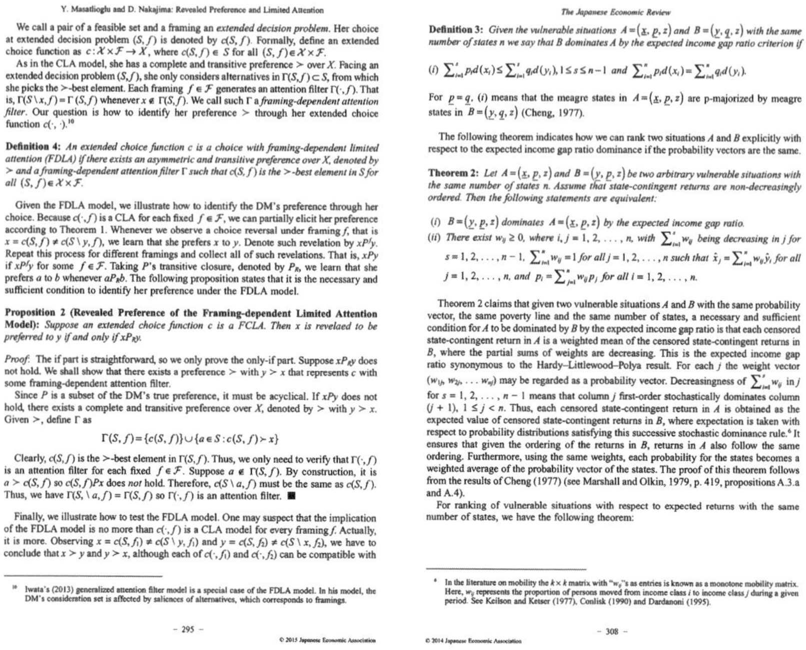

Y. Masatlioglu and D. Nakajima: Revealed Preference and Limited Attention

We call a pair of a feasible set and a framing an *extended decision problem*. Her choice at extended decision problem (S, f) is denoted by $c(S, f)$. Formally, define an extended choice function as $c: \mathcal{X} \times \mathcal{F} \to X$, where $c(S, f) \in S$ for all $(S, f) \in \mathcal{X} \times \mathcal{F}$.

As in the CLA model, she has a complete and transitive preference $\succ$ over X. Facing an extended decision problem (S, f), she only considers alternatives in $\Gamma(S, f) \subset S$, from which she picks the $\succ$-best element. Each framing $f \in \mathcal{F}$ generates an attention filter $\Gamma(\cdot, f)$. That is, $\Gamma(S \setminus x, f) = \Gamma(S, f)$ whenever $x \notin \Gamma(S, f)$. We call such Γ a *framing-dependent attention filter*. Our question is how to identify her preference $\succ$ through her extended choice function $c(\cdot, \cdot)$.[10]

Definition 4: *An extended choice function c is a choice with framing-dependent limited attention (FDLA) if there exists an asymmetric and transitive preference over X, denoted by $\succ$ and a framing-dependent attention filter Γ such that $c(S, f)$ is the $\succ$-best element in S for all $(S, f) \in \mathcal{X} \times \mathcal{F}$.*

Given the FDLA model, we illustrate how to identify the DM's preference through her choice. Because $c(\cdot, f)$ is a CLA for each fixed $f \in \mathcal{F}$, we can partially elicit her preference according to Theorem 1. Whenever we observe a choice reversal under framing f, that is $x = c(S, f) \neq c(S \setminus y, f)$, we learn that she prefers x to y. Denote such revelation by $xP^f y$. Repeat this process for different framings and collect all of such revelations. That is, xPy if $xP^f y$ for some $f \in \mathcal{F}$. Taking P's transitive closure, denoted by P_R, we learn that she prefers a to b whenever $aP_R b$. The following proposition states that it is the necessary and sufficient condition to identify her preference under the FDLA model.

Proposition 2 (Revealed Preference of the Framing-dependent Limited Attention Model): *Suppose an extended choice function c is a FCLA. Then x is revelaed to be preferred to y if and only if $xP_R y$.*

Proof: The if part is straightforward, so we only prove the only-if part. Suppose $xP_R y$ does not hold. We shall show that there exists a preference $\succ$ with $y \succ x$ that represents c with some framing-dependent attention filter.

Since P is a subset of the DM's true preference, it must be acyclical. If xPy does not hold, there exists a complete and transitive preference over X, denoted by $\succ$ with $y \succ x$. Given $\succ$, define Γ as

$$\Gamma(S, f) = \{c(S, f)\} \cup \{a \in S : c(S, f) \succ x\}$$

Clearly, $c(S, f)$ is the $\succ$-best element in $\Gamma(S, f)$. Thus, we only need to verify that $\Gamma(\cdot, f)$ is an attention filter for each fixed $f \in \mathcal{F}$. Suppose $a \notin \Gamma(S, f)$. By construction, it is $a \succ c(S, f)$ so $c(S, f)Px$ does *not* hold. Therefore, $c(S \setminus a, f)$ must be the same as $c(S, f)$. Thus, we have $\Gamma(S, \setminus a, f) = \Gamma(S, f)$ so $\Gamma(\cdot, f)$ is an attention filter. ■

Finally, we illustrate how to test the FDLA model. One may suspect that the implication of the FDLA model is no more than $c(\cdot, f)$ is a CLA model for every framing f. Actually, it is more. Observing $x = c(S, f_1) \neq c(S \setminus y, f_1)$ and $y = c(S, f_2) \neq c(S \setminus x, f_2)$, we have to conclude that $x \succ y$ and $y \succ x$, although each of $c(\cdot, f_1)$ and $c(\cdot, f_2)$ can be compatible with

[10] Iwata's (2013) generalized attention filter model is a special case of the FDLA model. In his model, the DM's consideration set is affected by saliences of alternatives, which corresponds to framings.

– 295 –

© 2015 Japanese Economic Association

The Japanese Economic Review

Definition 3: *Given the vulnerable situations $A = (\underline{x}, \underline{p}, z)$ and $B = (\underline{y}, \underline{q}, z)$ with the same number of states n we say that B dominates A by the expected income gap ratio criterion if*

(*i*) $\sum_{i=1}^{s} p_i d(x_i) \leq \sum_{i=1}^{s} q_i d(y_i), 1 \leq s \leq n-1$ *and* $\sum_{i=1}^{n} p_i d(x_i) = \sum_{i=1}^{n} q_i d(y_i)$.

For $\underline{p} = \underline{q}$, (*i*) means that the meagre states in $A = (\underline{x}, \underline{p}, z)$ are p-majorized by meagre states in $B = (\underline{y}, \underline{q}, z)$ (Cheng, 1977).

The following theorem indicates how we can rank two situations A and B explicitly with respect to the expected income gap ratio dominance if the probability vectors are the same.

Theorem 2: *Let $A = (\underline{x}, \underline{p}, z)$ and $B = (\underline{y}, \underline{p}, z)$ be two arbitrary vulnerable situations with the same number of states n. Assume that state-contingent returns are non-decreasingly ordered. Then the following statements are equivalent:*

(*i*) *$B = (\underline{y}, \underline{p}, z)$ dominates $A = (\underline{x}, \underline{p}, z)$ by the expected income gap ratio.*
(*ii*) *There exist $w_{ij} \geq 0$, where $i, j = 1, 2, \ldots, n$, with $\sum_{i=1}^{s} w_{ij}$ being decreasing in j for $s = 1, 2, \ldots, n-1$, $\sum_{i=1}^{n} w_{ij} = 1$ for all $j = 1, 2, \ldots, n$ such that $\hat{x}_j = \sum_{i=1}^{n} w_{ij} \hat{y}_i$ for all $j = 1, 2, \ldots, n$, and $p_i = \sum_{j=1}^{n} w_{ij} p_j$ for all $i = 1, 2, \ldots, n$.*

Theorem 2 claims that given two vulnerable situations A and B with the same probability vector, the same poverty line and the same number of states, a necessary and sufficient condition for A to be dominated by B by the expected income gap ratio is that each censored state-contingent return in A is a weighted mean of the censored state-contingent returns in B, where the partial sums of weights are decreasing. This is the expected income gap ratio synonymous to the Hardy–Littlewood–Polya result. For each j the weight vector $(w_{1j}, w_{2j}, \ldots w_{nj})$ may be regarded as a probability vector. Decreasingness of $\sum_{i=1}^{s} w_{ij}$ in j for $s = 1, 2, \ldots, n-1$ means that column j first-order stochastically dominates column $(j+1)$, $1 \leq j < n$. Thus, each censored state-contingent return in A is obtained as the expected value of censored state-contingent returns in B, where expectation is taken with respect to probability distributions satisfying this successive stochastic dominance rule.[6] It ensures that given the ordering of the returns in B, returns in A also follow the same ordering. Furthermore, using the same weights, each probability for the states becomes a weighted average of the probability vector of the states. The proof of this theorem follows from the results of Cheng (1977) (see Marshall and Olkin, 1979, p. 419, propositions A.3.a and A.4).

For ranking of vulnerable situations with respect to expected returns with the same number of states, we have the following theorem:

[6] In the literature on mobility the $k \times k$ matrix with "w_{ij}"s as entries is known as a monotone mobility matrix. Here, w_{ij} represents the proportion of persons moved from income class i to income class j during a given period. See Keilson and Ketser (1977), Conlisk (1990) and Dardanoni (1995).

– 308 –

© 2014 Japanese Economic Association

（注）*Japanese Economic Review* 第66巻３号（2015年９月）に掲載された８論文のうち、冒頭二つの論文における標準的なページ。

例えば、単純化された人間の行動動機を経済学研究者が根本的に再考し（消費に基づく効用だけでなく幸福の追求なども考慮し）、それを基にして従来の経済学に人間的要素を盛り込むことを試みる、といった姿勢は現状なお極めて希薄である。ちなみに、日本における経済学研究者にとっての最大の学会である日本経済学会の大会（年２回実施）における発表論文をみると、2016年は合計353件に達したが、それらのうち人間の行動様式の再考（消費以外の行動目標、例えば幸福ないしその追求等）を正面から扱う報告はわずか数件に止まった[19]。

こうした事情の背景には、経済学研究者自身の「合理的行動」を反映した面があろう。なぜなら、経済学の研究者を志す者（とくに若者）が学位を取得し、その後大学等で安定した職に就く場合、あるいはそこで昇進する場合には、よ

く言われることであるが[20]）「査読付き専門誌に公表された論文が何編あるか」が最も重要な基準とされる傾向が一段と強まっているからである。こうした場合、公表論文の数を増やすには、全く新しい枠組みで論文を書くよりも、学界で比較的広く受け入れられている規格化された枠組みを出発点にしつつ多少の付加価値を付ける、というのが研究者として安全な（リスクが少ない）行き方になるからであろう。

　こうしたことは、経済学の「制度化」（institutionalization）としてアメリカの1950-60年代の経済学について指摘され（佐和 1982：64～65ページ）、その結果、経済学は社会科学として健全な方向を目指してきたのだろうかという深刻な疑問を生じさせた（同 213ページ）。翻って現在の日本をみると、有力な経済学研究者は専門的トレーニングを米国で受けてきた者が圧倒的に多いのが現実である。このため日本でも、現在ではアメリカ同様、主流派経済学は完全に制度化している。さらに、経済学のこうした影の部分に対する日本での対応は、アメリカ経済学会に比べても鈍い[21]）。このような状況においては、経済学のあり方を大きな視点から捉え直そうという発想（人間の行動動機の再考、市場や政府以外の各種の重要現象への注目）は希薄にならざるを得ない[22]）。

　換言すれば、経済学においては、研究者自身にとっての合理的行動が経済学

19）2016年の春季大会における論文発表は総数210件に達したが、人間の行動動機ないし幸福を問題にしたものはわずか2件であった。その一つは「何が人を幸せにするか？　経済的・社会的諸要因そして倫理の役割復活」（岡部 2015e）であり、もう一つは「人は自分の満足度を的確に測定しているか」というやや技術的な論文であった。また同年の秋季大会における論文発表は総数143件であったが、人間の行動動機ないし幸福を問題にしたものは1件のみ（旧共産圏諸国における不幸）であった。

20）これは、著者がこれまでに大学で教員の採用ないし昇格の人事案件に関与した経験からも明確な事実であろ。

21）前掲図表1-6、図表1-8における「他の学問領域との共同研究」のテーマを日米で比較すると、これが明確である。なお、本書第7章の脚注4も参照。

22）因みに、日本経済学会における「石川賞10周年パネル討論：日本の経済問題と経済学」（玄田ほか 2016）をみると、パネリスト（6名）はいずれも気鋭の研究者（全員が石川賞受賞者）であるが、「私は［人間の合理的な行動から外れた行動を扱う］行動経済学に基づく分析は位置づけがよくわからない」（塩路悦朗氏、235ページ）とか、「コミュニティというものは経済学にとっては異物であり対立概念である（中略）ので十分注意しなければならない」（岩本康志氏、238ページ）として経済学の領域を意図して限定的に捉えるべきだとする意見がみられる。

全体として望ましい結果をもたらす状況（第1章第1節で述べた概念を用いると動機整合性 incentive compatibility が成立する状況）にはなっていないことに原因がある。

以上詳細にみたとおり、近年の経済学は、利己性、唯物主義、そして合理性を前提とした人間像を基本に発展を遂げてその「強さ」を現した。しかし、一方ではその基本前提が人間ならびに社会を見る視点を狭隘化し、経済学の「弱さ」を露呈した状況になっている。そうした「弱さ」ないし問題は、その結末として主流派経済学が説く経済政策論に端的に表れている。

第3節　経済政策論に現れた歪み

主流派経済学は、これまで述べたとおり、きわめて限定的な前提を置いた場合に人間社会をどう理解できるかの視点を提供している。このため、それをもとにした政策論においては、そこでの前提がどれほど限定的なものであるかを十分に留意しなければ、経済学の論理を誤用ないし濫用して公共政策を歪んだものにする危険、すなわち論理の一面だけをもって社会のあり方全体に適用してしまう危険がある。

より具体的にいえば、主流派経済学の政策提言においては「効率性」の追求が圧倒的に優先され、そのため「どのような市場であれその機能を妨げる要因を除去すべし」という単純な提言に強く傾斜してしまう。すなわち、そうした場合、人間は市場経済においては様々な価格（商品価格、株価、金利、賃金等）を基準に行動するので、それらの価格が自由に形成されるように市場取引の規制を撤廃すれば、資源が最適配分されるとともに最も望ましい結果（効率性）が得られる、という主張に帰着してしまう[23]。

---

23) 国際通貨基金（IMF）や世界銀行が1980〜1990年代に各国に対して提言した政策パッケージは、このような市場至上主義的な理念によって構成されていたので、それら国際機関の所在地にちなんで「ワシントン・コンセンサス」と呼ばれることがある。また、それは市場原理主義（market fundamentalism）、新自由主義（neoliberalism）とも称される。主流派経済学が強力な理論を構築したことを評価しつつも、それを経済政策論に適用する場合に大きな誤りを犯しているという指摘（Basu 2011：序文1ページ）がある。

図表 2-3　主流派経済学の政策論と広い視点に立った政策論（例示）

	主流派経済学の政策論	左記の問題点と広い視点に立った政策論
農業政策	・日本の食料品価格は国際的にみて著しく高い（コメはアメリカの3倍以上）。 ・日本のコメ輸入に対する高い関税を撤廃すれば日本人の生活は豊かになる。	・国民を消費者・生産者という視点（効率性）だけから理解、それ以外の尺度（公平、安全、文化等）を無視。 ・農地の非可逆性、食料安全保障の視点、水田耕作が持つ文化なども考慮に入れる必要。
企業政策	・企業の最終的保有者は株主であり、したがって企業の価値は株式総額によって測定できる。 ・株式売買はその主体や動機を問わず完全に自由化すべき。	・従業員を単なる生産要素の一つと位置づけ、人格を備えた人間とみていない。 ・組織体と商品は同一視できない。企業は人間の能力開発と成長の場、社会に広く貢献する組織、という面の理解も必要。
雇用・賃金政策	・企業では、役員であれ一般従業員であれ受取る報酬額によって勤労意欲が決定的に左右される。 ・役員報酬には利益連動制を、一般従業員には能力主義・成果主義賃金制を導入するとともに、いつでも転職できる労働市場にすべき。	・組織として団結し、強さを発揮するための条件を無視。職場内格差、非正規従業員の増加、一体感の後退、心の安定喪失などを招来。 ・組織で働く意味としては、金銭や昇進以外にも、能力開花、達成感、一体感、社会貢献の感覚、などを考慮する必要。

(注) 通説的政策論の内容は、農業については野口 (2007)、企業について新井 (2007)、雇用・賃金については中谷 (2000) の所説をそれぞれ援用した。
(出典) 岡部 (2011d) 表3。

(1) 主流派経済学の政策論 vs. 広い視点に立った政策論

　主流派経済学は、こうした政策を農業政策、企業政策、雇用・賃金政策などあらゆる分野に対して主張する傾向が顕著にみられる。経済政策論をやや体系的に考察するのは次章に譲るが、ここでは主流派経済学の通説的な経済政策論がどのような特徴と難点を持つか、そしてそれを越えるにはどのような広い視点に立つ必要があるかを、三つの場合について例示しよう。

　図表2-3の左側は、それぞれの領域において主流派経済学が提示する政策論であり、右側はそれよりも広い視点に立った政策論を示すことによって、両者を対比している[24]。

農業政策

　第1の例は、コメなど農産物の輸入の自由化に関する政策である（上掲図表2-3の上段を参照）。これに関する経済学者の標準的な理解と政策論は、およそ次のようなものである。すなわち、日本の食料品価格は国際的にみて飛び抜けて高い（コメはアメリカの3倍以上）。その理由は、日本でコメの輸入に対して高率の関税が課せられているからである。したがって、このような制約を取り払い、輸入をもっと増やせば日本人の生活はさらに豊かになる（野口2007：207ページ）。これは、国際貿易における比較優位の原則に則った議論であり、それから導かれる貿易自由化の論理（経済面だけに着目した政策論）としては完全に正しい[25]。

　しかし、それを現実の政策（そこでは経済以外の重要な側面も考慮する必要がある）として実行するのが最適かどうかを判断するには、さらに十分な注意が必要である[26]。

　なぜなら、経済学の命題は通常、主として効率性を問題にしており、公正、平等、そして社会の多くの側面（例えば文化）、さらには人間らしさ、などの側面はまったく問題にしないからである。上記の経済学的論理においては、国民を消費者ないし生産者（米作農家）としてだけしか捉えておらず、したがって消費者がいかに安く農産物を入手するか、という観点だけが基準となっている。消費者のためならば、農産物を完全に自由化すれば安い輸入品が国内にあふれることになり、それが最善の政策になる。これはほぼ自明の論理である。

　ところが「消費者」とは国民の経済的一側面にすぎない。消費者のためになることが、「国民」の他の側面を深く傷つけることもある（藤原 2007）。例え

24）これらの議論の詳細は、岡部（2011d）を参照。
25）確かに、コメの輸入関税撤廃により米作農家は大きな打撃を受ける。しかし、消費者が享受する利益増大分の一部を割いて米作農家に移転すれば農家の損失は補償され、日本全体としてはなお利益が残ることが理論的に知られている。
26）自由化論自体になお不十分な論点が残されている。例えば(1)日本の平均関税率（2.6%）はアメリカと比べても低い（中野 2011：248ページ）という事実と、一層「開国」すべきという主張の間にはどの程度整合性があるのか、(2)日本の食料自給率（カロリーベースで40%）はすでに著しく低い（食料については閉鎖しているどころかこれほど開放している国は少ない）という事実と、「開国」による食料輸入増大によってそれがさらに低下するとすれば食料の安全保障（food security）との間における整合性はどうなのか、などである。

ば、コメ輸入を完全に自由化すれば、日本農業は壊滅に瀕する、食料自給率は低下し国民は生死のリスクを抱える、美しい田園は荒廃する、自然への繊細な美的感受性も瀕死に追い込まれるかもしれない。その結果、国民は荒れ果てた自然に囲まれ、物の値段だけが安い国に住むことになる（藤原 2007）。影響は、水田とともに地域が崩壊するなど農業だけでなく社会全体に及ぶ（鈴木 2011）可能性がある。「国民」を単に「消費者」（生産者も同時に存在するが）という視点だけで捉えることは明らかに適切でない。

　そうした視点のほかにも、農地の非可塑性（農地を一度住宅地にしてしまうと再び農地化することは非常に困難）という視点（岡部 2009d）、景観維持という非貨幣価値的な視点、わが国の安全上必要な規制や水田耕作に伴う固有の慣習・文化や社会的きずなの視点（中野 2011）など様々な視点があり、国民は多くの「顔」を持っている。政策は、こうした「農業の多面的機能」を評価し、洞察したうえで採られる必要がある。経済論理（効率性）と合理性を重視する視点（いわゆる市場原理主義）だけで政策を運営すれば、いかに適切を欠く結果をもたらすかは明らかである。農業については、単なる輸入自由化政策でなく、より幅広い視点に立った政策を構想できる可能もある[27]。

企業政策

　第2の例は、「企業の価値」とそこで働く人間との関係をどう理解するか、そしてその政策のあり方についてである（上掲図表2-3の中段を参照）。主流派経済学ないしファイナンス論においては「企業の価値は株価総額によって測ることができる」というのが標準的な考え方である。これは企業を理解する場合の一つの見方ないし便宜上の「前提」である（あくまで前提に過ぎない）。にもかかわらず、これこそが企業の「事実」であるという理解ないし誤解が少なくない。

　この見方によれば、労働者は資本と並ぶ単なる「生産要素」として捉えられており、労働者は人格を備えた人間とはみなされていない。また、企業が単に

---

27) 効率至上主義でない一つの政策論としては、安いコメの確保という視点とは別に、「農業」ではなく「農地」をいかに守るかという視点（そこには本文で言及した幾つかのことが含まれてくる）を優先課題と位置づけ、そのうえで生産効率をどう図っていくか、という発想がありうる。

株式価値（それは当該企業に関する多くの情報を含むが）だけで評価されており、企業の価値が組織の力、新製品開発力、従業員への手厚い対応、社会的なイメージ、それらを総合した将来性など、企業をみる多面的な尺度によって評価されてはいない。企業をみる場合には、従業員が自分の持つ能力を最大限引き出して発揮できるような組織であるかどうか、仕事に誇りと責任を持てるかどうか、人間相互に信頼を築けるか、共同体として連帯を感じるか、など従業員を人間としてみる視点も十分含まれる必要がある。

ところが近年の英米流企業論ないしファイナンス論では、こうした企業の多面性を考慮せず、単純な前提によって企業の価値を判断する立論が支配的となっている。このため、近年増加している企業の合併と買収（M＆A：mergers and acquisitions）に関しても、企業をあたかも一つの商品と同じようにみなす政策論がでてくることになる。すなわち、企業経営の最終的かつ最大の権限は株式保有者が持つので、株式売買は、それがどのような主体による売買であれ自由化すべきである（制約は全て撤廃すべきである）という発想がそれである。

ファイナンス論では、こうした議論が国内外の有力学者の多くによってなされているが、議論の前提とその含意が十分に吟味されていない点で大きな問題を含むといわざるを得ない（岡部 2007a：11章、2008）。こうした政策論は、視野狭窄に陥っているといわれても仕方があるまい。なぜなら、企業は単にカネの集合ではなく、カネとヒトの集合体であり、社会や関係者（ステークホルダー）にとって多面的な意義を持つ組織体であることを認識する必要があるからである。

なお、企業M＆Aに関する政策論は、企業の本質と主流派経済学の限界を考えるうえで重要な例となるので、次節でやや詳しく論じる。

雇用・賃金政策

第3の例は、雇用・賃金政策についてである（上掲図表2-3の下段を参照）。この場合、詳細は省略するが、人間が組織で働くのは単に金銭や昇進のためだけでなく、それ以外にも例えば能力の開花、達成感など、深い動機があることも認識し、そのうえで政策を実施する必要がある。

以上三つの例を見た。そこにおいては、主流派の政策論として人間の利己心

の積極活用、競争促進、規制撤廃などが主張され、それらが効率性向上の所以であるとされている。競争的な市場による淘汰（優勝劣敗）が効率性をもたらすのはほぼ自明であり、このような政策提言に論理上の難点はない。また、効率性という尺度は疑いなく重要な判断基準である。

しかし、主流派経済学において通説となっているこうした政策論は、次の点で問題がある。一つは国民を消費者や生産者という視点だけから捉えていること、二つ目は、企業の従業員を単に労働提供者という面だけから捉えていること、三つ目は、個人の行動だけを問題とし、その所属組織（例えば自分が働く会社）との関係を無視していること、などである。

要すれば、人間の一面だけに焦点を当てた経済分析の結果をそのまま政策論として主張している点に問題がある。実際の政策運営を歪んだものに陥らせないためには、より多くの側面、すなわち公平性、社会の安定性、文化的価値への影響、なども加味して政策の適否、あるいは経済分析の限界を判断する必要がある。

第4節　人間性無視に陥っている企業M＆A政策論

前節で述べたとおり、主流派経済学の基本前提とそこから導き出される政策論は、公共政策を歪んだものにするリスクを抱えている。本節では、その一例として企業のM＆Aとそれに関する政策論を取り上げる。そして、この分野ではとりわけそうした傾向が顕著にみられることを具体的かつ批判的に述べる[28]。

(1) ファイナンス論の視点によるM＆Aの標準的理解と政策論

日本では、従来日本企業同士のM＆Aは少なかったが、1990年半ば以降は生き残りをかけたM＆Aが急増する傾向を示している。これに伴い、この分野の研究が活発化している。とくに米国の大学院で訓練されたファイナンス論の研究者がこの分野に参入する例が目立ち、政策のあり方についても彼らの見解が次第に影響力を持ってきている。

---

[28] 本節は岡部（2008）に基づく。

ファイナンス論からみた場合、企業のM＆Aとそれに関する政策論は、次のような理解が最も標準的なものである。すなわち(1)株主は企業の所有者であり企業に対する最終的支配権を持つ。(2)株式売買は企業支配権の獲得競争に他ならず、他者よりも効率的な経営ができる（自ら経営することによって企業価値を高め追加的利益を獲得できる）と考える者が当該企業の株式を取得することになる。したがって(3)株式市場では売買主体がどういう属性であるかを問わず（国内外あるいは投資ファンドであるか否かを問わず、そして敵対的買収であるか否かを問わず）原則として取引阻害要因を除去して売買競争を促進することが重要であり、公共政策はその円滑化に取り組むべきである、という政策論を導く。

確かに、M＆Aには種々の望ましい効果が期待できる。ちなみに、著者が行った日本のM＆Aについての実証研究においても、M＆Aが経営効率を高める効果を明確に検出できた[29]。このためM＆Aは、日本経済の構造改革にとって一つの大切な手段であると評価できる。

しかし、近年の日本における大半のM＆A研究においては、ファイナンス理論の極度に単純化された前提をもとに議論しているはずであるにもかかわらず、その前提を失念した妥当とは言いがたい議論や偏向した政策論が闊歩している。その点について著者は大きな懸念を抱く。それは、結局「企業とは何なのか」に関してあまりに一面的な理解が多いことを意味する。

議論の単純化に潜む落とし穴

M＆Aに関するファイナンス論からの接近は、端的にいえば「企業の本質はカネ（資金）であり企業はカネの提供主に所属する」ことを前提とした理論である。これは企業を単純化して理解する一つの視点であり、その前提はシンプルかつ分かりやすい。またその場合には日々の株価データを活用して分析できるので定量分析も容易である。上記(1)などの前提を基にする限り、そこから一連の命題（企業価値は株価総額で示され株価上昇こそ重要である等）が導かれる。そして実証分析の結果がそれに合致していることが示されたとしても何

---

29) 岡部（2007a：9章）。ここでなされたM＆Aに関する実証研究は、その他多くの研究とは異なり、M＆A実施企業の株価変動を基礎とはしない方法に依っている。

ら不思議はない。

　この議論には論理整合性があり、前提を認める限り、導かれる結論はほぼ自明ともいえる。社会現象を理解する場合、一般に何らかの視点に立った鋭利な切り込み（モデル化）が不可欠なので、それは一つの有用な分析である。

　しかし、Ｍ＆Ａに関する近年の各種研究や政策論[30]あるいは海外の有力機関投資家団体による提言[31]では、その前提をあまりにも当然のことと見なしているばかりか、それがあるべき姿であるという主張（規範論）へすり替わっている面すらある。前提は前提でしかありえない。多面性を持つ企業を理解する場合、ファイナンス・アプローチの前提が最もふさわしいかどうかは別問題である。

株主を企業所有者とみる見解には三つの問題

　第１に、企業はそもそも理論上株主のものとはいえない。例えば、仮に企業価値を企業が保有する全資産として捉える場合、貸借対照表を想起すれば明らかなように、それは株式の現在価値（株式時価総額）だけでなくそれに負債（借入金ないし社債）を加えた合計額である、と理解できる。株式所有者は、その他形態の資金提供者の場合よりもより大きなリスクを負う分、それに見合って経営に影響力を持つことが当然保証されているが、その場合でも企業資産の全部ではなく一部に対する請求権を持つに過ぎない。株式所有者を企業所有者ないし最終的な企業支配権者とみなすことは、論理的に大きな飛躍がある。

　第２に、企業は実体的にみて資金提供者に加え（貸借対照表にはあらわれないものの）労働提供者も同様に重視すべき組織体である。企業は単に株主だけでなく従業員など多くの利害関係者がコミットしているという実体を認識した理解の仕方、いわゆる「ステークホルダーの視点からの企業理解」がより適切である。さらにいえば、企業はその活動によって社会全体が利益を受けるための組織にほかならないから、それは特定の人間グループに所属するものではなく、最も根源的には社会のもの（公器）である。長年にわたって優れた経営成果を上げている企業は「社会のため人間の幸福のため」になる経営理念を掲げ

---

30) 例えば、経済産業省企業価値研究会（2005）。
31) 米年金基金最大手のカルパースや欧州の有力機関投資家をメンバーとする業界団体の提言書「日本の企業統治に関する提言」2008年５月。

ている企業であることが日米を問わず明らかにされている（株価上昇はその結果に過ぎない）のは、この見方こそが企業の本質をついているからである。

　こう考えれば、企業の定量的分析は確かにかなり困難化する。だからといってこの視点が劣位にあるわけではない。重要なのは、いずれの視点が実体をより的確に捉えるのか、そして企業が本来の目的を達成するうえでより望ましい公共政策が導けるか、である。

　第３に、ファイナンス論的な前提と立論は、倫理上かなり問題がある。そこでは企業価値の上昇、つまり株主利益最大化が関心事であり、重要なステークホルダーである従業員はそれにとっての「コスト」という否定的な位置づけしかなされていないからである。

　企業の従業員は、日中の最も活動的な時間帯（例えば朝９時から夕方５時）に営々としてそこで働く人間である。それを単に、労働力の提供主体あるいはコストとしてしか認識しないのは実体に即していない。また、一つのモデル化とはいえそれは寂しい発想ではないか。人が働くのは、むろん生活費獲得が大きな目的である。しかし、従業員は働くことを通じて得られる自己実現や達成感などの喜び、あるいは仕事を通じる自己成長（empowerment）ないし潜在能力（capabilities）開花なども、程度はともかく期待しているはずである。企業論そしてＭ＆Ａを巡る議論においては、従来この点が全く欠落しており、この視点を重視する必要性が大きい。

企業ガバナンス組織の制度整備を

　先年、著者が日本ファイナンス学会に参加した際、そこで聞いた学会会長による講演の題目は「敵対的企業買収はなぜ必要か」というものであった。ファイナンス論の視点からみれば、企業買収はそれが敵対的であるか否かを問わず当然「必要」なことがそこでは基本命題となっている。このような論説やある意味で「歪んだ」政策思考が跋扈するなかでいま求められるのは、人間を重視した企業論の確立、そしてそれに基づく企業制度の整備である。ここはその詳細に立ち入る文脈ではないが[32]、例として二つだけ指摘しておきたい。

　一つは、ファイナンス的接近に著しく偏している現在のＭ＆Ａに関する研究

32）詳細は岡部（2007a：10章および11章）を参照。

図表2-4　従業員の経営参加に関する国際比較

	従業員による取締役選出の有無	従業員協議会の設置を法定	従業員の経営参加を憲法に記載
オーストリア	○	○	×
デンマーク	○	○	×
ドイツ	○	○	×
ノルウェー	○	×	○
スエーデン	○	×	×
スペイン	×	○	×
フランス	×	○	○
イタリア	×	×	○
日本	×	×	×
オーストラリア	×	×	×
スイス	×	×	×
英国	×	×	×
米国	×	×	×

(注)○ 該当する。× 該当しない。
(出典)岡部（2007a）327ページ。

において、労働経済研究者ないし社会学研究者などを呼び込むこと、あるいはそれら研究者との共同研究を促進することである。そうすればM＆Aの意義や望ましい公共政策についてバランスのとれた議論と政策提言が可能になるであろう。もう一つは、とくに日本において企業の重要なステークホルダーである従業員の経営関与を明文化した制度として確立することである。この点で日本は他の主要国に比べて依然劣後している（**図表2-4**）ので対応を急ぐ必要がある。

(2) 本章の結論

本章の主な論点は次のとおりである。
1. 現代経済学の「強さ」は、人間について単純な前提（個人の効用最大化）を置き、それに自然科学（特に物理学）的分析方法を適用していることに起因する。そこでは、三つの基本概念（最大化、均衡、効率性）が中心的位置を占める。
2. このように単純化された方法論を人間の様々な行動（結婚、宗教、犯罪

等）に適用する動きがあり、それは「経済学帝国主義」と称される。この研究方法は経済学の強さと拡張性を示すが、一方では人間の行動を一面的に捉える点に弱さ（人間理解の狭隘さ）がある。
3．主流派経済学の視点から経済政策を論じる場合、上記の事情から効率性の達成を他の目標に優先させる傾向が強く、それは多くの領域において政策（農業政策、企業政策、雇用・賃金政策等）を一面的に偏らせる傾向を生んでいる。経済分析や政策提言においては、人間性（合理性だけでなく非合理性、限定合理性、利他主義、絆、消費以外に起因する幸福など）を十分に考慮する必要がある。

第3章　経済政策論からみた経済学の課題

　経済学の役割を広く捉えた場合、その究極的な目標は、経済活動の仕組みを深く理解するとともに、それを基にしてより望ましい社会にするための政策（とくに政府が行う公共政策）は何かを考察し、提言することにある。このように理解すると、経済政策は経済学の重要な一領域であるとともに、そこには経済学の研究結果が強く反映されることになる。

　本章では、まず経済政策の考え方の基本を整理する。次いで、政策目標が多様化した下での政策選択のあり方を考察する。その結果、政策の運営主体と運営手法についても新しい視点が必要になることを指摘する。このように、経済政策論という観点からみても、現代経済学（とくに主流派経済学）には新しい方向が求められていることを明らかにする[1]。

　なお、以下の記述においては、経済学で通常利用される各種の概念や図表を必要に応じて活用し、そうしたツールによって議論が厳密化、明確化できること（経済学のツールが持つ強さないし切れ味）を示す意図も込められている。

第1節　経済政策論の基本的視点

　経済政策とは、通常、刻一刻と変化している経済に対して、政府またはその他の公的部門（中央銀行、地方自治体等）が何らかの手段と方法で働きかけることにより、国民をより豊かでより快適な状態に導いていくことを指す。そこ

1）本章は、岡部（2011d）に依拠している。

において基本となるのは、政策目標とそれに関連する政策の種類である。そこで、先ずそれを整理してみよう。

(1) 経済政策の目標、政策の種類

経済政策に関して伝統的に政策目標とされるのは(1)資源の効率的な配分、(2)景気と物価の安定、(3)所得の公正な分配、この三つである。短くいえば、配分の効率性（efficiency）、景気の安定性（stability）、分配の公平性（equity）である。これらが重要な政策目標になることは疑いを容れない。そのために各種の関連指標が注目され、その動向を反映して各種の政策が採られることになる（図表3-1を参照）。

こうした古くから着目されてきた三つの目標に加え、その後(4)経済成長（growth）、(5)革新（innovation）も重要目標になった。そしてより最近では(6)環境保全（environmental protection）、(7)生活の質（amenity）なども加わってきている。

このように政策目標が拡大してきたのは、一つには、市場経済システムによっては十分に対応できない側面（いわゆる市場の失敗）に対して政府が取組む必要性が増したことが大きな理由である。環境保全がその代表例といえる。いま一つには、社会経済環境の変化（所得水準の上昇、経済取引のグローバル化等）によって目標の重点が変化したためである。例えば、近年の経済政策において技術革新の促進、生活の質向上などが重要な政策目標になったのは、それを反映している。

(2) 経済政策の論理：理論モデルによる理解

経済政策の上記主要目標のうち、資源配分の効率化（上記1）、革新の活発化（上記5）、所得分配の公正化（上記3）は、その論理を次のような簡単な理論モデルによって理解することができる。

資源配分の効率化

資源配分が効率的であるとは、一定量の生産要素投入の下で最大可能な生産物の組み合わせを実現していること、または一定の生産物の組み合わせを得るうえで最も少ない生産要素の組み合わせが対応している状態を指す[2]。平たく

図表 3-1　経済政策の目標と政策の種類

経済政策の目標	関連する指標	具体的な政策名
1. 資源の効率的な配分（Efficiency）	生産性、インフレ率、失業率	・競争（独占禁止）政策 ・産業政策
2. 景気と物価の安定（Stability）	インフレ率、失業率、経済成長率	・マクロ経済政策
3. 所得の公正な分配（Equity）	ジニ係数、インフレ率、失業率	・財政政策、社会保障政策 ・マクロ経済政策
4. 経済成長（Growth）	経済成長率、生産性上昇率	・租税政策、産業政策
5. 革新（Innovation）	新製品数、特許件数、技術進歩率	・技術政策、金融制度政策
6. 環境保全（Environmental protection）	大気汚染度、水質汚濁度	・環境規制、環境対策補助
7. 生活の質（Amenity）	下水道普及率、犯罪率	・公共事業、治安政策

(注)　1．マクロ経済政策は、通常、金融政策および財政政策を指す。
　　　2．著者作成。

言えば、無駄が発生していない状態である。

　いま経済に財Xと財Yの2財だけがある簡単なモデルを考えよう（**図表3-2**）。例えば、財Xは米、財Yはコンピュータとするとイメージが掴みやすいかもしれない。この経済の生産可能性曲線（生産フロンティア）を $x_1 y_1$ とする。つまり、曲線 $x_1 y_1$ は、この経済にとって所与の生産要素と所与の生産技術の下で生産可能な2財の量の組み合わせを示している。そして、この曲線は右上方向に凸（原点に対して凹）の性質を持つと想定できる。すなわち、二つの財の生産に関してはトレードオフ（一方を増加させると他方は減少させざるを得ない）関係が存在し、かつ、両財の組み合わせに関しては限界変形率（一方の財の1単位の犠牲によって得られる他方の財の追加的生産量。限界技術代替率ともいう）が逓減する、と想定することが自然だからである。

　一方、曲線 U は社会全体としての幸福水準を表す社会厚生関数（複数の財または事象の組み合わせによってもたらされる幸福度を示す指標）であり、社

2）この二つのことは論理的に同じことを意味しており、線形計画法において双対定理と呼ばれる。詳細は、岡部（2007a：第10章付論10-2）を参照。

図表3-2　資源配分を効率化する政策

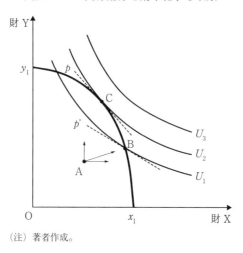

(注) 著者作成。

会として享受できる効用の無差別曲線群によって構成される。この経済において、消費は2財の間でトレードオフの関係があり、また2財の効用の限界代替率は逓減するので原点に対して凸の形状をしていると想定できる。

いま、この経済では生産が点A（の座標）で示される状況でなされているとしよう。すると、点Aでは最適な生産量が達成されていないことが明らかである。なぜなら、点Aよりも右上方向に位置する生産可能性曲線上の点、例えば点Bに移動することによって、財X、財Yの両方の生産を増加させることができるから、点Aよりも点Bを選択すべきだからである。その場合には、点Aを通る効用無差別曲線よりも点Bを通る無差別曲線（U_1）が右上方にあることから、この経済の消費者にとっても点Bの方がより望ましいことがわかる。つまり、点Aでは生産水準が潜在能力以下にとどまっている（資源の不完全利用が発生している）ので、この場合には総需要を拡大することによって点Bに移動させる政策を取るべきである、といえる。換言すれば、ケインズ的なマクロ経済政策（需要拡大策）が要請され、それに大きな意味があることになる。

では、点Bは果たして最適点なのか。答は否である。なぜなら、点Bにおける消費の限界代替率は直線p'の傾斜で示されるが、それは生産の限界代替率を示す直線（点Bを通り生産可能性曲線と接する直線。図示はしていない）よりも傾きが緩く、両財の相対的な価値について消費者の評価と市場の評価が合致

第3章　経済政策論からみた経済学の課題　63

図表3-3　革新を活発化する政策

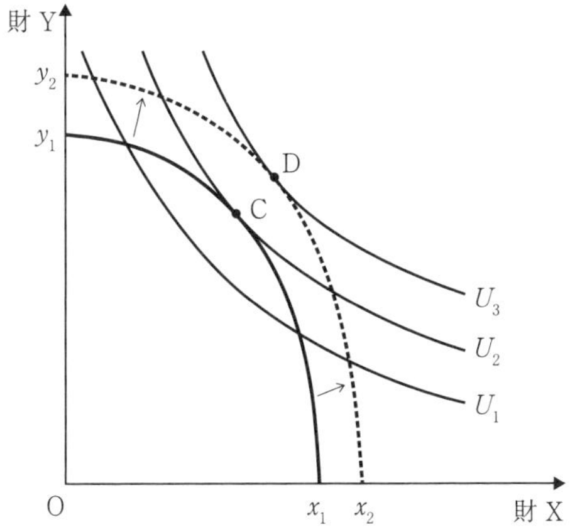

[図表: 縦軸に財Y、横軸に財X。生産可能性曲線が $x_1 y_1$ から $x_2 y_2$ に拡張。無差別曲線 U_1、U_2、U_3 と点C、点D が示されている]

（注）著者作成。

していない（消費者は生産者よりも財Yを相対的に貴重だと判断している）からである。このような状況が発生するのは、典型的には市場における競争が制限されている場合である。したがって競争促進政策ないし独占禁止政策を取るべきであるといえる。もしそうした政策が採られるならば、点Bは生産可能性曲線上を点Cまで移動することになり、点Cにおいて生産者と消費者の限界条件が一致するとともに、社会厚生は U_1 よりも上方にある U_2 に移るので経済が最適状態に至る。

以上のように、この経済では点Aから点Bへの移動、そして点Bから点Cへの移動が望ましいわけであり、それぞれに対する政策として総需要追加政策、独占禁止政策が位置づけられることがわかる。

革新の活発化

上記政策で達成された点Cは、短期的には明らかに効率性を満たしているが、長期的には必ずしもそうとはいえない。なぜなら、長期的には生産技術の向上などの要因によって生産可能性曲線自体が右上方向に拡大する可能性があるからである。いま生産可能性曲線が $x_1 y_1$ から $x_2 y_2$ に拡張したとする（**図表3-3**）。この場合には、経済の最適点は点Cから点Dに移ることになり、社会厚生は U_2 よりもさらに上方にある U_3 にまで高まるので経済は長期的にみ

図表 3-4　所得分配を公正化する政策

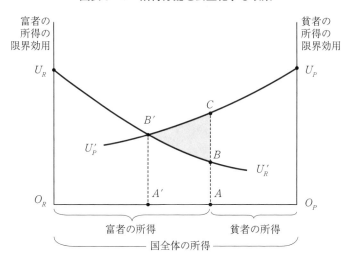

(注) 著者作成。

た最適を達成することになる。

　これから明らかなように、生産フロンティアを拡張させることは長期的に見て非常に大きな意味を持つ。それを可能にする政策としては、各種の技術革新政策がある。例えば、技術開発への公的融資、リスクマネーの供給に適した金融システムへの改革、特許政策、技術革新を支援する租税政策など、多様な政策手段がある。

所得分配の公正化

　次に、所得分配を公正にすることがなぜ政策目標になるのか、その理論的根拠を考えよう。まず、公正化ないし公平化とは何か。それには多くの議論が必要である（後述する）が、ここでは、所得がある程度平等化することであると考え、単純なモデルで考察することにしよう（**図表 3-4**）[3]。

　まず便宜上三つの仮定をおく。すなわち(1)個人の効用は定量化可能である（可測性）、(2)社会の厚生は個人の厚生の和である（加法性）、(3)個人の所得の限界効用は逓減する（逓減性）、この三つである。また一国は比較的裕福な者（富者）と貧困な者（貧者）の2人から成っており、それぞれの所得が

$O_R A$、$O_P A$ であったとする。

　すると、この社会全体の経済厚生は、富者の効用（$U_R O_R A B$ で囲まれる面積）と貧者の効用（$U_P O_P A C$ で囲まれる面積）の合計になる。いま政府が、富者の所得 $O_R A$ のうち AA' を取り上げてそれを貧者に分配するという所得再分配政策を実施したとする。すると社会全体の経済厚生は、再分配後の富者の効用（$U_R O_R A' B'$ で囲まれる面積）と再分配後の貧者の効用（$U_P O_P A' B'$ で囲まれる面積）の合計になる。

　ここで注目すべきは、富者が再分配政策によって失う効用（$A' A B B'$ で囲まれる面積）と、貧者が政策後に得る追加的効用（$AA' B'C$ で囲まれる面積）を比べると、後者の方が大きいことである。つまり、所得再分配政策の結果、富者と貧者の効用の合計（社会全体の厚生）は再分配以前よりも $B' B C$ で囲まれる面積（グレーの部分）だけ純増していることがわかる。

　このことは、高所得者から財源調達し、それを低所得者に分配する政策を行えば、一国全体としての福祉水準が改善することを示唆している。累進課税、あるいは最低生活保障など所得再分配政策にはこのような意義があることがわかる。上記は強い仮定をおいた議論であるが、それらの仮定を色々なかたちで緩めたとしてもこの結論は基本的に妥当することが知られている。

　問題はむしろ「公正な分配とは何を指すのか」である。これは政策論において古くから議論されてきた問題であり、単純な結論を得るのが難しい問題でもある（熊谷 1964：301-307ページ）。(a)完全に平等な分配、(b)貢献に応じた分配、(c)必要に応じた分配、そのいずれが望ましいのか。このうち(a)の見解は、理論的にも経験的にも支持されない。なぜなら、程度はともかく、所得は貢献度の違い、必要度の違い、仕事におけるリスクの違いなどの要因によって当然異なってくる面を持つので、完全平等にはなり得ない（なるべきでもない）からである。

3）図表3-4は、経済学における一つの標準的な原理を示す図である。すなわち、所得や資本の保有が2人（ないし2国）で異なる場合、より多く保有する者（ないし国）からそうでない者（ないし国）に移転することによって、全体として利益が生まれることを示している。例えば、古い文献例として、2国間における資本移動の効果を示した浜田（1967：193-195ページ）にその例がある。以下の記述は、2人の個人の間において所得に適用した丸尾（1993a：38ページ）に依拠している。なお、資産保有の平等化についても、同様の論理で理解できる。

図表 3-5　代表的な経済観と経済政策思想

	経済観と経済政策の思想	主要論客	政策例
ケインジアン（ニュー・ケインジアン）	・市場メカニズムへの不信。 ・政府に大きな役割(policy activism)。 ・中心はマクロ経済分析。短期変動を重視。 ・総需要管理政策に重点(fine tuning)。	・トービン ・クライン	・1960年代の主要国
新古典派（マネタリスト）	・市場メカニズムへの信頼。 ・新自由主義。人間の合理的行動を重視。 ・政府の役割は小(裁量よりもルール) ・供給面の重要性を強調。	・ハイエク ・フリードマン ・バロー	・1980年代の主要国（レーガン，サッチャー，中曽根） ・ニュージーランド
現代マクロ経済学	・マクロ理論のミクロ理論的基礎付け。 ・市場の役割増大を基礎とした経済観。 ・政策として市場作動条件の不備是正。 ・政府と民間のゲーム論的把握。政策枠組重視。	・アカロフ ・スティグリッツ	

(注) 著者作成。

一方(b)の見解は極度の不平等な分配を生む可能性があり、それは暴動や犯罪など社会不安を高めるので、結局富者にとっても望ましくない面を持つ。また(c)の見解は、生産への貢献度とは切り離して必要に応じて分配するという考え方である。そのため、分配の平等度合いは高まるが、働いても働かなくても所得が同じであれば能力のある人が意欲を失うことになり、社会全体として生産が低下する可能性がある。結局のところ唯一の解答はなく、人々に機会均等への対応をする一方、後述するように社会の連帯感を維持しつつ(b)と(c)を組み合わせた対応を行っていくべきであるといえる。

(3)経済観と経済政策の思想

政府が取り組むべき上記のような経済政策については、従来から相対立する

大きな二つの思想の流れがある。それは、究極的に経済全体の運行をどう理解するか（経済観）についての差異を反映したものといえる（**図表3-5を参照**）。

その一つの流れが、1930年代の大不況の克服に大きな思想的影響を与えた英国の経済学者ケインズの流れをひくケインジアン（あるいはニュー・ケインジアン）と称される思想である。この見方は、市場メカニズムに対する不信を根底に秘めており、したがって政府に大きな役割がある（policy activism）という理解をする。分析の中心はマクロ経済であり、経済の短期的変動の克服を重視する。そして政策の重点は総需要のきめ細かい管理（fine tuning）にある、と主張する。

いま一つの流れは、新古典派（あるいはマネタリスト）と称される思想である。ここでは市場メカニズムに対して基本的に信頼が置かれ（このため新自由主義などとも称され）、人間の合理的行動を重視して経済のメカニズムを理解する。したがって政府の役割は小さく、経済への関与は「裁量的政策よりもルールに基づく対応を」という立場を取る[4]。分析の中心はミクロ経済分析であり、経済の長期均衡の姿がどうなるかに力点が置かれる。そして政府が関与すべき政策領域としては、需要面よりもむしろ供給面が強調される。

これら二つの流れは、経済観自体に大差があるうえ、経済分析の手法においてもそれぞれ独自の方法が取られてきたため、1930年代以降色々な場面で対立してきた。しかし、最近およそ20年間は、第1章で述べたとおり、これらを統合する研究が一つの大きな流れを形成している。これが現代マクロ経済学であり、従来のマクロ理論にミクロ理論的な基礎を与えるかたちでマクロ経済学を再構成しようとする視点に立つものである[5]。

こうした現代マクロ経済学は、基本的に市場の役割を重視する経済観であることに変わりないが、その一方、市場の作動条件ないし作動環境の不備を是正することを政策の重点に置く点が特徴的である。また政策分析においては、政

4）新古典派がマネタリストとも称されるのは、通貨供給量に関してこのようにルール重視の政策を主張したことに起因する。

5）マクロ分析においても、ミクロ経済学の一つのモデル、すなわち経済主体は現在ならびに将来を考慮に入れて合理的な行動をするという発想で構築された通時的一般均衡（intertemporal general-equilibrium）モデルを用いることによって、短期的変動と長期的成長が一つの整合的な枠組みで分析されるようになっている（Woodford 2009）。

府と民間部門の関係をゲーム論的に把握し（両者の戦略的な交渉過程とみなし）、政策内容自体よりもむしろ政策形成の過程とそれが行われるための適切な枠組み設定を重視する傾向が強い点も特徴である。

(4) 経済政策に関するその他いくつかの論点

経済政策については、以上でみた基本的論点のほか、いくつか重要な論点がある。ここではそのうち、社会厚生関数不可能性の問題、制御工学的な政策観の非妥当性、政府の失敗という問題、定量化容易な目標への傾斜、につき簡単にみておきたい。

社会厚生関数不可能性の問題

第1は、経済政策の目標とはいっても、それは果たして国民が何らかのかたちで合意したものとみなすことができるのかどうかという、ある意味で根本的な問題である。換言すれば「民主主義の基本的手続である投票による多数決原理によって望ましい政策を選び出すのは不可能である」という理論的な主張（投票のパラドックス）があるが、この命題と政策目標の関係をどう考えるかである。

この「投票のパラドックス」（paradox of voting）として知られる命題は、約50年前にアメリカの経済学者アロー（Arrow 1963）が「個人の順序づけ（価値観）から社会の選択を導く民主主義的手続は一般に存在しない」というかたち（不可能性定理）をとって理論的に証明したものである。これは「社会厚生関数非存在定理」とも称され、ある意味で驚くべき結果である。しかし、その議論では、個人は他の個人の意見に無関心であり、完全に独立した自己の選好順位を持っていることが前提となっている点に留意する必要がある。逆にいえば、現実の社会においては(1)個人の判断は不確実な情報に基づいてなされる、(2)個人の見解は他人と情報ないし意見を交換することによって形成される面もある、(3)基本的価値や文化は共有される場合が多く、また他者への配慮もある、というのが実態であり、それらを考慮すれば、国民の間にはある程度共通の判断が形成されるとみるべきである。

したがって、投票のパラドックス（不可能性定理）は、理論的には興味深い一つの帰結ではあるが、現実の経済政策を考える場合にそれが大きな懸念をい

制御工学的な政策観の非妥当性

　第2は、従来の経済政策分析においては、政策の実施を技術的な課題あるいは制御工学的な課題とみなされる場合があったが、現実の経済政策の運営においては、そうした見方は妥当しないこと（人間の行動動機への考慮が欠かせないこと）である（ディキシット 2000）。

　すなわち、従来の政策論では(1)政府は経済が作動するメカニズムを理解している、(2)政策評価基準が設定されている、(3)政策介入の手段が明示されている、(4)評価基準を最大にするように政策手段を動かす、ことが経済政策であると理解されている。つまり、完全情報（知識の完全性）、社会厚生関数の存在、政策手段の外生性などが暗黙のうちに前提されている。しかし、それらの前提は現実妥当性に欠け、したがって経済政策を制御工学的な視点から理解するのは妥当でない。

　従来の政策論に見られた上記の難点を克服するため、民間部門の期待や行動動機を取り込んだ研究が重要化している。例えば、同一の政策であってもその有効性は民間部門の受け止め方のいかんによる面があるので、時間的非整合性（time inconsistency）の問題[6]を考慮すれば、政策の一貫性ないし民間部門による政府の信頼性（クレディビリティ）こそが重要な前提になる、といった議論がその一例である。また、従来のような「命令と統制を基礎とする政策運営方式」（command and control approach）に代えて、「政策目的達成動機が高まる方式」（incentive compatible approach）についても近年研究が進んできている。こうした政策発想はもはや研究の段階を過ぎ、現実の政策運営においてもいくつか導入される（例えば銀行監督政策)[7]に至っている。

---

　6) 一定の事態が発生した後においては、当初最も望ましかった選択肢とは異なる選択肢が明らかに最も望ましいものとなること。例えば、工場誘致のため政府が減税措置を行うと約束した場合、現実に工場が完成した後では、その目的を達成したので減税措置を撤回することが最適な政策になる。しかし、当初の約束を取り消した場合、初回には効果を持つかたちで終わるが、次回以降は、類似の政策を採っても民間部門の学習効果（政府への不信）によって、政策効果は期待できなくなる。

政府の失敗という問題

　第三は、そもそも政府が経済政策を行うのは、市場メカニズムには内在的な欠陥がある（公共財の供給は不可能であるなど「市場の失敗」がある）からであるが、それを解決すべく登場した政府も期待どおり機能できない要因を多々抱えているという問題である。つまり市場の失敗だけでなく「政府の失敗」もある、という指摘である。

　従来の政策論においては、完全情報ないし情報優位に位置する政府（エリート集団）が高潔性を持った賢人として適切なタイミングで政策を実行する能力と動機がある、という前提[8]が置かれていた。しかし現実には、ある政策が企画され実施されるのは、民主制と官僚制のもとにおける政治過程を通してである。この視点に立った政策分析は公共選択論（public choice theory）とよばれ、政治学と経済学を橋渡しする一つの重要な領域になっている。

　このような観点から、関連主体のそれぞれの目的関数最大化行動を前提にして経済政策の決定過程を理解（モデル化）すれば、例えば図表3-6のようになろう。これは、市場の失敗のほか、政府の失敗、あるいはより広く「非市場の失敗」（non-market failure）を考慮して政策過程を理解する必要性を示している。このような政治経済学的な視点は、政策過程の視点として確かに興味深い。ただ、社会における問題の解決こそ政策の本来の姿であるという積極的な視点からみると、人間の行動はすべて利己的動機だけに基づくと想定するこうした視点には何か物足りなさを感じざるをえない。

　なお、こうした政府の失敗は、方法論的個人主義（methodological individualism）[9]に立脚したプリンシパル＝エージェント理論（principal-agent

---

7）金融庁による銀行検査においては、経営状態のよい銀行は検査周期を長くするとともに、検査項目を簡略化するなどの方針を打ち出している（金融庁「金融検査評定制度施行後における検査について」2006年12月26日）。検査を受けることは銀行にとって大きな負担なので銀行はそれを減らそうとする（私的利益）が、それが銀行の健全経営ひいては銀行システムの安定性（社会的利益）につながる。このため、この政策は私的利益と社会的利益が一致しているので、動機整合性（incentive compatibility）を満たす、と称される。

8）公共政策論におけるこのような前提は、イギリスの経済学者ケインズの生誕地の街路名にちなんで「ハーベイロードの前提」（presuppositions of Harvey Road）といわれることがある（Buchanan and Wager 1996：252ページ；浅子 2000：62ページ）。

9）詳細は、第2章第1節(2)、とくに36-37ページを参照。

図表 3-6　公共選択論の視点から見た政策決定過程

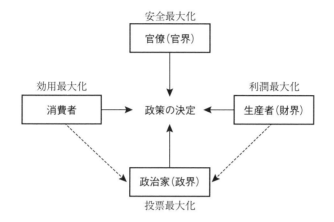

（注）点線は、依頼人・代理人の関係を示す。
（出所）Weimer and Vining（1989：第1章）から示唆を得て著者作成。

theory）を用いて理解することもできる。すなわち、国民は自らの利益のためになる政策を行ってもらうべく政治家を選出していると理解すれば、国民は依頼人（プリンシパル、本人）であり、政治家は国民の代理人（エージェント）である。この場合、政治家は依頼人である国民の利益よりも自分の利益を優先させる行動を取る可能性がある。したがって、実際の政策は国民が期待するものから乖離する可能性が生じる。

さらに、政策の立案や法案の起草には多大な労力を要するので、政治家はそれらを自ら行うよりも、それらに熟達した官僚に作業を肩代わりさせる方が合理的な面がある。したがって、実際の政策は情報優位者である官僚（政治家の代理人）の意向が影響し、政治家（依頼人）の意図から逸脱する可能性が生じる。このように依頼人と代理人の関係が連鎖的に存在する状況では（上掲図表3-6の点線部分を参照）、実際に施行される政策は最適なものでなくなる可能性が大きい。

こうした事態が生じること、あるいはそれを回避するために何らかの監視制度が必要になることをも併せてエージェンシー・コスト（エージェンシー関係に伴って発生する様々な広義の費用）と呼んでいる。代議制のもとではエージェンシー・コストの発生が不可避であり、このことが国民にとって最適な政策

が実行されない結果をもたらすことになる[10]。

定量化が容易な目標への傾斜

　第4は、政策目標として定量的に把握しやすい政策目標（例えば効率性）は十分に扱われるが、そうでない政策目標（例えば公平性）、あるいは経済学を超えた目標（例えば社会の安定性、文化的価値、人間としての美徳など）はその重要性にもかかわらず扱われることが比較的少ないことである。確かに経済学は、明確な前提を置き、それによって分析が厳密かつ容易になることが一つの特徴であり、その結果、明確な結論を得ることができる場合が多い。その切れ味の良さが経済学の持ち味といってもよい。

　しかし、そうした経済学の接近方法はあくまで便法であり、その結論だけに沿った政策運営をしたり、あるいは考慮すべき色々な視点や重要な政策目標をそのために犠牲にしてよいことにはならない。経済政策を現実に実施する場合、例えばその政策が社会の安定性、文化的価値、人間としての美徳といった、より高次の目標に背馳しないかどうかも判断に入れたうえで政策の最終的な評価と判断がなされなければならない。

第2節　社会的目標の多様性と政策選択のあり方

　社会にとって大きな目標が一つしかない場合（例えば経済の高度成長に高い優先度が置かれる場合）には、複数の政策の中から最適政策を選び出すことは容易である。しかし、社会的目標が二つあるいはそれ以上ある場合にどの政策を選ぶべきか、それは必ずしも単純でない。ここでは、まず社会的目標が二つある場合を取り上げ、幾つかの具体的政策例に言及しつつ政策選択の問題を考える。次いで、社会的目標が三つになった場合、それがどう変化するかをモデル分析によって明らかにするとともに、望ましい政策の考え方をいくつか例示することとしたい。

---

10) 公共政策にはエージェンシー・コストが伴うという認識は、第4章第3節の図表4-4（101ページ）およびその説明においても言及している。

図表 3-7　社会的目標が二つある場合の政策選択

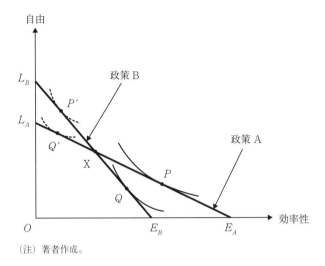

(注) 著者作成。

(1)社会的目標が二つある場合の政策選択

　いま社会的目標として「効率性」と「自由」の二つが優先課題として設定されているとする。効率性とは、前述したとおり一定の産出物を得るうえで最も少ない投入量によってそれが可能になっている状態であるから、これは「経済厚生」とみなすことができる。そしてこれが望ましい目標になるのは容易に理解できる。

　そして、ここでは効率性を二つに分けて考えることにする。すなわち、一つは、所与の一つの目標を最小限の資源投入で達成する運用上の効率性（operational efficiency。狭い意味での効率性）であり、もう一つは、目標達成のために複数個存在する手段のうち最も望ましい手段を選択するという意味での効率性（goal efficiency。広い意味での効率性）である。そして後者の観点からみて優れている場合を効率性（効率的）ということにする。一方自由は、多様な選択肢の中から人間が自らの好みに従って対象物が選べるないし行動できることを意味しており、これが民主主義社会の基本的要請であることは容易に受け入れることができよう。つまり、効率性も自由も、ともに社会にとって明らかに重要な目標となる。

　次に、経済政策として二種類の対応方法（対応策の集合としての政策対応パ

ッケージ）があるとしよう（図表3-7）。一つは政策Aであり、これは自由よりも効率性に優れる政策である。この政策は、特定の一つの政策というよりも、同一政策理念に基づく幾つかの具体的な政策の集合であり、そこに含まれる各種政策の取り合わせを変更することによって政策パッケージの性格を調整することができるので、直線 $L_A E_A$（その直線上の点）によって表すことができる。もう一つは政策Bであり、これは効率性よりも自由に優位性を置くプランである。

社会がこれら二つの政策パッケージのうちどちらを選択するかは、いずれが社会厚生関数（原点に対して凸の無差別曲線の集合）を最大にするかによる。もし同図において細い実線で示したような社会厚生関数を前提する場合には、政策Bにおける点 Q を選択することもできる。しかし、これは社会全体にとって望ましい選択ではない。なぜなら、政策Aにおける点 P を選択するほうがより高い社会的効用（点 Q を通る無差別曲線よりも原点からより遠くにある無差別曲線）を実現するからである。

一方、もし社会厚生関数が図において細い点線で示したような形状をしている場合（無差別曲線の接線の傾きで示される自由と効率性の限界代替率をみると自由を相対的に高く評価する場合）、あるいは社会厚生関数が当初の形状からそのような形状に変化した場合には、政策Aにおける点 Q' を選択するよりも政策Bにおける点 P' を選択することになる。つまり、二つの社会的目標のうち、どちらに高い価値をおくかによって政策Aを選ぶか、それとも政策Bを選ぶかが決まってくる。

二つの社会的目標を達成するための政策選択の実例

上記のモデル分析は抽象的なので、その枠組みを応用して理解できる政策選択の例を4つ挙げておきたい。

第1の例は、どのような産業振興策を取るかの選択についてである。日本の戦後復興期あるいは高度成長期においては、政府が基幹産業ないし将来性が高いとされた産業を戦略的に育成しようとするいわゆる産業政策が採られた。これは対象産業に各種の優先的配慮を加えるとともに政府が各種の行政指導を行うので（目標達成上の）効率性が高い政策といえる。一方この政策では、企業ないし各業種において活動の自由度が狭められる面があった。したがって、こ

の戦略的産業育成策は上記の政策Aに該当する。これに対して、政府介入をせず企業活動の自由を保障しつつ市場競争を通じて産業育成を図ろうとするプランは、政策Bに該当する。

　企業活動の自由よりも目標産業の育成を確実に達成する方が相対的に優先される場合には、上図の点P（政策A）が選択される。一方、経済の成熟化により企業活動の自由度拡大（規制撤廃）が要請されるようになれば、社会厚生関数の形状が（上図の細い実線から点線へと）変化すると理解できるので点P'（政策B）が選択されることになる。

　第2の例は、総需要調節政策（景気政策）としての金融政策の実施方法の選択についてである。かつての日本では、金利の人為的規制が行われる一方、資金供給は日本銀行が民間金融機関の貸し出しに対して直接的なコントロールを行っていた。したがって、金融引き締めを迅速かつ確実に行ううえではこの政策（政策Aに該当する）がふさわしい選択であった。しかし、規制による歪みが金融機関相互間あるいは金融部門とそれ以外の部門の間において顕著になる一方、金融グローバル化によって自由化圧力も強まった。このため社会厚生関数の形状が上例と同様に変化し、目的達成の観点から効率な政策（政策A）よりも、市場取引の自由度を優先させる政策（政策B）に取って代わられることになった。

　第3の例は、公営事業の民営化を行うかどうかの選択についてである。例えば郵政事業の場合、事業の効率化よりも、むしろ全国津々浦々における郵便局を維持して国民への普遍的サービス提供（国民の選択自由度維持）を重視することが社会的目標とされるならば、事業の公営（政策Bの性格をもつ政策）が維持される。これに対して、経営効率化の観点等から事業体の活動の自由を重視するならば、地方や過疎地での郵便局の減少によって利用者の選択の自由度が低下するものの、別の政策（政策A）が選択されることになる。

　第4の例は、医療保険や年金保険など社会保険の運営方法の選択についてである。国民全体の厚生維持という大きな目標を達成する場合、国民皆保険（強制加入）制度を取るならば、国民の自由度は小さくなる一方、制度の対象が全国民になるので目的効率性が高い政策（政策A）になる。これに対して、政府または民間の保険に自由加入する制度とするならば、国民の自由度は大きくなる一方、国民の保険加入率がおそらく低くなるので目的効率性が低い政策（政

策B）になる。この例の場合も、現在の社会厚生関数の形状が以前に比べて変化したかどうかは明らかでない。

以上のように、各種の経済政策ではたいてい幾つかの政策プラン（理念）があるが、そのうち社会的目標に照らしてどれが選択されるのかは、社会が効率性と自由を相対的にどう評価するか（そしてそうした評価が時代によってどう変わっていくか）に依存するということができる。

(2)社会的目標が三つある場合の政策選択

次に、社会的目標として「効率性」と「自由」に加え、第3の目標が追加された場合を考えよう。第3の政策目標は、現実の政策選択問題がそうであるように、前二者よりも定量化が困難であるとともに、それらよりも高次の目標を導入することにしよう。そのような目標としては、例えば「社会の安定」「文化的価値」「美徳」「公平性」などがある。むろん、これら自体をどう厳密に規定するかは議論すべきであるが、ここではそうした目標を一括して便宜上「公平性」と表現しておくことにしよう。例えば、公平性が高まれば社会の安定につながるからである。

なお、以下で言及する三つの価値は、Sandel（2009）が「正義」(justice)に関連する要素として指摘したものにほぼ該当する。すなわち「自由」は、個人の権利を尊重することを意味する。「効率性」は定量化が容易な尺度であり、前述したように生活水準の向上と表裏一体の関係にある。一方「公平性」は「美徳」と密接に関連しており、そして後者はコミュニティ意識ということもできる（Sandel 2009：263ページ）ので、良い社会の一つの条件である。

まず、社会的目標が二つあり、政策パッケージが2種類（政策Aおよび政策B）ある場合から出発しよう（図表3-8の上図）。前出のとおり、政策Aは効率性に優れ、政策Bはその面で比較的劣る政策である（煩雑さを回避するため自由に関してはいずれも期待できる達成度が同程度であるとする）。

社会的目標が二つの場合には、各政策パッケージとも2目標に照らして評価されるので、2次元の図においては「直線」で表現される（直線LE_Aおよび直線LE_B）。これに対して、社会的目標が三つの場合には、3次元の図になり、各政策パッケージは「面」によって表現される。ここでは、効率性に優れる政策Aは「公平性」の面ではあまり高く評価されない政策であるとする。この場

図表 3-8 政策目標が三つある場合の政策選択

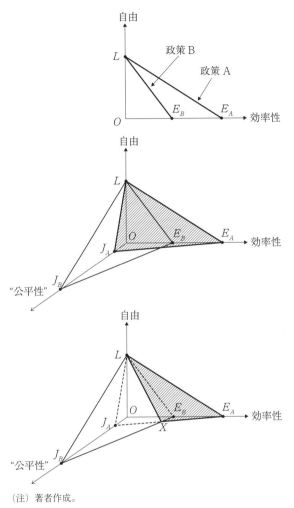

(注) 著者作成。

合、三角形 LJ_AE_A という面によって政策Aの性格を表すことができる（図表 3-8 の中図）。一方、効率性に劣る政策Bは「公平性」の面で高く評価される政策であるとする。この場合、三角形 LJ_BE_B という面が政策Bの性格を表すことになる。

ところが、この二つの三角形（三角形 LJ_AE_A、三角形 LJ_BE_B）は、3次元空間において線分 LX を境に交わっている（図表 3-8 の下図）。つまり、政策Aを表す三角形 LJ_AE_A のうち、三角形 LXE_A の部分だけが原点 O よりも遠い位置にあり、三角形 LJ_AX は政策Bを表す三角形 LJ_BE_B よりも原点 O に近い位置にある（したがってその部分は政策Bより劣位にあるので選択されることはない）ので、政策Aは三角形 LXE_A によって表されることになる。同様に、政策Bは三角形 LJ_BX によって表される。

つまり、社会的目標が三つ存在する場合には、政策A、政策Bの選択において考慮される面は、それぞれ三角形 LXE_A（政策A）、三角形 LJ_BX、（政策

B)に限定されることになる。この二つの面が社会厚生関数（原点Oに向かって凸形状をした無差別曲面群）との接点（の座標）が示すかたちで政策が選択されることになる。図示してはいないが、社会厚生関数の形状のいかんによって、政策A、政策Bのいずれが選択される場合もありうることが明らかである。つまり、効率性については全面的に優位に立つ政策Aであっても、政策目標が追加される場合には、効率性に劣る政策Bが選択される場合もありうることがわかる。

換言すれば、ある政策が、経済学の通常の尺度（効率化、景気安定化など）に照らして望ましいとされるような場合でも、新たな政策評価尺度（公平性など）を導入して多面的な判断をする場合には、その政策でない別の政策が採用されるべきである、という結論になる場合がありうる。これは、自明のことかもしれないが、実際の経済政策の選択において忘れてはならない視点である。

社会的目標が三つ以上ある場合の政策選択：通説的政策論の限界

以上のモデル分析で得られた結果を具体的な政策論に適用するとどうなるだろうか。それは、すでに（第2章第3節で）行った議論に他ならない（その要約が前掲図表2-3である）。

すなわち、そこでは例として農業政策、企業政策、雇用賃金政策の三つの政策を取り上げ、それらの領域において主流派経済学が説く政策論と望ましい政策論を対比した。その議論の詳細をここで繰り返すことはしないが、本章の分析に照らせば、前章では大きくいって二つの主張をしたことになる。

第1は、社会的目的がもっぱら効率性に置かれる場合には、主流派経済学が説く政策処方箋が妥当性を持つことである。すなわち、人間は各種の価格（商品価格、株価、金利、賃金等）を基準に行動するので、それらの価格が自由に形成されるように市場取引の規制を原則として全て撤廃すれば、効率性（主流派経済学が暗黙のうちに前提している最も望ましい結果）がもたらされる、とする政策論は間違っていないことである。

第2は、しかしながら、その政策論は暗黙のうちに多くの重要な前提を置いた場合にのみ妥当するものであり、現実の経済政策の運営においては、効率性以外の社会的目的をはじめ、人間についての多面的な理解など、より広い視点に立って判断をすることが欠かせないことである。

例えば、主流派経済学では、効率性以外の価値尺度への考慮（例えば農業政策の場合、食料安全保障、水田耕作が持つ文化的ないし環境面での意味等）が不足しており、また企業の従業員を単なる労働提供者という面だけから捉えるなど、人間の理解が一面的にとどまっている。主流派経済学から導出される提言をそのまま公共政策として実施するならば、政策を歪んだものにするリスクがある。社会的目標として効率性以外の要素が加わるならば、上記モデル分析が示すとおり、採択すべき政策は効率性が最も高いものでなくなる可能性がある。経済政策の運営においては、より広い視点に立った判断と人間ならびに社会に関する深い洞察を踏まえた判断が不可欠である。

第3節　政策論が求める経済学の新しい方向

　以上では、従来の経済政策論の場合と同様、政策の運営主体として政府（とくに中央政府）だけを暗黙のうちに前提していた。むろん経済政策は、市場の失敗を補正する政府活動の一環であり、基本的には政府の役割である。

　しかし現実には、前述したように「政府の失敗」が色々な面において生じる可能性があり、社会にとって望ましい政策運営が実現されない場合が生じうる。さらに、情報化の進展によって情報面では各種民間主体が政府よりも情報優位に立つとともに、問題対応に関するスキルの面でも政府よりもうまく対応できる場合も多くなっている。その結果、それらの主体が政府に代わる（あるいは補完する）役割を果たせる状況も増えてきている。これに伴い、従来対照的なものとされてきた政府の役割と民間主体の役割は峻別されるべき性質のものではなく、むしろ両者がそれぞれ優位性を携えつつ上下関係なく密接に協力する動きも現実に多くみられるようになっている。

　こうした事態は、従来の経済政策の考え方を再検討する必要があることを迫っている。さらに、そうした考察は、従来の経済学の前提や視角を見直すとともに、新しい概念ないし分析枠組みの導入を要請することにもつながる。これらの立ち入った検討は、次章のほか、第2部〜第3部で行うが、以下ではその方向を示唆する幾つかの具体的事例を挙げておきたい。

政策運営主体の多様化

　社会の課題解決を行う主体は、何も政府に限る必要はなく、近年は各種「中間組織」ないし「第三部門」の役割が重要化している。すなわち、NPO（Non-profit organization：非営利組織）や NGO（Non-governmental organization：非政府組織）などの民間組織である。これらは、従来の政府組織でない一方、市場機能の中核である営利組織でもないという点で中間的性格を持つ民間組織である。それは、従来の「民」とも「官」とも異なる「公」であり、公共性を持つ新しいセクターないし「コミュニティ」である。

　その立ち入った検討は第10章で行うが、ここでは、その一つの興味深くかつ重要な課題解決方法の事例に言及しておきたい。その対象となるのは、特定の個人の所有でなく人々全体が所有する「共有資源」（common-pool resources）とその管理方法である。共有資源（通称コモンズ）とは、川、湖、海洋などの水資源、魚、森林、牧草地など個人や組織が共同で使用ないし管理する資源のことであり、それらが乱獲あるいは環境破壊という事態から実際にいかに守られているかという問題が研究の対象になる。

　この問題解決にとっての従来の理解は「国家による解決か、市場による解決か」の二分法（二者択一的議論）が主流であった。しかし、その両者いずれも完全に機能を果たすことはできず（失敗するので）、それを補完する第3の方法として「共有資源に利害関係をもつ当事者が自主的に適切なルールを取り決めて保全、管理するという自主統治（self governance）」が現実の姿として存在すること（Ostrom 2010）[11]が明らかにされた。海や川などの公共共用物の持続的利用方法を決めるのは、国でなく地域社会である（熊本 2010）。つまり市場、政府に加え、コミュニティが補完的役割を果たした時に最も効率的になる、という新しい認識が登場したわけである。

　では、そうした機能を果たすコミュニティは、どのような要因とメカニズムで成立し、機能しているのか。その詳細は別途議論するが（第10章参照）、そこで重要になる概念が「社会関係資本」である。そもそも資本とは、最も本源的な意味では人間にとって何らかの価値を将来生み出す一連の資産のことであ

11）オストロムは、2009年に他の研究者1名とともにノーベル経済学賞を受賞した（女性初のノーベル経済学賞受賞者）。

り、通常、私的資本と社会的資本に区分される。後者については従来、道路、上下水道、空港、公園など、いわばハードの社会共通資本（social overhead capital）の重要性が従来から注目されてきた。

しかし最近は、ソフトの社会資本が「社会関係資本」あるいは「ソーシャル・キャピタル」（social capital）として急速にクローズアップされている[12]。こうした意味での社会関係資本には三つの形態、すなわち(1)信頼関係、(2)ネットワーク、(3)制度（各種のルールや規範）があるとされる（Ostrom and Ahn 2003：introduction）とともに、これらは社会問題に対する共同対応力（協調行動）を強める要因として注目されている。経済学には今後、こうした側面を積極的に取り入れる必要性が大きい。

新しい概念ないし接近法の必要性

このようにみると、これまでは諸問題の解決に際して「政府か市場か」という二分法（dichotomy）で捉えられてきたが、そのパラダイム（理解のための枠組み）自体を再検討する必要があることがわかる。つまり、従来の「市場か政府か」という二分法あるいは二部門モデルではなく、そこに新たな部門（コミュニティないし非営利民間部門）を加えた「市場・政府・コミュニティ」という三部門モデルによって社会を理解する必要が大きいことが導かれる。これについては次章（第4章第3節）で詳しく述べる。

それとともに、従来の「市場か政府か」というかたちでそれぞれの機能を截然と区別して理解する見方にも見直しの必要が生じている。なぜなら近年、政府機関や民間（企業）が伝統的な慣例を超えて「公民連携」（public-private partnership：略してPPP）という新たな動きをすることが国内外で活発化しているからである（根本 2010；OECD 2008）。

PPPの目的は(1)公的サービス提供の効率化（value for money）、(2)民間部門へのリスク移転、にある（OECD 2008）。このうち、(2)の観点からみると、PPPは二つの対極的な対応（政府による全量生産、完全民営化）のちょうど中間的な対応方式になっており（**図表3-9**）、純粋な二分法に基づく政府対応

---

[12] 関連する邦文文献としては宮川・大守（2004）があり、また多くの関連論文を集めた書物としてOstrom and Ahn（2003）、Castiglione, van Deth, and Wolleb（2008）、Svendsen and Svendsen（2009）がある。

図表 3-9　各種官民連携とそのリスク負担

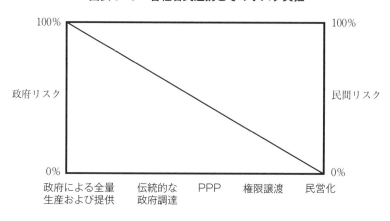

(出典) OECD (2008：Figure 1.1)

よりも長所が多い。このような PPP を活用する動きは、海外諸国にも広くみられており (OECD 2008)、日本においても、鉄道、都市開発、社会福祉サービスなどの分野でこの例が広がりつつある (福川・根本・林原 2014)。

　PPP の大きな特徴の一つは、公共財・公共サービスの提供においても何らかのかたちで市場機能を活用することにある。すなわち、政府あるいは地方自治体が政策や公共事業 (公共サービス事業、まちづくり、都市計画等) を行う際、民間に開放して参入してもらう形で連携し、従来市場機能から隔離されていた公的サービス提供に際しても市場の長所を活用することを意味している。こうした活動方式のうち、民間資金を活用した社会資本整備 (private finance initiative：PFI) はイギリスなど海外でよく知られた形態の一つである。

　PPP に類似した一つの対応として官民共同ガバナンス (collaborative governance) を提案する向きもある (Donahue and Zeckhauser 2011)。これは、政府の活動において、生産性の向上、現場情報の獲得、活用リソースの増大のために民間部門と協力する一つの方式であるが、その大きな特徴は、プロジェクト運営の目的決定とそれを達成するための手段決定についての裁量権を双方に持たせる点 (discretion-sharing arrangements) にある。こうすることによって、責任の明確化と効率性の向上が図られる (相乗効果を期待できる) としており、この方式は、公立公園の運営、学校運営、途上国支援、職業技能訓練

などに有効に活用できるとされている。

可能性を秘める総合政策学

　以上みたとおり、社会問題の解決に際しては現実に新たな方法が各種登場しており、このため経済学（広く社会科学）はそうした動きも研究対象として取り込んでいく必要がある。

　具体的には、課題解決に際しては多様な主体の参画や手法が目立つので、従来のような「市場均衡」を重視する枠組みを超えて「ガバナンス」（何らかの権限あるいは合意によって関係者の間における一つの秩序ないしシステム作動の仕組みが作り出されている状態）[13)14)]という視点で全体を理解するのが一つの方向としてありうる。また個々の主体の動向を理解するには、主流派経済学が前提してきた利己主義と合理性にとどまらず、心理学、社会学、哲学、倫理学なども含めた「多分野的接近」が必要となろう。さらに人間のその時々の行動自体よりも、むしろその基礎にある「制度」（国家・社会・団体などを運営してゆくうえで定められた規則・手続き・仕組み）[15)]のあり方を追求する必要性が大きい。

　上述した中間的組織、ガバナンス、多分野的接近、制度といったテーマは、いずれも主流派経済学における従来の二分法には容易になじまない概念である。しかし、それらを軸とした視点の重要性が近年高まっており、その一つの行き方が「総合政策学」[16)]である（第5章で詳述する）。

---

13) 岡部（2006a：29ページ）。
14) 2009年度のノーベル経済学賞が「ガバナンス」の研究者2名（Ostrom 2010; Williamson 2010）に対して授与されたのは、こうした中間領域の現実的ならびに理論的な重要性が認識されたことを意味するものであり、たいへん好ましいことである。
15) 制度には、法律・判例・契約・各種規定など形式が整った公式のものだけでなく、慣行・規範・タブー・伝統など非公式のものも含む（岡部 2006a：20ページ）。
16) 総合政策学の重要な性格の一つは、最近の研究成果を援用すれば「多様性の論理」（複数学問領域からの理解、問題解決関与主体や解決方法の多様性に基づく強さ）（Ioannides 2010）であるといえる。

第4節　経済政策論からみた経済学の課題

　本章の議論は多岐に亘ったうえ、次章以降、本書全体に関わることがらが多いので、その主要論点をややていねいに要約しておきたい。

1．伝統的に経済政策の目標とされてきたのは(1)資源の効率的な配分、(2)景気と物価の安定、(3)所得の公正な分配、であり、それらは論理的にも強く支持される。その後、(4)経済成長、(5)革新、(6)環境保全、(7)生活の質なども政策目標に加わってきている。

2．政府がこれらの政策目標を達成しようとして行動する一方、民間部門はそれに対して受動的に対応するという理解（制御工学的な政策観）は、現実描写として単純に過ぎる。政策形成においては政治的側面も関わってくるほか、政策の有効性は民間部門の期待や行動動機などによっても左右される。このため近年は、政策の過程ないし有効性確保の方策に関する研究も多い。

3．従来の標準的な経済政策論には二つの大きな問題がある。一つは、定量的に把握しやすい政策目標（経済成長率、効率性など）を中心に議論がなされ、そうでない政策目標（社会の安定性、美徳、文化的価値、公平性など）はともすれば除外する傾向があったことである。もう一つは、政策の運営主体として政府を前提する場合が多く、NPO/NGOなど従来の二分法では明確に位置づけられない各種「中間組織」の役割がほとんど扱われていなかったことである。

4．政策目標が二つ（例えば効率性と自由）の場合には適切な政策を選択することは比較的易しいが、目標が三つ（例えば公平性が追加される場合）あるいはそれ以上の数になると、以前選択されなかった政策が新たに選択される可能性が生じる。このような視点に立つならば、市場メカニズムを重視する主流派経済学（新古典派経済学）の論者が主張する政策論は修正する必要がでてくるケースが少なくない。このことを農業政策、企業政策、雇用・賃金政策を例にとって本章で示した。

5．経済政策の運営主体としては、従来「市場か政府か」という二分法による理解がなされてきたが、近年は政府のほかNPO（非営利組織）やNGO（非政府組織）といった中間的組織あるいは協働体（広く捉えるとコミュニティ）の役割が重要になっている。これを明示的に考慮することは理論的にも

支持され、今後は「市場・政府・コミュニティ」の三部門モデルで社会を理解する必要がある。
6．中間的組織の働きが重要になるに伴い、経済政策が対象とすることがらや対応方法に関しても新しい概念ないし対応方法が多数登場している。共有資源、社会関係資本（social capital）などの概念が脚光を浴びているほか、政策運営主体間の協調である公民連携など、社会問題の解決において政府以外の主体が従来にない方法で関与する場面が増えている。
7．経済政策論においては、従来の単純な二分法を超える第三の行動主体ないし第三部門を重視する必要が高まっているほか、ガバナンス、制度といった新しい概念を軸とした研究、あるいはそれらを基本的性格とする総合政策学という接近方法が注目される。

第4章 主流派経済学の課題とその対応方向

　以上の三つの章では、主流派経済学の「強さ」と「弱さ」を様々な角度から明らかにした。以下では、それらを改めて整理するとともに、経済学がその「弱さ」を克服するために今後めざすべき方向を述べる。それは、経済学というよりも幅広い一つの社会科学になる、と理解するのが適切かもしれない。次いで、そのために必要な対応を具体的に四つ指摘する。その後、そうした対応全体にとって重要となる理解の枠組み（社会を適切に理解するための三部門モデル）をその理論的根拠とともに提示する。

第1節　社会科学がめざすべき方向

　前章までの議論の要点を整理すれば、図表4-1のようになる。ここでは、人間社会を理解する場合、現在の主流派経済学の枠組みと今後めざすべき枠組みを対比して示している。

(1) 主流派経済学による社会の理解

　まず、主流派経済学においては、個人の行動は利己主義的であると前提され、そうした個人は消費の増大によって自己の効用を最大化するように行動する、と想定される。そして彼のそうした行動は合理性を基準にしている、とされる。
　このため、そうした個人によって構成される社会は、モノやサービスに焦点を当てた唯物主義の性格を持ち、ものごとに関して効率性が重視されると理解される。そして、そのようにして成り立つ社会は、「市場」とそれを補完する

機能を持つ「政府」という性格を異にする二つの部門によって構成されるという図式（二部門モデル）で理解できるという単純化がなされる。市場では、競争とそれに基づく優勝劣敗によって「均衡」が達成され、政府は市場機構で解決できない諸問題（市場の失敗）を補正する役割を演じることになる。

このような社会像を前提にする場合、公共政策の処方箋としては、市場機能の強化、そしてそのための規制撤廃が中心になる。以上が主流派経済学による社会の理解であり、政策の処方箋であるが、それが持つ問題点をやや敷衍してみておこう。

貧弱な人間像を仮定する問題

主流派経済学は、繰り返し述べたとおり「自己利益の最大化」を目指す主体として人間を捉え、これを行動論的な基礎として理論体系を構築している。この精神的に貧しい利己的な人間像とその行動動機に対して早い段階から批判を加えたのは、アマルティア・セン[1]である。彼は、そこで前提されている人間像を「合理的な愚か者」（rational fool）と表現するとともに、自己利益に基づく行動というきわめて狭隘な前提を置いていることが経済学の分析を一面的にし、社会問題に対する適切な分析を妨げてしまっている、と批判した（セン 2002a、2002b）。

すなわち、主流派の経済理論では、人間が選択する場面に直面したとき(1)選択肢の間における内部的整合性、(2)自己利益の最大化、を重視し、この二つを満たす場合に行動に合理性（rationality）がある、という捉え方をする。このように、合理的行動の本質をきわめて狭義に特定するとともに、実際の人間行動を合理的行動と同一とみなすのが主流派経済学である。このように、現代経済学は意識して倫理的要素を排し「非倫理的」な性格の学問になろうとしてきた。

しかし、この経済学では、扱いが難しい倫理的価値の回避を優先させるあまり、人間の行動動機に関する事実の狭い部分だけを取り上げる結果になっている。自己利益以外はすべて非合理的であるとする（排除する）のは全く異常なことである（セン 2002a：35ページ）と糾弾されている。

1）アジア人として初めてノーベル経済学賞を1998年に受賞した。

図表 4-1　社会理解の対比：主流派経済学の枠組みと今後めざすべき枠組み

	主流派経済学による社会の理解と政策	今後めざすべき社会理解の方法と政策
個人の行動様式	・利己主義。	・利己主義のほか利他主義も併せ持つ。
	・消費増大に基づく効用最大化。	・モノの消費以外の面も考慮した永続性のある深い幸せ（人間としての使命達成に伴う喜び等）の追求。
	・合理性に基づく行動。	・限定合理性や非合理性も含む行動。
社会の性格	・モノやサービスに焦点を当てた唯物主義。効率性重視。	・モノやサービスだけでなく、人間の社会的側面（規範、信頼、ネットワーク等）も重視。
	・市場と政府（2部門モデルによる理解）。	・市場・政府・コミュニティ（3部門モデルによる理解）。
	・競争とそれに基づく「市場均衡」。優勝劣敗。政府は「市場の失敗」を補正する役割。	・競争だけでなく協調という要素も重要。3部門の相互関係から生まれる「ガバナンス」。
	・経済学の前提と枠組みを適用した（discipline-driven）社会理解。	・問題の性質の幅広い理解に焦点を置いた（issue-driven）研究、そのためには個別学問領域を超越した（trans-disciplinary）研究が必要。
政策課題	・市場機能の強化。そのための規制撤廃。	・市場機能を活用するほか、第三部門の充実。
		・公民連携（PPP）の推進。

（注）著者作成。

人間の力量を有限視する問題

　経済学は、稀少資源の効率的配分を研究する学問である、というのが伝統的な一つの理解である。このため、経済学研究者は人間が深部に秘めるエネルギーといえども当然有限だという発想をする場合がある。このような見方は、人間性を洞察する宗教哲学の観点に立てば、再検討する余地がある。

　すなわち、経済学においては、その業績が最も高く評価されている学者の一

人（当時ハーバード大学総長であったローレンス・サマーズ教授）の場合でも、愛、絆、利他心などは有限でありその使い方を工夫する必要がある（Summers 2003）といった主張をしている。しかし、例えば社会哲学者（Sandel 2013）の視点からみれば、こうした人間の心は、各種の商品と同一の性格を持つ（使用すれば減ってしまう）というよりも、むしろそれらは筋肉に例えることができるもの（それらは発揮すればするほどさらに発展させることができてより強くなる）と理解される。

このような理解に立てば、人間の潜在力は通常考えられる以上に大きいと捉えることができる。そして、個人の幸せ（生きがい）の追求が自らの大きなエネルギーを引き出して、それが社会の問題解決と進歩をもたらすという新しいパラダイム（ある意味でミクロとマクロを統合した社会観）を構築できる可能性もある[2]。

大局判断を欠いた政策提言に傾く問題

経済学は、比較的単純な前提を置いて人間行動を理解するものであるだけに、その議論ないし政策論は、たいてい明快であるとともに論理として一貫性があり強い説得力を持つ場合が多い。つまり、その意味で経済学は、客観性、実証性、普遍性を備えた一つの有力な「科学」である。しかし、第3章で見たとおり、それは裏を返せば議論や政策論が一面的に陥るリスクを常に随伴していることを意味する。

例えば、市場化が一段と進んだ（カネで買えるものが一段と増えた）現代社会においては、人間社会が維持すべき本来的価値と市場の関係を再検討することが必要になっている（Sandel 2012, 2013）[3]にもかかわらず、市場機能の活用とそのための規制撤廃が相変わらず説かれるケースも少なくない。それが本当により良い社会構築にとっての方策なのかどうかは、慎重な検討が必要とされる。

アングロサクソン社会を標準視する問題

さらに、経済学研究者が陥りやすい点として、市場個人主義、あるいはアン

---

2) この可能性とそれを実現可能にする実践哲学の例は、第12章および第13章で論じる。

グロサクソン社会の制度を「標準」として受け入れ、他の国の制度はその標準から逸脱したものだとする発想がある[4]。研究者はこうした傾向に陥っていないかを自ら問い直す必要がある。

(2) 今後めざすべき社会理解の方向

　上記に対して、社会とはどのようなものかを考える場合に今後中心に置くべき枠組みは次のようなものであり、上記の枠組みをそれに置き換える必要がある、と著者は考えている。すなわち、個人は利己主義的な行動動機を持つだけでなく、利他主義的動機も併せ持つ存在である、と考える。そして、個人はモノの消費だけでなく、それ以外の面も含む「幸せ」（とくに永続性のある深い幸せ）を究極的には追求していると理解する。また人間は常に合理的に行動するわけではなく、限定された合理性（bounded rationality）あるいは非合理性（irrationality）をも併せ持った行動をする、と捉える。

　こうした社会においては、モノやサービスの消費だけに関心が払われるのでなく、人間はその社会的側面（規範、信頼、ネットワーク等）も重視して生きることになる。そして、個人の行動動機として利己主義のほか利他主義も含まれる場合には、社会を構成する部門としても、市場と政府だけでなくそれらとは性格を異にする広義の「コミュニティ」（非営利民間部門）も独立した一つの部門として位置づける発想（三部門モデル）が必要になる。そこでは、競争だけでなく協調的行動も重要な意味を持つことになり、単なる「市場均衡」を超えて各種主体間に成立する「ガバナンス」という関係で理解すべき現象も多くなる。これを理解するには、単に経済学にとどまらず、それ以外の多くの学

　3）例えば、誰かに謝る必要がある場合、謝罪の専門家が本人に代わってその役割を果たすサービスがあるが、謝られた人はどんな気持ちになるだろうか（本当に満足するだろうか）。また、結婚披露宴での祝辞原稿の作成を請負う業者（インターネット上で新郎新婦の基本情報を入力するだけで好みに応じたスピーチ原稿をプロが3日以内に149ドルで作成してくれる）に依頼して作成してもらった原稿によるスピーチを新郎新婦が聞いた場合、そのことを彼らが後で知ればどのような気持ちになるだろうか（Sandel 2012：96-97ページ）。これらの例は、お金で買えるものと買えないものは倫理上区別されなければならないにもかかわらず、市場原理主義（market fundamentalism）が後者を侵食している例である（同）。

　4）米国の大学で訓練を受けて学位を取得した日本の研究者は、とりわけこの傾向が強い（第2章の脚注2）。

問領域の視点をも活用する個別学問領域を超越した理解（trans-disciplinary approach）が求められることになる。

このような社会像を前提にする場合、公共政策においては、市場機能を活用するだけでなく、第三部門の充実を図ることや公民連携（PPP）の推進も重視される。

これらを考慮するならば、第1節の(1)で指摘した具体的な4つの問題に対しては、次のように考える必要がある。

上記4つの問題への対応

まず、貧弱な人間像を仮定する問題に対しては、人々の行動は単に利己的な動機に支えられているのではなく、倫理的、道徳的な価値にも動機づけられている、と考える必要がある。例えば、セン（2002b）が「合理的な愚か者」の代わりに提案したのは、他者の存在に道徳的関心をもち、この他者との相互関係を自己の価値観に反映させて行動すること、つまり社会的コミットメントができるような個人、である。

また、人間の力量を有限視する問題に対しては、経済学研究者が経済学をはみ出して社会哲学に踏み込むことにより、あるいは社会哲学者と共同研究を行うことによって経済学の限界と可能性とを再認識する必要があろう。

そして、大局判断を欠いた政策提言に傾く問題に対しては、単に経済分析の結果だけに基礎を置くのではなく、人文学（歴史、哲学、文学、人類学など）からの理解も踏まえたうえで政策に関する発言をすることが必要になる。人間が一生のなかで体験できることはわずかである。しかし、人文学は経済学と異なり、厳密な実験的検証や数量化にはなじまないものの、はるかな時代を受け継いできた言葉、あるいは人間とは何かについて長年蓄積されてきた知恵を含むものである。それによって我々はバランス感覚、方向感覚など、科学にはない様々な側面を学ぶことができ、大局的な判断が可能になる。

このように考えると、上記第2番目、第3番目の問題に対しては、経済学研究者がその他学問領域の研究者と共同で行う研究を活発化させる必要性が大きいといえる。なぜなら、一人の研究者がこうした対応をするのは容易なことではないので、複数の研究者が共同で多面的な考慮ができるような仕方（他分野から見た場合の判断も取り込むことができるような仕方）で研究するのが実際

第 4 章　主流派経済学の課題とその対応方向　93

的だからである[5]。

　そして、アングロサクソン社会を標準視する問題に対しては、今後は住みよい社会、創造性に富んだ社会、人間味のある社会、などの基本はどういったことかを重視すべきである（ドーア 2005）。ちなみに、市場は貪欲で自己中心的な参加者によって構成されているとする従来の捉え方を批判し、経済取引は人間同士が普通に相互作用するなかで発生するものであり、どのような相手であれ正直、誠実さ、信頼に依存しているという捉え方をする研究（Zak 2008）も最近でてきている。

　以上のような対応は、結局「人間とは何か」に再考を迫ることになる。一般的にいえば、人々の行動は単に利己的な動機に支えられているのではなく、倫理的、道徳的な価値にも動機づけられている、と考えられる。例えば、セン（2002b）が「合理的な愚か者」の代わりに提案したのは、上述したとおり他者の存在に道徳的関心をもち、この他者との相互関係を自己の価値観に反映させて行動すること、つまり「社会的コミットメント」ができるような個人、である。主流派経済学が「強さ」を持つ人間を前提しているとすれば、セン（2002b）が提案する人間は「弱さ」も併せ持った幅広い人間だと理解することも可能である（図表 4-2）。そこでは、弱さゆえに含まれる人間にとっての価値（絆、分かち合い等）が見逃されることはない。さらに人間は元来、利他主義的な行動をすることを考慮する必要性もある。利他主義とは、他人の幸せに関心を払う主義ないしそのための行動を指すものであり、世界中の多くの宗教や文化に共通する伝統的な道徳ないし倫理基準になっているだけでなく、多くの学問分野の研究によれば、人間は真性の利他主義的動機を持つことが頑健な命題になっている[6]からである。

　人間観に関しては、現代経済学は上記のとおり大きな陥穽に陥っているが、学説史的にみた場合、経済学はそのようなものでなかった。例えば、経済学の祖とされるアダム・スミスは、ともすれば「利己主義に基づく自由放任主義ないし市場原理主義の教祖」のようにいわれることがあるが、その著作を読めば容易に知られるとおり、彼は人間をそうした狭隘かつ一面的な面から理解して

　5）ただ、研究者は本来的に個性が強いので、共同研究は「言うは易く行うは難し」というのが現実かもしれない。
　6）この点を含め利他主義については、第 8 章で詳細に議論する。

図表4-2　人間をみる一つの視点：強さの思想と弱さの思想

	「強さ」の思想	「弱さ」の思想
基本的考え方	・大きいこと、拡大、限界の突破は素晴らしい。均質化も望ましい。 ・巨大化、大量化、集中化、高速化、複雑化、グローバル化、は当然。	・人間は生態系の一環だからその制約ないし限界を強く意識することが必要。小さいことは素晴らしい。 ・スモール、スロー、シンプル、ローカルなどの「弱さ」に大きな価値がある。
達成手段	・他人への強制力（規制・法律・軍隊・武器・競争圧力等）が基礎。 ・とくに競争による優勝劣敗によって効率性と拡大を達成。	・自分の内に働く力（パワー）を重視。それこそが真の強さ。 ・他人への強制力（フォース）は、強さと競争を至上原理とする社会であり、本質的な脆さを内包。
弱者[1]の位置づけと対応	・弱者は厄介なもの。 ・強者とは区別して別途対応する、ないし隠蔽するべき存在。	・弱者の「弱さ」[2]は社会にとって不可欠のもの。そこに人間的な価値や意味を探ることができる。 ・強さと弱さという現代社会の二項対立を溶解あるいは無効化していけば、支配・被支配のない、より良い社会になる。
代表的思想	・現在の主流派経済学	・E. F. シューマッハー（経済学者） ・サティシュ・クマール（インド人思想家） ・高橋・辻（2014）『弱さの思想』

(注) 1. 社会的弱者のこと。すなわち精神障碍者、身体障碍者、介護を必要とする老人、難病にかかっている人、財産や身寄りのない老人、寡婦、母子家庭の親子、さまざまな差別に悩む人、など。
　　 2. 弱さゆえの力の発揮（分かち合い、つながり）、弱さこその輝き（死に向き合った時に時間が輝きだすこと）などによる明るさ、にこやかさ、穏やかさ、やさしさ、晴れやかさなど。
(出所) 岡部（2014g）表1。高橋・辻（2014）の記述を踏まえ著者（岡部）が対比表として作成（一部著者が補完）。

いたのではない。

　スミスは、フェアー・プレーの重要性を強調しているほか、人間の道徳、幸福など人間の多面性を重視する思想家であった（堂目 2008）。彼が残したほん

とうに重要な遺産は、社会を結びつけるのは共感（sympathy）であるという思想と、中立的な観察者（impartial spectator）という概念、この二つであった（セドラチェク 2015：279ページ）。前者は相手を思いやる能力であり、人間には生まれつきそれが備わっているため人間は社会的存在であるとスミスは主張した。そして後者は、人間の胸中にいて、その人の行為を冷静にしかし親身になって判断する審判官（良心）であり、人間の行動を見つめる役割を果たす存在であるとした（同 278-291ページ）。人間は相手の存在をどのようなかたちであれ常に意識するという人間の捉え方は、広義の利他主義や行動における黄金律（それぞれ第8章、第9章で詳しく述べる）にもつながる人間観といえる。

現代経済学は、スミス流のこうした幅広い人間観を次第に狭めてしまうという大きな欠陥を持つことになったことを反省する必要があろう[7]。

人間性を特徴づけるこうした側面を考慮するならば、それは第2章の図表2-1における右下の領域に該当する研究と位置づけることができよう。それは、経済学に基礎をおきつつも伝統的な前提や分析対象からはみ出した研究ということができる。本書第2部以降では、それを試みることとしたい。

第2節　課題に対する四つの具体的対応

以上述べた課題は、前掲図表4-1における右列の各項目であり、それらを達成することが、経済学あるいはそれを拡張した社会科学の今後の方向であると考えられる。

ここでは、それらを次の四つの課題として整理しておきたい。すなわち(1)人間の行動動機の多様性への理解、(2)三部門モデルによる社会の理解、(3)単純な市場均衡というよりもガバナンスという多面性を持つ理解、そしてもし可

---

[7] ちなみに、アダム・スミスの『道徳感情論』（Smith 1761）の第1章は「共感について」（Of SYMPATHY）であり、共感の重要性を強調するため表題を大文字で記載している。なお、スミスのこうした人間観と『国富論』に含まれる利己心に基づく人間行動の記述は矛盾をはらむように見えるため、これは「アダム・スミス問題」として研究者の間で様々な議論がなされている（セドラチェク 2015：285-287ページ；Smith 1761：訳者解説532ページ）。

能ならば(4)個人の生き方が社会の課題解決に結びつくような未開拓思想への挑戦、である。

上記四つの課題に立ち入って扱うのが、本書第2部～第4部である。以下では、それら四つの視点のあらましと本書の構成を述べておきたい。

第1の課題への対応と展開

上記のうち、第1の課題（人間の行動動機の多様性への理解）は、主流派経済学の出発点において反省を迫ることがらである。すなわち、人間は利己的な行動主体であるとする主流派経済学の基本的な仮定は、確かに分析上便利かつ有用な一つの前提ではあるが、人間は利他的な行動をする場面も多い[8]。

これに関する問題は第3部「社会科学の新しいあり方(2)：人間の行動動機の多様性認識」で扱う。その冒頭に位置する第8章では、利他主義の動機が人類の歴史としてどこに由来するのかを考察するとともに、それが成立する構造を関連学問領域の成果を援用しつつ明らかにし、そしてその意義を見極める。また人間は社会的存在であるため、人間社会にみられる行動規範が個人の行動を左右する面も大きい。そこで第9章では、古来どの社会においても最もよく知られた行動規範とされてきた黄金律（自分にしてもらいたいように他人に対してせよ、または、自分にしてもらいたくないことは他人に対してするな）に焦点を当て、その起源、発展の経緯、意義などを考察する。

このような利己主義以外の人間の行動動機は、社会において多様なコミュニティ（家族、NPO、地域社会等）を形成する原動力となっている。そこで第10章では、コミュニティを取り上げ、その中心に位置するNPOの組織的特徴と力の源泉を探ることによって市場経済におけるコミュニティの機能を評価する。これは上記第2の課題（三部門モデルによる社会の理解）を具体的に考察することに他ならず、より良い社会を構築するうえでの一つの重要な要素であることを明らかにする。

---

8) 主流派経済学の分析枠組みに利他主義を取り込んで表現することは不可能でない。その試みの例として本章付論1、および第7章付論1を参照。ただその場合でも、自分および他人の効用はあくまで消費の多寡によって左右されるという発想は継続せざるを得ない。

第2ならびに第3の課題への対応と展開

　次に、第2の課題（三部門モデルによる社会の理解）、そして第3の課題（単純な市場均衡というよりもガバナンスという多面性を持つ理解）は、ともに上記第1の課題に対応するうえで不可欠となる研究を行う場合の新しい方法論に他ならない。そのためには、主流派経済学の前提や視点を超えた発想が求められる。

　このうち、第2の課題である「三部門モデル」は本章第3節で述べる。そしてより広範な議論を要する第3の課題は、第2部「社会科学の新しいあり方(1)：方法論の革新」で扱う（本書の構成上は、この方法論を第2部として位置づけ上記第1の課題に先んじて提示する）。まず第5章では、社会の課題を発見し、分析し、そして解決することを主眼とする総合政策学という接近方法を紹介し、その特徴と理論的根拠を示す。それは単純な市場均衡というよりもガバナンスという多面性を持つ理解を重視する視点であり、経済学を超える一つの有力な研究と実践のあり方であることを論じる。

　次いで第6章では、「消費に基づく効用最大化」という機械論的かつ狭い人間像に立脚した主流派経済学の視点を越えるには、結局、人間の幸福とそれをもたらす要因の考察に遡って考察することが不可欠であるため、幸福度に関する現代の諸研究を展望する。そして第7章では、経済的視点のほか思想史、倫理学、心理学、脳科学などの知見も踏まえ、人間を本当に幸せにする要因は何かを考察する。

第4の課題への対応と展開

　最後そして第4の課題（個人の生き方が社会の課題解決に結びつくような未開拓思想への挑戦）は、明らかに従来の経済学の範囲には収まらず、そこからはみ出したテーマである。しかし、経済学の究極的な目的がより良い社会を構築することであると考えるならば、個人がどのような生き方をすることによってそれにつながるのかを考察することは、経済学の延長線上にある課題だといえる。そうした観点に立ってここでは三つの章を設けている。

　第11章では、個人と組織に関するインテグリティという問題を取り上げ、ゲーム理論の手法も活用しつつ、その意義と社会的機能を考察した。第12章では、個人が幸せを追求するという行動をする場合、それが社会の発展とどう関連す

るかという問題を考え、幾つかの考え方があることを論じた。そして本書最後の第13章では、前章で指摘した個人の成長と社会発展を統合する一つの実践哲学の概略を紹介するとともに、その可能性を評価した。

なお、本書では「人間性」の幾つかの側面を取り上げて主題としているが、そのうち、人間の限定合理的な行動ないし非合理的な行動は、行動経済学の視点からすでに多大な研究[9]が見られるので、立ち入って扱っていない。

第3節　社会システムの理解にとって適切な三部門モデル

社会システムを理解する場合、伝統的には、端的に言えば「市場か政府か」という二分法（dichotomy）が採られてきた[10]。つまり、人間は利己的動機に基づいて、そして企業は利潤最大化をめざしてそれぞれ市場で活動する一方、そこで発生する「市場の失敗」を補正するために行動するのが政府である、という捉え方である（二部門モデル）。これは、明らかに単純化され過ぎた図式である。人間には、利己的動機だけでなく利他的動機あるいはそれ以外の価値（幸福など一般的にいえば人間的価値）の追求が大きく現れる時もあり、またそれに基づく社会の制度（営利企業だけでなく営利を目的としない組織体）も現実には数多く存在する。

(1)二部門モデルから三部門モデルへ

こうした現実を取り入れて社会システムを理解するには、非営利民間主体（中間的主体ないし第三セクター）を加えた理解の方法を導入し、それによって社会を捉える必要がある（三部門モデル）。これを示したのが、図表4-3である。

すなわち、主流派経済学では、民間主体が活躍する市場が社会作動の基本メカニズムであると理解する一方、これと対極的な主体として政府が想定されていた（図表4-3の(1)）。そして市場においては、家計や企業が利己的、分権的に活動すると理解され、それは「効率性」を追求する仕組みであるとされる。

9）例えば、大垣・田中（2014）を参照。
10）例えば、自由主義経済学者ミルトン・フリードマン（Friedman 1970）はそれを明快に述べている。

図表4-3 経済学の従来の視野と今後望まれる視野

(1) 経済学における従来の視野

(2) 今後望まれる視野

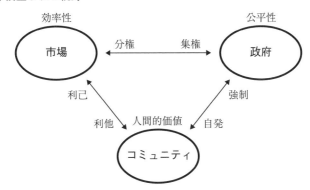

(注) 岡部（2009d）図表3。

一方、政府はそうした民間活動に伴う様々な問題（市場機能では解決できない公共財の供給[11]など）に対処するために権限を集中保有し、強制力を持ってそうした問題を補正するので「公平性」を追求する役割を持つ、と理解されてきた。

ところが、近年、こうした二分法では捉えきれない人間の行動動機や人間活動あるいは人間集団の重要性が高まっている。例えば、民間部門において第三

---

11) 公共財とは、非排除性（特定の人にその財を利用させないようにすることが技術的・物理的にできない性質）および非競合性（その財を誰かが使えば他の人は使えなくなるという状況は生じない性質）という2つの条件を充たす財であり、市場による供給は不可能とされている。その例として国防、治安、法制などのほか、従来から灯台が好例とされてきた。ただ、英国の灯台は、歴史的にみると政府によってではなく民間主体によって設立され、所有され、そして管理運営されてきたのが事実であるので経済学者は安易に灯台の例をだすべきではない、という興味深い主張（Coase 1974）もある。

の存在としての NPO（非営利組織）・NGO（非政府組織）、あるいはより一般的にいえば「コミュニティ」（人間がそれに対して何らかの帰属意識を持つ一方、その構成メンバーの間に一定の連帯意識ないしそれを反映した行動が見られるような人間の集団）が重要になっている（今村・園田・金子 2010、広井 2006）。その組織は、行動動機や組織形態の面で従来の二分法におけるいずれの主体にも該当しないので「中間的組織」「協働体」[12]などと呼ばれることもある。このため、政府でもなく市場でもない民間セクター、すなわち各種のコミュニティを明示的に位置づける必要性が大きいわけである（図表4-3の(2)）。

こうしたコミュニティは、個人の利己主義が現れる市場に対して「利他主義」を行動原則としており、また政府のように強制力によるのではなく「自発性」を行動面における特徴としている。そこでは、幸せ感など人間的価値[13]が重要な尺度になる。この部門は、従来の民（私）とも官（政府）とも異なる「公」であり、公共性を持つ新しい民間セクターとして位置づけられる。

例えば、各種の NGO（非政府組織）、NPO（非営利組織）、協同組合、ソーシャル・ビジネス（本節(2)で述べる）などがそれに該当する。こうした活動に対する人間の取り組みは、上記のとおり利己的というよりも利他的な動機で、そして強制されてではなく自発的に関わることが多い点が特徴的である。これらの活動対象となる分野は、環境、福祉、教育、宗教（スピリチュアリティ）など従来の二分法では捉えきれない人間活動の重要領域が広くカバーされており、社会的にも次第にその重要性が増している[14]。

---

12) 協働体とは(1)公共性（組織の目的が開かれた公共善、公正、社会正義の追求にあること）、(2)非暴力性（目的達成の手段が平和的であること）、(3)文脈依存性（変化に対応する姿勢を持ち自己変容を繰り返すこと）を持つ組織であり、市場や政府といった強い普遍主義とは対照的な組織であると規定する見解（田島 2009）が最近提示されている。非営利組織のガバナンスや行動は今後研究が期待される領域であるが、貴重な既存研究として Glaeser (2003) がある。
13) 詳細は、第7章参照。
14) こうした第三部門としてのコミュニティ（NPO や NGO）に関する詳細な分析は、第10章で行う。

図表 4-4　社会を構成する代表的三主体とその行動特性

主体	情報への対応	行動の規範	パフォーマンスの特性
政府	・民間部門から情報を獲得し集中する必要	・法律、行政権力 ・公平性の追求	・国民から委嘱された主体であるためエージェンシー問題(非効率性)が随伴
NPO/NGO	・情報対応形態は中間的であり多様な対応あり	・多様な行動動機が併存 ・信頼、評判が重要	・効率性の高い組織がある一方、ガバナンスの弱さにより機能不十分なケースも存在
市場民間主体（企業・個人）	・情報は個別主体によって分散保有され、集中化の必要はない	・利益ないし満足の追求	・市場メカニズムの作動により効率性を維持 ・市場の失敗が生じる面を随伴

(注)　著者作成。

第三部門の行動特性

　ここで導入した第三部門（コミュニティあるいはNPO等）についての詳細な検討は別途行うが（第10章参照）、いまその行動特性を既存の2つの部門と対比すると、**図表4-4**のようになろう。

　社会における全ての組織は、いずれも情報をどのように処理する仕組みを持つかという視点から特徴づけることができる。情報対応のあり方をみると、まず政府は、民間部門から情報（行政上必要となる各種データ）を獲得し集中することによって初めて機能できる。これに対して、市場の中で行動する民間主体（企業・個人）は、個別主体がそれぞれ一次情報を分散保有しており、その情報はすべて市場取引（具体的には価格形成）に反映されるので情報集中化の必要はない。一方、NPO/NGOは、市場メカニズムの中で行動するわけではないため、情報対応面での位置づけは政府と市場民間主体の中間にある、と理解できる。

　次に、行動規範をみると、上記のとおり政府は法律および行政権力を基礎としているのに対して、市場民間主体は利益の追求（企業）ないし満足の追求（個人）を行動動機とする主体であると理解できる。一方、NPO/NGOでは、組織としてもまたそこにおける各ステークホルダーとしても、多様な行動動機

が併存していると考えることができる。また NPO/NGO は、民間企業のように所有者（株主）とそれによる規律づけを欠くので社会的認知自体がとりわけ重要であり、このため民間営利企業や個人とは異なり、信頼（credibility）、評判（reputation）の維持・増大が一つの重要な行動規範になる、と考えられる。

こうした組織および行動規範を前提とする場合、これら三主体のパフォーマンスの特性を次のように導くことができる。まず政府は、国民から委嘱された主体であるため、いわゆるエージェンシー関係に伴う非効率性[15]が不可避である。一方、市場民間主体は、市場メカニズムの作動により効率性が維持されることを期待できる。ただ、市場メカニズムによって解決できない問題（市場の失敗）もあることを認識しておく必要がある。これに対して、NPO/NGO のパフォーマンスがどのようなものとなるかは事前的には特定しがたく、あくまで実証の問題である[16]。

なお、組織の管理と運営に関しては、従来、政府の行政活動は公行政（public administration）とされる一方、民間企業などの場合は経営管理（business administration）として大きく区別されてきた[17]。しかし今後は、これらいずれにも属さない NPO の経営と管理に関する研究と専門教育が重要になっているといえる。

---

[15] 第3章の図表3-6およびその説明を参照。ある仕事を自分自身が行うのではなく、誰か代理者（エージェント）を雇って行う場合（これをエージェンシー関係にあるという）に生じる非効率性のこと。この非効率性は、代理者が依頼人の利益よりも代理人自身の利益を優先させる行動を取る可能性があるため、依頼人の利益が損なわれることを指しており、エージェンシー・コストと呼ばれている。

[16] 第10章でやや詳しく述べるが、有力な研究の一つとされる Glaeser（2003）によれば、組織としてのガバナンスがよく機能しているケース（従業員・顧客・資金寄贈者にとって競争がある場合）では NPO は営利企業と同等の効率性が検出される一方、基金規模が大きく、ガバナンスが弱いケースでは、組織幹部が資金提供者・顧客・社会の利益よりもむしろ自らの利益増大をはかる場合があるので効率性に問題が生じている、という興味深い結果が報告されている。

[17] ちなみに、米国のたいていの専門職大学院レベルの終了学位として、ビジネススクールでは MBA（Master of Business Administration）が授与される一方、公共政策系（例えばプリンストン大学のウッドローウィルソン・スクール、ハーバード大学のケネディ・スクール等）では MPA（Master of Public Administration）と明確に区別した学位が授与されてきている。

三部門モデルで捉える理論的根拠

　各種のコミュニティ（端的には NPO）を第三部門として積極的に考慮するのは、単に現実を反映したかたちで社会を理解するのが望ましいだけでなく、それによって社会が抱える各種問題の解決がより確実化するからである。それがこの部門の大きな役割である。このことは、経済政策論における二つの原則[18]を援用して理論的に次のように理解できる（岡部 2006b：55-56ページ）。

　まずティンバーゲンの原理（Tinbergen's principle）に照らした評価ができる。その原理とは「政府が n 個の独立した政策目標を同時に達成するには、政府は n 個の独立した政策手段を保持している必要がある」という要請である[19]。この考え方を援用すれば、政府が達成すべき社会目標が二つあるとき、社会としてもし政策手段が一つだけ（つまり政策主体は政府だけ）ならば目標の達成は不確実であり、もう一つの政策手段（つまり NPO/NGO などの第三主体）が加わって二つの手段で対応することになれば、政策目標をより確実に達成できる、と理解することができる。

　もう一つはマンデルの定理（Mundell's theorem）に基づく評価である。その定理とは「各政策手段は、それが相対的に最も効果を発揮する政策目標に割当てられるべきである」という命題である。これは、政策割当ての原理（policy assignment principle）、あるいは経済政策における比較優位の原理とも称されている。つまり、社会をいわば上から見る政府よりも、現場により近い位置にある第三主体（保有情報の量と質において政府より優位にある主体）が参画して問題を解決してゆくならば、そこには合理性があるだけでなく、社会システムを安定化させるうえでも役に立つことになる[20]。

　つまり、NPO/NGO などの第三主体が存在すれば（その存在を積極的に認

---

18) これら 2 つの原則の解説は、例えば浅子（2000：第 4 章）を参照。
19) 例えば、狩猟に際して、銃 1 丁をもってうさぎ 2 匹を仕留めようとしても同時に 2 匹仕留めることはできない（精々 1 匹を仕留めるにとどまるか、あるいは「2 兎を追う者は 1 兎をも得ず」の諺どおり 2 匹とも逃がしてしまうか、のいずれかになる）。つまり 2 匹を確実に仕留めるには銃（＝独立して利用できる手段）が 2 丁必要になる。
　また数学において、未知数を二つ含む方程式が 1 本あっても、未知数二つの値を解くことはできない。この場合には、独立した方程式を 1 本追加し、方程式を 2 本とすることによって初めて二つの未知数を解くことができる。このように、ティンバーゲンの原理は単に経済政策論の原理にとどまらない一般性の高い命題である。

識して活用すれば)、各種の社会問題がより効果的かつ確実に解決できることになる。なお、この点につき、上記よりも立ち入った理論的な説明を本書の原稿脱稿後に展開することができた（岡部 2016c：第3節）。

(2) 第三部門の一例としてのソーシャル・ビジネス

第三部門には多様な主体が含まれるが、その興味深い一例が「ソーシャル・ビジネス」（社会的企業）と称される非営利企業である。この制度は、ノーベル平和賞受賞者ムハマド・ユヌス氏[21]によって提案され、同氏の母国バングラデシュにおいて導入されたあと世界各地の経営者等による共感と強力なサポートを得て急成長している。その発想と実際の展開は、第三部門の性格とその可能性を示唆しているだけでなく今後の資本主義システムにとって一つの大きな方向を示している。このため、以下本人による説明（ユヌス 2008、2010）をもとに、やや詳細にみることにしよう[22]。

ソーシャル・ビジネスの理念

ソーシャル・ビジネスはどのような理念を基礎としているのか、そして具体的にどんな仕組みなのか。これらを整理すると図表4-5のようになる。

第一に、人間の行動動機に関する従来の（経済学などにおける）前提には大きな誤りがあり、その是正が基本的に重要であるとしている。すなわち、従来、人間は利己的な存在であると前提され、従ってそうした人間の集合体である企業（会社）も私的利潤の追求を前提に行動していると理解されてきた。そして、これが社会の生産活動を効率的に行ううえで有用な仕組みであることはユヌス氏も認めている。

しかし、こうした経済学の標準的な理解ないし社会観に対してユヌス氏は根

---

20) この定理は、政策実施のために保有する情報量と情報の質という観点からNPOに対して適用できる点が特徴である。その追加的説明と該当するNPOの実例は、第5章第2節(2)を参照。
21) ムハマド・ユヌス氏は経済学者であるが、ノーベル賞では平和賞を受賞した。受賞理由は、貧しい人々の経済的自立を助けるマイクロクレジット（小額無担保融資）という金融サービス（Morduch 1999）を発案し、それをバングラデシュ全土に広めることによって貧困を劇的に軽減したことが評価されたことによる。
22) 以下の記述は、岡部（2011b）に依拠している。

図表 4-5　従来の企業とソーシャル・ビジネスの対比

	従来の企業	ソーシャル・ビジネス
人間の行動前提	・人間は利己的な存在。	・人間は利己的であると同時に利他心（同情心、慈悲）を併せ持つ。
企業の行動前提	・利潤の追求。	・社会では、個人的利益を追求する会社（営利企業）、他者の利益に専念する会社（ソーシャル・ビジネス）の二種類が必要。
達成すべき社会目標	・効率的な生産。	・人類が苦しんできた社会・経済・環境の問題（飢餓、ホームレス、病気、公害、教育不足等）の解決。
企業の構造と行動（相違点）	・利益を得ようとする人が企業に資金を提供。	・多くの人が資金だけでなく、創造力、人脈、技術、人生経験を提供。
	・企業の所有者（株主）に配当金の支払あり。	・企業の所有者（出資者）への配当金支払はない（他者の役に立つという喜びが報酬）。
	・投資活動は予想利益の多寡を基準に決定。	・投資活動は予想利益を基準にせず社会的目標の達成によって決定。
	・経営が悪化すれば株主は直ちに持株を売却するので経営は近視眼的になりやすい。	・経営が一時的に悪化しても所有者は株式を手放さないので長期的視点に立った経営が可能。
同（類似点）	・資本主義制度の中で運営。	・同左。とくに(1)株式を発行して資金を調達、(2)慈善団体のように寄付金には依存しない、(3)営利企業と同様、経費を穴埋めできるだけの収益を確保する。
	・自らのアイデアを実行に移す野心的な起業家の存在を前提。	・同左。
実例	・世界中の圧倒的多数の企業。	・2007年にグラミン・ダノン（ヨーグルト製造会社）をバングラデシュに創設。以後、飲料水、衣料品、医療などに関する会社を仏、独、米の大手企業と合弁で相次いで設立。

(注) 上記のソーシャル・ビジネスのうち、実例は Yunus (2010) が提案し、実施しているもの。
(出所) 岡部 (2011b) 表 1。

本的な疑念を抱いており、人間は利己的であると同時に利他心（同情心、慈悲）を併せ持つ存在であることを同氏は強調している。従って、会社組織にとってもこれら二つの行動動機に対応した二つの制度が必要である、という提案

につながる。これが同氏提案の核心である。すなわち、一つは従来型の個人的利益ないし利潤最大化を追求する会社（営利企業）である。そしてもう一つは、他者の利益に専念する会社（ソーシャル・ビジネス）であり、資本主義社会において後者を新しく制度的に導入することが是非必要である、と主張している。

　こうした新制度としてのソーシャル・ビジネスは、その達成すべき目標として人類が苦しんできた社会・経済・環境の諸問題（飢饉、ホームレス、病気、公害、教育不足等）を掲げるものであり、これらの地球的諸問題を直接解決できる、と主張している。つまりソーシャル・ビジネスは「ビジネスの持つ創造性や活力と、慈善の持つ理想主義や利他精神とを組み合わせたもの」（ユヌス2010：179ページ）であり、「社会問題を解決する上で個人が持つ政府にない能力（知恵、才能、創造力）」（同 58ページ）を活用する仕組みである、と性格づけている。

　そのうえで、こうした「第三の事業形態」（同 188ページ）は「消費者、労働者、起業家にとって新たな選択肢を与え、市場の幅を広げるもの」（同 45ページ）であり「現代資本主義の未完成の穴を埋める最善の方法」（同 189ページ）と評価している。

株主への配当金支払い禁止

　第二に、ソーシャル・ビジネスと称される会社は、その目的を確実に達成するため、構造面で従来の会社にはない幾つかの特徴を持たせる必要があることが強調されている。具体的には、まず企業の所有者（株主ないし出資者）に対して配当金の支払が禁止されることである[23]。

　これは、ソーシャル・ビジネスの活動に伴う利益はその将来の活動のために使う必要があるという考え方に基づく。また、ソーシャル・ビジネスへの出資者は元来利他的な目的でその株式の保有者になっているわけであるから、出資者への配当支払いがなくとも出資を募ることができる、という判断がその背景にある。つまり出資者にとっては、配当の受領ではなく他者の役に立つという喜びが報酬になる、というわけである。

---

23) この制約は、NPOやNGOの性格を決定づける最も重要な制度的要件である。第10章で詳しく述べる。

いま一つの制約は、ソーシャル・ビジネスが事業投資活動を行う場合、それに伴う予想利益を基準とはせず社会的目標を達成するかどうかによって投資を決定する必要がある、という制約を課すことである。

このような二つの制約を付けるとしても、ソーシャル・ビジネスはビジネスとして成り立つだけでなく、むしろその活動目的をより効果的に達成する所以であると同氏は主張している。なぜなら、従来の営利企業の場合には、経営が悪化すれば株主は直ちに持株を売却するので経営が近視眼的になりやすいのに対して、ソーシャル・ビジネスの場合には、経営が一時的に悪化しても所有者は株式を手放さないので長期的視点に立った経営が可能であるからである、としている。

ビジネスとしての厳しさの要請

第三に、上記の特徴を持つソーシャル・ビジネスは、現在の資本主義制度の中で運営されるべきものであり（上記第二の点と幾分矛盾する印象を与えるが）ビジネスとしての厳しさが強く要請されることが強調されている。

とくに(1)資金調達は株式発行によって行うこと（慈善団体のように寄付金には依存しない）、(2)持続可能性のある経営を行うこと（営利企業と同様、経費を穴埋めできるだけの収益を確保すること）、(3)自らのアイデアを実行に移す野心的な起業家によって設立される必要があること、などの重要性を指摘している。そして、ソーシャル・ビジネスを非営利組織として位置づけて運営すれば税制上優遇を受けられるので寄付金が集まりやすいのではないか、という見解には反対している。なぜなら、非営利組織の資格を得るには、法律上、規制上厳しい審査が要求されるのでそれが運営の過重負担になることなどを理由に挙げている。

これらに関連して幾つかの類似概念の比較検討がなされており、ソーシャル・ビジネスはそれらのいずれとも異なる新しい概念であることが強調されている。すなわち財団（foundation）、慈善団体（charity）は共に寄付に依存する組織体であり、また協同組合（cooperative）は組合員によって所有され組合員の利益を目的とした組織体であると指摘、これらはいずれも、市場の中で持続可能な運営方法を採る組織であるソーシャル・ビジネスとは基本的性格を異にすると峻別している。

一方、近年強調されるようになった企業の社会的責任（CSR）という企業活動も、経済的利益と社会的利益の二つを同時に追求する（前者が後者に優越する）点に問題があると指摘、やはりソーシャル・ビジネスが別途必要だとしている。

ユヌス提案の特徴と評価

ユヌス氏の提案は、実業界に貴重なメッセージを発信すると同時に、今後の経済学（さらには社会科学一般）が進むべき方向にも大きな示唆を与えている。ここではとくに次の三つの点を挙げておきたい。

第1は、ソーシャル・ビジネスという制度の創設は、従来の人間社会の理解方法である二分法（二部門モデル）を越え、三部門モデルで理解できるので、たいへん意義深いことである。

第2は、ソーシャル・ビジネスという用語は、近年かなり異なる意味合いで用いられる場合が少なくないが、ユヌス（2008, 2010）で提案されているシステムは、他の諸提案に比べ経済学的に合理性が高いことである。したがって、社会問題を解決するうえで実効性が高いシステムとして提案されているということができ、この点がその他一般にいわれている「ソーシャル・ビジネス」よりも優れていると評価できる。

すなわち、同氏が規定するソーシャル・ビジネスは、営利企業でないものの、企業（ビジネス）としての厳しさがまず強く要請されている点[24]においてユニークさがある。そして、その資金調達においては、善意の寄付金へ依存することを前提しないだけでなく、定期的な元利返済が経営に大きな負担となる借入に依存するのでもなく、出資者がリスクを負担する株式発行による調達を基本としている。金融論の用語でいえば「資金調達を借入（debt）によるか、エクイティ（equity）によるか」という選択問題（岡部 1999b：46-48ページ）において後者を選択するものであり、それによって経営の自由度を確保することを提案しているからである。

---

[24] 一般用語としてソーシャル・ビジネスが語られる場合、その資金源は寄付金あるいは借入（融資）に依存すると前提される場合が多い。例えば「社会問題の解決狙うソーシャルビジネス」（日本経済新聞、2012年4月25日夕刊）を参照。しかし、ユヌス（2010）提案におけるソーシャル・ビジネスでは、本文で述べたとおりこの点が決定的に異なる。

第3は、社会問題の解決を図ろうとする場合、それを企業の社会的責任（CSR）の拡大というかたちで対応することも可能という見方もありうるが[25]、それには自ずと限界があるため新しい制度の導入によるべきだとしていることである。
　もし CSR で対応しようとすれば、それは企業が経済的利益と社会的利益の二つを同時に追求する（前者が後者に優越する）点に問題があるとユヌス氏は指摘、その矛盾を解決する方法としてソーシャル・ビジネスという制度が別途必要だとしている。これは、理論的に鋭い指摘である。なぜなら、二つの目標（経済の効率性維持、社会問題の解決）を一つの手段ないし制度（営利企業）で同時に達成することは論理的に無理があり、二つの目標を達成するにはやはり二つの手段（営利企業とソーシャル・ビジネスの併存）による必要がある、というのが政策論の基本論理[26]から導かれる方向だからである。

ソーシャル・ビジネス発展の可能性
　ユヌス氏は、以上のような特徴をもつソーシャル・ビジネスを実際に数多く創設しており、その経緯、苦労、喜び、同調者の急速かつ世界的な広がりなどを、多くの実例とともに情熱を持って語っている（ユヌス 2010：2章、4章、6章、8章）。同氏が創設した第1号は、2007年にフランスのダノン社と合弁でバングラデシュに立ち上げたグラミン・ダノン（ヨーグルト製造会社）であり、その後、飲料水、衣料品、医療などに関しても仏、独、米の大手企業と合弁で相次いで設立している。またその経験から得られた一般的なヒントにも言及している[27]。
　その経験を記録した書物（ユヌス 2010）が示すように、ソーシャル・ビジネスという組織体が国を越えて広がる様相を見せているのは、まさに人間は利己的動機だけで行動するのではなく、責任感や利他心といった人間の心の奥に

---

25) CSR については、本章の付論2を参照。
26) 前述したティンバーゲンの原理（103ページ）を参照。
27) 今後の一般的な課題としては(1)政府がソーシャル・ビジネスを明確に定義し、その株主の責任や義務を明確に規定した専用の法律を制定すること、(2)世界的なインフラストラクチャー（ソーシャル・ビジネスの株式だけを扱う売買市場）を構築すること、などソーシャル・ビジネス立上げのための制度整備の必要性を指摘している。

潜む動機がソーシャル・ビジネスという仕組みが与えられたことによって解き放たれたからではなかろうか。

さらにいえば、社会問題を根本的に解決するには、人間の内に深く潜むこのような利他心あるいは菩提心を解放することによって行う必要がある（高橋2008）という主張にもこれは呼応する。現に研究者のなかにも「自分が変わることによって世界が変わる」という思想を内発的発展論と称して主張するケース（西川 2011）もある。社会問題の解決は、結局このような人間の根源的力を持ってこそ永続的かつ効果的な対応ができることを示唆しているようにみえる。こうした問題は、本書最後の二章（第12章および第13章）で論じる。

第4節　各種「中間領域」とその関連概念の取り込み

社会システムを理解する場合、これまで経済学における基軸概念ではなかった第三部門（例えばソーシャル・ビジネス）あるいは各種「中間領域」に注目するならば、従来は（少なくとも主流派経済学では）さほど重視されていなかったそれらに関連する概念を積極的に取り込む必要が出てくる。

これらの概念は、標準的な経済学の論理で必ずしも明快に規定することが容易でない場合もあるが、それらは経済システムをより的確に理解するうえで不可欠であり、経済システムに対して新たな洞察を可能にする。そうしたことがらの一例を図表4-6で示してある。

(1) 対極的概念と中間的概念

この表では、従来の経済学における主要概念（二つの対極的概念）を示すとともに、それに加えて今後経済学が研究課題として取り上げてゆくべき各種の中間領域（それらは相互に多少重複する面もある）の幾つかを例示している。これらの多くは第2部以降で詳細に検討するが、以下ではそれらを簡単に解説しておきたい。

市場か組織か

まず、経済学の基本対象としては「市場」があり、このいわば対極概念として「組織」が存在する。市場とその機能の解明を中心課題とする経済学におい

図表 4-6　従来の経済学における主要概念と今後重視されるべき各種中間領域

従来の対極的概念	重視すべき領域や概念	具体的な研究対象
■市場か、組織か	・ガバナンス、企業の社会的責任（CSR）	・コーポレートガバナンス、公民連携（PPP）
■民間営利主体か、政府か	・コミュニティ	・民間非営利組織（NPOやNGO）
■利己主義か、利他主義か	・誠実さ、コミットメント、信頼	・潜在能力、エンパワーメント
■合理性か、直感か	・限定合理性、非合理的行動	・制度の存在意義と機能

（注）著者作成。

ては、効率性が従来最も重要な基準とされ、それを達成する仕組みとして自己責任と競争が位置づけられる。一方、組織は市場経済の中における一つの点とでもいうべき存在であり、したがってその内部は通常、暗箱（black box）として扱われ、その中の詳細を問うことはしない（例えば企業は利潤最大化を目標に行動する組織であるという認識にとどまり、企業内部の様子を分析的に取り上げることは多くない）。こうした視点から社会を捉えるのが市場原理主義ないし市場至上主義である。したがって、それは競争主義、効率主義、合理主義といった性格を持つ一つの思想といえる。そこでは、企業の従業員は人格を持った人間であるという発想に立つことはなく、単なる生産要素として位置づけられる。

　こうした社会思想やそれに基づく公共政策が近年、日本において所得や機会の格差を拡大し、社会安定の基盤、信頼の基盤を破壊しつつある面があり、日本はもはや国民が安心して住める社会でなくなったとする批判が最近強まっている。このような市場中心主義を排し、市場と組織を統合して理解する一つの視点としてガバナンス（governance）という概念がある。また社会問題を解決する役割を企業に持たせる発想である企業の社会的責任（corporate social responsibility：CSR）の議論もその一つである。また上記の三部門モデルで考える場合には、公民連携（PPP）という発想が出てくるほか、三部門による社会のガバナンスという見方も可能であろう。また企業の場合はコーポレート・ガバナンスという視点があり、この見方を取り入れることによって市場と組織

を統合した理解が可能になる[28]。

民間営利主体か政府か

二つ目の例は、すでに述べたことを多少繰り返すことになるが、民間営利主体（企業および個人）と政府、という二つの主体を区分することについてである。こうした区分は、市場を重視する新古典派経済学だけでなく、それと対峙する思想に立って政府の役割を強調する新ケインズ派経済学のいずれにおいても伝統的に用いられてきた二分法である。それだけに経済学研究者がこの二分類思想から脱却するのは容易でない。

しかし、現実には、これら二つのほかに市民セクターにおいて非営利組織（non-profit organization: NPO, non-governmental organization: NGO）が重要な機能を果たしている。例えば、米国社会の場合、ともすれば市場原理が貫徹する社会と見なされがちであるが、そこでは NPO あるいは NGO が政府や民間企業等の役割を補完する（あるいはそれらを監視する）といった面で大きな活動をしている。しかし、日本で近年採られてきた市場原理主義的な政策（とりわけ小泉内閣による経済政策）においては、米国のこうした面を見落としたまま一面的に政策が推し進められた感が否めない[29]。それだけに、日本においては今後 NPO や NGO の成長が求められるとともに、その研究が活発化することが期待される[30]。

また、より一般的に考えるならば、組織よりも比較的緩やかな共同体である「コミュニティ」が重要な研究対象となろう。コミュニティとは、人間がそれに対して何らかの帰属意識を持つ一方、その構成メンバーの間に一定の連帯意識ないしそれを反映した行動が見られるような人間の集団である、と定義できる。このような共同体は、前述した人間の行動原理を幅広く捉えることと密接な関連を持つだけでなく、非営利組織のあり方にも関連する。このため、今後

---

28) コーポレート・ガバナンスの詳細は岡部（2007a）を参照。合理性を強調する主流派経済学においても、市場の分析だけでなく市場機能を支える制度（ガバナンス関連制度）の重要性を指摘する研究（Dixit 2009）も一部には出てきている。
29) 第2章第3節参照。
30) 非営利組織に関する注目すべき網羅的な研究として Glaeser（2003）がある。それをも踏まえつつ、第10章では NPO そしてより一般的にコミュニティについて、一つの体系的理解を提示する。

の大きな研究課題である。

　さらに、官民二分法に無理があるという文脈からいえば、民間資本ストック（企業の生産設備）と公的資本（社会資本）を峻別して扱うことにも問題がある。「官か民（private）か」という区分よりも「官か公（public）か」という区分が社会のあり方を理解するうえでより適切な場合が少なくない。このため、最近重視されつつある「ソーシャル・キャピタル」という概念を今後さらに発展させてゆく意味は大きい[31]。またソーシャル・キャピタルは、ハードウエアにとどまらずソフトウエアの側面も持つ。そして後者の観点から見た場合、それは人間集団としてのコミュニティを支える重要な要素でもある[32]。このように各種中間領域を扱う場合、そこに登場する概念は底辺で深い関連をもつ場合が少なくないことも一つの特徴である。

利己性か利他性か

　三つ目の例は、主流派経済学の基本的前提になっている「利己性」を再検討することである。すでに述べたように、人間は利己的な行動をする面が多い一方、それとは正反対に利他的な行動をする場合も少なくない。また、個人の行動には、誠実さ、コミットメント、信頼など、利己性とは性格を異にする面も少なくない。人間の行動である経済現象を理解する場合、これらの側面を追加して考慮する必要性が大きい[33]。

　さらに、人間をみる場合、単に「効用最大化を目指して行動する個人」という一面的な前提を置くのではなく、人間の持つ潜在能力（capabilities）、すなわち技能獲得能力、意志決定能力、他者への影響力などより基本的な要素を考慮することによって初めて総合的かつ適切な人間理解が可能になる（セン2002a、2002b）。こうした能力を重視するならば、単なる効用最大化ではなく、それらの能力（power）を強化すること、すなわちエンパワーメント（empowerment）が人間と経済にとって重要な概念となり政策目標になる。

31）宮川・大守（2004）はこの視点から重要な問題提起をしている。
32）第10章第5節参照。
33）幸い近年のゲーム理論ではこれらを取り入れようとする方向もみられる。インテグリティ（誠実さ）についてのゲーム理論的分析は、第11章の3節および4節を参照。

合理性か直感（非合理性）か

　四つ目は、個人の行動においては、利己性を前提するか否かを問わず、合理性（rationality）だけでなく非合理性（irrationality）あるいはそれを含む直観（intuition）に依存した判断も広く観察されることを認識する必要があることである。人間行動の合理性を全て否定することは不可能であり、また望ましくもない。しかし、現実の人間の行動には非合理性も少なからず含まれており、この側面を考慮する必要性は大きい。

　これに関連するのが、人間の情報処理能力には限界があるという問題である。つまり人間は「すべての可能性を列挙した上で最適な選択をする」ことを前提することは現実的でなく、人間の行動は、あくまで「限定された合理性」（bounded rationality）にとどまる。このため、情報処理能力の限定性を補完する役割を担う慣行、規範、暗黙の行動基準、タブー、伝統などが現実に存在している。これら全部を含めて広義の「制度」と定義することができる。この意味での制度は、人間が作り出すものである一方、人間の行動を規定する面があるので、制度の意義、成立条件などを経済学の観点から分析することが重要な課題となる[34]。

　最近は、以上のように人間の行動前提を見直す動きも活発化し、これが心理学や社会学との連携あるいは行動経済学の展開などを促している。

　以上、経済学が視野を広げるべき四つの方向を指摘した。これらは、大きな視点からみれば、社会における問題の発見（課題の明確な認識）、解決策の策定、そしてその実践によってより良い社会を構築するという経済学本来の目的をより確実にするものといえる。このように考えると、経済学を発展させる一つの方向として「総合政策学」を位置づけることができる。そこで第2部では、「社会科学の新しいあり方(1)：方法論の革新」と題して、まず総合政策学という方法論を考えることにしよう。

(2) 本章の結論

　本章の主な論点は次のとおりである。
1．主流派経済学の「弱さ」ないし問題点にどう対応するべきかという問題は、

---

[34] この点に関するやや立ち入った説明は、岡部（2006a：2章）を参照。

社会科学が本来めざすべき方向は何かを明確化することである。
2．ここでは、それを具体的な四つの課題として提示した。すなわち(1)人間の行動動機には多様性があることを理解しそれを踏まえた分析をすること、(2)社会を理解する場合、従来の二分法（市場と政府）に代えて三部門（市場・政府・各種コミュニティ）モデルによって理解を進めるべきこと、(3)単純な市場均衡をもって社会の動態を捉えるよりもガバナンスという多面性を持つ理解をすべきであること、の三つの課題がまず存在する（四つ目は以下で4として言及）。
3．これらの課題に対応するには、従来色々な文脈で開発されてきた各種の概念（利他性、ソーシャル・ビジネス、NPO、ソーシャル・キャピタル、人間の絆、制度と限定合理性、人間の潜在能力、エンパワーメント等）を積極的に取り入れて社会のあり方や問題解決方法を研究する必要がある。
4．以上の三つの課題のほか、もし可能ならば第4の課題として(4)個人の生き方（例えば幸福の追求）がそのまま個人の人間的成長と社会の課題解決に結びつくような未開拓の思想を追求すること、に取り組むべきである。これは、上記三つとは相当異なり、経済学というよりもむしろより幅広い一つの社会科学のあり方にまで発展するテーマであるが、経済学が究極的には個人の幸福とより良い社会の構築をめざすならば、追求すべき課題になる。

付論1　経済学の前提拡張：利他主義の包摂(1)[35]

　経済学の標準理論においては、個人の満足度（効用）はその人が保有する財やサービスの量によって規定される、と想定されている。すなわち、ある個人の効用水準 U は、彼が消費することができる n 個の財ないしサービス（以下単に財という）の量 x_i を説明変数とする下記の関数によって表される。

$$U = U(x_1, x_2, \cdots, x_n) \tag{1}$$

そして(a)効用は財の保有量（消費可能量）が多ければ多いほど大きい、(b)しかし効用の増加度合いは財の保有量が増えれば増えるほど次第に小さくなる（限界効用は逓減する）、との前提がなされる。この2つは消費者行動理論の基本前提である。これら2つを数学表記すれば、それぞれ下記(2)式および(3)式になる。

$$\frac{\partial U}{\partial x_j} > 0 \qquad j = 1, 2, \cdots, n \tag{2}$$

$$\frac{\partial^2 U}{\partial x_j^2} < 0 \qquad j = 1, 2, \cdots, n \tag{3}$$

　ところが、本文で述べたように、人間は（モノを取得することによってではなく）むしろ「与えることによって『満足』が得られる」という面（利他的動機）もある。このことは幾つかのかたちで定式化することができる。例えば(1)個人を1人ではなく2人を同時に考える、(2)自分の満足度は自分自身の財の消費量によって左右されるだけでなく、他者による財の消費量もこれに影響を与える、(3)他者の消費量が増えれば（その他の条件が不変であっても）自分の満足度が高まる、と想定することができる。この場合には、他者の消費量が自分の効用に影響するので、個人 a の効用関数は下記のように書ける。

$$\begin{aligned} U_a &= U_a(x_1^a, x_2^a, \cdots, x_n^a\ ;\ x_1^b, x_2^b, \cdots, x_n^b) \\ &= V(x_1^a, x_2^a, \cdots, x_n^a) + W(x_1^b, x_2^b, \cdots, x_n^b) \end{aligned} \tag{1'}$$

---

35)「利他主義の包摂(2)」は、第7章の付論1を参照。

ただし、U_a は新しく定義された個人 a の効用水準、x_j^a は個人 a が消費することができる財の量、x_j^b は個人 b が消費することができる財の量をそれぞれ表す。そして V は、個人 a が自ら消費することによる効用、W は個人 b の消費が個人 a に与える効用である。この場合、上記(2)の性質については下記 (2′) が、また(3)については (3′) がそれぞれ満たされると想定することができる。

$$\frac{\partial V}{\partial x_j^a} > 0, \quad \frac{\partial W}{\partial x_j^b} > 0 \tag{2′}$$

$$\frac{\partial^2 V}{\partial (x_j^a)^2} < 0, \quad \frac{\partial^2 W}{\partial (x_j^b)^2} < 0 \tag{3′}$$

そこで個人 a は、予算額 I という制約

$$\sum_j p_j(x_j^{aa} + x_j^{ab}) = I$$

のもとで、自分の購入量 $x_j^{aa} + x_j^{ab}$、そのうち「自分の消費量」x_j^{aa} と「個人 b への贈与量 x_j^{ab}」を決定する、という問題を解けばよいことになる。ただし、p_j は財の価格である。この定式化においては、ある個人の満足度合いは、自分自身の満足の高さだけでなく、他の社会構成員の満足が高まることによっても高まること（利他主義）を表している。

概念的にはこのように比較的簡単に記述できるが、これを出発点とする個人の消費行動の分析はおそらく理論的に容易な作業ではないであろう。しかし、人間の本性を踏まえた経済学に向かうにはこれに挑戦する必要があろう。

ちなみに、中沢（2011：85ページ）は、東日本大震災による原発事故の反省に立ち、今後の経済学は「交換と贈与」という異質な原理の組み合わせを基礎として作られる必要性を説いている。これはここで述べた主張とほぼ同じ方向を指している。

付論 2　企業の社会的責任（CSR）論の評価

　地球規模で見た場合、温暖化あるいはアフリカにおける貧困問題の深刻化にみられるように、世界が直面する問題は増大かつ複雑化している。このため「市場と政府」といった単純な二分法による対応では不十分な面が顕著になっており、民間企業においても従来以上の責任があるとする「企業の社会的責任」（corporate social responsibility：CSR）論の考え方が近年世界的に広がっている。

　以下では、CSR（企業の社会的責任）について一般的にみられる意義を述べるとともに、経済政策論の観点からその議論を評価し、CSR の留意点と限界を指摘する。

(1) CSR をどう理解すべきか

　ここでは、社会問題を解決する一つの新しい方向として近年注目を集めている「企業の社会的責任（CSR）」論を取り上げ、まず一般的にいわれているCSR 論を批判的に検討する。次いで、経済政策論ないし社会体制論の基本原則に照らした場合、CSR はどのように位置づけられるかを考察する[36]。

一般的にみられる企業の社会的責任（CSR）論

　CSR は近年国内外で盛んに議論されている。CSR の定義は一様でないが、一般的には「企業がその経営に際して社会面ないし環境面での諸問題をも取り込み、かつそれを企業の利害関係者との間における自発的な相互作用を図るかたちで企業経営を行うこと」とされる（Kitzmuller and Shimshack 2012：53ページ）。つまり(1)それは外部から観察できる何らかの行動として表れること、そして(2)その行動が法定義務を超えた水準のものになること、この２つの要素が含まれることになる。

　世上なされる CSR 論においては、やや疑問を感じる視点も散見されるので、ここでは著者なりに議論を整理しておきたい。CSR を考える場合、そのポイ

---

[36] 以下の記述は、岡部（2007a：336-338ページ）の議論に依拠しつつそれを拡充したものである。

ントは、企業の社会的責任とはそもそも何か（どの範囲のことが含まれるのか）、そして企業はそれをどのようにして果たしてゆくことができるか、である。

　まず、CSRに関してよくみられる考え方には2つのタイプがある。一つは、企業は利潤追求だけでなく、それ以外の各種目標（例えば環境問題への取組み、メセナと称される芸術文化支援の活動、法律遵守、社会的倫理の尊重等）をも同時に達成する必要がある、という考え方である。そしてもう一つは、企業は利潤追求を経営目標にするのではなく、公共的意図を持って経営を行なうべきである、として経営原則そのものを改める必要があるとする考え方である。

　つまり、上記2つは両極端であるが、一般に議論されるCSRの度合いと内容は多種多様であり、またそれらに該当するとして列挙される項目を選ぶ動機も様々である。確かに、これらの項目自体は、たいてい社会として必要かつ望ましいことがらである点はほとんど疑問の余地がない。しかし、これら一連の該当項目の達成を企業（法人営利企業）の役割として利潤追求と同一次元で期待することが、果たして社会全体として適切かどうか、その点は注意深い議論と判断が必要と思われる。

　企業の最も基本的な役割は、社会が必要とする製品やサービスを開発し、それを効率的に生産して提供する一方、株主の利益や従業員の生活と生き甲斐など多様なステークホルダーの利益を効果的に増進することにある、といえる。したがって、それらに直接関連する活動こそが本来のCSRであり、それを通して企業は社会に貢献すべきである、と考えるのが妥当ではなかろうか。

CSRの意義と限界：理論的考察

　社会問題を解決するという課題を経済政策論の考え方（岡部 2006b：54-56ページ）を応用して考えてみよう。すると、企業（法人営利企業）という主体が仮に幾つかの政策目標を達成する能力を持つとしても、企業活動をしてそれらすべての目標を同時にかつ的確に達成することは不可能であること、また複数の目標を達成するには営利企業とは別の主体（例えばNPO/NGO、あるいはソーシャル・ビジネス）を導入し、後者にその役割を割当てるのが効率的であること、がティンバーゲンの原理[37]によって理論的に主張できる。

　さらに、課題解決のために別の主体が新たに導入されるにしても、企業はそ

の最も本来的な役割を演じることによって、社会全体として最も確実に各種目標が達成できること（課題解決における分業）が、マンデルの定理[38]から導かれる。

つまり企業は、消費者が求める財やサービスを市場経済のなかで最も効率的に開発・提供することができる組織体である一方、NPO/NGO、ソーシャル・ビジネス、あるいは政府は、そうしたことよりも各種社会問題の解決ないし公共財の供給という機能において優位性を持っている。このため、前者と後者は、それぞれ最も比較優位を持つ領域の活動に専念する（特化する）ことが合理的となるわけである。

CSRの意義と限界を示す仮説例

ここでは、企業行動に関する一つの仮説例を挙げ、それが上記の理論的考察に照らしてどう評価できるか（CSRと言えるのかどうか）を考えよう。いま企業の本社があり、この会社では、勤務時間になってから毎朝、従業員の多くが当番制をとって最寄りの施設（駅、公園など）周辺の清掃をすることを日課にしているとしよう。この場合、この企業は優れたCSR活動を行っているというべきであろうか。

確かに、毎朝清掃をするのは心やさしい行為である。そして清掃が行われれば、その施設を使う者（一般市民）は気持ちよくそれを利用できるのでありがたいことである。ただし、従業員が、勤務時間外のボランティア活動としてではなく勤務時間内にこうした清掃を行うことにしているのであれば、その評価には注意が必要である。

なぜなら、その場合には企業がそうした清掃コストを負担している（従業員が本業の仕事に割くべき時間が清掃時間分だけ削減されている）からである。従業員は、清掃をするのではなく、その時間を企業の本来的な仕事（例えば新製品開発会議への参加、製品販売や部品調達のための対外交渉など）に割くことが当然できたはずであるから、清掃を行った時間は企業にとって明らかにコスト（機会費用）である。

---

37) 本章第3節の103-104ページを参照。
38) 注 37と同様、本章の103-104ページを参照。

このため、企業としてはそのコストを吸収する必要があるため、意識するかしないかを問わず何らかの対応（製品価格の上昇、新製品発売の遅延など）がなされることになる。それは結局、消費者ないし社会全体の負担になる。つまり、社会が必要とする財やサービスをできるだけ迅速かつ効率に供給するという民間企業の最も基本的な役割を妨げる結果をもたらすことになっている。

　したがって、企業はこうした清掃活動にその保有資源を振り向けるのではなく、そうした活動は別の主体（例えばボランティアグループ、NPO、あるいは地方公共団体）が担当する方が、上記２つの政策原理に合致した対応になる。したがって、この清掃活動は、それ自体は望ましいことであるものの、社会全体としてみた場合にはふさわしいCSRとはいえない、と考えるべきであろう。

企業行動におけるインテグリティ強化

　上記のとおり、経済政策論の２つの原理を踏まえて考えると、CSRはかなり限定されたものとして位置づけるのが妥当である。そしてCSRとしてふさわしい活動には様々な程度のものがあるが、そのうち最も根本的なCSRは、企業が自己責任を基礎とする経営を誠実（integrity）なやり方で行うこと（平田 2005）にほかならない、といえるのではなかろうか[39]。実は、企業にとってはこれだけでも非常に重い責任であり、従来それを果たせていなかった企業も少なくない。

　例えば、公企業に対する民間企業の談合、政府に対する企業の贈賄収賄事件、薬害エイズ問題、総会屋への不正利益供与、証券会社の損失補填、銀行の不良債権の隠ぺいと飛ばし、自動車会社のリコール隠し、輸入牛肉偽造による公金の搾取、建築事務所による耐震強度偽装、巨額の損失隠蔽など、近年日本ではあらゆる業界にわたって多種多様な不祥事が明るみにでた。これらの問題が生じないように企業経営者が努力することがまずCSRの本質である、と著者は考えている。

　経営者は、その時間やエネルギーを先ずこれらの点にこそ集中させるべきである。そうした努力をすれば、結果として企業の長期的利益と長期的にみた株価を増大させることになろう。それらの行動とは距離のある各種の一般的な社

39）個人ならびに組織のインテグリティについては、第11章で詳細に述べる。

会目標（あるいは公共サービスの供給）を達成するには、例えば NPO/NGO、あるいはソーシャル・ビジネス等の方がふさわしい。そして政府には、そうした新しい主体を弾力的に設立して活動させるとともに、その成果が適切に評価されるための各種制度の整備・充実を図る義務がある、と考える[40]。

(2) CSR に関する近年の経済学的研究

CSR に関する研究は、様々な研究領域の研究者によってなされてきている。その全体的な動向を把握するのは容易でないが、最近幸いにも世界銀行のエコノミストらによる展望論文（Kitzmuller and Shimshack 2012）が最も有力な国際的研究論文誌の一つに発表された。

企業の CSR には様々な側面（例えば環境保全のための green energy ないし ecological goods の開発、さらには各種公共財の供給など）がある。この論文では、CSR に関する比較的最近の論文150本以上を概観することによって、なぜ CSR がみられるのか、CSR は企業ないし経済にとってどう影響しているのか、といった問題に対して理論面および実証面での研究結果を取りまとめている。論点は多岐にわたるが、主な研究結果として次のようなことが述べられている。

研究者の大半は中間的見解

第1に、社会が直面する様々な問題（公共財や公共サービスの供給を含む）を解決するに際しては、従来から二つの対照的な見解があったことが紹介されている。すなわち一方で、企業と政府という二つの主体が活動することによって対応するべきだと考える古典的な二分法（dichotomy）があった[41]。この主張によれば、企業は利益最大化を目標として行動すべきであり、各種の公共財や公共サービスの供給は政府が対応すればよい、ということになる。これに対して、経営学者や社会学者の多くは、たとえ企業の株主価値を低下させる事態をもたらすとしても、企業は全てのステークホルダー（利害関係者）の利益を考慮して行動すべきである、という見解を示している。

---

40) この点を含め NPO とそのあり方については、第10章で詳細に論じる。
41) その代表例として自由主義経済学者ミルトン・フリードマンの主張（Friedman 1970）が挙げられている。

そして現在の多数意見は、濃淡の差はあれ中間的な見方（a nuanced middle ground）に収斂している、というのが上記論文の結論である。つまり、大多数の研究者は(1)CSRには社会的妥当性がある、(2)但しCSRとされる全ての活動の場合にそれが妥当するとは限らない、という考え方をしている、と結論づけている。

企業は戦略的にCSR活動をするという面も存在

第2に、企業のCSR活動は、利潤最大化行動と必ずしも矛盾するものではない（利潤最大化行動の一環と見ることもできる）というのが経済学の観点から得られた洞察である、とされている。企業がそもそもCSR活動をする動機は何か。そこには多様な要因が考えられる（株主あるいは広義ステークホルダーの動機如何で様々なケースがある）。

しかし、経済学的研究によれば、企業のCSR活動は、企業のイメージ向上、企業価値（株価）の上昇など企業にとって利する面があることと深く関連している、という研究結果が多いと総括されている。この場合、企業が事前的にそれを意図していなくとも、事後的にはそのような結果をもたらす（あるいはそれを期待している）ケースが少なくない、とされている。この場合、CSRは市場の圧力を動機とする（market-driven）活動ということになり、「戦略的（strategic）CSR」と称される。ただ、CSRをこのような側面だけから捉える見方には、経済学の領域以外の研究者から異論もあろう。

CSR活動のコスト面の考慮と社会問題解決にとってふさわしい主体

第3に、企業がCSR活動を通して公共財の供給、あるいは社会的目標に貢献する場合、それは企業にとって当然、広い意味でコストを伴うことが多くの（とくに経済学からの）研究の結果であること（Kitzmuller and Shimshack 2012：78ページ）が強調されている。そして数多くの実証研究によれば、そうしたコストは結局消費者が負担している、というのが一致した結論として得られている、としている。このため、公共財の供給は、企業がCSRというかたちで行うのが望ましい場合があれば、そうでなくそれは次善策にとどまる（政府が行うのが望ましい）場合もある（そのいずれであるかは諸条件に依存する）と結論づけている。

(3) CSR に関する結論

 以上みたとおり、企業の CSR 活動は、企業が各種の社会問題の解決に関与していく側面を強く持つ活動であるが、それをどのような視点（経済学、経営学、社会学、ボランティア論など）から理解するかによって、その評価は相当大きく分かれるものになる。ここに CSR 論の難しさがある一方、研究上の大きな希望がある。多面的な接近方法を援用するとともに、それらの研究成果を持ち寄ることによって企業の CSR 活動の立体的な理解が進み、その結果、企業の望ましい活動と社会問題の解決に貢献してゆくことが期待される。

第 2 部

社会科学の新しいあり方(1)
方法論の革新

第5章 総合政策学の発想：
必要性、理論的基礎、方法論

　以上、第1部では、現代経済学の強さのほか、今後の課題をやや詳細に指摘した。これを受けて第2部～第4部では、それら課題のうち著者が重要と考える幾つかの問題に対して具体的な分析を行う。

　その最初に位置する第2部「社会科学の新しいあり方(1)：方法論の革新」では、今後の経済学のあり方を考える場合の二つの切り口、すなわち総合政策学という視点、および「幸福」という視点を議論する。まず本章では、経済学を含めた従来の各種社会科学を総合的に活用して政策のあり方を探求する「総合政策学」という比較的新しい発想を取り上げ、その方法論、特徴、有効性などを明らかにする[1]。

第1節　環境変化が求める新しい政策学

　1980年代以降、人間社会はそれまで見られなかった大きな変革を相次いで経験しつつある。情報通信における革新（インターネットの爆発的普及）、それに伴う経済取引の地球規模での一体化（グローバリゼーション）、資源・エネルギー問題や地球温暖化問題の深刻化、米国の圧倒的な優位とその後のアメリカン・スタンダードへの根強い反発、EU（欧州連合）など地域統合の進展とその後の問題点露呈など、新たな課題が地球規模で次々に発生している。また

1）本章は、岡部（2003b：刊行の辞；2006a、2006b）、小島・岡部（2003）に依拠している。

日本国内においても、これまで20年間に亘る経済停滞や所得格差の拡大のほか、急速な少子高齢化に伴う様々な問題に対応を迫られている。

　このように次々に発生する新しい課題に対しては、既存の社会科学の枠組みによって問題の性質を理解することには限界があり、また伝統的な問題解決方法によっては効果的な対応ができないことも次第に明らかになった。そこで登場したのが、事象を全体的、総合的に把握しようとする「総合政策学」の発想である[2]。端的にいえば、現代社会の様々な問題を発見し、分析し、解決するための新しい接近方法が総合政策学である。

　確かに、ものごとを総合的にみて対応するのは、そうでない場合よりも一般的に優れていることは自明である。ただ、その場合の「総合」とは果たしてどういう意味か。また総合「政策学」とは何か。これらを明確にしておかない限り、総合政策学は空疎なものになりかねない。本章は、それらを具体的に示すことを意図している。

(1) 総合政策学を特徴づける四つの側面

　総合政策学において「総合」という場合、そこには四つの側面を含んでいる[3]。

複数学問領域の総合活用

　第1は、人間社会の事象をとらえる（問題を理解し必要な対応方法を知ろうとする）うえでは、経済学、政治学、社会学、心理学、経営学、思想史、哲学など、関連するいくつかの学問領域（academic discipline）を総合的に活用し

2）総合政策学という名称は、1990年に慶應義塾大学（湘南藤沢キャンパス）がその名を冠した学部を創設したことに始まる。以来日本国内で急速に広がり、現在では国内の27の大学で総合政策学部ないし総合政策学科、あるいは大学院における総合政策研究科が設置されている。

3）以下、(1)の記述は、基本的に岡部（2003b：刊行の辞）からの引用である。総合政策学が必要となった背景の詳細については岡部（2006a：第1節および第2節）を、また総合政策学に求められる諸条件については岡部（2006b：第1節）を、それぞれ参照。

　なお、総合政策学に関する書物としては、加藤・中村（1994）、丸尾（1993b）、宮川（1997, 2002）、天野（1997, 1998）、井上・梅垣（1998）、政策分析ネットワーク（2003）、大江・岡部・梅垣（2006）などがある。また、慶應義塾大学湘南藤沢キャンパスにおける研究および教育の全般に関しては、加藤（1992）、高橋・金安・武山（1996）などがある。

てそれに取り組む必要がある、という認識である。

確かに、事象ないし現場自体に学問領域が設定されているわけではない。したがって、まず特定の学問領域の視点から事象を理解し、次にそうした複数の理解を重ね合わせることによって事象の本質が一層的確に理解できることになる。これは、ある時点において展望視野を拡大するという意味での総合であり、多分野的（multi-disciplinary）接近あるいは領域横断的（trans-disciplinary）接近ということができる（そうした接近方法の有効性についての分析的理解は**付論1**を参照）。

この場合、重要なのは、それは従来の学問領域をあたかもルツボに入れて混合することによってひとつの新しい社会科学を構築する、ということを意味するものではないことである。総合政策学は、そうしたことを主張するほど知的に傲慢なものではない、と著者は考えている。諸科学を統合することは「言うは易く行うが難し」である。このことは、既存の多くの学問領域の内部においてさえそうした発想がほとんど満足な統合成果を挙げていないことをみても明らかであろう。つまり、総合政策学においても、まず既存の学問領域からみた問題理解は不可欠のステップであり、そうした理解を総合して問題の本質に迫る点に特徴がある（後述）。

政策実施過程の時系列的な全体把握

第2は、政策実施ないし事態対応においては一般に、構想、企画、調査、分析、政策立案、実施計画策定、実行可能性の検討、交渉、政策実施、結果の評価といった一連のプロセスを経るので、そうしたプロセスの全体を対象とする研究が総合政策学である、という認識である。

つまり、何らかの行動をとろうとする時、時系列的に要請される各段階およびそれら全体のあり方を研究することによって、より望ましい行動を導こうという発想を基礎とした研究が総合政策学である。あるいは、問題を解決するための一連のプロセスを系統的かつ創造的に捉えるのが総合政策学の一つの側面である、といってもよい。それを可能とするには、問題発見を可能とする感性、定性的および定量的分析手法、各種社会科学の概念やモデルを用いた分析、構想力、交渉手法、行政的知識などが欠かせない。つまり、政策の実施段階においてもこのように多数の学問領域を必要とするので、その意味においても総合

的な接近方法である。

政策過程における関与主体の総合把握

　第3は、政策を決定する主体は一人ではなく様々な立場や利害を持った者が関与するので、そうした意思決定主体を全体として（つまり総合的に）把握し、そのプロセスと結末を研究することが政策論の中心課題になる、という認識である。つまり、集団的意思決定過程の研究が総合政策学の核心の一つである、というとらえ方をする。したがって、この面からはコミュニケーション、合意形成のメカニズム、交渉力学、政策立案組織、行政などが研究の上で中心的位置を占めることになる。

政策の実効性に関連するガバナンスの重視

　第4は、政策効果とは、政府が公共政策を実施し、その結果として民間部門の行動が変化することだという単線的な理解ではなく、政策過程における多様な主体が作り出す一つの均衡である「ガバナンス」によって規定される、という認識である。

　そもそも「政策」とは何を意味するのか。伝統的にはそれは政府による政策、つまり各種の公共政策（public policy）を指す。すなわち、現代社会の経済問題は基本的に市場機構が作動することによって解決され、それによってうまく解けない問題は政府の介入（行政）、ないし政治機構を通じる社会的意思決定によって対応がなされる、という考え方がとられてきた。これが国民と国家に関する従来からの理解である。

　すなわち、政府の役割をやや具体的にみると、大別して二つであると理解されてきた（図表5-1）。一つは「市場の失敗への対応」すなわち市場メカニズムによって本来的に解決できない諸問題への対応であり、いま一つは「公平化への対応」である。

　前者には、純粋公共財（国家防衛、法と秩序維持ほか）の供給、外部性（当事者が直接負担するコストを上回って社会的利益または不利益が生じる現象）への対応といった基本的な機能があるほか、市場機能をゆがめる集中の排除、情報の不完全性ないし非対称性の補正、さらには民間部門の活動の調整ないし誘導といった積極的介入も含まれる。一方、後者（公平化への対応）には、国

図表5-1　政府の機能

	市場の失敗への対応	公平化への対応
最小限の機能	**純粋公共財の供給** ・国家防衛 ・法と秩序 ・財産権保護 ・マクロ経済安定化 ・公衆衛生	**貧民の保護** ・貧困削減 ・被災者救援
中間的な機能	**外部性への対応** ・教育 ・環境保全 **集中排除** ・独占禁止 ・公益事業の規制 **情報不完全性への対応** ・保険（所得・年金） ・金融規制 ・消費者保護	**社会保険の提供** ・所得再分配的年金 ・家族手当 ・失業保険
積極的な機能	**民間部門活動の調整** ・市場育成 ・産業政策	**再分配** ・資産の再分配

（注）World Bank（1997：27ページ）表1-1。

民の最低生活保障、失業など社会保険の提供などに加え、資産および所得の再分配といった積極的介入が含まれる。

　つまり、以上のような観点に立つ公共政策という考え方においては、政策を実行する主体（政府）と、その政策が対象とする客体（民間部門）が明確に区分されていた。比喩的にいえば、政府が公共政策というレバーを外生的に動かせば、それに応じて民間部門が受動的に反応する、という見方である。

　しかし、両方の動きを截然と区別することは次第に困難になっている。例えば、公共政策は公正無私な賢人によって形成される[4]というよりも、各種の利害が錯綜する結果として生まれるものである。また、そこでは民間部門と政府

4）このような暗黙の理解は「ハーベイロードの前提」と称される。第3章の脚注8を参照。

が戦略的関係（ゲーム論的状況）にあり、公共政策の決定はそうした状況の結果である、と理解した方がより実体に近い[5]。さらに、民間部門を私的効用最大化ないし利潤最大化を図る主体の集合という抽象化を通して理解する従来の経済学的発想では、重要性を増す民間非営利組織（NPO）やその行動を的確に位置づけることは困難である。

つまり、市場と行政という二分法（二部門モデル）は現在の社会を理解する視点として次第に妥当性を失ってきている。むしろ、各種主体間にみられる様々な力学的ないしその他の関係が相互に影響しあうことによって動きが生みだされ、その結果、一つの均衡ないし秩序に至る、という理解をする必要性が大きい。それに対応する概念が、ガバナンス（governance）というとらえ方である。本書では、ガバナンスとは「何らかの権限あるいは合意によって、関係者の間における一つの秩序ないしシステム作動の仕組みが作り出されている状態」と定義しておきたい。このように理解すれば、小さいところでは、経済の基本的単位である企業についてその利害関係者間に適用される（コーポレート・ガバナンス）ほか、国内的および世界的な各種の課題（例えば環境問題とその政策形成）に対しても幅広く適用できる考え方になる。換言すれば、総合政策学は、各種のガバナンスに関する研究である、と理解することも可能である。

情報通信革命がもたらしたガバナンス重視

ここで重要なのは、社会の見方をこのように変える必要が生じた根本的な理由として、情報通信技術（Information and Communication Technology：ICT、あるいは Information Technology：IT）の革新があることを認識する必要がある点である。IT革新は、情報通信媒体（メディア）が従来の用紙からディジタル信号を基礎とする電子媒体へ変革したこと、そしてそれがインターネットというかたちで地球規模のネットワークを形成するに至っていることを指す。こうしたIT革命、ないしメディアの革新は、情報の収集および伝達コストの劇的低下、そして情報の流通範囲と共有スピードの飛躍的拡大をもたらしている。

5）第3章の図表3-6を参照。

このような新しいメディア技術の発達により、これまで専門家あるいは当事者の間ないし現場にだけ蓄積され利用されてきた知識や情報も、いまや場所を越え時間を越えて人類が共通に利用できる知識ストックという性格を次第に強めてきている。こうした情報環境の劇的な変化は、人間の行動を変える一方、企業や組織のあり方にも様々な影響をもたらし、その結果、各種の社会制度、政府の仕組み、法的枠組み、教育の方法など、社会全般に広くかつ深い影響を及ぼしつつある。また、インターネットの発達は、情報の流通および経済取引において国境を無意味化しており、従来の国家概念や国家による各種公共政策のあり方を根本から再考する必要を迫っている。

　このようにメディアの変革ないし、IT 革新がみられる環境においては、従来のような二部門モデル（市場と政府）を前提として公共政策を理解するという捉え方によっては、社会を的確に理解できない。これに代えて三部門モデル（市場・政府・民間非営利部門）を前提として課題解決に取り組む姿をガバナンスという視点から理解する必要性が大きくなっている。これが総合政策学の性格を集約する一つの側面である[6]。

(2) 総合政策学の方法論と基本的性格

　以上、総合政策学は四つの側面をその特徴として持つことを指摘した。すなわち複数学問領域の総合活用、政策実施過程の時系列的な全体把握、政策過程における関与主体の総合把握、そして政策の実効性に関連するガバナンスの重視、である。

　これらは、いずれも総合政策学の方法論を示している。すなわち、上記第 1 の点はメソッドの統合、第 2 の点はプロセスの統合、第 3 および第 4 の点はアクターの統合、と表現できる。したがって、総合政策学は三側面の統合（メソッドの統合、プロセスの統合、アクターの統合）を方法論とする一つの新しい社会科学である、と性格づけることができる。

　これをやや別の視点からとらえるならば、総合政策学は次のような性格を持

---

[6] 現代社会の理解と課題解決においては、「メディア」と「ガバナンス」という二つの概念が基礎になる。このため、慶應義塾大学湘南藤沢キャンパスに設置されている大学院は、その名称として「総合政策学研究科」ではなく「政策・メディア研究科」（英語名 Graduate School of Media and Governance）を採用している。

つ研究といえる。すなわち(1)問題発見・解決指向型の研究（issue-oriented approach）であること、(2)従来の学問領域にとらわれない研究（trans-disciplinary approach）であること、(3)メディアないし情報通信技術の革新とその影響（information and communication technology revolution）を強く意識した研究であること、(4)結論において何らかの政策的ないし戦略的な含意（policy implication）を含む研究であること[7]、である。つまり総合政策学は、方法論としては上記の特徴を持つ一方、その学問的精神はこれら四つによって性格づけられるといえよう[8]。

　より具体的にいえば、現代社会では(1)情報通信技術の革新に伴って政府が民間部門に比べ情報劣位化している、(2)社会問題に対しては非営利組織（NPOやNGO）がより的確に対応できる余地が増えた、などの環境変化が顕著であるため、各種の社会問題への対応は従来政府が行ってきた政策（公共政策）だけでは十分に解決できなくなっており、新しい問題解決方法が必要となっているという認識が基本にある。このため、各種課題の解決は(3)政府、非営利組織、民間の企業・個人が協働して取り組む必要性が大きくなっている、(4)そうした多様な主体が関与する課題解決プロセスを理解するうえではガバナンスあるいは「社会プログラム」（social program）[9]という概念が一つの軸になる、などの特徴がある。

　これらの詳細をここで述べる紙幅はないので[10]、以下では、これらのうち、

7）社会科学の研究においては、どのような場合でも論文の最後に必ず何らかの政策含意を記述する必要がある、と著者は考えている。ちなみに2015年のノーベル経済学賞の受賞者決定においては、この点について見事な判断が同賞委員会によって示された。
　一つの挿話を記載しておこう。著者（岡部）は2015年10月13日たまたま米プリンストン大学に滞在していたがその日、この年のノーベル経済学賞は同大学のアンガス・ディートン教授に与えられることがスウェーデンで発表され、同日午後プリンストン大学で同教授の記者会見が行われたので著者も傍聴した。その際、教授は「これまでの受賞者は一定の狭い分野で独創的な成果を挙げた人がほとんどだったので、それから考えると自分は多くの分野にまたがった研究をしてきたので受賞することはあるまい、と思っていた。しかし、政策志向の研究や政策志向の学術組織（Woodrow Wilson School of Public and International Affairsと称する学部および大学院）が評価されたのはうれしいことであり、ノーベル賞選考委員会に感謝したい」と述べたのが印象的であった。なお、著者は1993-94年、同大学院において「戦後日本経済発展論」の授業を担当した経緯がある。
8）これと類似の精神によって、ほぼ同時に「国際学」という学問領域も本格的に立ち上げられたのは、興味深いことである（両者の対比は付論2を参照）。

本書の第6章以降に関連することがら、すなわち総合政策学の理論的基礎と研究手法についてだけやや立ち入って述べることにしたい。

第2節　総合政策学の有効性を示す理論的基礎

総合政策学は、社会問題の解決にとって実効性が高く、また社会の安定を図るうえでも優れた対応である。このことは、理論的にも支持される。本節ではそれを示そう。

そのために、まず政策デザインは工業デザインとは本質的に差異があることを理解する必要がある。そのうえで、総合政策学が従来の政策よりも優れていることを理論的に明らかにしよう。

(1) 政策デザインと工業デザインの本質的差異

公共政策のデザイン（設計）は、建築デザインあるいは工業デザインとは性格が大きく異なる。まずこれを理解することが大切である。

建築デザインにおいては(1)環境が静態的である（所与の環境と材料を前提にしてデザインをすればよい）、(2)目標は比較的単純である（美観あるいは経済性を中心に考えればよい）、(3)課題は容易に分解可能である（全体を幾つかの部分であるモジュール[11]に分けて作成したあとそれを統合すればよい）、(4)デザインの対象はモノでありそれらの間で価値観の対立が生じないため結果は確実に予測できる、などの特徴がある。

これに対して、政策デザインの場合は(1)環境が常に流動的・動態的である（政策対象自体が常に時間とともに動いている）うえ働きかける対象は基本的に自己の利益を考慮する主体である、(2)政策目標はしばしば複数ありそれら

---

9) 社会プログラムという用語は、Rossi et al.（2004）が政策評価に関して用いているが、著者はその意味を拡大し、社会で発生している問題（ないし発生する可能性のある問題）の解決ないし社会状況の改善を図るために計画（立案、設計、デザイン）されたひとつのまとまりを持った対応策という広い意味で使うことにする。詳細は岡部（2006a：第2節）を参照。

10) これらの詳細は、岡部（2006a、2006b）を参照。なお、本書第6章以下は、濃淡の差はあっても基本的に上記四つのスピリットで執筆している。

11)「モジュール」概念は本章第3節で詳しく述べる。

相互間でしばしば対立が生じる（トレードオフの関係にある）場合も少なくない、(3)問題が他の要素と深く関わっているため独立した操作可能部分に分解できないことが多い、(4)デザインの対象（国民）はその内部において価値観や利害を異にするため結果の不確実性が高い、などが特徴的である。

　このように整理すれば、公共政策のデザインを難しくする要因は二つある、と理解できる。一つは、政策対象（国民）の価値観の多様さ、複雑さ（あるいは曖昧さ）、流動性、である。つまり、政策論における価値観ないし価値評価の問題である。これは、古くから議論されてきた点であり、価値観についてのコンセンサスの有無が政策デザインの姿を決める本質的要件ともいえる。ただ、政策対象主体の価値観が大きく乖離しているような場合でも、政策がデザインされる過程（関係者の相互作用）においてある程度の合意形成が進む可能性があるので、その面から政策評価の不確実性を減らすことは期待できる[12]。

　これに対し、公共政策におけるもう一つの難問は、その対象が物体（モノ）ではなく人間（ヒト）である点にある。政府が政策行動（法律、規制、行政指導等）をとる場合、それが補助金支給や課税を伴う場合を除けば、政策が機械のような仕方で人間を確実に物理的に動かすことは保証されない。つまり、人間は所与の情報をもとに利己的に行動する、という側面があることを考慮しなければ、政策のデザインあるいは効果について現実性を持った判断は不可能である。既述の概念を用いるならば、ハーベイロードの前提[13]（あるいは政策の機械論的発想）は成立しないものとして公共政策を考える必要がある。つまり、政策の実効性を確保するには、当事者間で保有される情報の非対称性（informational asymmetry）、および当事者の行動動機（incentives）、の二つを考慮に入れたうえで政策をデザインすることが不可欠になる[14]。

　社会問題を解決するための政策をこのような視点から理解するならば、総合政策学は従来の政策の発想よりもより効果的な対応方法であることが理解でき

---

12) この点は本節(2)で述べる。
13) 第3章の脚注8を参照。
14) これは「情報の経済学」に基づく捉え方である。従来の市場理論では、経済主体間の相互作用は価格システムを通してだけなされるという理解がされていたが、情報の経済学（あるいは契約理論）では、私的情報を持つ主体間の戦略的相互作用に分析の重点が置かれる。以下の説明はこの視点に基づく。この分野の解説書としては、例えば、柳川（2000）、伊藤・小佐野（2003）、Salanié（2005）を参照。

る。以下、このことを三つの視点に立って経済理論的な基礎づけをしておきたい。すなわち、(a)政策目標と政策手段という視点、(b)人間行動の限定合理性と制度構築による不確実性の低減という視点、(c)政策目標に関する新しい発想導入という視点、である。

(2) 政策目標と政策手段という視点

　公共政策に関しては、前述したとおり、政策目標と政策手段の関係について二つの重要な原理（ティンバーゲンの原理、マンデルの定理）がある[15]。これらに照らした場合、総合政策学に立脚した政策は、社会問題をより効率的かつ確実に解決する方策であると結論づけることができる。

　なぜなら、上述した第三部門（NPO/NGOなどの中間的主体）が社会問題解決の対応主体として加わることは、独立した政策主体ないし政策手段の増加と解釈することができ、このため政策目標をより確実に達成させる対応である、と理解することができるからである（ティンバーゲンの原理の応用）。

　もう一つは、政策手段はたいてい幾つかの目標に対して効果を発揮するが、そのうち最も効果を発揮する目標を達成するためにその手段を用いれば、システム（社会）の安定化が保証されるからである（マンデルの定理の応用）。この点は若干説明を必要とするだろう。

　いま政策効果の大小は、政策実施のために保有する情報量と情報の質に左右される、としよう。このように考えれば、IT革新に伴って政府が情報劣位化したことは、公共政策の効果を相対的に弱める（政策効果を不確実なものにする）ことになる。これは二つの意味を持つ。一つは、民間部門の活動を支配する市場メカニズムがより広範に作用することを認識する必要があることである。もう一つは、情報の発生源であり情報をより多く保有する「現場」を政策に関与させるべきであることである（いわば現場主義の重要性）。このように考えると、第三部門（NPO/NGOなど）による政策関与（社会プログラム実施への参加）には合理性があり、それは社会システムを安定化させるうえで役に立つことになる。

　以上二つの原理を適用して理解できる一例としてICANN[16]がある。

---

15) この二つの原則ならびに以下の説明に関する詳細は、第4章第3節の(1)を参照。

ICANNは、インターネットのIPアドレスやドメイン名などの各種資源を全世界的に調整・管理することを目的として1998年に設立された民間の非営利法人である。この設立は、社会問題を解決するうえで「政策」主体が民間部門において一つ追加したことを意味するうえ、それはまたインターネット関連情報保有の面で政府よりも圧倒的に優位にあることから、政府あるいは国際機関が同様の機能を果たすよりも、一層効果的に機能を果たすことができる組織と位置づけられる。この例からわかるように、民間部門が情報優位に立つ領域（政府部門が情報劣位に陥った領域）では、民間非営利部門の役割は大きいものがある。

(3) 人間行動の限定合理性と制度構築による不確実性の低減という視点

近年の政策論は、個々の政策の内容自体よりもむしろ制度設計に重点が移っている。一方、総合政策学では実践活動を通して慣行ないし制度、あるいは社会的アーキテクチャ[17]を構築することを一つの大きな柱としている。このように制度あるいはその構築が重視されるのはなぜか。それは、人間同士の政治的、経済的、社会的な相互作用のあり方を、制度というかたちで規定ないし制約することによって不確実性（リスク）を減少させるという機能が果されることになるからである。ここではそれらの点を理論的に考えてみたい。

制度の種類と意義

まず制度（institution）とは通常、国家・社会・団体などを運営してゆくうえで定められた規則、手続き、仕組みを指す。それには二種類のものがある。一つは、形式が整った公式のものであり、これには法律、判例、契約、各種規定などが含まれる（狭義の制度）。もう一つは、形式が整っていない非公式のものであり、これには慣行（custom, practice）、規範（standard, norm）、暗黙

---

16) ICANN（Internet Corporation for Assigned Names and Numbers、アイキャン）。所在地は米国。

17) アーキテクチャとは、もともと建築様式を意味するが、近年はコンピュータの論理構造ないしネットワークシステムの全体としての設計思想および知識を集大成したもの、という意味でも用いられる。その考え方を人間社会に適用すれば、社会的アーキテクチャという表現が可能であり、制度は概ねそれに該当すると考えることができる。

の行動基準、タブー、伝統などである。ここでは、制度という場合、これら二種類を含めて「制度および慣行」（広義の制度）を意味することとする。それは、人間が作りだした制約であり、人間同士の政治的、経済的、社会的な相互作用のあり方を規定ないし制約する条件と捉えることができる。

　制度をこのように理解すると、それは人々のものの見方や意思決定に影響を与えるもの、あるいは人間同士の相互作用におけるインセンティブ（行動動機）の枠組みを提供するものということができ、したがって制度の性格やその変化は、社会のパフォーマンスやその変化を大きく形作ることになる。逆に、社会とその変化は制度のあり方に大きな影響を与える。したがって制度は、人間社会の動向（例えば経済パフォーマンス）と密接な関係を持つことになり、人間社会における課題を解決しようとする公共政策が、制度の設計や構築に重点を置くようになったのは自然なことである。

制度の機能

　制度の機能は何か。この問題に立ち入って考えるならば、まず人間は、何か問題を解決しようとする場合、常に不完全情報のもとに行動せざるを得ない。したがって行動の結果や評価には常に不確実性が伴う。こうした不確実性は、問題解決自体が本来的に複雑であることに加え、仮に多くの情報があったとしても人間の情報処理能力には限界があることに起因するものであり、したがって不確実性の随伴は不可避である。こうした状況下、もし上述の意味での制度が存在すれば、それは人々の日常行動に対する枠組みを提供することになる（どのような行動をすれば何が帰結するかを明確化する）。

　その結果、人々の政治的・経済的な相互作用ないし交換を容易化するとともに、それに対して安定的な枠組み（structure）を確立して不確実性を減少させる。このように制度は、人間の相互作用に随伴する不確実性の故に存在するものであり、人間同士の相互作用における不確実性を減らすために存在する（あるいは人間が作りだす）ものであり、不確実性の減少にこそその最大の機能がある、といえる。

　情報理論ないし契約論の観点からいえば、制度は、人間が相互作用をする場合に生じる情報コスト（相手の実情を知るためのコスト）、モニタリングコスト（相手の行動を監視するコスト）、強制コスト（相手が約束違反をした場合

に制裁を加えるコスト）を引き下げる機能を持つ、と理解できる。そして制度は、人間の相互作用におけるインセンティブ構造を作りだす。また同様の理由により、組織（organizations）は、一定の制度的枠組みの中で提供される各種の機会を利用するために作りだされることになる。したがって、制度の変更ないし発展は、組織のあり方を変える場合が多いことが理解できる。

制度構築を重視する総合政策学

　制度構築という場合、法律を制定するなど実定法に依存するよりも、慣習法あるいは慣例の構築といった自生的秩序に委ねるのが、安全かつ合理的である場合が少なくない（池田 2004、Shleifer 2002）。なぜなら、法律制定には現実の政治的な意思決定が作用するうえ、官庁主導による立法（業法など）の場合には、行政裁量の余地が大きくなり、官庁が司法的機能をも果たす懸念があるからである。

　総合政策学の一つの重要な構成要素として「実践」とそれによる慣行化ないし制度化があるが、これは制度ないし制度化について上記のような理論的根拠を持つ。

　総合政策学において実践を強調するのは、一回限りの行動に大きな意味があると考える（それだけでは何も残らない）よりも、むしろ実践活動を通して最終的にどんな制度的成果を挙げたか（既存の制度を改変できたか、あるいは新しい制度として結実させたか）を重視するからである。実践を重ねることによって深められた理解そして獲得した知識を一般化したものこそが、上記のとおり広義の「制度」と称されるものになる。したがって制度は、知恵あるいはノーハウのかたまり、といえる。こうした意味での制度は人間の合理的行動を支援するものであり、したがって広義での制度構築は、社会システムを質的に向上させる点で大きな意味を持つ。

　それは人間行動の限定合理性（bounded rationality）[18]という観点から次のように理解できる。まず、人間の行動をモデル化する場合、人間はすべての可能な選択肢の中から合理的に経済的選択を行うことによって最良の選択肢を選

---

18) この概念はハーバート・サイモン（Herbert Simon）によって示された。第 2 章第 2 節 (1)を参照。

ぶ（最適化する）ということが前提される場合が多い。しかし現実には、人間の頭脳の情報保有量は有限であり、また理解可能な情報処理量も有限である。このため個人や組織は、現実にはすべての可能な選択肢を検討対象にするのではなく比較的数少ない選択肢を考慮対象とし、ある程度満足できる行動ができると判断すればそれ以上の（可能な限りベストの）選択肢を探すことを中止する場合が多い。つまり、人間は合理的に行動すると考えられるものの、人間の情報処理（認知）能力に限界があるため、そうした対応をするうえで現実には限界が存在する。

　仕事が複雑になれば、人間は単純化された対応方法（決定ルールや慣習など広義での制度）を利用する傾向を示す、と理解する方が現実的である。したがって、上記の極端な最適化モデルには疑問が生じる。こうした事情から、新古典派的経済学にはこの面で大きな限界があることが指摘され、最近の経済学では人間の情報処理能力・調整能力の有限性が重視されるとともに、市場の内部に存在する規則、慣習、その他の社会制度の意義をこの概念（人間行動の限定合理性）を用いることによって説明してきた。近年のこのような学問潮流に照らせば、総合政策学において制度構築を重視することに大きな意義があり、総合政策学の政策についての発想はこの面でも理論的根拠を持つ。

制度生成とガバナンスの成立

　では、社会問題解決に向けた実践行動のなかで、制度は果たしてどのようなメカニズムで生成されるのか。またその場合、関係主体間のガバナンスはどのように成立するのか。こうした政府以外の組織（non-state institutions）に関する一般的な研究、あるいは法律や政府によらないガバナンス発生の仕組み（自生的ガバナンス、self-enforcing governance）に関する研究は、近年幾つかの関連学問分野（経済学、法学、政治学、社会学、人類学）から活発に展開されている（Dixit 2009）。そうした研究は、新制度経済学あるいは組織論のひとつのサブ領域として位置づけられる（同）。

　現時点での研究成果は未だきわめて少ないようにうかがわれるが、ゲーム理論を応用した経済ガバナンスに関する最近の一研究（Dixit 2009）では、現場情報（local information）を扱う個別ネットワークの集団と、それらと情報交換ネットワークを持ちつつそれらの上部にできる小さなネットワークとの二層

からなる制度が自生的に生成すること（トップダウンによるよりもボトムアップによる制度生成の方が成功する可能性が大きいこと）が示唆されている。むろん、この結果を直ちに一般化したり、あるいは決定的なものと考えることはできないが、情報の存在場所とそのコミュニケーションのあり方がシステムの安定性や有効性を左右すること、具体的には NPO/NGO や現場など総合政策学が重視する幾つかの要素がシステムの安定性や有効性にとって重要であること、を示唆していると解釈することができるかもしれない。

(4) 政策目標に関する新しい発想導入という視点

総合政策学における社会プログラムの実践は、いったい何を目標にしているのか、あるいはすべきか。また、その目標が達成されたかどうかを誰が、どの時点で、どのようなやり方で評価するのか。あるいは、そもそもそれができるのか。これらの問いに十分に答えようとすれば、結局、社会が究極的に追求すべき価値とは何なのかという、難しい哲学的問題に行き着く。それに対して完全な解答を用意することは著者の能力を越える。

そこで、ここではまず伝統的な政策目標の考え方とその特徴を整理し、次いで目標に対して一つの新しい考え方を提示しよう。そしてそれが総合政策学における目標の考え方と整合的であり、一般性を持ちうることを示したい。

一般に政策（policy）ないし施策（program）あるいは事業（project）を評価する場合、様々な側面がある。例えば、政策の組立て方や参加者の適否についての評価など、プラン自体に関する評価がある。またプランの事前評価か、あるいは事後評価か、という視点もある。さらに数量的評価か、定性的評価か、という区分も評価の客観性を問題にするときには重要になろう[19]。しかし、最も重要なのは、政策ないしプログラムによって最終的に何をもたらすことが期待されているか（最終目標）である。

伝統的な政策目標とその特徴

公共政策（より広く捉えれば社会プログラム）の目標あるいは成果を評価す

---

19) こうした一般的な問題をはじめ政策自体の効率性評価（費用便益分析）などについては、例えば Rossi et al.（2004）を参照。なお同書は、政策を社会プログラムの視点から扱っている。

る場合、それがどのような領域の活動であるかによって当然差異があるが、経済政策の場合を例にとれば、伝統的に効率（efficiency）、安定（stability）、公平（equity）が基準とされ、場合によってはこのほか成長（growth）も含めて目標とされてきた[20]。これらはいずれも、社会にとって重要な経済面での尺度であることは疑いない。また、これらは定量化が比較的容易である（関連統計が比較的よく整備されている）という面でも優れた目標といえる。

ただ、これらの目標は相互に独立性が強いとはいえ、場合によってはトレードオフ関係が現実に問題になることもある（例えば物価上昇率と失業率の間での短期フィリップス曲線で示されるトレードオフ関係があるという問題）。また、これら目標のうちどれを相対的に重視するか（ウエイトづけの問題）が難しい問題となる場合も少なくない。さらに、これらの目標は、上記のように定量化が容易であるため比較的扱い易い反面、基本的に静態的かつ一時点における尺度という性格のものである点で限界があることにも留意する必要がある。

経済面に関することに限っても、実は上記以外にも重要な目標（評価基準）がいくつもある。例えば、革新（innovation）が促進されるような環境を維持、強化することがその一例である。これは定量化が容易でないが、動態的かつ長期的に重要な目標である。また、単に成長（ないし経済発展）ではなく、持続性のある発展（sustainable development）こそが目標になる、とする国際社会における近年の考え方がいまひとつの例である。

持続可能な発展とは「将来世代のニーズを満たす能力を損なわないようなかたちで現在の世代のニーズを満たす」という政策目標である。従来の経済発展は、自然環境の維持よりもむしろ人間中心、しかも現世代を中心とする考え方であったが、それよりも対象および時間的な視野を広げ、人間以外の生物に対する責任（環境倫理）や将来世代に対する責任をも考慮する必要がある、という考え方がこれである[21]。このように、政策目標はもともと多様であるだけ

---

20) 経済政策とその目標に関する詳細は、本書第3章を参照。
21)「持続可能な発展」という概念は1987年の国際連合「環境と開発に関する世界委員会」が発表したブルントラント報告書においてはじめて定義されたものであり、経済、社会、環境の3側面を柱としている。ただ、持続可能性をどのように定量化するかは重要な検討課題であり、現在も研究が続いている。定量化の試みについては OECD（2004）を参照。

でなく、とくに最近は多次元にわたっており、またタイムスパンも多様になっている。このように複雑化した目標に対して、総合政策学はどのような考え方で対応しうるであろうか。

政策目標に関する新しい発想

社会構成員が全体として合意できる政策目標（伝統的表現をすれば価値判断）は、極めて一般的な条件のもとでは論理的に設定不可能かもしれない（アローの不可能性定理[22]）。しかし、総合政策学の最大の特徴の一つは実践性（practicality）であり、論理審美性の追求は、それ自体望ましいと判断するものの、それが第一義的重要性を持つとは考えない。そこでは、次のような理解がなされる、と著者は考えている。

第1に、総合政策学に限ったことではないが、社会が達成すべき目標は、一時点におけるある状態の達成というよりも、本質的に社会がどのような方向に導かれつつあるかという方向性にある、と考える方が長期的にはより適切である。したがって、社会目標自体あるいは社会プログラムの達成度合も、単に一時点で静態的に評価されるべきものではなく、通時的に動態的に評価される必要がある。

つまり、上記の幾つかの伝統的目標（効率性、安定性、公平性）もさることながら、一般的にいえば革新性（革新が生じる環境の維持）、持続可能性（現世代だけでなく将来世代をも含めた考慮）といった、通時性と多面性を持つ状況をより重視するものである。例えば、近年、途上国の開発に関しては、単に経済的厚生の改善を目標とするのではなく、人間の潜在能力（capabilities）の向上という目標が一層重視されている[23]。この目標は、従来の開発目標よりも一層高次の価値ということができ、富はその手段として位置づけられている。この場合も、目標は静態的というよりもむしろ動態的要素を多分に含んでおり、

---

22) アローの不可能性定理とは、社会の中の個人がそれぞれ独自の選好を持つ場合、標準的な対応と状況（例えば投票による意思表示）を前提した場合、個人の選好を集計しても社会全体の選好を得ることはできない、という趣旨の定理。この定理は18世紀以来「投票のパラドックス」などとして知られていたが、アローはそれを数学的に証明した（Arrow 1963）。

23) Sen（1999）はその代表的見解である。

また多面性を持つものである。

　これらの状況はいずれも、当然ながら厳密に定義することや定量化が容易でない。しかし、それだからといって目標として失格というわけではなく、むしろそれらを概念的かつ定量的に追求するという積極的姿勢に大きな意味がある、といえよう。総合政策学が追求する目標もこうした性質を持つと考えることができる。

　第二に、上記第一の点から派生することであるが、総合政策学では、ある一定の最終状態の達成よりもむしろそれを実現するプロセス自体に大きな意味と価値があり、それが最終的価値をも左右する、という見方に立つ。それには二つの理由がある。

　一つは、社会プログラムの実施は、必然的に多くの関係者（ステークホルダー）の相互作用を伴うので、その過程において情報の共有が進むとともに、相互理解の促進、価値観の共有化、そして合意形成ないし利害調整が促進されるからである。その結果、長期的には説得性ないし説明可能性（アカウンタビリティ）を持つ論理ないし価値が生き残ることになる。そうして生成するものが、結局社会の目標であり、当該社会の価値判断である、と理解することができよう。その意味で、社会目標は普遍的かつ恒久不変のものというよりも、むしろ国や時代によって相当相対的な面を持つ、というのが総合政策学における考え方といえる。

　もう一つは、社会プログラムを実践する過程では、実践の累積によって最終的に何らかの慣行ないし制度が生み出される（それが目標の一つでもある）ので、そうしてもたらされる広義の制度が社会の価値判断を反映したものとなる可能性が大きいからである。上述したように、制度とは本質的に知恵ないしノーハウを定着させたものであり、また人間が行動するうえで不確実性を削減するという機能を持つ。したがって、社会プログラムを実践する過程は、社会の価値評価を表出させる過程と捉えることができ、その価値を制度構築によって定着させることを意味する。総合政策学がプロセス自体に大きな意味を見いだす理由はここにあり、また社会が求める価値観もそこから浮かび上がってくるという認識がなされる。

　社会科学は価値判断から自由である必要性が大きい、という議論がマックス・ウエーバー以来わが国でも従来からなされてきた[24]。しかし、総合政策

学は実践性が一つの特徴であり、このため研究者自身が社会プログラムの実施において一人の当事者になる場合も少なくなく（当事者性）、あるいはそうしたコミットメントが求められている面もある[25]。換言すれば、総合政策学においては、主体と客体が互いに変化する中で問題を発見し、解決し、デザインする「行動の知」を追求することにその核心がある（加藤 1992）。このため、総合政策学では価値判断からの自由は本質的に成立せず、それがコミットメントによって代替されている面がある、ともいえる。

換言すれば、総合政策学はサイエンス（科学）という面とアート（技芸）という面の二つを併せ持っており、その点に従来の社会科学とは異なる新しさがある。

第3節　各種学問領域のモジュール的活用

以上概観したとおり、総合政策学は、一つの新しい学問的分野（discipline）の創造であると捉えるよりも、むしろ社会科学における一つの新しい方法論（methodology）と理解する方が実体に合致している。

その場合、三側面を統合する接近方法である点に特徴があることは既に指摘した[26]。すなわち(1)メソッドの統合（各種研究方法の総合的利用。integration of research methods）、(2)アクターの統合（研究者を含む多様な関係者の包含。integration of actors）、そして(3)プロセスの統合（対応過程の全体的把握。integration of processes）、をいずれも重視することである。

このほかにも、論理を展開する場合の三つの代表的方法である帰納的方法（induction）、演繹的方法（deduction）、螺旋的論理展開方法（abduction）を必要に応じて総合的に活用することも目指している。さらに、フィールドワーク、ネットワーク、フレームワークの三つを総合的に活用する「スリー"ワーク"アプローチ」（three "work" approach）を採用することも一つの特徴で

---

24) 最も古い時期のものとしては、福武（1949）がある。
25) 社会科学が究極的に社会問題の解決を目指す以上、結局何らかの価値判断が前提とならざるを得ない。このことは古くから、例えばミュルダール（1971）によって指摘されている。
26) 本章第1節(2)を参照。

ある[27]）。

　以下では、上記のうち、本書の方法論に最も関係が深いメソッドの統合（各種研究方法の総合的利用）に焦点を合わせ、その意義を考察する。つまり、総合政策学は各種学問領域のモジュール的活用を目指していることについてである。

各種学問領域のモジュール的集合

　人間社会の事象をとらえる（問題を理解し必要な対応方法を知ろうとする）うえでは、いくつかの学問領域を「総合的に」活用してそれに取り組む必要があることは間違いない。そうした学問領域としては、政治学、経済学、法律学、心理学、文化人類学、進化生物学、思想史、社会学、統計学、経営学、組織論、公共政策論、言語学、歴史研究、地域研究、国際関係論、など数多くある。

　確かに、世の中の事象ないし現場自体に学問領域が設定されているわけではない。したがって、ある学問領域の視点から事象を理解し、そうした複数の理解を重ね合わせることによって事象の本質が一層的確に理解できることになるからである。これは、ある時点において展望の視野を多様化するという意味での総合であり、既述のとおり多分野的接近あるいは領域横断的接近ということができる。では、どのような意味で「総合」なのか。それは、近年展開されつつある「モジュール」という概念[28]）を利用して、総合政策学を諸科学のモジュール的集合と理解することによって解ける。

モジュールという概念

　大規模な機械や装置は、その機能や構造のすべてを理解して一度に設計・構築することは不可能である。そこで、高度な機能を持つ部品を制作し、それらを組み合わせることによって大規模な機械や装置を構成する方法が採られる。

---

27) スリー"ワーク"アプローチとは、実地調査であるフィールドワーク（field work）、インターネットおよび人的なネットワーク（network）、ものごとを理解する枠組みとしてのフレームワーク（framework）のいずれをも重視する研究方法のこと（幾分語呂合わせを伴っている）。なお、これらの詳細は岡部（2006b：3節）を参照。

28) 以下の「モジュール化」概念の理解はもっぱら Baldwin and Clark（2000）に依拠しており、それを総合政策学と個別学問領域の関係に応用したものである。

モジュールとは、このような大規模システムの一構成要素（部品）、あるいは幾つかの論理をまとめた複合部品（高度の機能を持つ部品）のことである。このようなモジュール（module, modularity）ないしモジュール化（modularization）という概念は、複雑なシステム（あるいはデザインないし工芸品）を構築しようとする場合、そこで必要となる特定の仕事（task）を分割する手法を提供するものであり、多くの分野において利用価値が高い概念であることが明らかになってきている[29]。モジュールは、次の二つを重要な性質として持つ。

　第1に、各モジュールの内部の構造は相互間で独立している一方、機能的には共同して一つの大きな働きをすることである。したがってシステム（構築物）全体としては、構造上の独立性、および機能面での統一性、の両方の性質を併せ持つ一つのアーキテクチャ[30]になる。

　第2に、モジュールは、その外部に対しては情報の隠し立て（information hiding：内部の情報をいちいち外部に出す必要はない）という対応をする一方、モジュール間のインターフェイス（接続装置）[31]は一定の共通様式として固定される（これは visible information である）、という二つを同時に行うことである。

　ひとたびシステム（ないし大きな問題）がこのように分割されると、複雑性は一つのモジュールの内部で処理することができる（高度な機能を持つ部品をブラックボックスとして利用できる）。一方、部品内部で創造された成果は、固定されたインターフェイスによってシステム全体に連結できるようになる。システムをこのように設計するならば、大規模な機械や装置（ここでは社会問題の理解）はそうしたモジュールの組立てというかたちで全体を構成すること

29）典型的には、コンピュータのハードウエア、ソフトウエアの構築において適用されるが、その他にも組織の構成、政党の政策綱領など応用範囲がきわめて広い。

30）アーキテクチャとは、システムを構成するうえでどのようなモジュールが必要か、各モジュールの役割は何か、を示すもの。

31）異なる機械同士、あるいは人間と機械の間（ここでは個別学問領域相互間）を媒介・接続する装置のこと。接触面。インターフェイスとは、相互作用する（相互に影響しあう）部品（モジュール）間で起こりうる対立・衝突・矛盾・葛藤を解決するために事前に確立させる一つの対処方法・扱い方・方式であり、いわばモジュール間における条約のようなものと考えることができる。事前に設定しておく必要があり、また関係筋はそれを共通の情報セットとして承知しておく必要がある。

（解明すること）ができる。そして解決手段も全体に対して有効に適用できるものになる。

　この場合に重要なのは、アーキテクト（モジュールの組合わせ設計者）は当初から完全な知識を持っている必要が必ずしもないことである。なぜなら、細部の不具合、曖昧さは、統合化あるいはデザインの最終テスト段階で対応でき、そこで修正を加えることによって最終的には大きな構築物を作ることができるからである。また、モジュール自体に不都合があれば別のモジュールと容易に交換可能であることも、モジュール対応の柔軟性を示すものである。つまりモジュール化においては、一方でインターフェイスを固定する（自由度を排除する）必要があり、他方ではそれが柔軟性を高める結果をもたらしている。なお、こうしたモジュール構造は、相互接続構造ないし連続構造とは概念的に異なるものである。

各種学問領域のモジュール的集合としての総合政策学
　こうしたモジュール化の概念は、総合政策学における既存ディシプリンの役割にうまく適合できる。すなわち、総合政策学にとっては、個別ディシプリン（既存の各種社会科学等）をモジュールと位置づければよい。そうすれば、個別学問領域内での研究成果（隠された情報）の重要性を維持・利用できる。一方、「政策含意の導出」（design of strategy or public policy）を「固定されたインターフェイス」（見える情報）とみなせばよい。

　そうすることによって、総合政策学は現代社会問題の解明と解決に対する諸科学のモジュール的集合、という構造をもつ研究手法である（modularized disciplinary approach あるいは modularized-disciplinarity）と認識できる。この場合のインターフェイス（固定化された接続面）は、政府による公共政策（public policy）、または民間主体の戦略・行動計画・方策（private strategy）などであり、いずれの分野の分析であっても、このいずれかを結論として持つことが要請されることを意味している。逆に言えば、既存ディシプリンは、この二つを満たす社会科学的研究であれば、総合政策学の母体構成要素になりうる。

　従来の社会科学は、ディシプリン内での情報の隠し立て（いわゆるタコ壺化）が顕著になっていたが、それを大きな問題の解決につなぐこと（インター

フェイスの意識）が希薄であった。総合政策学を以上のように理解すれば、それはインターフェイスとして「政策」[32]、すなわち公共政策あるいは組織一般の「戦略ないし戦術」[33]を掲げることによって、より大きなそして複雑な問題を解決してゆこうという研究方法である、と理解することができる[34]。

このようなモジュールの考え方は、おもちゃの「レゴ」ブロック[35]の例に即して直感的に理解できる（**図表5-2**）。すなわち、単一ブロック（モジュール）の色、形状、サイズはバラバラなものでよい。しかし、どのようなブロックの場合でも、そのインターフェイスは他のブロックと接続可能な事前に設定された形状のものにしておく必要がある。このように部品を設計しておけば、最終作品（アーキテクチャ）は、そのサイズ、複雑さ、色どりなど多様なものを自由に作り出すことができる。ここで重要なのは、作品の姿（大きな研究テーマ）を事前に大きなイメージとして適切に描いておくことである。そうした図面作り（特定の社会問題をどう認識しどう解決するかという問題意識の設定）をしておけば、それを作り出す作業手順は相当自由たりうることである。総合政策学に引き直していえば、大きな研究テーマ（作品像）を設定する構想力がまず肝要であり、それが研究全体の成否を左右するのかもしれない。また、明確なアーキテクチャを完成させるうえで必要となる部品を新規に作り出すこと（新しい研究領域の創造）、あるいは部品の組合せ順序や組立てに新しい方法を工夫して複雑な問題への対処を工夫すること（新しい調査方法開発）も大きな意味を持つことになろう。

総合政策学の研究手法をモジュール構造として理解すれば、このような新しいモジュール創造や新しいモジュール組立て方法の導入は可能であり、そして望ましいことである。それによって従来見えなかった問題がみえてきたり、あるいは全く異なった問題として認識されたり、さらには解決方法に一挙に接近

---

32) 通常は、公共的目的のために政府等が採る方針、つまり公共政策を指す。
33) 戦略とは問題解決のための大局的な計画、方策、手順。戦術とは目標達成を最も効果的に遂行するための手段、方法であり、戦略の下位概念。
34) 近年、情報通信技術（ICT）とその関連産業の驚異的発展の原因が情報処理のモジュール化にあること（池田2004）から推しても、研究面でのモジュール化（総合政策学）は大きな潜在力を秘める。
35) デンマークの玩具会社レゴ（LEGO）が販売しているプラスチック製の組み立てブロックの玩具。

図表 5-2　各種学問領域のモジュール集合としての総合政策学

（出所）http://www.lego.com/ja-jp/classic/building-instructions

できたりすることが可能になることも期待できよう[36]。ここで留意すべきは、モジュールの組み合わせ過程は、静態的なものでなく本質的に緊張を伴うものであり、それであるからこそ新しい視点や新しい解決方法が編み出されうる点である。こうしたモジュール的理解は、いわゆる「インターディシプリナリ」アプローチ[37]あるいは「トランスディシプリナリ」アプローチ[38]とも異なる発想といえよう。

モジュール化の利点

総合政策学の構造を以上のようなモジュール構造によって捉えると、そこには大きな利点が三つあることが理解できる。

第1は「専門化の利益」である。モジュール化は、複雑性を小さい単位に切

---

[36] 例えば、ジグソーパズルにおいて決定的に重要な一つのピースがうまくはめ込めたことにより絵のイメージが急に明確化する、あるいは幾何学の証明問題で決定的に重要な補助線が発見できて証明が完成する、といったことに類似している。
[37] 個別ディシプリンの範囲を超えて統一された専門用語や共通の方法論を明確に形成する行き方。前記の相互接続構造に該当する。
[38] 個別学問領域を超越した接近方法。頻繁に引用される Gibbons et al.（1994）においてはこれが主張されているが、どのように「超越」するのかは必ずしも明確でない。

り分けることによって複雑な問題への対処を従来以上に可能にする。つまり作業の中心は各モジュール内でなされる。この結果、分割されたディシプリン相互の間での相互作用を質および量の両面から削減することによって、より深い分析を可能にする。それに伴い、全体テーマの研究成果の質を最終的に向上させることが可能になる。

　第2は「時間的同時進行の利益」である。モジュール化は、大きなデザインの各部分の作業を時間的に同時進行で行うことを可能にする。

　第3には「不確実性対応の利益」がある。モジュール化は、システム全体が持つ不確実性をサブセット（モジュール）の中で対応することを可能にする。したがって、全体テーマ（アーキテクト）の観点、および当該モジュール以外の観点からみれば、不確実性は各モジュールのなかに取り込まれているのでわずらう必要がないからである。この結果、各モジュール内では固定されたインターフェイスを意識するだけでよく、不要な知的資源投入を回避でき必要な研究活動に専念できる。

　ここで留意しておくべき点を一つ指摘しておこう。それは、総合政策学とは、従来の各種社会科学をルツボにいれて溶解して社会問題ないし政策課題全体が扱えるような新たな大理論（a grand theory）、あるいは全てを包含するメタ理論（all-encompassing meta-theory）を構築することである、ないしその方向を指向すべきである、という見解についてである。

　こうした野心的な意見は社会科学者の間で時折表明されており、また総合政策学についてそのような理解をする向きもなくはない。しかし、著者はそれが可能である、ないし望ましいとする見解は採らない。上記のような意味での新しいモジュールないしモジュール組立て方法の創造、あるいは新しいアーキテクチャの創造は必要かつ望ましいと考えるが、一部論者が主張するような大理論の構築を標榜することは無謀あるいは無責任のそしりを免れないと考える。総合政策学の研究者にとって専門性は必要であり、それを研究者個人としてあるいは研究者集団として統合して活用することによって、意味のある研究と社会プログラムに取り組めることになるからである[39]。

---

39) したがって、総合政策学の教育においても、既存の学問領域の学習とその視点からの理解は、不可欠のステップの一つである。

第4節　従来の社会科学と総合政策学の対比

　以上、総合政策学の様々な側面を述べたが、それを従来の社会科学と対比すると、図表5-3のようにまとめることができる。

　まず、研究の動機をみると、従来の社会科学は一般に学術的な真理追究にあるのに対して、総合政策学は社会における問題ないし課題の発見、理解、そして解決にある。このため、総合政策学の場合、研究への参加者は、狭義の研究者にとどまらず国内外の政府・企業・NPO/NGO・国際機関・市民グループなど多様なアクターが参画すること（非均質的であること）が特徴である。その意味で開放的な構造をもつ。したがって、研究の態様も、研究者同士のほか多様な参加者間のコラボレーションが重要になり、知識生産の拠点は研究施設外にも分散する。

　総合政策学のいま一つの特徴は実践性である。つまり研究プロセスとして社会的実践を一つの重要かつ不可欠の要素として含んでおり、実践との緊密な相互作用によって研究の発展・深化が可能になるとともに、実践の効果を増強することが可能になる。従来の社会科学ではデタッチメント（距離を置いて見ること）が基本であり、政策提言が最終的結論である場合が多い（それが無いケースも多い）のに対して、総合政策学では施策を提言するだけでなく、参加（コミットメント）あるいは関与を通して問題解決に向かって協働することが特徴的である。

　総合政策学の研究手段としては、物理的ネットワーク（インターネット・人的ネットワーク）、フィールドワーク（実地調査、現場主義）、フレームワーク（新概念の構築等）がいずれも同等の重要性を持つ（three 'work' approach）。とくにインターネットは、研究の手段として活用するだけでなく、その発達がもたらす広範な社会的インパクトが総合政策学の主な研究対象にもなっているのが特徴的である。また総合政策学は、単に調査にとどまらず研究・学問である以上、従来の科学的営為と同様、一定の枠組みをもった理解ないし新しい枠組みの構築が要請されることも強調される。

　また、総合政策学では問題解決が出発点であり、問題の性質を解明するうえで必要な研究分野・手法を選択的に活用する、という発想に立つので問題主導的接近（issue-driven approach）といえる。これが研究の全ての出発点であり

図表5-3　従来の社会科学と総合政策学の対比

	従来の社会科学	総合政策学
研究動機	・学術的な真理追求。	・現代社会の問題ないし課題の発見とその解決。
研究参加者	・基本的には研究者。異分野の研究者を含む場合もあるが参加者は均質的。	・参加者は広範囲。多数分野の研究者を含むだけでなく、国内外の政府・企業・NPO・国際機関など多様なアクターが参画。非均質的（多様性）。研究参加は開放的、そして協働的。
研究の態様	・個人研究または研究者同士の共同研究。 ・知識生産は基本的に研究施設内で実施。	・研究者同士のほか多様な参加者間の協力が重要。 ・知識生産の拠点は研究施設外にも分散。
実践性	・社会的実践を必ずしも含まない。	・社会的実践は一つの重要かつ不可欠の要素。実践ないし実証実験との緊密な相互作用によって研究の発展・深化、そして実践効果の増強が可能。
研究手段	・フレームワーク（概念）がとくに重要。 ・人的ならびに情報ネットワークも重要であるが、フィールドワークの重要性は研究分野次第。	・ネットワーク（インターネット・人的ネットワーク）、フィールドワーク（現場主義）、フレームワーク（新概念の構築等）はいずれも同等の重要性。 ・新しい調査・研究手法の開発も重要。
研究方法	・個別学問領域の内的論理によって研究の方向や進め方を決定（discipline-driven）。	・問題解決が出発点であり問題の性質を解明するうえで必要な研究分野・手法を選択（issue-driven）。
個別学問領域との関係	・個別ディシプリンが基礎であり、そのアイデンティティが重要。	・個別ディシプリン（既存の学問分野）は、それを母体として活用するので重要。ただし、それは利用可能性（問題の解析、政策・戦略・行動プランの導出）がある限りにおいてそうであり、その学問分野の独自性は重視されない。 ・各種ディシプリンは、それぞれが出す結果を組み立てる（モジュール化する）かたちで活用。これにより分業の利益、専門化の利益を享受可能。 ・これは「インターディシプリナリ」あるいは「トランスディシプリナリ」とも異なる発想。
研究成果の評価	・完成度の高さ（洗練性・一般性）。 ・研究者相互間（学会）の評価が中心。比較的容易。	・多次元的（有効性・実現可能性・効率性・一般性）。 ・社会的な評価やアカウンタビリティが重要。 ・独自の学会（総合政策学会）を育成していく必要性。

（出所）岡部（2006b：83ページ）表2。

基本的動機である。他の特徴はすべてこれから導かれることがらともいえる。これに対して従来の社会科学は手法主導的接近（method-driven or discipline-driven approach）と理解できる。

　従来明確に指摘されることは少なかった点ではあるが、研究成果の評価についていえば、総合政策学では必然的に多次元的なものとなる。従来の学問分野の場合、その成果は査読付き専門誌（ジャーナル）に論文が何編掲載されるかどうかで評価される場合が多く、したがって数字の大小で表現できるので比較的客観的かつ単純である。これに対して総合政策学では、分析のほか、活動、実践、プロセスの進行といった一連の活動自体に意味がある（理論的エレガンスだけを直接目標にするわけでない）ので、単に論文の数で評価することは馴染まず、その評価基準は、問題への洞察の深さ、対応施策の実現可能性、有効性、効率性、一般性等になる。

総合政策学の今後の課題

　総合政策学は、その手法、対象領域、関与主体等が多様であり、その学問としての性格を単純に理解することは容易でない。このため、各種の社会問題に対してこのような接近方法が有効であることを多くの事例によって積み重ねていく必要がある。

　それと同時に、問題の発見・解決方法に関する多様な研究も進める余地が大きい。例えば、ガバナンスや制度生成に関する多様な研究、新しい政策手法の開発、社会プログラムの成果に関する評価指標の開発、さらには総合政策学の体系化（一つの方向は付論3を参照）、独自の学会（総合政策学会）の設立などであり、これらを通じて有効性の高い社会科学としての発展が期待される。

本章の結論

　本章の主な論点は次のとおりである。
1．総合政策学は、情報通信革命や経済取引グローバル化を背景に生まれた新しい社会科学である。それは、個別学問領域の内的論理を重視する（discipline-driven）研究というよりも問題の発見と解決に重点を置く（issue-driven）研究である点に特徴がある。
2．このため総合政策学では、複数学問領域の総合活用、政策実施過程の時系

列的な全体把握、政策過程における関与主体の総合把握、などが重視される。
3．問題解決策を発想し実践することが社会的に大きな意味を持つことは、経済政策論の基本理論（ティンバーゲンの原理、マンデルの定理）を援用することによって理論的にも保証される。今後、問題の発見・解決について多くの事例と実践が積み重ねられることにより、総合政策学が有効性の高い社会科学として発展することが期待される。

付論 1　環境変化と多分野活用型研究の有用性上昇

　第 1 節で述べたように、とくにここ約25年来、従来の社会科学のあり方に大きな反省が迫られ、それに対応する必要性が高まってきている。すなわち、既存学問領域 (established academic discipline) において研究を深化、厳密化させることを重視する従来の発想よりも、むしろ人間社会で生じつつある問題を的確に認識し、その解決を図ることに重点を置いた研究を重視すべきであるという発想（いわゆる問題発見・解決型の研究）の強まりである。学問領域の観点からいえば、特定分野の視点から鋭く社会現象を切り込むというよりも、多分野活用型の研究（いわゆる学際研究）が重視されるようになった、といえる。

　その背景には、社会情勢や技術条件の変化、そして問題自体の複雑化がある。その結果、従来の学問のあり方に再考が求められている、と理解できる。

　こうした状況は、一つの簡単なモデル分析によって以下のように示すことができる[40]。

細分化アプローチと統合化アプローチ

　いま、社会問題を解明するための学問のあり方として、(1)既存分野の視点を重視しそれを基礎として問題を深く掘り下げて解明する方式（細分化アプローチ）、(2)多分野の成果を自由に活用して問題を解明する方式（統合化アプローチ）、の二つがあるとする（図表 5-付 1）。

　前者を重視する場合には比較的「狭いが深い」理解が可能である一方、後者を重視する場合には比較的「広いが浅い」理解になる、と想定する。学問が全体として社会に貢献するには、前者に重点を置くか、あるいは後者に重点を置くか、いずれの考え方を採ることもできる。つまり、学問が社会に対して一定レベルの貢献をするうえでは様々な重点の置き方があり、このことは両者の組み合わせ方次第である。そのことを 2 次元グラフにおける曲線 p によって示すことができる。

　すなわち、社会全体として研究者の人数には限度があるので、一方のタイプの研究を増やせば他方は減らさざるをえない関係がある（したがって曲線は右下がりになる）。また、一方を増やしその便益を追求しようとするにしたがっ

---

　40) 付論 1、付論 3 および付論 4 は、岡部（2009c：付論）に依拠している。

図表5-付1　諸条件の変化と多分野活用型研究の有用性上昇

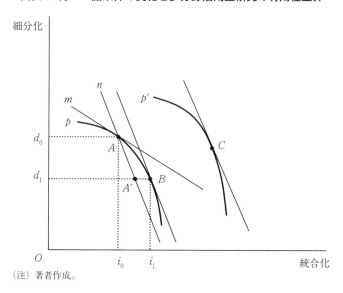

(注) 著者作成。

て他方を犠牲にせざるをえない度合いは次第に大きくなるので、曲線は右上に向かって凸の形状をしている（両者の限界代替率は逓減する）と前提することができる。

二つのアプローチの対比

一方、学問研究を細分化することの有用性と統合化することの有用性の相対的な比率は、直線 m （の傾斜）によって表すことができる。すると、この社会における学問の二つのタイプの組み合わせは、直線 m が曲線 p と接する点 A（この点を当初均衡点と呼ぼう）によって与えられる。つまり、この状況（細分化された学問を Od_0、統合化された学問を Oi_0 だけそれぞれ活用している状態）が社会として最も効率的な選択をしていることを示している。

これは、二つの理由からである。第1に、この社会が学問全体の成果を最大限活用しようとする限り、曲線 p の左下方の半平面の内部（の座標）で示される二つの組み合わせ（例えば A' 点）よりも曲線 p 上の点を選択する A 点の方が学問全体としての利用度が高くなっているからである。第2に、点 A においては、学問における二つのアプローチの相対的な社会的評価とそれら二

つの間の代替可能性(限界代替率)が等しくなっているので、両者を最も効率的に組み合わせて利用しているからである。

条件変化(1)：真理追求か有用性か

次に、幾つかの条件が変化する場合とその結果を考えよう。まず変化には二つの種類がある。

第1の変化は、直線 m の傾斜を変えるような条件変化である。例えば、従来の学問は、どちらかといえば真理の追究、学術体系としての美しさ（elegance）などの要素が重視されたが、近年はむしろ社会における問題の発見と解決に資すなどの有用性が従来よりも重視される傾向がある。このことは、学問細分化の価値が相対的に低下する（統合化の価値が相対的に上昇する）ことを意味するので、この図において直線 m の傾斜をより急勾配にする。また、社会における政策主体の多様化（政府か民間かという二分法でなく NPO/NGO などの重要性も増大すること）は、政策行動に必要な知識や分析を利用する主体が増えることを意味しており、したがって学術的研究よりも実践的研究へのニーズを相対的に高める。このため、この要因も同様に直線 m の傾斜を急勾配にする。さらに、人間社会の各側面におけるグローバル化も同様の効果を持つ。なぜなら、一つの社会ないし社会問題の的確な理解に際して比較分析的な研究（それは概して統合化した学問である）が要請される度合いが高まると考えられるからである。

以上の結果、直線 m は傾斜がより急である直線 n のような直線になる。その結果、二つの学問を点 A の状況で活用することは、もはや適切でなくなる。なぜなら、両者の貢献度合いに関する相対的な社会的評価に照らせば、条件が変化した後は直線 n と同じ傾きを持つ直線が曲線 p と接するような状態、すなわち点 B が最適な組み合わせを示すからである。つまり、条件変化が生じたにもかかわらず両者の利用比率が従来のままに止まるならば、細分化研究が過大である一方、統合化研究が過小である状態に陥ることになるからである。したがって新しい均衡点 B においては、学問の細分化が Od_1 まで低下する一方、統合化が Oi_1 まで拡大する。

条件変化(2)：情報技術の革新

　第2の条件変化は、社会における技術条件とくに情報技術（IT）の革新である。インターネットの発達により、情報検索あるいは各種研究の成果検索が従来と比べて著しく迅速かつ簡単にできるようになっている。また通信コストの大幅低下によって研究者相互間での情報交換、あるいは専門誌に掲載されるべき論文の査読作業も大幅に迅速化、効率化している。こうしたIT革新は、学問の両方のタイプにとって大きな便益をもたらすものである。このため、研究者数など学問のために社会が配分している資源が一定量にとどまるとしても、学問の社会への貢献度合いを高めることになる。つまり情報技術革新は、学問の「可能曲線」ともいえる曲線 p を右上方向に p' までシフトさせると理解できる。この結果、均衡点は B でなく最終的に C のようになる。

　つまり、IT革新は(1)学問全体にとって大きな利益をもたらす（点 C は点 B より右側に位置している）、その場合(2)享受する利益（学問拡大）の程度は統合的アプローチの方が細分化アプローチよりも大きなものになる、ことがわかる。

　社会科学が対象とする各種の問題は、例えば地球温暖化問題、あるいはそれに関連する京都議定書（温室効果ガスに関する国別削減目標）についての各国の動きをみても明らかなように、多様な要因が複雑に絡み合った問題が次第に多くなっている。こうした複雑化した問題を解明する必要性の高まり、いわば学問に対する「需要」面での変化が一方に存在する。上記分析は、そうした学問の需要面での変化、ならびにIT革新等に伴う「供給」面での変化の双方の変化によって、最近は学問の「統合化」あるいは「学際研究の進展」が大きな流れとなっていることを示すものである。「総合政策学」や次に述べる「国際学」の発展は、まさにその流れに合致する研究方向にほかならない。

付論2　総合政策学と国際学の類似性

　ともに比較的あたらしい学問領域である総合政策学と国際学は、大きな類似性を持つ[41]。総合政策学は、慶應義塾大学が同名の学部を1990年に開設した

---

41) この付論2は、岡部（2009c：第2節）依拠している。

ことを嚆矢とする。一方、国際学は、明治学院大学が同名の学部を開設したこと（1986年）に端を発している。

　両者に共通しているのは、大学の既存キャンパスとは別に首都圏の郊外にそれぞれ新しいキャンパスを創設し、そこにおいて新しい学問、そしてその学部教育を展開しようとしたことである。これにより、新しい二つの学問分野が日本で台頭することとなった。

　教育の狙いをみると、総合政策学は幅広く「問題発見・解決型教育」を意図したものであるのに対して、国際学は「全地球的視野を持った新国際社会のリーダー育成」を標榜した。つまり、前者は重点が国内面・国際面のいずれかを問うことなく社会科学の新しい大学教育を狙ったのに対して、後者は日本の国際面あるいは国際社会で活躍できる人材の育成に重点を置くという違いがあった。

　これら二つの新しい学問分野をやや詳細に対比すると、**図表5-付2**の上方に示すとおりである。まず社会のどの面にもっぱら着目するのか。総合政策学は、情報処理技術の進歩やそれに伴う情報コストの急低下、そしてインターネットの地球規模での拡大など、いわゆる「情報通信（IT）革命」とそれが社会にもたらす広範かつ深い影響を研究上の主たる着眼点としている。これに対して国際学は「グローバル化」の様々な側面に焦点を当てた。主たる着眼点は異なるものの、1980年代後半以降の人間社会の大きな特徴を研究の正面に据えようとしている点で両者は共通している。

　また、社会を見る視点については、両者とも、組織・国家・企業それぞれの行動が国境を越える度合いが急速に高まったこと（ボーダーレス化）を基本的な認識としている。そして社会の様々な課題に対応するうえでは、国家（nation state; sovereign state）だけを政策主体として位置づけるのではなく、NPO/NGO、ボランティア、超国家企業など各種民間組織の参画も不可欠である、とする点で認識が共通している。

　研究の視点ないし手法としては、総合政策学が「問題の発見と解決」を目指した研究（issue-driven）であることを基本動機として強調しており、このため政策指向型研究（policy-oriented research）と称される。この点は国際学においても（おもてだって主張されることが少ないにしても）同様の動機を持っていた。

図表 5-付 2　新しい学問分野とその学部教育：二つのケースの対比

	総合政策学	国際学
主たる着眼点	・情報通信(IT)革命	・グローバル化
社会構成の認識	・組織・国家・企業それぞれの行動のボーダーレス化	・組織・国家・企業それぞれの行動のボーダーレス化
政策主体	・国家(nation state)だけでなくNPO/NGO、ボランティア、超国家企業の役割が重要化	・国家だけでなくNPO/NGO、ボランティア、超国家企業の役割が重要化
研究の視点	・問題の発見と解決が基本動機 ・政策指向的研究 ・多分野活用的(multidisciplinary)研究の重視 ・フィールドワーク(現地調査)、ネットワーク(インターネット)、フレームワーク(新概念構築)を重視	・グローバル社会の理解、平和研究 ・地域研究が一つの柱 ・多分野活用的研究の重視 ・フィールドワーク(現地調査)を重視
人間の行動基礎	・実践的な取り組みを重視	・人間の内的行動規範(倫理的基準)を重視("Do for others")
学部名	総合政策学部	国際学部
大学名	慶應義塾大学	明治学院大学
当該学部創設年	1990年(日本最初)	1986年(日本最初)
当該学部のキャンパス	郊外キャンパスを新規に開設	郊外キャンパスを新規に開設
教育の狙い	問題発見・解決型教育	全地球的視野を持った新国際社会のリーダー育成

(注) 岡部(2006a、2006b)、都留ほか(1987)を踏まえて著者作成。
(出所) 岡部(2009c)図表9。

　そうした研究に際しては、両者ともにいわゆる学際的(interdisciplinary)ないし多分野活用的(multidisciplinary)研究を重視することが大きな特徴である。そして、研究は大学の研究室において行うだけでなく、フィールドワーク(現地調査)を重視する点においても共通している。このような性格を持つ総合政策学は、「実践知の学問」と性格づけることによって新しい社会科学と

して厳密に理論化できる可能性もある（その試論は付論3を参照）。

一方、社会とそれを構成する個人やその行動動機をどう捉えるかについては、少なからぬ差異がある。総合政策学の場合、実践的な取り組みを重視する。一方、国際学では、明治学院大学のモットーである「他者への貢献」（Do for others）[42]の影響もあって、人間の内的な行動規範あるいは倫理的基準を重視する面がある[43]。こうした差異は、これら二つの新しい学問領域を開いた母体校の建学の精神ないし伝統に根ざす面が大きいと理解できよう。

付論3　総合政策学の理論化試案

本文で述べた著者による総合政策学の理解、そしてその後進められた関係者による新たな研究成果（慶應義塾大学湘南藤沢学会 2007、2008）を踏まえれば、総合政策学は一つの新しい視点から理論化できるのではないかと著者は考えている。その基本的アイデアをスケッチすれば以下のとおりである。

すなわち、総合政策学を「実践知の学問」という視点から捉え、それを以下のように構成するという発想である。まず、実践知の学問としての総合政策学を「暗黙知を形式知に変換する学問」と大きく位置づける。ここで暗黙知（tacit knowledge）とは、明示化されておらず、そして特定のコンテクストや状況に関しての、個人的な知識（野中・紺野 2003）である。そして形式知（explicit knowledge）とは、明確な言語・数字・図表などで表現できる知識（同）である。

このように規定すると、暗黙知は「実践によって得られるもの」であり、形式知は「制度ないし普及可能な仕組み」と解釈することができる[44]。こう理解すれば、総合政策学の大きな目的は、社会問題に対する新しい認識方法の提示、そして問題の解決（あるいはそのための制度構築）にある、と性格づける

---

[42] "Do for others what you want them to do for you"（『新約聖書』マタイによる福音書、7章12節）。これには利他主義の要素が含まれている。詳細は第8章および第9章を参照。

[43] 歴史的にみると、明治学院は明治政府が国家主義的な教育を強め私学における宗教教育を禁止しようとする動き（文部省訓令第12号）に対しても断固として抵抗し続けたほか、日本の植民地支配に苦しんでいた朝鮮や台湾からの学生も分け隔てなく受け入れるなど、キリスト教教育に基づく人間愛の精神を維持した（杉山 2009）。

[44] この文脈において既存の「科学知」をどう位置づけるかは今後の検討課題である。

ことができる。

　ここで、制度の構築（普及可能な仕組みの開発）は、ソーシャル・キャピタルの整備とほぼ同一視でき、したがって「制度」論と「ソーシャル・キャピタル」論をうまく統合することによって新しい議論が展開できる。ここで制度とは、一般に法律・判例・契約・各種規定（狭義の制度）のほか、慣行・規範・暗黙の行動基準・タブー・伝統等を指す概念である（岡部 2006b：20ページ）。そしてソーシャル・キャピタルとは、社会的ネットワーク、そのもとで生まれる共有された規範・価値・理解・信頼であり、人々の協力推進・相互利益の実現に貢献するもの（宮川・大守 2004：1章）である[45]。

　実践ないしフィールドワークをこのように学問上そして制度上結実させるうえでは、総合政策学の特徴である「多様性」とそれが持つ力（power of diversity）が重要な要素になる。

　なぜなら、最近の斬新な研究成果を示す Page（2007: introduction）によれば、(1)多様性とは認識における差異（cognitive differences）と規定できる、(2)それは多様な視野（diverse perspectives）、多様な解釈（diverse interpretations）、多様な問題解決方法（diverse heuristics）、多様な因果関係モデル（diverse predictive models）、という四つの枠組みによって構成される、そして(3)これらがそれぞれ役割を演じることによって、新たな脈絡を発見させ、問題解決手段の数を増加させ、その結果、より良い解決方法をもたらす、ことが可能となるからである。

　総合政策学では、研究者の知識や分析を現場の知恵と照らし合わせることが重視される。したがって、参加者が多様である場合には、そうでない場合よりも、新しい知が得られる可能性が大きく、また問題解決においても一般的に優れた結果をもたらすことになる[46]。なお、多様性が「強さ」を持つことは付論4でも別途示すとおりである。

45）ソーシャル・キャピタルの詳細は、第10章第5節参照。
46）秋山（2013）のフィールドワークでは、有用な情報は現場（当事者の周囲や当事者自身）にあり、したがって問題解決の知恵も現場（当事者が暮らす地域）にあるという思想が貫かれており、それが課題への対応策の有効性を高めている（岡部 2014f）。

付論4　多様性は力なり

　もし、組織を構成するメンバー全員の意見が一致する「一枚岩」の状況にあれば、その組織は強い力を発揮することが確かにある。例えば、かつての日本企業がそうであったように、経営者、従業員を問わず組織を挙げて規模拡大（製品の販売量拡大）を最重要視した行動を採るような場合である。この場合には、量産による製品一単位当たりの固定費低下効果によって利益増加が確実になるうえ、製品の知名度が国内外で高まり、それが再び販売量拡大と利益増大、さらには優秀な新卒学生の吸引をもたらすからである。

　すなわち、一般的にいえば、達成目標が明確であり、またそれを達成する手段も明確になっている状況では（つまり両者ともに不確実性がほとんどないような場合には）組織が一枚岩となって取り組むことに合理性がある。

　一方、収益増大を目標とする民間企業とは異なる組織（例えばNPO、大学等）の場合には、その目標を定量化することが本来的に困難であり、また目標達成のうえで様々な手段がありうる。こうした場合には、組織が多様な価値観、考え方、経験をもつメンバーによって構成され、彼らが異なる意見を出し合い、それらがぶつかりながら新しい方向を模索することが必要であり、そのことによって大きな利益が生じる場合が多い。

　なぜなら、そうすることによって（時間と労力を要するが）創造的な解答にたどり着けるからである。「多様性は力なり」といえる。例えば著者がかつて所属した国内の二つの大学[47]では、ともに既存の一般学部とは異なり多様な専門分野の教員によって構成されているため、教授会での議論も非常に多面的であり、著者はつねづね刺激を受けることが多かった。そして、議論の結果として到達する結論にはこうした面でのメリットをつねづね感じた。

　一定の（かなり限定された）状況の下では確かに「一枚岩」の方が強いが、より一般的な状況においてはおそらく「多様性」に軍配が挙がる。これは普遍性の高い原則であろう。例えば、ファイナンス分野のポートフォリオ（資産）選択理論でよく知られた「分散投資の利益」はこの事情を示す一例といえる。すなわち、個別金融資産を保有する場合には、投資家は収益の期待度に応じた

47）慶應義塾大学総合政策学部、および明治学院大学国際学部。

リスクを負わねばならないが、収益の相関関係を異にする多くの金融資産を分散保有すれば個々のリスクが相殺され、資産全体としては負担するリスクに比べて収益率を高めることが可能になる。これは以下のように証明することができる（岡部 1999a：76-78ページ）。

いま二つの危険資産 A, B があるとする。これらの期待収益率がそれぞれ μ_a, μ_b であり、期待収益率の標準偏差が σ_a, σ_b であるとする。そして $\mu_b > \mu_a (>0)$、、$\sigma_b > \sigma_a (>0)$ と仮定する。この時、二つの資産からなるポートフォリオ P の期待収益率 (μ_p) は両方の期待収益率の加重平均として下記の(1)式で、また標準偏差 (σ_p) は(2)式で、それぞれ表される。

$$\mu_p = a \cdot \mu_a + b \cdot \mu_b \tag{1}$$

$$\sigma_p = \sqrt{a^2 \cdot \sigma_a^2 + b^2 \cdot \sigma_b^2 + 2ab \cdot \sigma_{ab}} \tag{2}$$

但し、a, b はそれぞれ資産 A、資産 B に対する投資比率であり ($a+b=1$)、σ_{ab} は A, B の期待収益率の間の共分散である。一方、相関係数は

$$\rho_{ab} = \sigma_{ab}/\sigma_a \sigma_b$$

と表すことができるので、(2)式は次の(3)式のように書き換えられる。

$$\sigma_p = \sqrt{a^2 \cdot \sigma_a^2 + b^2 \cdot \sigma_b^2 + 2ab \cdot \rho_{ab} \sigma_a \sigma_b} \tag{3}$$

$$\leqq \sqrt{(a \cdot \sigma_a + b \cdot \sigma_b)^2} \quad （等号は \rho_{ab}=1 の場合） \tag{4}$$

すなわち(3)式において、σ_a, σ_b を所与とするとき、ポートフォリオ全体としてのリスク (σ_p) は、それを構成する2資産の利益率がどの程度相関しているか（相関係数 ρ_{ab}）に依存することが分かる。そして、(4)式が示すように、二つの資産の期待収益率の間に完全な正相関がみられる ($\rho_{ab}=1$) のでない限り、2資産ポートフォリオのリスクは、それを構成する2資産それぞれのリスクの加重平均よりも小さくなることが分かる（分散投資の利益）。

つまり、多様な見解が存在する状況の下では、見解が均一的な場合に比べより大きな利益（より妥当な結果）がもたらされること、すなわち「多様性は力なり」が示唆されている。ただし、組織の場合は多様性を取りまとめるリーダーの存在が条件になる。その点が金融資産多様化の場合と異なる。

第 6 章 | **人間の幸福度への着目：幸福の構成要素**

　経済学のあり方を考える場合、その原点となるのは、これまでの考察から示唆されるように消費や国内総生産（Gross Domestic Product：GDP）ではなく、究極的には人間の「幸福」である。本章と次章では、この問題に焦点を絞り、最近の研究動向を探るとともに、それを踏まえて著者の見解を提示することにしたい。

　経済活動の成果を包括的に示す指標である GDP 統計は、各国および国際機関において現在世界中で広く用いられている。しかし、その統計は市場経済取引を前提として作成されているため、それによって把握できない各種の経済現象（所得や資産の格差拡大、資源の世界的枯渇、地球温暖化等）を的確に把握することはできない。さらに、人間が本来目指すべき「豊かさ」ないし「幸福」など経済面以外の側面を理解するうえでも大きな限界がある。

　本章では、ここ 5 〜 6 年、国際機関等で活発化している GDP に代わる（あるいは GDP を補完する）新たな指標開発の動きを研究論文などの原典に遡って幅広く展望する。それらは、基本的に人間の幸福度（happiness；well-being）を幾つかの要素によって指標化しようとする点で共通している。また、そうした指標を用いた場合、各国の幸福度の世界順位に対する関心も高まっている。これらの諸研究を踏まえれば、幸福にとって重視する必要があるのはどのような要素なのか。それが本章のテーマである[1]。

1）本章は、岡部（2013a, 2015a）に依拠している。

第1節　GDP 統計の限界と新指標開発の流れ

本節では、国内総生産（GDP）の意義を確認するとともに、それを尺度とした場合（GDP および一人あたり GDP）の国別世界順位を議論の出発点として提示する。次いで、GDP 統計の問題点を整理するとともに、それを克服するために近年開発されてきた各種指標を分類することを試みる[2]。

(1) 国内総生産（GDP）

国内総生産（GDP）は、一国内で一定期間（多くの場合1年間）に生産された最終財・サービスの価値を合計した値である。これは、一国の経済規模とその拡大スピード（経済成長率）を知るうえで最も基本的な指標である。

この統計においては、財・サービスについて客観的な評価（市場価格による評価）がなされている。また作成方法が各国で共通化されているため、一国経済を国際比較する場合にも有用性が高い。こうしたことから、GDP はこれまで各国および国際機関で広く利用されてきた。

近年の GDP（名目値。米ドル換算額）の国別順位をみると（後掲図表6－3）、1位がアメリカ、2位が中国、そして3位が日本である。以下、4位ドイツ、5位フランス、6位ブラジル、7位イギリス、8位イタリア、9位ロシア、10位カナダとなっている。いわゆる「G7諸国」はすべて10位以内に入っているほか、近年成長力を高めている新興大国ブラジルやロシアも10位以内である。ここに含まれる10か国は、明らかに世界経済の動向を大きく左右する位置にあるといえる。このように、GDP は当該期間内における一国の経済活動全体の規模を示している。

しかし、人々の現在および将来の「生活水準」を適切に示しているかどうかという観点からみれば、GDP は以下で述べるとおり少なからぬ問題を含んで

2）これら各種指標の概要を一覧表にまとめたものが図表6－2である。当初原稿（岡部2013a）を脱稿した後に類似の一覧表（内閣府2011：参考資料1）があることを知った。しかし、後者においては、最近公表された OECD による幸福度指数（Better Life Index）や幸福度指標（Well-being Indicator）、さらには国連による包括的資産（Inclusive Wealth）や幸福度指標（Well-being Score）など最も重要とみられる事例が含まれていない。したがって、図表6－2に相当する幅広い整理は、著者の知る限りまだ見当たらない。

いる。その問題への一つの対応は、GDPでなく「一人あたりGDP」を活用することである。

(2) 一人あたりGDP（GDP per capita）

　GDPは一国の経済規模を示すものであるため、人口の多い国は当然その値が大きくなる。この問題に対処するための工夫が「一人あたりGDP」である。これは、GDPを人口で除すことによって簡単に算出でき、平均的な国民1人を考えた場合の経済的豊かさ（生活水準）を簡潔に示す指標となっている。そして国際比較が容易な指標である（後掲図表6-2を参照。以下の各指標の特徴についても同様にこの図表を参照）。

　いま、各国の名目GDPを米ドル換算したうえで一人あたりGDPを算出し、その国別順位をみると（後掲図表6-3）、1位がルクセンブルクである。これに続き2位カタール、3位ノルウェー、4位スイス、5位アラブ首長国連邦、6位オーストラリア、7位デンマーク、8位スウェーデン、9位カナダ、10位オランダ、となっている。上位10か国中に北欧および中欧の6か国が含まれるのが目立つ（とくに北欧諸国は生活水準が高いことがわかる）。そのほか、産油国が2か国入っているのも注目される。ただ、産油国はその他の国に比べて経済構造が大きく異なる（所得分配の不平等度合いが大きい可能性がある。但しそれを示す指標であるジニ係数はこれらの国については見あたらない）ので、この指標によって国民の平均的な豊かさが適切に表されているかどうかには注意が必要である。

　GDP自体の規模でみた上位3か国がここでどのような位置にあるかをみると、GDPトップのアメリカはここでは14位、日本は18位にとどまっている。また中国は89位でしかない。一方、東アジア諸国では、シンガポールが13位、韓国が35位である。またフランスは19位、ドイツは20位である。

　ただ、「一人あたりGDP」も、国民の生活水準を厳密に国際比較しようとする指標としては限界がある。なぜなら、ここには各国の消費内容の差異が反映されないうえ、国内所得分布の状況が考慮されていないからである。

(3) GDPの問題点

　GDPあるいは一人あたりGDPには、以下のような問題点がある。第1に、

市場取引されない各種現象（家事労働、ボランティア活動、環境汚染等）は、統計作成の約束上、計上されないことである。近年ではこうした現象の重要性が高まっているだけに、GDPを基準として経済活動あるいは豊かさを捉えることには先ずこの面で問題がある。一方、たとえGDPが増加しても、そこには人々の幸福度を増加させると言うよりも逆に低下させる要因も含まれるという矛盾もある。例えば、通勤の遠距離化による交通費の増大、あるいは公害防止のための支出増大はいずれもGDPを増加させる要因であるが、そのもととなっている通勤の遠距離化や公害は幸福度を低下させる要因である。

　第2に、GDPはいわゆるフロー指標（一定期間内において生産された価値）であり、経済のストック面（物的資産、自然資産、人的資産、社会資産などある一時点で測定できる価値）への考慮がなされていないことである。フローとしての成果は、あくまでストックが存在して発生するものであり、後者に着目していないGDPはその根源に遡った理解ができていない点で問題がある。

　第3に、経済活動の成果が国民の間にどう分配されているかも重要な側面であるが、GDP統計ではそれについて何も明らかにできないことである（所得分配の不公平や貧困問題への理解が不可能）。

　第4に、より根本的な問題であるが、人々の暮らしの評価は、経済計算だけで行えるものではなく、非金銭的ないし非市場的な多面的な尺度（健康状況、主観的幸福度、個人の安全性、人間の社会的つながり等）を考慮することが不可欠なことである。GDPは、そもそも経済の一側面を量る指標に過ぎないので、こうした側面を把握するには無理がある。

(4) GDPに代わる新指標開発の流れ

　上記のような問題を持つGDPを超え、それに代わる（あるいはそれを補完する）指標を開発する動きはここ10年内外（とくにここ4～5年）活発化している。そのような動きをここでは図表6-1のように整理した。すると、そうした動向には大別して二つの流れがあると理解できる。

　第1の流れは、国よりも個人の状況を重視して経済ないし社会の状況を判断しようとする考え方である。これは個人主義を基礎とするものであり、幾つかの考え方がある。これに対して第2の流れは、個人よりも国としての総合力を重視する考え方である。その点ではGDPの考え方を継承している。

図表6-1　暮らし向き等を測定する指標の展開

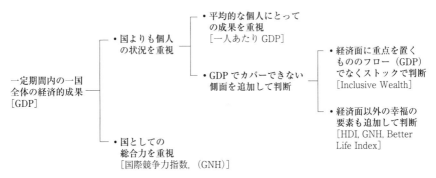

(注) 著者作成。

　そこでまず第1の流れを具体的にみよう。そこには二つの方向がある。一つは、GDPのように一国全体の経済活動の成果を捉えるのではなく、それが国民一人あたりどのような成果になっているかに着目する発想、すなわち「一人あたりGDP」である。これは、上記のとおりGDPを人口で除すことによって簡単に算出可能であり、一国の国民にとっての経済的豊かさ（生活水準）を簡潔に示す指標になる。

　もう一つは、GDPでカバーできない側面を追加して経済ないし社会の状況を判断する発想である。これには二つの方向がある。

　第1は、経済面に重点を置く点はGDPと同じであるが、GDPのようにフローではなくそのフローを生み出すストックの状況によって経済を判断しようとする立場である。これにはごく最近提示された国連の「包括的資産」（Inclusive Wealth）というアプローチがある。

　第2は、人間の幸福は単に経済面だけでなく経済面以外の多くの要素にも依存していると考え、それらに関連する各種要素（指標）を追加的に考慮し、国民の幸福を単に経済面からだけでなくより幅広い視点から捉えようとする立場である。その例としては、人間の能力や人間を取り巻く環境がどの程度進歩したかを測定するために国連が開発した「人間開発指数」（Human Development Index: HDI）がある。また、近年急速に関心が高まっているブータン王国の「国民総幸福」（Gross National Happiness：GNH）もその一つである。さらに国際機関（OECD）がごく最近ノーベル経済学賞受賞者の知恵も借りて開発し

た「より良い暮らし指数」(Better Life Index) もこの部類に属する。

なお本書では、OECDによるこの「より良い暮らし指数」を短く「幸福度指数」と表現する一方、同じくOECDが別途開発した幸福度の指標 (Well-being Indicator) は「幸福度指標」と呼ぶことにする（つまり前者を幸福度「指数」、後者を幸福度「指標」とそれぞれ称する（いずれも第2節〜第4節で詳しく述べる）。また、わが国における幸福度指数作成の試みもこうした流れに属する[3]。

次に、上記第1の流れ（国よりも個人の状況を重視する考え方）とは対照的な第2の流れは、個人よりも国としての総合力を重視する考え方である。その代表的なものが「国際競争力指数」である。これは一国が国際的場裡でどの程度競争力を持つかを示す指数である。この点、個人に焦点を絞るその他の指標とやや性格が異なるので、本章では付論1で扱う。なお、上記のブータン王国の「国民総幸福」は、単に個人の幸福度だけでなく一国（あるいは一グループ、一地方など）を単位とした幸福度を把握しようとする点で、この流れの要素をも含む面がある。

第2節　新指標の開発1：国際連合の場合

本節〜第4節では、GDPに代わる幾つかの指標として国際機関等が取り組んできた新指標の要点（特徴点および課題）を解説する（**図表6-2の一覧表**を参照）。まず本節では、国際連合（United Nations：UN）による三つの指標、すなわち(1)人間開発指数（Human Development Index）、(2)幸福度指標（Well-being Score）、(3)包括的資産指数（Inclusive Wealth Index）を順次説明する。

(1) 人間開発指数（Human Development Index）

GDPや一人あたりGDPは社会の経済的側面だけを表す指標にとどまってお

---

[3] 2010年12月に内閣府が「幸福度に関する研究会」を発足させて検討を開始、2011年12月に試案（内閣府 2011）を発表している。そこでは、経済社会状況、心身の健康、関係性を三本柱とすることが提案されている。なお、幸福度を巡る問題に対しては、日本計画行政学会（2014）も学会誌で特集号を組むなど大きな関心を寄せている。

り、したがって人間にとってより幅広い側面を把握する必要がある、という批判が従来からなされてきた。この流れのなかで国連において比較的早い段階で開発されたのが「人間開発指数」(Human Development Index：HDI) である。

これは、人間の発展度合いの状況（well-being）を示す一つの合成指数であり（0から1の間の値をとる）[4]、1993年に初めて公表された。具体的には、人間にとっての三つの基礎領域（長寿で健康な生活、知識へのアクセス、まともな生活水準）に着目し、それぞれに関する統計データ（それぞれ平均寿命、就学年数、一人あたり国民所得で判断）を合成することによって作成された一つの指数である（UNDP 2011）。これは、単に生活水準だけを捉えるのではなく、人間をより多面的に捉えてその発展動向を把握することを意図している。各国の指数と国別順位は、1993年以降、国連が年次報告の中で公表している。HDIの特徴は、生活水準（一人あたり GDP）だけでなく、それ以外の領域も取り込んでいるので多面性がある点にある。

新しい指標として HDI を当初構築するに際しては、人間の潜在能力は複雑であるためそれを一つの指数として表すのは困難である（各項目それぞれが意味を持つだけである）という有力な意見が提示された。しかし、政策当局の関心を引く（その結果人間の幸福を増進する政策につなげる）ためには、やはり単一の指数でなくてはならないとする判断の方が重視され、その結果、HDIは一つの合成指数として作成されることになったようである[5]。各種指標群をもって政策目標とその達成度を理解するか、それともそれらの指標を単一の合成指数にしたうえで理解するかは、新指標を構築するうえで一般に最も大きな問題の一つである。この点、OECD による幸福度指数（Better Life Index）では、後述するようにその二つのいずれの対応も可能なシステムを提供している[6]。

いま、国連による HDI（187か国・地域を対象）の国別順位をみると（**図表**

---

4) HDI は、そこに含まれる各種指標の幾何平均として算出される（UNDP 2011：168ページ）。

5) http://en.wikipedia.org/wiki/Human_Development_Index

6) ちなみに、わが国で検討されている幸福度指標においては、幸福度を単一の指数として表す方針は採らないこと（諸指数を統合した合成指数の策定は行わないこと）を早い段階で決定している（内閣府2011：11ページ）。

図表 6-2　幸福度等に関する各種指標とその特徴等

	指標名	データ出所	特徴
0	国内総生産 (Gross Domestic Product: GDP)	国際通貨基金 (IMF)	・一国の経済規模とその動向を知るうえで最も基本的な指標。
1	一人あたり国内総生産 (GDP per capita)	国際通貨基金 (IMF)	・GDPと人口により簡単に算出可能。
2	人間開発指数 (Human Development Index)	国際連合 (UN)	・人間の三つの基礎領域(長寿で健康な生活、知識へのアクセス、まともな生活水準)に関する統計を合成した指数。 ・1993年以降、国連が毎年公表。
2a	幸福度指標 (Well-being Score)	国際連合(UN)の委託を受けた研究者グループ	・2011年国連総会の議決によって開始した研究。 ・ギャラップ社による世界各国の世論調査を基礎。 ・国連のもう一つの指標(HDI)と相互補完関係。
3	幸福度指数 (Better Life Index)	経済協力開発機構 (OECD)	・ノーベル経済学賞受賞者の叡智をも借りて公的国際機関が最近開発した指標。 ・2011年に公表。
3a	幸福度指標 (Well-being Indicator)	経済協力開発機構 (OECD)	・先行開発されたOECDによる幸福度指数の超長期(1820~2010年)に亘る時系列指数。 ・主要25か国、世界8地域、世界全体について統一的視点から計数を推計。2013年に公表。
4	国民総幸福 (Gross National Happiness: GNH)	ブータン研究センター	・個人の幸福だけでなく社会全体の幸福を自然と調和しつつ達成することを意図。 ・ブータン王国では政策判断の尺度として活用。
5	主観的幸福度 (Subjective well-being)	心理学者・社会学者等の研究グループ	・多様な要因が反映する主観的幸福度を世界各国における意見調査に基づいて構成。
6	包括的資産 (Inclusive Wealth)	国際連合 (UN)	・経済活動の持続可能性の視点を重視し、各種資本の蓄積ないし破壊を総合指標化。 ・2012年6月に公表。以後2年毎に公表予定。

(注) 日本の順位は各調査の最近年の順位。
(資料) IMF (2012), UNDP (2011), Stiglitz, Sen, and Fitoussi (2009), OECD (2011), Centre for Dimensions Program (2012), van Zanden et al. (2014), Helliwell, Layard, and Sachs (2013) を
(出所) 岡部 (2013a) 図表 2 。

長所	短所	日本の順位
・財・サービスにつき客観的な評価(市場価格による評価)がなされる。	・市場取引されない各種現象(家事労働、ボランティア活動、環境汚染等)は計上されない。	3位
・一国の経済的豊かさ(生活水準)を簡潔に示す。 ・国際比較が容易。	・厳密な国際比較には限界がある(各国の消費内容の差異が反映されないうえ、国内所得分布の状況が考慮されていないから)。	18位
・生活水準(一人あたりGDP)だけでなく、それ以外の領域も取り込んでいるので多面性がある。	・結果的には生活水準(一人あたりGDP)に類似した傾向を示しているので、既存指標と重複感がある。	12位
・世界156か国につき、それぞれの指標値とともにその要因(一人あたりGDP、健康寿命など)別寄与度も公表。後掲の**図表6-5**を参照。	・世界均一の世論調査は本当に有効か、また各国スコアの要因分解の結果には解釈が困難な場合もある。	43位
・物質面での生活水準、生活の質、それらの持続可能性、を総合的に取込み。 ・指数構成要素のウエイトを変更した場合の結果を簡単に示すシステムも提供。	・単一の合成指標はさして重視していない。 ・対象は先進国グループであるOECD加盟34か国が中心(ただし2012年にはブラジルとロシアも追加されて36か国に拡大)。	19位
・世界主要国および世界全体につき、しかも190年間にも亘って統一的視点から構築された統計は他に類例がない。 ・経済以外(人間の身長、政治制度等)も含む。	・当然のことながら、古い時期のデータには欠落部分が少なくない(後掲の**図表6-10**を参照)。また、一つの「国」の範囲は時期によって変化しているので注意が必要。	16位
・政策目標となるべき多面的な要素が取り込まれている。	・指標の具体的構成は国によって異なるので国際比較が可能なかたちでGNHを作成するのは困難。	—
・経済的要因のほか、政治的要因(自由度)、文化的要因(宗教の影響)など幸福度の背後にある要因を包括的に把握可能。	・比較可能なかたちで頻繁に調査することが困難(水準の分析はできても、変化の分析は困難)。 ・政策的含意を導出することが困難。	43位
・現在および将来の世界にとって最も重要である持続可能性(green economy)を基本視点としている。	・自然資産の評価額には議論の余地がある。またそのうち計上されているものは一部に過ぎない(清浄な大気は対象外)。	1位

Bhutan Studies (2012), Diener, Kahneman, and Helliwell (2010), International Human 踏まえて著者が作成。

図表 6 - 3　各種指標でみた国別世界ランキング（最近年）

	GDP	1人あたりGDP	人間開発指数（国連）	幸福度指標（国連）	幸福度指数（OECD, 注1）
1位	アメリカ	ルクセンブルク	ノルウェー	デンマーク	オーストラリア
2位	中国	カタール	オーストラリア	ノルウェー	カナダ
3位	日本	ノルウェー	オランダ	スイス	スウェーデン
4位	ドイツ	スイス	3位 アメリカ	オランダ	ニュージーランド
5位	フランス	アラブ首長国連邦	ニュージーランド	スウェーデン	ノルウェー
6位	ブラジル	オーストラリア	5位 カナダ	カナダ	デンマーク
7位	イギリス	デンマーク	5位 アイルランド	フィンランド	アメリカ
8位	イタリア	スウェーデン	リヒテンシュタイン	オーストリア	スイス
9位	ロシア	カナダ	8位 ドイツ	アイスランド	フィンランド
10位	カナダ	オランダ	スウェーデン	オーストラリア	オランダ
15位	韓国	13位 シンガポール	12位 日本	17位 アメリカ	13位 イギリス
16位	インドネシア	14位 アメリカ	13位 香港	22位 イギリス	16位 ドイツ
26位	台湾	18位 日本	15位 韓国	25位 フランス	18位 フランス
		19位 フランス	26位 シンガポール	26位 ドイツ	19位 日本
		20位 ドイツ	66位 ロシア	43位 日本	24位 イタリア
		35位 韓国	101位 中国	68位 ロシア	26位 韓国
		89位 中国	124位 インドネシア	93位 中国	
	対象183国・地域	対象183国・地域	対象187か国・地域	対象156か国・地域	対象OECD34か国

（注1）11要素のウエイトが全て等しいとした時の例示。
（注2）Diener, Kahneman, and Helliwell（2010）362-364ページ。
（資料）図表 6 - 2 と同じ。
（出所）岡部（2013a）図表 3 。

第6章　人間の幸福度への着目　177

幸福度指標 （OECD）	同　左 （1900年の順位）	主観的幸福度 （注2）	包括的資産 （国連）
1位　デンマーク	1位　スイス	1位　デンマーク	1位　日本
2位　アメリカ	2位　アメリカ	2位　プエルトリコ	2位　アメリカ
3位　イギリス	3位　ニュージーランド	3位　コロンビア	3位　カナダ
4位　オーストリア	4位　カナダ	4位　アイスランド	4位　ノルウェー
5位　ノルウェー	5位　オーストリア	5位　北アイルランド	5位　オーストラリア
6位　カナダ	6位　ノルウェー	6位　アイルランド	6位　ドイツ
7位　スイス	7位　フランス	7位　スイス	7位　イギリス
8位　ドイツ	8位　ドイツ	8位　オランダ	8位　フランス
9位　ベルギー	9位　デンマーク	9位　カナダ	9位　サウジアラビア
10位　フィンランド	10位　イギリス	10位　オーストリア	10位　ベネズエラ
11位　フランス	16位　スペイン	14位　スウェーデン	11位　ロシア
12位　オーストラリア	19位　イタリア	16位　アメリカ	12位　チリ
13位　ニュージーランド	48位　エチオピア	22位　オーストラリア	17位　中国
14位　オランダ	52位　日本	43位　日本	18位　インド
15位　スウェーデン	69位　中国	54位　中国	
16位　日本	76位　ロシア	80位　ロシア	
対象 158か国	対象 158か国	対象 97社会	対象 20か国

6-3）、1位はノルウェーであり、2位オーストラリア、3位はオランダとアメリカ、5位はニュージーランド、カナダ、アイルランドの3か国、8位はリヒテンシュタインとドイツ、そして10位がスウェーデンである。日本は12位に位置する。東アジアでは、香港が13位、韓国が15位、シンガポールが26位などとなっている。そしてロシアは66位、中国は101位である。このように「人間」を評価する指数において日本は、他の指数における順位よりも比較的高い位置にあるのが一つの特徴である。この点は改めて後述する。

　なお、国連の人間開発報告書では、上記の人間開発指数（狭義の人間開発指数）のほか、3種類の人間開発指数（広義の人間開発指数）も毎年発表している。そのうちの一つに「ジェンダー・エンパワーメント指数」（GEM）がある[7]。これは、女性が男性と同様に政治や経済界において活躍しているかどうかの程度を表す指数であり、国会議員に占める女性比率、管理職に占める女性比率、専門職や技術職に占める女性比率、勤労所得の男女間格差の四つの指標を合成することによって作成されている。

　この指数（GEM）の上位10か国（2007年）は、順にノルウェー、スウェーデン、フィンランド、デンマーク、アイスランド、オランダ、ベルギー、オーストラリア、ドイツ、カナダであり、北欧および中欧の国が8か国（それ以外が2か国）と地域的に大きく偏っているのが特徴である。日本は54位に甘んじているほか、中国は57位、韓国は64位など、概して東アジア諸国は低位にある。日本では、人口が減少するなかで今後女性を活用する余地が大きいことがこの指数の国際比較（順位）からも示唆されている。

　HDIには当初から問題点も指摘されている。つまり、HDIは結果的に生活水準（一人あたりGDP）に類似した傾向を示しているため既存指数と重複感があり、何ら新たな洞察が得られるものとはいえない（McGillivray 1991）という批判である。ちなみに、平面上に一人あたりGDP（2009年、米ドル表示）とHDI（2010年）をプロットして回帰分析をした結果をみると（**図表6-4**）、両者は緊密な関係にあること（HDIの水準はその92%を一人あたりGDPによって説明できること）が分かる。

7）その他の二つは「人間貧困指数」（HPI）、「ジェンダー開発指数」（GDI）である。

図表6-4　人間開発指数と一人あたりGDPには緊密な関係

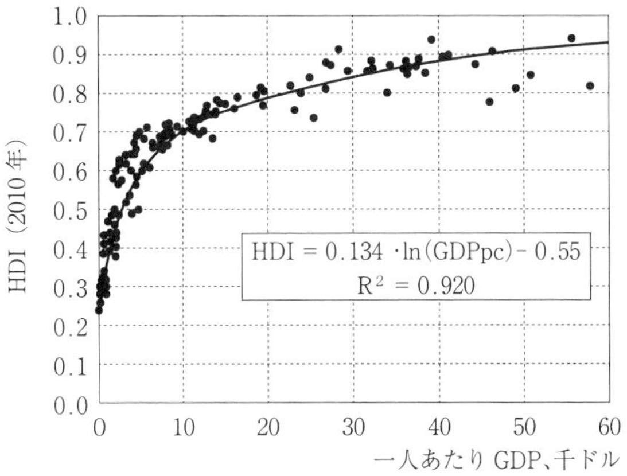

HDI = 0.134 · ln(GDPpc) − 0.55
$R^2 = 0.920$

縦軸：HDI（2010年）
横軸：一人あたりGDP、千ドル

（出所）http://en.wikipedia.org/wiki/Human_Development_Index

(2) 幸福度指標（Well-being Score）

次に、国連の委託を受けた研究者グループによって最近開発された幸福度指標（Well-being Score）を見よう。これは、2011年の国連総会の議決によって研究が開始された指標である。研究の成果は2012年に「世界の幸福度に関する報告書」（World Happiness Report）として公表され、その最新版は2013年に*World Happiness Report 2013*（Helliwell, Layard, and Sachs 2013）として続刊されている。

この指標は、ギャラップ社が行う世界各国における世論調査（Gallup World Poll：標準的には各国で調査を実施する年に約1000人を対象に行うインタビュー調査）を基礎情報としたうえで必要な統計的加工を行ったものであり、その結果、主観的な幸福度（subjective well-being）を国別ならびに時系列で比較可能にしている。

各国の幸福度指標は、その値（1〜10の間の数値）によって示されているほか、その値に対する要因別寄与度も提示されている。すなわち、幸福度指標値を、一人あたりGDP（GDP per capita）、社会的支援（social support）、健康寿命（healthy life expectancy）、人生選択の自由（freedom to make life decisions）、寛大さ（generosity）、汚職（perception of corruption）、などに要因分解して提示している点に特徴がある。そしてこの指標をもとにした156か

国・地域のランキングを発表している（図表6-5の3枚の図を参照）。

　この指標の特徴は(1)GDP を超えて人間を中心に位置づけ、それに関連する指標を幅広く採用していること、(2)したがって国連が開発した人間開発指数（Human Development Index：HDI）に類似した性質を持つとともにそれと相互補完関係にあること（Helliwell, Layard, and Sachs 2013：5ページ）、(3)従来ほとんど議論されることがなかった倫理的要素（virtue ethics）への考慮の必要性についても予備的考察を行っていること（Sachs 2013、後述）、などである。

　最近時点における国別ランキングをみると（上掲図表6-5）、1位がデンマーク、以下ノルウェー、スイス、オランダ、スウェーデンと続いており、オーストラリアが10位、米国が17位、英国が22位、日本は43位などとなっている。

　この調査では、デンマークが1位である点が他の幸福度ランキング調査にみられない特徴であるほか、アイスランド（9位）、アイルランド（18位）、コロンビア（35位）など、必ずしも一人あたり GDP が高くなくとも比較的高順位にある国が少なくない点に特徴がある。このような傾向は、これとは別に世界規模で行われた主観的幸福度調査（Diener, Kahneman, and Helliwell 2010）についてもいえることであり（前掲図表6-3を参照）、幸福を主観的に捉えた場合の指標ランキングにおける特徴といえる。

　なお、今回の幸福度スコア（基準年2010-2012年）を前回調査（同2005-2011年）と比較すると、幸福度に対して世界金融危機（2007-2008年）の影響がみられるものの、この5年間で世界は幾分幸福度が増し、より寛大な場所になっている（Helliwell, Layard, and Sachs 2013：18ページ）と総括されている。

(3) 包括的資産指数（Inclusive Wealth Index）

　前記の国連による2つの幸福度指標と相前後して2012年に別途、国連から発表されたのが包括的資産指数（Inclusive Wealth Index）である。この研究は、後述する OECD による幸福度指数の出発点になった報告書（Stiglitz, Sen, and Fitoussi, 2009）の流れを継承しつつ、それをさらに推し進めた研究であり、370ページにもわたる長大な報告書（International Human Dimensions Programme on Global Environmental Change〈UNU-IHDP and UNEP〉2012）として発表された。

第6章 人間の幸福度への着目 181

図表6-5 世界各国の幸福度ランキング：2010-2012年（その1）

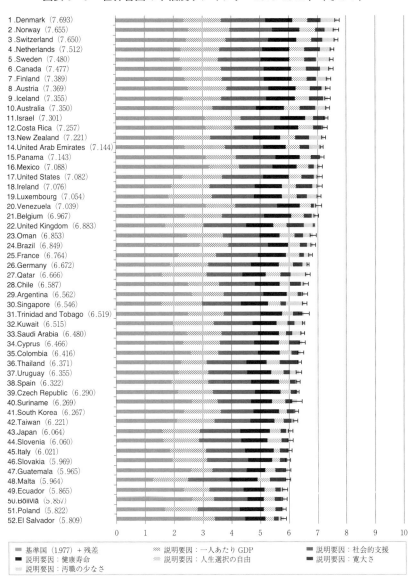

1.Denmark (7.693)
2.Norway (7.655)
3.Switzerland (7.650)
4.Netherlands (7.512)
5.Sweden (7.480)
6.Canada (7.477)
7.Finland (7.389)
8.Austria (7.369)
9.Iceland (7.355)
10.Australia (7.350)
11.Israel (7.301)
12.Costa Rica (7.257)
13.New Zealand (7.221)
14.United Arab Emirates (7.144)
15.Panama (7.143)
16.Mexico (7.088)
17.United States (7.082)
18.Ireland (7.076)
19.Luxembourg (7.054)
20.Venezuela (7.039)
21.Belgium (6.967)
22.United Kingdom (6.883)
23.Oman (6.853)
24.Brazil (6.849)
25.France (6.764)
26.Germany (6.672)
27.Qatar (6.666)
28.Chile (6.587)
29.Argentina (6.562)
30.Singapore (6.546)
31.Trinidad and Tobago (6.519)
32.Kuwait (6.515)
33.Saudi Arabia (6.480)
34.Cyprus (6.466)
35.Colombia (6.416)
36.Thailand (6.371)
37.Uruguay (6.355)
38.Spain (6.322)
39.Czech Republic (6.290)
40.Suriname (6.269)
41.South Korea (6.267)
42.Taiwan (6.221)
43.Japan (6.064)
44.Slovenia (6.060)
45.Italy (6.021)
46.Slovakia (5.969)
47.Guatemala (5.965)
48.Malta (5.964)
49.Ecuador (5.865)
50.Bolivia (5.857)
51.Poland (5.822)
52.El Salvador (5.809)

■ 基準国（1.977）＋残差　　▨ 説明要因：一人あたりGDP　　■ 説明要因：社会的支援
▨ 説明要因：健康寿命　　▨ 説明要因：人生選択の自由　　■ 説明要因：寛大さ
▨ 説明要因：汚職の少なさ

（出所）　Helliwell, Layard, and Sachs（2013）図2-3、22ページ。

182 第2部 社会科学の新しいあり方(1):方法論の革新

世界各国の幸福度ランキング:2010-2012年(その2)

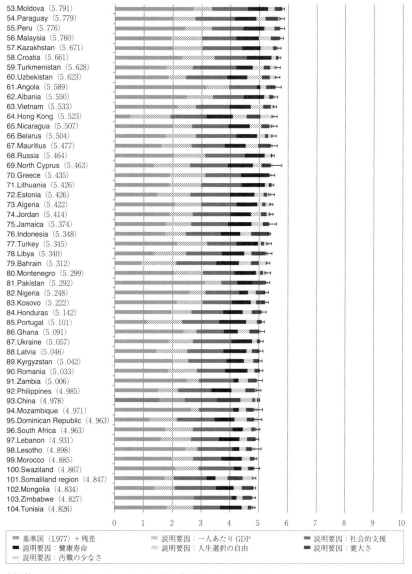

53.Moldova (5.791)
54.Paraguay (5.779)
55.Peru (5.776)
56.Malaysia (5.760)
57.Kazakhstan (5.671)
58.Croatia (5.661)
59.Turkmenistan (5.628)
60.Uzbekistan (5.623)
61.Angola (5.589)
62.Albania (5.550)
63.Vietnam (5.533)
64.Hong Kong (5.523)
65.Nicaragua (5.507)
66.Belarus (5.504)
67.Mauritius (5.477)
68.Russia (5.464)
69.North Cyprus (5.463)
70.Greece (5.435)
71.Lithuania (5.426)
72.Estonia (5.426)
73.Algeria (5.422)
74.Jordan (5.414)
75.Jamaica (5.374)
76.Indonesia (5.348)
77.Turkey (5.345)
78.Libya (5.340)
79.Bahrain (5.312)
80.Montenegro (5.299)
81.Pakistan (5.292)
82.Nigeria (5.248)
83.Kosovo (5.222)
84.Honduras (5.142)
85.Portugal (5.101)
86.Ghana (5.091)
87.Ukraine (5.057)
88.Latvia (5.046)
89.Kyrgyzstan (5.042)
90.Romania (5.033)
91.Zambia (5.006)
92.Philippines (4.985)
93.China (4.978)
94.Mozambique (4.971)
95.Dominican Republic (4.963)
96.South Africa (4.963)
97.Lebanon (4.931)
98.Lesotho (4.898)
99.Morocco (4.885)
100.Swaziland (4.867)
101.Somaliland region (4.847)
102.Mongolia (4.834)
103.Zimbabwe (4.827)
104.Tunisia (4.826)

■ 基準国 (1.977) + 残差　　※ 説明要因:一人あたりGDP　　■ 説明要因:社会的支援
■ 説明要因:健康寿命　　※ 説明要因:人生選択の自由　　■ 説明要因:寛大さ
　説明要因:汚職の少なさ

(出所) Helliwell, Layard, and Sachs (2013) 図2-3、23ページ。

第6章 人間の幸福度への着目　183

世界各国の幸福度ランキング：2010-2012年（その3）

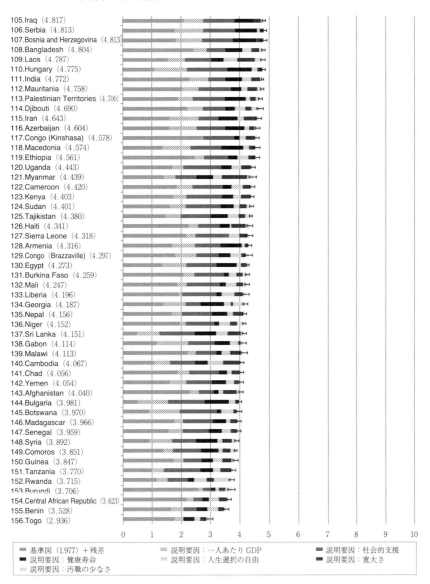

105.Iraq（4.817）
106.Serbia（4.813）
107.Bosnia and Herzegovina（4.813）
108.Bangladesh（4.804）
109.Laos（4.787）
110.Hungary（4.775）
111.India（4.772）
112.Mauritania（4.758）
113.Palestinian Territories（4.700）
114.Djibouti（4.690）
115.Iran（4.643）
116.Azerbaijan（4.604）
117.Congo (Kinshasa)（4.578）
118.Macedonia（4.574）
119.Ethiopia（4.561）
120.Uganda（4.443）
121.Myanmar（4.439）
122.Cameroon（4.420）
123.Kenya（4.403）
124.Sudan（4.401）
125.Tajikistan（4.380）
126.Haiti（4.341）
127.Sierra Leone（4.318）
128.Armenia（4.316）
129.Congo (Brazzaville)（4.297）
130.Egypt（4.273）
131.Burkina Faso（4.259）
132.Mali（4.247）
133.Liberia（4.196）
134.Georgia（4.187）
135.Nepal（4.156）
136.Niger（4.152）
137.Sri Lanka（4.151）
138.Gabon（4.114）
139.Malawi（4.113）
140.Cambodia（4.067）
141.Chad（4.056）
142.Yemen（4.054）
143.Afghanistan（4.040）
144.Bulgaria（3.981）
145.Botswana（3.970）
146.Madagascar（3.966）
147.Senegal（3.959）
148.Syria（3.892）
149.Comoros（3.851）
150.Guinea（3.847）
151.Tanzania（3.770）
152.Rwanda（3.715）
153.Burundi（3.706）
154.Central African Republic（3.623）
155.Benin（3.528）
156.Togo（2.936）

■ 基準国（1.977）＋残差　　※ 説明要因：一人あたりGDP　　■ 説明要因：社会的支援
■ 説明要因：健康寿命　　※ 説明要因：人生選択の自由　　■ 説明要因：寛大さ
■ 説明要因：汚職の少なさ

（出所）　Helliwell, Layard, and Sachs（2013）図2-3、24ページ。

そこでは(1)幸福の判断においては非市場的側面も考慮すること、(2)持続可能性の視点を重視すること、この二つが基本とされている。とくに(2)の視点からは、生産の基礎となる資産（production base）を「包括的資産」（Inclusive Wealth）と捉え、それを柱に据えてその動向を重視しているのが大きな特徴である。

具体的には、自然資本（森林、原油、鉱物資源など）、生産された資本（道路や工場など）、人的資本（教育水準など）、の三つにつき、その蓄積ないし破壊を考慮しつつ生産の維持可能性を評価するという視点が取られている。換言すれば、持続可能な自然に優しい経済（"green economy"）を評価する新しい方法を提示しているわけである。分析対象はとりあえず20か国であり、その結論として下記の点が指摘されている。なお、以後は2年毎にこの指数が公表されることになっている。

第1に、20か国の最近19年間（1990年から2008年）における動向をみると、うち6か国では「1人あたり包括的資産指数」（Inclusive Wealth Index：IWI）が低下している（報告書36ページ）。

第2に、国としてのIW（inclusive wealth; production base）総額は、1位がアメリカ、ついで日本、中国、ドイツ、イギリスなどとなっている。つまり、日本はGDP（フロー）において中国に2位の座を譲り渡したが、生産のための資本総額（ストック）では米国に次いで依然として2位にあること（**図表6-6**）が特徴である。

第3に、一人あたりIWをみると（同図表の右側）、1位が日本、ついでアメリカ、カナダ、ノルウェー、オーストラリア、ドイツなどとなっている。日本は、自然資本が極めて乏しいものの、人的資本がどの国よりも充実していることが評価されている。この要因分析が示すとおり、多くの国にとって最大の資本は人間であるが、カナダ、オーストラリア、サウジアラビアなどでは自然資源の重要性も比較的高い。ちなみに、人的資本は、人口構成、就学年数、雇用者所得、就業年数などを総合して構成されている（報告書28ページ）。

この分析の含意は(1)一国の幸福度を測定するにはGDPなどのフロー指標ではなく、それを生み出す基礎となるストック指標が長期的にはより重要であること、(2)そしてストック指標のうちでも究極的には人的資本が最も重要であること、を示唆している点にある。つまり、一国の広義の幸福度の基礎には

図表 6-6　包括的資産額の国別対比

(1)包括的資産

国名	2008年 (兆ドル)	1990-2008年の 年平均増加率（%）
米国	117.8	0.7
日本	55.1	0.9
中国	20.0	2.1
ドイツ	19.5	1.8
イギリス	13.4	0.9
フランス	13.0	1.4
カナダ	11.1	0.4
ブラジル	7.4	0.9
インド	6.2	0.9
オーストラリア	6.1	0.1

(2)一人あたり包括的資産（2008年）

（出所）*The Economist* 誌（2012年6月30日号，77ページ）。International Human Dimensions Programme（2012）のデータをもとに同誌が作図したもの。上図(2)は単位千ドル（2000年基準の実質価格）。

人的資本があり、それを質、量の両面から高めて行くことが長期的にみて中心的な政策課題になることを示唆している。

ただ、包括資産指数を作成する場合、そこに含まれる自然資産の評価額の算定には議論の余地がある。また自然資産のうち計上されているものは一部に過ぎないこと（例えば清浄な大気は算定対象外）も問題点として指摘されよう。

第3節　新指標の開発 2：OECD の場合

先進国（34か国）を中心とする組織である OECD（経済協力開発機構）は、「より良い暮らし」あるいは「幸福」を定量的に示すための重要な研究結果を近年二つ公表している。

その発端となったのは、スティグリッツを含むノーベル経済学賞受賞者5名が関与してなされた研究（Stiglitz, Sen, and Fitoussi 2009）である。これはその後「GDP の限界とそれを超えて」（"GDP and beyond"）という議論を世界的に巻き起こした。これを受けて OECD は、大規模な研究プロジェクト（より良い暮らしの研究、Better Life Initiative）を立ち上げ、これまでに2種類

の研究を公表している。

一つは、2011年に公表した「幸福度指数」(より良い暮らし指数、Better Life Index。OECD 2011) である。もう一つは、それに歴史的視点を付加して2014年に公表した「幸福度指標」(Well-being Indicator。van Zanden et al. 2014) である。以下、この二つの研究の概要を紹介する。

(1) 幸福度指数 (Better Life Index)

まず「より良い暮らし指数」(Better Life Index) と命名されている幸福度指数を取り上げよう。これは、生活が良い状態にあることを示す尺度であるので、以下「幸福度指数」と呼ぶことにする。

幸福度指数は、OECDがこれまで10年近く取り組んできたプロジェクト (GDPに代わる人間の暮らしを把握する指標の開発) の成果として280ページを超える書籍 (OECD 2011) のかたちで公表された指数である。それは、先進国および途上国の双方について幸福 (well-being) の度合いを測定する網羅的かつ比較可能な指数であり、最近の国際的研究の成果を示している。指数対象国はOECD加盟34か国にブラジルとロシアを加えた36か国である (2012年現在)。

この指数を語る場合、ここに至る過程にも注目しておく必要がある。なぜなら、この幸福度指数の開発においては、それに先だってフランスのサルコジ大統領 (当時) によって創設された「経済パフォーマンスと社会進歩を測定する指標開発」委員会が公表した成果 (Stiglitz, Sen, Fitoussi 2009, 2010) が大きく活かされているからである。この委員会は、上述したとおりノーベル経済学賞受賞者2名 (スティグリッツとセン) を含む3名によって取りまとめられた報告書であり、その作成に際しては、この2名のほかさらに3名のノーベル経済学賞受賞者 (アロー、ヘックマン、カーネマン) を含む22名の委員 (経済学者および社会科学者の合計25名) が関与した。したがって、最終的にOECDによって取りまとめられた上記の幸福度指数は、世界の代表的研究者の叡智を集約した公的機関による現時点での大きな研究成果である、と評価できる。

幸福度を測定する三つの柱

報告書では「幸福」(well-being) とは複雑な現象であることが先ず指摘さ

れている。そして、それは多くの要因によって決定されるだけでなく、そうした要因の多くが相互に強く関連していることにも着目している。そうした認識の下、幸福度を測定する枠組みは「三本柱」（three pillars）で構成されると結論づけている。

すなわち(1)物質面での生活水準（material living conditions）、(2)生活の質（quality of life）、そして(3)持続可能性（sustainability）、である。(1)と(2)は幸福度を規定する要因それ自体であり、(3)は今日の幸福と明日の幸福を区別して考える必要性（前二者とは次元を異にする要因）を意味している。三本柱のうち、(1)を評価するために三つの要素を、また(2)を評価するために八つの要素をそれぞれ指摘し、合計11の要素によって幸福度が判定できるとしている。

具体的にいえば、「物質面での生活水準」には、1）所得と富、2）仕事と報酬、3）住宅事情、の三つの次元（dimensions）ないし要素が含まれる。「生活の質」には、1）健康状態、2）仕事と生活のバランス、3）教育と技能、4）市民としての関与とガバナンス、5）社会的つながり、6）環境の質、7）個人の安全、8）主観的幸福、の八つの次元ないし要素が含まれる。これらの要素をみれば明らかなように、幸福度は、単に達成された結果を示す指標ではなく、個人の潜在能力（capabilities）と社会の潜在能力の両方を反映するような指標にすることが意図されている。なぜなら、潜在能力があれば、所与の資源を目的とする成果につなげることができるからである（OECD 2011：20ページ）、というのがその理由である。

以上のように作成された幸福度指数のポイントとして、下記の重要な論点が指摘されている。つまり、これら複数の指標を合成して一つの指数とするべきかどうか、そしてもし合成指数を作成するのであれば各指数のウエイト付けをどうするか、という問題である。

合成指数にする場合のウエイト付けの問題

第1に、各国の上記11次元（11の個別項目）をそれぞれ独立して評価するにとどめるか、それともこれら個別項目の評価を総合して国毎に総合的な単一の「幸福度指数」として提示するかについては、後者の発想（それは国別ランキングにつながる）を極力排除しようとしている（少なくとも重視する姿勢をとっていない）ことである。

188　第2部　社会科学の新しいあり方(1)：方法論の革新

　このため、報告書は次のような記述をしている。「11の要素を国別に評価した一覧表（OECD 2011：25ページの表1.1）を鳥瞰すれば(1)すべての項目で最高位あるいは最低位に位置する国はない、(2)しかし概していえば、暮らし向きが良い国としてオーストラリア、カナダ、スウェーデン、ニュージーランド、ノルウェー、デンマークがあり、その一方、トルコ、メキシコ、チリ、エストニア、ポルトガル、ハンガリーではそれが相当劣る」（同24ページ）と。

　第2に、ただ上記のような記述をするだけではどうしても曖昧さが残り、印象が薄いものにとどまるので、やはり各種要素を合成して単一指数化した結果も「例示的に」提示していることである（OECD 2011：26ページの図1.3）。単一指数化する場合、最大の問題は、いうまでもなく性質を異にする各要素にどのようなウエイトを与えて単一の指数にするかであるが、そのウエイトに関して報告書では三つのケースを例示的に示している。

　第1のケースは「物質面での生活水準」と「生活の質」（つまり三本柱のうち最初の二本の柱）に同一のウエイトを付けて一つの合成指数を作成した場合である（この場合、前者は3要素から成るので各要素に1/6のウエイト、後者は8項目から成るので各要素に1/16のウエイトを付けて合成している）。

　第2のケースは11個の個別要素それぞれに同一ウエイトを付けて合成した場合である（つまり各要素に1/11のウエイトを付けて合成する）。

　第3のケースは、このウェブサイト"Your Better Life Index"（後述）を見たユーザーが任意に付したウエイトをもとに合成した場合である。この三つのケースの結果（**図表6-7**）をみれば明らかなように、これらの間においては、幸福度指数の水準、国別順位ともほとんど差異がない。これは、幸福度を判定するための各要素が相関関係を持っていることによるからである、と報告書は解釈している。

幸福度指数の国別順位

　ここでは、上記第2のケースをもとに国別順位をみることにしよう（前掲図表6-3）。すると、1位はオーストラリア、次いで2位カナダ、3位スウェーデン、4位ニュージーランド、5位ノルウェー、6位デンマーク、7位アメリカ、8位スイス、9位フィンランド、10位オランダとなっており、北欧諸国が高く評価されることが特徴的である。それ以外の欧州諸国は、イギリス13位、

図表６－７　３種類のウエイトに対応した国別幸福度指数

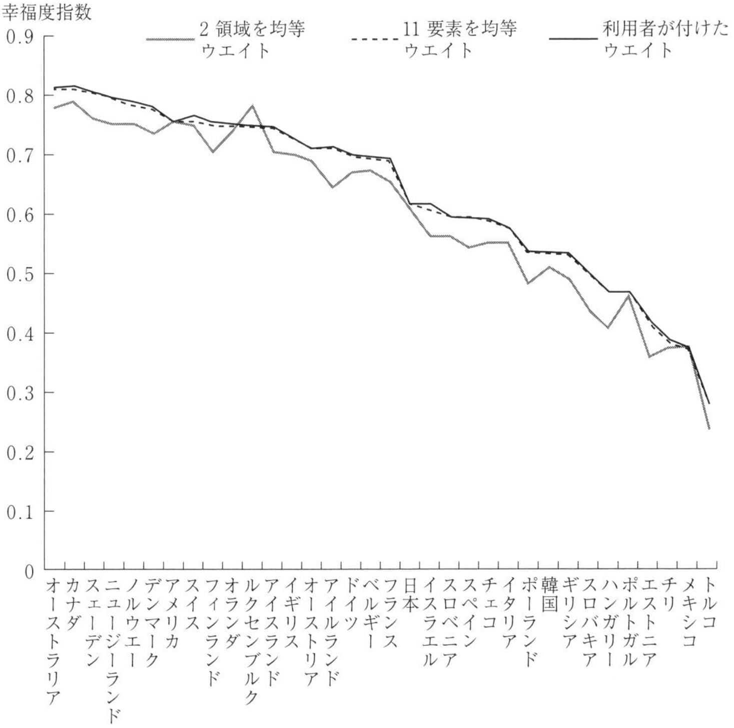
幸福度指数
0.9
0.8
0.7
0.6
0.5
0.4
0.3
0.2
0.1
0
２領域を均等ウエイト
11要素を均等ウエイト
利用者が付けたウエイト
オーストラリア
カナダ
スエーデン
ニュージーランド
ノルウエー
デンマーク
アメリカ
スイス
フィンランド
オランダ
ルクセンブルク
アイスランド
イギリス
オーストリア
アイルランド
ドイツ
ベルギー
フランス
日本
イスラエル
スロベニア
スペイン
チェコ
イタリア
ポーランド
韓国
ギリシア
スロバキア
ハンガリー
ポルトガル
エストニア
チリ
メキシコ
トルコ

（出所）OECD（2011）26ページの図1.3。

ドイツ16位、フランス18位、イタリア24位などとなっている。日本は19位とこれら欧州諸国と概ね同一順位である。なお、韓国は26位である。

なお、日本が各要素について国際比較でどのような位置にあるかをやや詳しくみると（OECD 2011：25ページの表1.1)、「教育と技能」「個人の安全」がトップクラスであり、「所得と富」も比較的高い位置にある一方、「仕事と生活のバランス」「主観的幸福」「健康状態」などは下位に属する結果となっている。

第３のポイントは、OECDでは「合成指数の意義には自ずと限界があり、これを政策評価に用いることはできない」としつつも、「上手に工夫された合成指数は単純なメッセージ（simple message）を伝えるために有用である」と判断していることである。このため、この統計指数を作成する主体（OECD）

が各要素にウエイトを付けて合成指数とした結果を利用者に一方的に提示するのではなく、この統計の利用者自身が各要素にウエイトを付けて単一合成指数を容易に作成できる道を提示している。

個別指標のウエイトを変更するシミュレーション

　OECD は、幸福度を左右する上記11個の要素（統計指標）をそれぞれ相対的にどの程度重視して全体を評価するか（技術的にいえば各指標にどのようなウエイトを付けて一つの合成指数を作るか）について、極めて興味深い解決方法を視覚的に提示している。これは他の幸福度指標にない大きな特徴である。

　すなわち、この統計指数の利用者自身が各要素にウエイトを付けて単一合成指数を容易に作成できるだけでなく、その場合の国別順位が一瞬のうちにインターネット画面に現れるシステムを提供している[8]。

　具体例を示そう。まずインターネットで "OECD Better Life Index"（http://www.oecdbetterlifeindex.org/）を開くと、**図表 6 - 8 (1)** のもとになる画面（アルファベット順に各国が並べられた画面）がでてくる。それは、幸福度指数を構成する11個の個別要素それぞれに同一ウエイトを付けて合成した場合（各要素に 1 /11のウエイトを付けて一つの合成指数にした場合）の各国（アルファベット順）の指数水準を示している。この画面を指数値の順に表示するように変更すれば（画面右下に変更クリック指示ボタンがある）、図表 6 - 8 (1)で示した画面に瞬時に切り替わる。そして最も幸福な国はオーストラリアとなり、以下、ノルウェー、スウェーデン、デンマーク、カナダが上位 5 か国、次いでスイス、米国と続き、日本は20位であることが示される。

　次に、構成要素のウエイトを変更した事例をみよう。例えば、日本が高い評価を得ている要素のうちの 2 つ（所得、個人の安全）に対して、このシステムにおいて選択できる最も高いウエイトを付け（**図表 6 - 8 (1)** の右方を参照）、それ以外の要素は他国と同様のままにして総合指数を求めると、各国の世界順位は**図表 6 - 8 (2)**のようになることが一瞬のうちに示される。

　このシミュレーション（模擬実験）の結果では、最も幸福な国はオーストラ

---
　8) 当初の対象国は34か国であったが、2012年にはウェブ画面のデザインが改定されるとともにブラジルとロシアが追加されたので、以後、この統計指数は36か国を対象としている。

図表 6-8（1） OECD の幸福度指数（Better Life Index）
―11要素を均一ウエイトで合成した場合の国別順位―

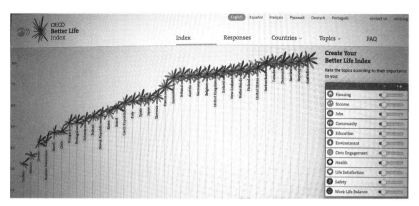

（出所）http://www.oecdbetterlifeindex.org/

図表 6-8（2） OECD の幸福度指数（Better Life Index）
―2要素（所得、安全性）に高いウエイトを付けて合成した場合の国別順位―

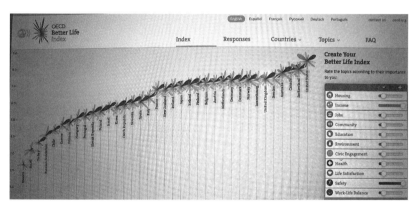

（出所）同上。

リアに代わってアメリカとなる。以下、スイス、カナダ、オーストラリア、スウェーデンが上位5か国となり、次いで英国、ルクセンブルクと続き、日本は16位と順位が若干上昇する。この簡単なシミュレーションで明らかなとおり、総合指数における国別順位は各要素にどのようなウエイトを付けるかによって大きく変わってくること（各項目に付与するウエイトの決定的重要性）が容易

に理解できる。

なお、OECD の幸福度指数においては、上述したとおり、本来的には各要素を個別に判断する必要があることが強調されているが、その一方、各要素を合成した幸福度指数の作成手段も提示している。したがって、この点 OECD はいずれを主張しようとしているのかやや判然としない印象をうける。

また、指数作成の対象となっている国は、先進国36か国が中心であり、世界全体からみるとカバレッジがやや狭い点にも注意が必要である。

2013年の改定版

なお、OECD では、この幸福度指数に採用されている統計を更新するとともに、幾つかの議論を追加した最新版（OECD 2013a）を公表した。そこでは次のような議論がなされている（同15-16ページ）。

第１に、世界金融危機（2007-2008年）の影響に関しては(1)経済面において家計の暮らし向き（well-being）に大きな影響を与えた（失業率上昇、金融面での不安感増大、貧困化等）、他方(2)非経済面での影響は不明確（more ambiguous）である、(3)ただし長期的にその影響が現れる可能性（例えば健康問題など）は残されている、としている。第２に、個人間での暮らし向きは異なるので、国としての平均値だけをみたのではそれが把握できず、このため集団の間における不平等さ（inequality。とくに性別不平等 gender inequality）を考慮する必要があるとしている。そして第３に、雇用の質（雇用条件や雇用環境）に着目する必要性が大きいとしている。このうち、第２点目の不平等さという問題は、次に述べる歴史的視点を付加した最新の「幸福度指標」（Well-being Indicator）において明示的に扱われている。

(2) 幸福度指標（Well-being Indicator）

OECD が公表した幸福度に関する二つ目の重要資料は、2014年に公表された「幸福度指標」（Well-being Indicator）である。

この指標は、2011年の研究書『生活はどんな状態にあるか（How's Life?）』（OECD 2011）において提示された"Better Life Index"を主として歴史的視点から補完をする意味を持って発表されたものである。このため書物の表題は『生活はどんな状態にあったか（How Was Life?）』とうたわれている。その指

標は"Well-being Indicator"と称される。以下では、OECD出版局から公表されたその詳細な解説書（van Zanden et al. 2014）を踏まえてこの指標の概要を説明する。

幸福の多面性重視

　この指標の特徴は第1に、幸福の多面性（multi-dimensional nature of well-being）を重視していることである。それはOECDが進める"Better Life Initiative"の基本精神であり、先行して公表された幸福度指数（Better Life Index）と同じ発想をしている。その理論的基礎の記述と具体的な指標選択において、そのことが明確に示されている（van Zanden et al. 2014：26ページ）。

　すなわち、その底流にある考え方は、Sen（1993）の理論的枠組に依拠している。つまり、機能した結果（functionings）と潜在能力（capabilities）をまず区別する。functioningsは人間が現実に生み出した成果（actual achievements）であるのに対して、capabilitiesは個人がその成果を生み出すための能力（異なるlivingのなかから選ぶ自由）である。したがって、人生ないし生活（life）は、各種の行為（"doing"）と状態（"being"）の結合とみることが可能、という立場をとる。

　このような発想をもとにして、具体的には、幸福に関する物的側面ならびに非物的側面（material and non-material aspects of well-being）の両方をカバーする10系列の指標を採用している（**図表6-9**）。そしてそれら10系列を合成した指標も新たに算定している。

　ここで採用されているのは、(1)一人あたりGDP、(2)実質賃金、(3)教育水準、(4)寿命、(5)人の身長、(6)個人の安全性、(7)政治制度、(8)環境の質、(9)所得の不平等さ、(10) 男女の不平等さ、の10系列である[9]。

---

9) これらが幸福にとって重要である理由は、下記のように考えられるからである（van Zanden et al. 2014：251-252ページ）。教育は、情報へのアクセスが本来的に重要であるうえ他の側面（所得、健康、政治的安定）にも間接的に影響するから。長寿健康は、全ての面でwell-beingにとって前提条件となるから。身長は、栄養状態や病気環境によって影響を受けるから。個人の安全性（殺人率で評価）は、well-beingにとって明らかに重要だから。政治制度は、人々の生活を左右する政府の意思決定に参画できることが重要だから。環境の質は、人々が環境（生物多様性）から喜びを得るから。所得不平等は、所得がより多くの人々に対して便益を与えているかどうかを示すから。

194 第2部 社会科学の新しいあり方(1)：方法論の革新

図表 6-9　幸福度指標（Well-being Indicator）の内訳

1．一人あたり GDP（GDP per capita）
2．実質賃金（real wages）
3．教育水準（educational attainment）
4．寿命（life expectancy）
5．人の身長（human height）
6．個人の安全性（personal security）
7．政治制度（political institutions）
8．環境の質（environmental quality）
9．所得の不平等さ（income inequality）
10．男女の不平等さ（gender inequality）

（出所）OECDによる2014年の報告書（van Zanden et al. 2014：29ページ）表1-1より抜粋。

　ここでの採用指標を既発表の幸福度指数（Better Life Index）の場合と比較すると、包括性の高い指標である所得のほか、教育、個人の安全性、環境の質という4つの基本要素については、ここでも再び採用されている。そのほかは幾分差異があり、歴史的統計ないし国際比較可能な統計が存在しない幾つかの指標（住宅事情、仕事と生活のバランス、社会的つながり、主観的幸福度）はここでは採用されていない。一方、ここでは、Better Life Index で不採用の二つの不平等さ（所得の不平等さ、男女の不平等さ）が採用されているのが注目される。

超長期の地球規模データ構築

　第2の特徴は、その統計が200年近い超長期（1820–2010年）に亘るものであり、それが時間的かつ空間的に統一的・比較可能な視点から整備・構築された地球規模のデータベースとなっていることである。対象としているのは、主要25か国、世界8地域、そして世界全体である。

　例えば、一人あたり GDP の世界地域別平均は、1820年代以降2010年代までの10年単位の値が図表6-10のように推計されている。なお、この巨大なデータベース作成に関する統計の収集、統一化、最新手法による推計といった作業は、欧州に拠点を置く共同研究機構（Clio-Infra project）において行われ、全ての統計は現在そのウエブサイト[10]から簡単に入手できるようになっている。

図表 6-10　一人あたり GDP の世界地域別平均：1820年-2010年
（1990年における米ドル購買力平価による値）

10年間	西欧	東欧	西欧の支流国	ラテンアメリカとカリブ国	東アジア	南アジアと東南アジア	中東と北アフリカ	サハラ以南アフリカ	世界
1820	1 226	..	1 294	595	579	..	580	..	605
1830	1 344	..	1 489	..	..	..	..	..	..
1840	1 522	..	1 641	..	..	..	..	..	..
1850	1 589	..	1 809	663	599	..	..	..	706
1860	1 823	..	2 200	676	..	..	..	..	..
1870	1 976	719	2 421	754	543	516	720	..	837
1880	2 190	..	3 135	846	..	..	..	..	..
1890	2 506	1 002	3 375	998	582	572	..	..	1 058
1900	2 912	1 273	4 013	1 129	607	597	..	..	1 225
1910	3 172	1 433	4 915	1 433	..	674	..	..	1 399
1920	3 070	927	5 396	1 540	..	662	..	..	1 381
1930	4 006	1 597	6 025	1 795	723	756	..	..	1 673
1940	4 472	2 097	6 837	1 981	..	749	..	..	1 878
1950	4 518	2 583	9 258	2 502	655	675	1 459	843	2 082
1960	6 825	3 627	10 954	3 119	1 082	814	1 977	987	2 709
1970	10 108	5 138	14 554	3 977	1 796	977	3 020	1 239	3 599
1980	13 127	6 216	18 054	5 436	2 479	1 196	4 102	1 282	4 372
1990	15 919	6 389	22 347	5 047	3 782	1 609	3 807	1 135	5 023
2000	19 315	4 950	27 572	5 848	5 451	2 198	4 497	1 099	5 957
2010	20 841	8 027	29 581	7 109	9 804	3 537	5 743	1 481	7 890

（出所）van Zanden et al.（2014：65ページ）表3-2。

指標間の関連性分析

　第3の特徴は、比較可能性（各国比較ならびに時系列比較の双方）の高い指標である「一人あたりGDP」が、その他指標とどう関連しているかを初めて体系的に解明したことである（van Zanden et al. 2014：20ページ）。

　幸福度に含まれる指標群（前掲図表6-9）のうち、「一人あたりGDP」と相関関係を持つ指標があるのかどうか、もし相関関係を持つとすればそれはどの程度か、そして相関度合いは時期によって変化したかどうか。これらが判明すれば、幸福度とその要因について洞察が深まるので、報告書（van Zanden et al. 2014）においては種々の検討がなされている（興味深い一例を図表6-11

10）https://www.clio-infra.eu/

として後述する)。ただ、その関連の因果関係は複雑なので、詳細な解明は今後の課題とされている (同)。

主な新知見

この幸福度指標によって判明した新しい知見は、次のように要約できる (van Zanden et al. 2014：19-21ページ)。

世界人口と経済規模

まず基礎事実として、世界の人口と経済規模が判明した (図表6-10)。すなわち、1820年〜2010年の間に、世界人口は7倍に増加 (10億人→70億人)、一人あたり GDP は10倍強になっている。つまり、世界経済の規模は、この間における工業化を反映して70倍に拡大した。また、一人あたり GDP の増加状況の地域別差異を明瞭に読み取ることができる (例えば西欧では最近50年間に約3倍になったのに対して東アジアでは約9倍へと急テンポで増加した) ほか、最近時点での地域別格差の程度も明瞭になっている (例えば西欧では20,800米ドルであるのに対して東アジアでは9,800米ドルにとどまる)。

一人あたり GDP と相関の深い3指標

次に、幸福度に関する諸要因について判明したことは、第1に、10個の指標のうち、教育 (達成度合い)、健康状態 (寿命) は「一人あたり GDP」と統計的相関が強いことである[11]。「一人あたり GDP」の増加によってそれらが促進されたことが示唆されている。例えば、寿命と一人あたり GDP の関係をみると (図表6-11の左図)、どの時期区分においても一人あたり GDP が高くなれば寿命も伸びる関係 (当てはめ曲線は右上がり) にあることが明瞭に見て取れる。

ちなみに、寿命は、1830年の西欧では33歳、1880年に40歳であったものが20世紀前半には約2倍になるなど20世紀に入って急伸した。世界全体では、1880年に30歳足らずだったものが、2000年に70歳近くにまで上昇している (その主

---

11) 各種幸福度の指標と一人あたり GDP との相関係数は、時代によっても差異があるが、概ね0.5〜0.8程度である (van Zanden et al. 2014：252ページ)。

図表6-11　GDP水準と長寿および環境の質
―関連の強さおよび関連性の構造変化―

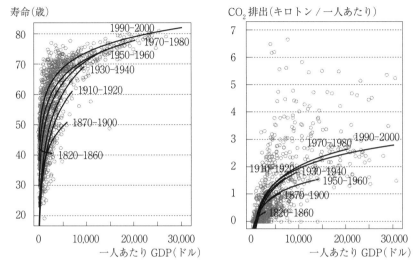

(出所)　van Zanden et al.（2014：35ページ）図1-1（8図のうち2図を抜粋引用）。

因は、当初は乳幼児死亡率の低下が貢献、その後はそれより後の人生における死亡率低下による）。そして教育（識字率と教育年数で評価）の進展は、所得を上回って劇的に向上している。現在の世界における識字率は、アフリカ（64％）ならびに中東・北アフリカ（75％）を除けばほとんどの地域で100％近くになっている。

その他指標は一人あたりGDPとの相関が希薄

第2に、「一人あたりGDP」との統計的相関は、その他の指標に関しては格段に弱いことである。政治制度（参政権等で評価）は「一人あたりGDP」の上昇によって概して改善がみられる（人々の幸福に大きな貢献をしている）が、国によっては逆行の動きもある。また個人の安全（殺人率で評価）は、「一人あたりGDP」との相関がみられない。地域別にみると、西欧、アジアの殺人率は比較的低いが、アメリカ、ラテンアメリカ、アフリカ、旧ソ連などでは高い。

環境の質は一人あたり GDP と負の相関

第3に、環境の質は、明らかに「一人あたり GDP」と負の相関がある。生物多様性は、土地の利用方法が劇的に変化したことを原因として全ての地域で低下しており、また一人あたり CO_2 の排出量は、産業革命以来増加し20世紀に入って加速している。なお、一人あたり SO_2（地域的な大気汚染物質）の排出量も増加を示したが、1970年代以降はクリーン技術の進歩により抑制されている。

なお、幸福度の諸要素と GDP との相関関係は、時期によって明確に変化することがわかる。例えば、寿命をみると（前掲図表6-11の左図）、上述したとおり所得の上昇と正の関連を持つだけでなく、古い年代における正の関連よりもより新しい年代における正の関連が明確に上方（の曲線）に位置することがわかる。これは医療技術（healthcare technology）が時代とともに着実に進歩してきたことを反映している（van Zanden et al. 2014：34ページ）。

一方、環境の質については（前掲図表6-11の右図）、年代毎に描かれた当てはめ曲線をみると、寿命の場合とは異なり、歴史的に新しい年代の曲線が傾向的に上方に位置する関係は認められない（例えば、1990-2000年の当てはめ曲線は1970-1980年のそれよりも下方に位置している）。このため、一人あたり GDP の上昇が環境の質の向上と必ずしも一定の関連を持ってきたとはいえないことがわかる。

所得分配の不平等は長期的に拡大

第4に、幸福度に直接的、間接的に関連する所得分配の不平等（income inequality）をみると、国別にみた場合でも、一国内で見た場合でも、世界全体としては1820年以降現在までを長期的に捉えると不平等さが拡大している。

国内的な不平等を地域別にみると、東欧では共産主義時代には低下したが、体制解体に伴い1980年以降は不平等が高まっており、その他地域（とくに中国）における不平等も近年、上昇傾向にある。この間、ほとんどの OECD 諸国では、時期を問わずU字型分布（低所得層と高所得層の比率が中間層よりも高い状況）になっている（van Zanden et al. 2014：図11-1、208ページ）。この間、世界各国間における所得不平等は長年拡大傾向を続けたが、ごく最近になり、中国とインドの急成長を反映して低下傾向が見られ始めている。

男女間の不平等は着実に減少傾向

　第5に、男女間の不平等（gender inequality）（健康状態、社会経済的地位、参政権について）は、世界のほとんどの地域において過去60年間、着実に減少傾向にある。つまり平等化が進んできている。地域別には、欧州諸国やその系統を引く国々では不平等が低い一方、中東、北アフリカ、南アジアおよび東南アジアでは不平等性が高く、地域毎の差異は解消していない。

合成指標でみた幸福度は一部地域を除き進展

　第6に、上記10個の well-being 指標をもとに作成した「幸福度の合成指標」（composite indicator of well-being）によれば、指標作成面で各種課題[12]があるものの、20世紀初頭以降における幸福度の進展は、サハラ以南アフリカを除けば世界で広範に観察される。

　また、合成指標でみた国別格差は、「一人あたり GDP」でみた国別格差よりも1970年以降小さくなっている。この結果は、幸福度を単に「一人あたり GDP」だけでみるよりも、このように多面的に捉える方がより良い視点を提供することを示している。

第4節　新指標の提案3：研究者等の場合

　以上でみた各種の指標が表そうとしているのは、一般的に言えば英語では"well-being"（よい状態であること）の程度であるが、それに対する日本語は「幸福」、「豊かさ」、「満足」などが該当する（上記では「幸福」を充てた）。そしてそうした視点からなされた二つの国際機関による研究をやや詳細にみた。しかし、それら以外にも同様の試みは少なくない。本節では、そのうちブータン王国が開発し活用している国民総幸福（GNH）、および研究者による比較的よく知られた研究である主観的幸福度（Subjective well-being）を取り上げる。

---

12) (1)個別指標にどのようなウエイトを付けるか、(2)個別指標をどう基準化するか、という問題など。ただ、合成された指標から得られる主たる結論は、合成指標の作成方法のいかんによらずかなり頑健（fairly robust）である（van Zanden et al. 2014：254ページ）。

(1) ブータン王国の国民総幸福（GNH）

　幸福（happiness）を現実に国の政策運営において活用している事例がある。それはブータン王国の"Gross National Happiness"（GNH）である[13]。ここでは、その骨子をみておくことにしたい。

　ブータンでは、仏教的価値を重視するユニークな文化のもとで国の発展を図るため、1972年に当時の国王がGross National Product（GNP）に代えて"Gross National Happiness"（GNH）を重視する方針を打ち出した。そして現在では、同国の憲法（2008年版第9条）において「国はGNHの追求を可能にするための条件を促進すること」が義務として謳われている。

　当初提示されたGNHの概念は漠然としたものであったが、その後海外の多くの研究者や国際機関の協力が得られ、今日では概念的にも指標構築技術的にも同国のGNHは確立したものとなっている。ちなみにGNHは、GNPやGDPのようなフロー指標ではなく、ストック指標である。その詳細はCentre for Bhutan Studies（2012）によって知ることができる。

GNHの特徴点

　ブータンが標榜するGNHの特徴は(1)非常に多面的な要素を持つ一つの社会指標であること（要素の多面性）、(2)その指標は国全体についてだけでなくより詳細な区分（地区別、男女別、年齢別、職業別）についても作成されること（区分の詳細性）(3)政府による各種政策遂行に際してはこれが重要な評価基準として現に使用されていること（実践性）、(4)その指標を構成するデータは定期的なアンケート調査によって収集されていること（国民価値観の重視）、などの点にある。これらに関して重要と考えられる点を以下幾つか指摘しておこう。

　第1は、上記(1)および(2)に関することである。すなわち、西欧で重視されるのは「個人の」主観的幸福度であり、あくまで個人に重点が置かれている

---

13) ブータンの"GNH"は、国王のワンチュク陛下が2011年11月に来日したことにより日本国内でも急速に知られるようになった。なお、国王は「母国の発展と民主化に尽くす一方、国民総幸福（GNH：Gross National Happiness）という概念を世界に普及させ、持続可能な発展の観点から学術的にも大きな貢献をなした」として慶應義塾大学は国王の来日中に名誉博士の称号を授与した。

（個人主義が根底にある）のに対して、ブータンでは(a)個人の幸福だけでなく集団（各種所属グループ）全体にとっての幸福という発想がなされる（the pursuit of happiness is collective）とともに自然との調和も重視されること、(b)物質的発展と精神的発展が相互に補強しあってはじめて人間社会の意義深い発展があるとされること、に大きな特徴がある。これらの点で西洋的発想とは相当異なる面をもつ。

　第2は、上記(3)に関することである。すなわち、政府は(a)GNH指標をもとに「幸福」と判断する人の割合を増加させること、あるいは(b)「まだ幸福でない（not-yet-happy）」とされる人が余儀なくされている悪条件を改善すること、を政策目標として努力するとの方針を取っていることである。このため、GNHを導入することにより、政策の選択と実施には分かり易さがもたらされている。つまりGNHは、より良い政策実施のための手段（policy and programme screening tools）として位置づけられている。経済政策論の表現を使うならば、GNHは同国の「社会厚生関数」ないし政策評価関数に該当するものである。

GNHの構成と政策運営における利用例

　ブータンのGNHは9つの領域によって構成され、それぞれの領域は2つないし4つの指標で評価される（図表6-12）。利用する指標の数は合計33であるが、これらの指標はさらに具体的な各種指数を用いて表示される（指数の合計は124に達する）。そして、この9領域はいずれも同じ重要性を持つと判断されるので、同一ウエイトを付して総合指標GNHが作成される。2010年のGNH指数は0.743であった（Centre for Bhutan Studies 2012：2ページ）。

　指数の詳細についてここで解説することは省くが、政策への応用例を一つ示しておこう。2010年におけるGNHによれば（図表6-13）、不幸（unhappiness）に対する9領域の寄与率のうち、最も大きい三要因は、大きい順に教育、生活水準、時間の使い方である。したがって、教育の向上が最も重要な政策目標の一つになる。ここで教育は四つの指数、すなわち識字率、就学状況、知識（地方文化・憲法・エイズなどに関する知識）、価値（窃盗や仏教的価値など）によって構成されており、したがって政府はこの四つの面で具体的な政策アクションをとれば良いことがここから導ける。その結果、GNHが増加すること

図表 6-12　GNH を構成する 9 つの領域とそれぞれの指標数

領域	指標数
1. 心理面での幸福	4
2. 健康	4
3. 時間の使い方	2
4. 教育	4
5. 文化の多様性と保全	4
6. 良いガバナンス	4
7. 共同体の持続性	4
8. 環境の多様性と保全	4
9. 生活水準	3
合計	33

（出所）Centre for Bhutan Studies（2012）により作成。

になる。このように、GNH は実践的な指標である。

　GNH 指標をブータン以外の国について作成しようとすれば、指数の具体的な構成内容は国によって異なるものとなる。このため、国際比較が可能なかたちで GNH を作成するのは困難である点に留意する必要がある。なお、主観的幸福度の国別順位に関するある研究（White 2007：付表）によれば、ブータンは GDP が低いにもかかわらず主観的幸福度は世界の上位10か国に入っている例外的な国であるとされている[14]。

　なお、ブータンでは50年ほど前までは鎖国政策が採られており、インターネットやテレビが解禁されたのも1999年のことである。この結果、ここ数年グローバル化の波が一気に押し寄せており、外国の情報が入るようになるにつれて外国製品への関心の高まり、輸入増大、消費ブーム、伝統的な文化や生活の変化など、首都を中心に大きな社会変革が進行しているようである[15]。今後の動向が注目される。

(2) 主観的幸福度（Subjective well-being）

　幸福度は結局、客観的に判断できるものでなく主観的なものであり、したが

---

[14] ちなみに、後述する別の研究（Diener, Kahneman, and Helliwell 2010：362-364ページ）の主観的幸福度の国別順位においては、ブータンは対象国になっていない。
[15] http://www.nhk.or.jp/kaisetsu-blog/450/129915.html

図表6-13 不幸（unhappiness）に対する9領域の寄与率（2010年）

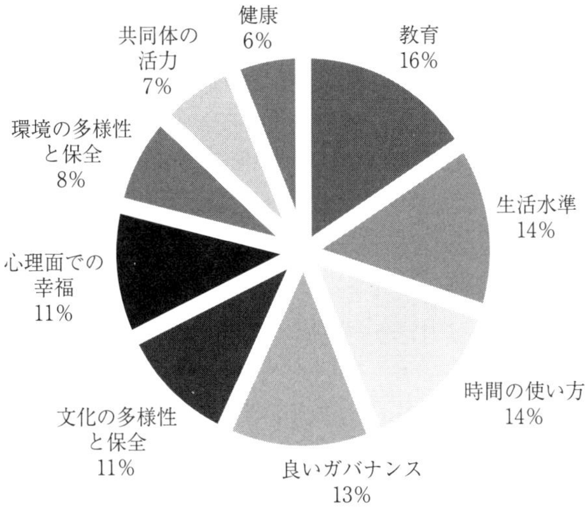

- 健康 6%
- 教育 16%
- 共同体の活力 7%
- 環境の多様性と保全 8%
- 心理面での幸福 11%
- 文化の多様性と保全 11%
- 良いガバナンス 13%
- 時間の使い方 14%
- 生活水準 14%

（出所）Centre for Bhutan Studies（2012）67ページ。

って主観的幸福度（subjective well-being）とその要因を考察することがより重要である、とする研究者も少なくない。

所得が一定水準以上になると幸福度は上昇しない

こうした視点から行われた研究（Diener, Kahneman, and Helliwell 2010：8章）の興味深い一つの結論は(1)一人あたり所得水準が極めて低い状況にあるときには、その上昇によって幸福度（満足度）が上昇する、(2)しかしひとたび生活上の基本的ニーズが満たされる（飢餓と絶対的貧困から脱却した状況になる）ならば、一人あたり所得水準が上昇しても幸福度は増加しない、というものである[16]。

ここで注目されるのは、なぜ上記(2)の現象がみられるか、である。その理由は、一人あたり所得水準が一定以上になると人々がその状態に「慣れる」（適応効果）ため、所得がそれ以上に上昇しても幸福度には大きな変化が生じ

---

[16] 米国の経済学者リチャード・イースタリン（Easterlin 1974）が国際比較研究において指摘したので、この現象はイースタリンの逆説（Easterlin Paradox）といわれることがある。

図表 6-14 一人あたり GDP と主観的幸福度

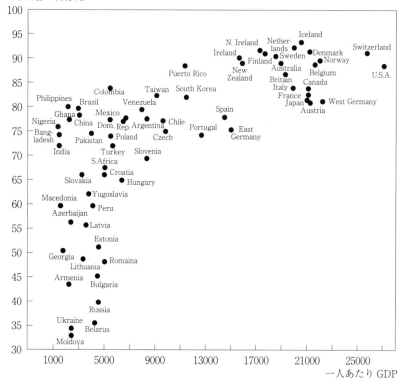

（注）一人あたり GDP は世界銀行推計、1995年米ドル。
（出所）Diener, Kahneman, and Helliwell（2010）図表8.1．

ないためである[17]）、と解釈されている。この事実は、ノーベル経済学賞受賞者を含む研究（Diener, Kahneman, and Helliwell 2010：8章、12章）など多くの定量分析や世論調査でも発見されている。

このことを確認するため、例えば、一人あたり GDP と主観的幸福度の関係を平面にプロットすると（**図表6-14**）、一人あたり GDP が年15,000ドルあたりを超える国においては、それがいくら増加したところで、もはや主観的幸福

---

[17] 所得の限界効用は逓減する（diminishing returns）、と表現できる。

度の高まりと関係を持たないことがみてとれる[18]。つまり「所得が一定水準以上になれば幸福をもはやお金で買うことはできない」（Kahneman 2011：37章）わけである。この現象が発生するのは「所得水準が上昇すれば人生の些細な喜びを楽しむ能力が低下することによる」（同）という興味深い心理学的解釈が与えられている。

以上のことからもわかるとおり、一人あたり GDP だけによって幸福度を測定すること（それを公共政策の目標とすること）は、少なくとも生活の基本ニーズを満たす所得水準を享受している国においては、理論的にも実証的にももはや適切といえなくなっている[19]。これは、世界各国および国際機関で一人あたり GDP（の向上）がなお政策目標として使われていることに反省を迫るものといえる。

主観的幸福度の決定要因

このような特徴をもつ主観的幸福度について、さらに立ち入って分析すれば（Diener, Kahneman, and Helliwell 2010：12章）、その決定要因は二つあるとされている。第1は、近代化である。すなわち経済発展の効果（所得水準の上昇、政治的および個人的な自由度の上昇）である。第2は、広義の信念体系（belief system）とくに宗教の影響である。

この分析においては、(1)所得水準の上昇は確かに主観的幸福度を上昇させる、(2)それは所得の上昇自体が主観的幸福度の上昇に寄与するほか、それが政治的・個人的自由度をも上昇させることによる、(3)しかし所得水準上昇に伴うこうした効果は逓減するうえ、それ以外の多様な要因（とくに広義の信念体系、そのうちでも宗教）が影響している、ことが結論づけられている。そして(3)の現象がみられるのは、宗教と霊的生活は人々が抱く期待を低下させる一方、人生において不可避の苦痛に対して耐える尊さを人々に受容させるからである、との解釈がなされている。

この研究では、さらに世界の97社会（国）のサーベイ調査結果で得られたデータ（1995年～2007年のデータを統合した結果）をもとに主観的幸福度の国別

---

18) 図表6-14は、前掲図表6-4とほぼ同じことを示している。
19) この考え方は、仏教経済学に通じる。第12章の付論1を参照。

順位を導き出している（Diener, Kahneman, and Helliwell 2010：362-364ページ）。

その結果によれば（前掲図表6-3）、1位デンマーク、2位プエルトリコであり、以下コロンビア、アイスランド、北アイルランド、アイルランド、スイス、オランダ、カナダ、オーストリア、が上位10か国である。そのほか、スウェーデン14位、アメリカ16位、オーストラリア22位、日本43位、中国54位、ロシア89位、などとなっている[20]。上位10か国は、所得水準の高い国か、そうでない場合には宗教心の高い中南米の国（プエルトリコ、コロンビア）であり、ここでも上記の解釈（主観的幸福における宗教の重要性）が確認される、とされている。

以上の結果を別の視点から捉えるならば、宗教は「社会資本」の一つと理解することができる。したがって長期的にみれば、それは「自然資本」と異なり人間が変えることができる一つの要素と位置づけられるので、主観的幸福度にとっては究極的には人間の力そのものが大切になる、といえよう。

ただ、主観的幸福度は、その必要項目を異時点間で頻繁に調査することが困難であり、したがってある時点における「水準」の分析はできても、時系列的な「変化」の分析を行うことは困難である。また、この指数をもとに政策的含意を導出することが困難である（なじまない）点にも留意が必要であろう。

第5節　幸福度を規定する諸要因

以上、各種の幸福度指標を概観したが、それらを踏まえると、幸福度を規定する要因は結局何なのか。本節では、上掲指標のうち代表的な四つが重視している幸福の要素に注目するとともに、近刊の有力書籍で言及されている幸福の要素も対象に取り入れ、この問題を考察したい。

すなわち、本節で取り上げるのは、OECDによる幸福度指数（Better Life Index）と幸福度指標（Well-Being Indicator）、国連による幸福度指標（Well-Being Score）、ブータン王国が政策運営上採用している国民総幸福（Gross

---

20) ちなみに、主観的幸福度が第1位のデンマークでは、「不幸」と回答した国民はわずか5％に止まるのに対して、最下位（97位）のジンバブエでは、44％が「不幸」と回答している（Diener, Kahneman, and Helliwell 2010：361-364ページ）。

National Happiness：GNH, Centre for Bhutan Studies 2012）に加え、「良い人生にとっての基本要素」（Basic goods：Skidelsky and Skidelsky 2013）の合計五つである。これらの指標の特徴のほか、それぞれが重視する具体的要素を整理したものが**図表6-15**である。

(1) 共通して重視される幸福の要素

　これらの指標は、作成視点や重点の置き方などで当然相当異なる面がある。例えば、OECDならびに国連の指標では、個人の幸福のほか、個人が生きる社会全体のあり方（市民の自由ないし政治制度）も重視されている。また、仏教国ブータンの「国民総幸福」においても、共同体の持続性など社会的側面への考慮がなされている。

　これに対して、主として先進国における個人の幸福に重点を置く「良い人生の基本要素」（Skidelsky and Skidelsky 2013）では、社会的側面を示す要素は挙げられておらず、ほとんど全部が個人の幸福に直接関連する要素が列挙されている。これは、西欧人である著者たちの個人主義的発想が強いためであり、また定量的把握が困難な要素（尊敬、人格または自己の確立、友情）も少なくないのも特徴的である。このように各指標はそれぞれ特徴を持つが、それにもかかわらず全体としてみると、むしろ共通に挙げられている要素が多いことを指摘できる。

　第1に、健康であること（健康寿命）は、五つの指標において例外なく指摘されている[21]。第2に、所得（一人あたりGDP）ないし生活水準、そしてそれを生み出す基礎となる教育水準もほとんどの指標において重視されている。第3に、個人の安全、そして環境の質（生物多様性、自然との調和）といった個人を取り巻く環境条件の良さも、幸福にとって重要であるとされている。第4に、個人が単独で存在するのではなく個人相互間でのつながり（社会的つながり、社会的支援の存在、共同体の持続性、友情）や、個人が社会のあり方に関与できるかどうか（政治制度、市民の関与、良いガバナンス）、といった要素も多くの場合、重視されている。第5に、以上の諸要素のほか、仕事と生活

---

[21] ごく最近公表された研究（Jones and Klenow 2016）をみても、総括的な厚生指標（消費、レジャー、寿命、所得不平等の4要因を合成した指標）においては、寿命が最も重要な要因である、とされている。

図表 6-15　幾つかの幸福度指標とその構成要素

	幸福度指数 (Better Life Index)	幸福度指標 (Well-Being Indicator)
研究機関(者)名	OECD(経済協力開発機構)[1]	OECD(経済協力開発機構)[2]
構成する具体的指標	1. 所得と富 2. 健康状態 3. 教育と技能 4. 個人の安全 5. 環境の質 6. 住宅事情 7. 仕事と報酬 8. 仕事と生活のバランス 9. 市民関与とガバナンス 10. 社会的つながり 11. 主観的幸福	1. 所得(1人あたりGDP) 2. 健康(寿命) 3. 教育 4. 個人の安全 5. 環境の質 6. 実質賃金 7. 人間の身長 8. 政治制度 9. 所得の不平等 10. 男女の不平等
特　徴	・ノーベル経済学賞受賞者の叡智をも借りて最近開発、2011年に公表。 ・物質面での生活水準、生活の質、それらの持続可能性、を総合的に取込み。 ・各国につき11指数の均一ウエイトによる合成指数が提供されているだけでなく、利用者が各指数に任意のウエイトを付けた場合の合成指数もウエブ上で瞬時に表示可能。	・主要25カ国、世界8地域、世界全体について統一的視点から最新手法によって推計・構築された統計。 ・1820年以降、近年までの超長期統計。 ・先行するBetter Life Indexを長期時系列で補完する意味合いをもって開発。

(注) 各指標で採用されている具体的指標の掲載順序は、引用者が再配列したものを表示。
(資料) 1：OECD (2011)。2：van Zanden et al. (2014)。3：Helliwell, Layard, and Sachs (2013)。
(出所) 岡部 (2015a) 図表 8。

幸福度指標 (Well-Being Score)	国民総幸福 (Gross National Happiness)	良い人生の基本要素 (Basic goods)
国際連合(UN)委託の研究グループ[3]	ブータン研究センター[4]	スキデルスキー＆スキデルスキー[5]
1. 所得（1人あたりGDP） 2. 健康寿命	1. 生活水準 2. 健康 3. 教育 4. 環境の多様性と保全	1. 健康 2. 安全 3. 自然との調和
3. 人生選択の自由 4. 社会的支援 5. 寛大さ 6. 汚職	5. 文化の多様性と保全 6. 時間の使い方 7. 良いガバナンス 8. 共同体の持続性 9. 心理面での幸福	4. 尊敬 5. 人格または自己の確立 6. 友情 7. 余暇
・国連総会の議決（2011年）によって開始された研究。 ・ギャラップ社による世界各国の世論調査に統計的加工をした幸福度指標。 ・人間を中心に位置づけているため、他の指標よりも非経済的指標の比重が高い。	・個人の幸福だけでなく社会全体の幸福を自然と調和しつつ達成することを意図して開発した指標。 ・ブータン王国では政策判断の尺度として活用。	・哲学と経済学を融合させる視点。 ・世界全体というよりも先進国でのあり方が中心。 ・西欧的視点（個人主義的思想）に幾分傾斜しており、東洋的思想への考察は希薄。

4：Centre for Bhutan Studies（2012）。 5：Skidelsky and Skidelsky（2013）。

のバランス、所得や男女の平等さ、主観的にみた幸福度、といったことがらも挙げられている。

以上を達観すると、幸福度を規定するうえでは(1)物質面で個人の生活水準（所得）がある程度確保されていること、(2)個人を取り巻く環境が良いこと（安全性、自然との調和）、(3)個人と社会の間にふさわしい関係（共同体）が保たれていること、が基本的条件であると総括することができる。

さらに、個人は社会の中で生きている以上、個人の性格（人格）や他人とのつながり方も幸福度に対して影響する可能性があることが示唆されている。これは、自己と他人とのかかわり方を規定する徳性（virtue ethics）にも関係するものであり、次章では、この点も含め人間を本当に幸せにする要因は何なのかの考察に進むことにしたい。

(2) 本章の結論

本章の主な論点は次のとおりである。

1. これまで世界中で広く用いられてきた「国内総生産」(GDP) は、経済全体の規模とその動向を比較的良く表すうえ、それらの国際比較に適した指標である。しかし、GDPが国民にとって望ましい状況（政府の政策目標）を適切に示すかどうかについては様々な疑問があり、近年GDPを代替ないし補完する様々な指標の開発がなされてきている。
2. GDPに代えて「一人あたりGDP」を用いるならば、経済面での「豊かさ」をより的確に把握できる。しかし(a)その場合でも経済面からの把握にとどまる、(b)一人あたりGDPが一定水準（年15,000米ドル程度）以上になれば、それがさらに上昇しても幸福度ないし満足度はもはや上昇しないという経験則（イースタリンの逆説）がみられる、などから「一人あたりGDP」という尺度にも大きな限界がある。
3. 近年開発された指標は、(a)経済的側面だけでなく非経済的（非市場的）側面をも取り込んで幸福度（happiness; well-being）を表そうとする、(b)経済活動の成果を示すフロー指標だけでなくそれを生み出すストック面（各種の資本ストック）も重視する、(c)幸福にとって重要な要素としては所得のほか、健康、安全が共通して指摘され、さらに良質な環境、社会的つながりなども考慮する、といった特徴がある。

第6章　人間の幸福度への着目　211

4．新しい指標のうち、上記の(a)を重視する指標としては人間開発指数（Human Development Index；国連が開発）、幸福度指数（Better Life Index；OECD が開発）、国民総幸福（Gross National Happiness, GNH；ブータン王国が開発して政策運営に活用中）、主観的幸福度（subjective well-being index；研究者が開発）などがある。一方、(b)を重視する指標としては包括的資産指数（Inclusive Wealth Index；国連が開発）がある。これらの指標はいずれも、個人または国民の幸せを重視する視点に立つものであり、個人の消費量に基づく効用を「幸福」と理解する主流派経済学を補正する点で大きな意味を持つ。

5．人間の幸福を考える場合に重要なのは、それが個人あるいは一定の人間集団（地域、階層、国家等）いずれの場合であっても、多面性、長期性、持続性という側面を持つことが不可欠である。そして究極的には、人間の潜在能力（capabilities）を発展させることが幸福と密接な関係を持つ。とすれば、その度合いを測定する指標の開発も課題である[22]。

6．幸福にとっては、さらに個人の性格（人格）や考え方（主観的な幸福観）、そして徳性（virtue ethics）も関係することが近年改めて指摘されており、今後その面からの研究が求められる。一方、日本においては、人々が何をもって幸福と考えているかの実証的研究の深まりが期待される[23]。

---

22) こうした観点に立って「国民総人間力」という考え方が高橋佳子氏によって提唱されている（2012年7月11日、TL 人間学講演会）。同氏は、個々人が事態の受け止め方と対応姿勢を変革するならば、職場、地域社会、ひいては国家の動向も変えられるとしており、その基礎にある人間力の総和こそが真の国力になるとの主張を展開している。なお、同氏の考え方は、ひとつの実践哲学として第12章および第13章でやや詳細に紹介する。

23) これに関しては、行動経済学ないし実験経済学の観点からの研究が近年増えているので、本書では立ち入らない。

付論1　国の国際競争力

本文で議論したのは、専ら個人あるいはコミュニティの幸福とその要素である。これに対して、一国内における個人よりも「国としての総合力」を重視して一国を評価し、世界各国のランキングを議論することも従来から比較的頻繁になされている。つまり一国の「競争力」(competitiveness)に着目する視点である。

特定の商品あるいは特定の業種を取り上げ、そこにおける「企業の」競争力を議論することは容易であるが、そもそも「一国の」競争力あるいはその国際競争力とはそもそも何であろうか。この概念の妥当性を巡っては従来から種々議論がなされ、また理論的にも不明確である点が少なくない。しかし、現実には各国の「国際競争力」のランキングが話題にされることが依然として多い。そこで以下では、その代表的な指標二つを概観しよう（**図表6-付1を参照**）。

(1) 国際競争力（WEF）

国際競争力に関して頻繁に言及される第1の指標は、スイスに本部を置く非営利財団である世界経済フォーラム（World Economic Forum）[24]が毎年公表する「国際競争力レポート」(Global Competitiveness Report)における「国別競争力指標」(Global Competitiveness Index)である。

この指標は比較的古い歴史を持ち（1979年に開始）、また最近では144か国（経済単位）をもカバーしているのが特徴である。この指標では、一国の資源を現在ないし中期的にみた場合いかに生産的に利用可能になるかに着目し、それを左右する諸要因（制度、政策、その他各種要因）を総合して一つの指標にしている（WEF 2012）。

具体的には、12の基本的要素に注目している。すなわち、制度、インフラ、マクロ経済、健康と初等教育、高等教育、商品市場の効率性、労働市場の効率性、金融市場の動向、技術、市場規模、企業システム、革新、である。これらそれぞれを規定する具体的な各種統計データないしアンケート調査結果を合計

---

24) WEFは、スイスのダボスで毎年開催されるいわゆる「ダボス会議」（選ばれた知識人、ジャーナリスト、トップ経営者、国際的な政治指導者などが一堂に会して世界が直面する様々な重大問題について議論する会議）の主催機関としてよく知られている。

第6章 人間の幸福度への着目　213

図表6-付1　国の国際競争力を示す二つの指標とその特徴等

指標名	データ出所	特徴	長所	短所	日本の順位
付1 国際競争力 (Global Competitiveness)	スイスの世界経済フォーラム（WEF）	・世界各国（各経済）のランクづけに重点。 ・比較的長い歴史を持つ（1979年開始）。	・一国の生産性向上に役立つ指標を合成している点で理論的基礎を持つ。	・評価の基礎となるデータのうち公的統計は三分の一、残り三分の二は世界の企業経営者に対するアンケート調査を活用。	10位
付2 国際競争力 (World Competitiveness)	スイスの国際経営開発研究所（IMD）	・世界各国（各経済）のランクづけに重点。 ・比較的長い歴史を持つ（1989年開始）。	・企業が国際展開する場合、進出対象国の経済環境（活動しやすいか）を把握するうえで有用。	・指標選択の理論的基礎が不明確。	27位

（注）日本の順位は最近年。
（出所）WEF（2012），IMD（2012）をもとに著者が作成。

110項目以上採用しているが、そのうち約3分の2は世界各国の企業経営者に対して行われたサーベイ調査結果をもとに評価し、残りの約3分の1については各種公表統計を用いて評価している。

　この指標は、一国の生産性向上に着目し、それに関連する諸指標を合成している点で一応の理論的基礎を持つといえる。一方、調査対象国が多いだけに客観的な統計データの利用には限界があり、したがって企業経営者に対するサーベイ調査の結果に大きく依存したものとなっている点には問題があろう。

　最近時点（2012-2013年）におけるランキングでは（**図表6-付2**）、1位はスイス、次いでシンガポール、フィンランド、スウェーデン、オランダ、ドイツ、アメリカとなっており、日本は10位である。アジア諸国では、台湾が13位、韓国が19位、マレーシアが25位、中国が29位などとなっている。

(2) 国際競争力（IMD）

　第2の指標は、スイスのビジネス・スクールである国際経営開発研究所（International Institute for Management Development, IMD）が毎年発表している「世界競争力年報」（IMD World Competitiveness Yearbook）における各

図表6-付2　二つの指標でみた国別世界ランキング（最近年）

国際競争力（WEF）		国際競争力（IMD）	
1位	スイス	1位	香港
2位	シンガポール	2位	アメリカ
3位	フィンランド	3位	スイス
4位	スウェーデン	4位	シンガポール
5位	オランダ	5位	スウェーデン
6位	ドイツ	6位	カナダ
7位	アメリカ	7位	台湾
8位	イギリス	8位	ノルウェー
9位	香港	9位	ドイツ
10位	日本	10位	カタール
13位	台湾	14位	マレーシア
19位	韓国	22位	韓国
25位	マレーシア	23位	中国
29位	中国	27位	日本
対象	142経済	対象	59経済

（出所）WEF（2012），IMD（2012）をもとに著者が作成。

国の競争力スコア（World Competitiveness Score）である。

　この指標も、上記のWEF指標と同様、比較的古い歴史を持つ（1989年に開始）が、カバーする国（経済単位）は、59と上記指標の半分以下である（IMD 2012）。ここでは「一国内において企業が価値を創造し、国民の繁栄を維持する環境に関して一国の能力を評価する」という視点が採用されている。

　具体的には、各国の四つの要素（経済動向、政府の効率性、企業の効率性、インフラストラクチャー）が評価されている（IMD 2012：485-487ページ）。それぞれの要素はさらに分割されて評価がなされる。すなわち「経済動向」は国内経済、貿易、国際投資、雇用、物価によって評価される。「政府の効率性」は国家財政、財政政策、制度基盤、産業制度、社会制度により、また「企業の効率性」は生産性、労働市場、金融市場、経営慣行、国際性によって評価される。さらに「インフラストラクチャー（社会基盤）」は基礎インフラ、技術インフラ、科学インフラ、衛生・環境、教育の評価による。これらの評価に際しては合計329項目があり、それらは主として公表統計データに基づいて評価されている。総計329指標のうち、約3分の2は統計データ、残り約3分の1は

世界各国の企業経営者を対象とした意見調査の結果によって評価されており、二つのデータへの相対的な依存割合は上記 WEF 指標の場合と丁度逆である。

最近時点（2012年）におけるランキングでは（前掲**図表 6 - 付 2**）、1 位は香港、次いでアメリカ、スイス、シンガポール、スウェーデンとなっている。この上位 5 か国のうち 4 か国（アメリカ、スイス、シンガポール、スウェーデン）は、上記 WEF による競争力ランキングでも上位 5 位以内に入っており、両指標に共通して高い評価を得ている国である。一方日本は、27位と低い評価に止まっており、アジア諸国（地域）のうちでも、香港（1位）、台湾（7位）、マレーシア（14位）、韓国（22位）、中国（23位）よりも低い評価である。

この指標は、企業が国際展開しようとする場合、進出対象国の経済環境（活動しやすいかどうか）を把握するうえで有用な面がある（日本の評価が低いのはこうした側面を反映していると考えられる）。一方、採用する指標の選択や指数作成に関して理論的基礎が弱い点が問題といえよう。

上記二つの指標（WEF および IMD）は、いずれも生産ないし生産性の上昇、とりわけ生産活動の中心となる企業活動の環境を評価したものと特徴づけることができる。ちなみに日本の国際競争力は、バブル末期にかけては世界 1 位であった（IMD 指標では1991年および1992年は日本が世界 1 位であった）。これは、海外企業からみれば当時の日本は利益率が高い魅力的な投資先であったことを示しており、そしてその後はその状況が大きく変化したため順位が大きく低下していることによると理解できる（ごく最近における IMD 指標によるランキングでは20位台に止まっている）。このように、二つの指標は経済的側面（とりわけ企業活動面）を中心とした指標であり、それを含む広い意味での国民の厚生ないし幸福度を主眼に置いたものではない点に留意することが必要であろう。

第7章 人間を幸せにする要因：
結果追求よりも原因指向の対応

　前章では、海外とくに国際機関における幸福度指標の開発動向に着目することによって、幸福度を規定する諸要因を考察した。本章では、それを一歩進め、幸福とは何かについて、より深く検討することにしたい。

　そこで以下では、幸福に関して、経済学的視点のほか、思想史、倫理学、心理学、脳科学など多様な先行研究の知見を取り入れ、幸福の類型化を試みる。そして幸福には、経済的・社会的諸要因のほか、人間の行動規範である倫理にも一定の役割があることを指摘する。そしてそれは、持続性のある深い幸福（アリストテレスが創始したエウダイモニアという概念）にとっての条件でもあることを明らかにするとともに、そうした側面を公共政策において復活させ取り込む余地はあるのか、などを論じる[1]。

第1節　幸福に関する研究方法とここでの視点

　近年「幸福」に関して国内外で関心が高まっており、幸福に関する研究がとくにここ4～5年、急速に増加している。国際機関の場合は前章でみたが、それ以外でも、アメリカ経済学会でこれをテーマとする分科会が設置されたり、日本においても関連する英文書籍の邦訳や研究書の刊行が増えている[2]。

　ただ、経済学者による研究は、専らアンケート調査の結果分析などが中心で

---

1) 本章は、岡部（2015e）に基づく。当初原稿の執筆に際しては、経済学の視野を拡張した Sachs（2013）ならびにポジティブ心理学の視点から幸福について良い展望を与えている Boniwell（2008）から大きな示唆を得た。

あり、経済学の伝統的領域から大きくはみ出るような研究（哲学や倫理学をも踏まえた研究）はほとんど見当たらない。考えてみれば、幸福というテーマは、西欧では古くギリシャの哲学や倫理学における重要課題であり、経済学の祖とされるアダム・スミスにあってもそれは重要テーマとして研究の射程内にあった。しかし、経済学はその後、そうした人間に関する幾つかの重要要素を除外して学問として純化（狭隘化）してきたので、現在でもその傾向から脱するのが容易でないことを示しているのかもしれない。

　こうした状況下、米国の有力経済学者ジェフリー・サックス[3]は、幸福の探求には哲学や倫理学からの洞察も不可欠だとして最近の論文「幸福探求における徳倫理の復活」（Sachs 2013）においてその挑戦をしている。本章では、そうした精神を継承した著者なりの一つの研究結果を提示する。

幸福についての研究方法

　人々を幸せにするものは何か。この問いに対し、現代の研究者は様々な回答を準備している。経済学者は間違いなく「より多くの所得と消費」と答える。社会学者は「社会的支援の質、すなわち家族や友人のネットワーク」を強調する。心理学者は「性格・精神衛生・個人の心理状態が重要」と力説する。そして哲学者や宗教家は「徳（virtue：精神的・道徳的にすぐれた品性や人格）こそ幸せへのカギ」（そのアプローチは徳倫理"virtue ethics"と称される）と回答する場合が多い（Sachs 2013：81ページ）。

　これら4つの要因（経済的、社会的、心理的、倫理的要因）は確かに全部、幸福度に影響する。ここではそれぞれの内容の詳細には立ち入らず、学問分野の観点から大づかみに整理しておこう。すると、大別して二つの接近方法に区分できる（図表7-1）。

2）アメリカ経済学会の2014年年次大会でも、主観的幸福に関する研究報告分科会が設けられた（第1章の図表1-6を参照）。日本国内でもFrey（2008：邦訳 2012）、Graham（2011：邦訳 2013）、大竹・白石・筒井（2010）、大垣・田中（2014：10章）などの書籍が刊行されている。

3）米コロンビア大学教授、地球研究所所長、国連事務総長特別顧問。

図表 7-1 幸福とは何かについての研究方法

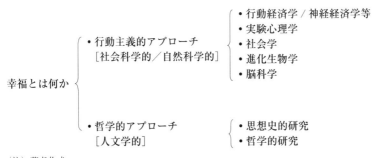

(注) 著者作成。

幸福に対する二つのアプローチ

　一つは、行動主義的アプローチである。これは、人間の行動を基礎に据えつつ科学的手法によって幸福を理解する接近方法（scientific approach）である。その場合、人間の行動を理論面から理解する方法と、人間の行動を観察することによって理解する方法（実証分析ないし社会統計的分析）に大別できる。そこには、社会科学的視点からの研究と自然科学的視点からの研究が含まれる。具体的にいえば、行動経済学あるいは神経経済学、実験心理学、社会学、進化生物学、脳科学などの視点からの研究がこれに属する。

　もう一つは、哲学的アプローチである。これは、幸福についての思想史的研究や哲学的研究など、人文学的視点からの研究（humanistic approach）ということができる。これは、社会を観察して幸福を帰納的に論じるのではなく、人間と幸福の関係を洞察することを基礎とした研究である。

　これらの研究方法の特徴や長所短所、あるいはそれぞれの研究成果を展望することはここでの意図でない（それは著者の能力を超える）。以下では、最近研究が活発化し注目を浴びている行動経済学とその視点に立つ幸福論（幸福の経済学）を一べつすることを通して、ここでの視点を明確にしておきたい。

行動経済学と幸福論

　経済学の流れをみると、第1章でみたとおり、経済学（新古典派経済学）では利己的、合理的に自分の効用を最大化する人間（いわゆる経済人「ホモ・エコノミカス」）を前提し、そうした個人の行動が市場メカニズムを介して社会

全体としてどのような帰結をもたらすかを解明することを基本的研究課題としてきた。しかし、行動経済学（behavioral economics）はそれと異なり「利己的で合理的な経済人の仮定を置かない経済学」と定義される（大垣・田中 2014：4ページ）。

つまり、人間の行動に前提をおいて経済現象を理解する伝統的な経済学とは異なり、実際に観察される人間の行動を基礎として経済現象を理解するのが行動経済学である。このため、そこでは「個人はそもそも合理的なのか」「市場で最適化行動をしているのか」といった基本前提自体が問われることになる（Chetty 2015：1ページ）。このため行動経済学では、人間行動を理解する上で心理学、社会学、文化人類学、脳神経科学などの成果を取り入れるとともに、実験や実証研究が広く活用される。こうした新しい研究方向は、その手法や導出される政策含意の面で柔軟性が高いこともあり、最近著しい発展と人気を得ている[4]。ただ、それが伝統的経済学に代わるパラダイムになりうるかどうかの妥当性については、なお議論が進行中である（Chetty 2015：1ページ）。

このように行動経済学は人間行動に前提をおかないため、人間を観察することを通して「幸福」とは何かという研究を進めることができる点に特徴がある。その場合の利点は、第1に、従来の経済学が対象とした基本概念であり「幸福」と同一視してきた「効用」に限定されることなくより広く「幸福」を視野に入れるため、経済学の対象範囲を拡張していることである。つまり行動経済学は、効用を再定義するとともにそれを「測る」道を拓いた（Frey 2008：邦訳3-5ページ）といってよい。具体的には、幸福に影響をあたえる経済的要因（所得、消費、失業）に加え、自立性、家庭環境などの「社会的関係」も幸福の要素として取り入れており、さらには活動の「結果としてもたらされる効用」にとどまらず「活動過程（プロセス）の効用」も取り入れる（Frey 2008：10章）など、幅広い要因が考慮されていることである。こうした研究領域は、一般に「幸福の経済学」[5]とよばれる。

第2に、行動経済学は、経済分析の視点と方法において変革をもたらしてい

4）ちなみにアメリカ経済学会の年次大会（2015年1月開催）において「行動経済学と公共政策：実践的視点」と題する講演（Chetty 2015）が行われた会場（定員1700名）では、超満員になり入場できなかった学会員も非常に多くいた（*American Economic Review* 105(5) May 2015, 序文 xii ページ）。

るだけでなく、政策のあり方に関しても行動的要素を取り込んだ実践的な提案を可能にしていることである。このため行動経済学は、政策論の面で、新しい政策手段、既存の政策が持つ効果のより的確な予測、政策効果についての新しい評価、などを可能にしている（Chetty 2015：28ページ）。国民の幸福の増進が公共政策の目標になるとすれば、従来のように所得増加（経済成長）を中心とするのではなく、幸福達成の手段や方法についてより具体的な提言を行うことを可能としている。

第3に、行動経済学は、伝統的な経済学の発想（モデル）を拡張することを意味しているので、理論分析においても、新しい分野を拓いたことである。具体的には、利他的（altruistic）な行動によって個人の効用（満足度）が高まるという、従来考慮されなかった側面が理論分析に加わっている。それは、技術的にいえば効用関数の形状を従来なかったかたちに改めることを意味する（付論1を参照）。確かに、それは興味深い展開であり、また人間の行動や政策のあり方について一定の洞察を与える。しかし、幸福という多面性をもつテーマにバランスのとれた理解を深めるという観点からみると、やはり一面的であることは否めず、このため別途哲学的な探求で補完することが不可欠である。ここに本章の基本的な問題意識がある。

第2節　幸福感に影響する諸要因と幸福の類型

幸福あるいは幸福感やその要因に関する研究や調査は、近年国内外で急速に増加している。例えば、経済学の分野では、国際機関による研究であるOECD（2011, 2013a, 2013b, van Zanden et al. 2014）や国連による研究（Helliwell, Layard, and Sachs 2013）がある。また日本においては、大規模アンケートを踏まえた研究として筒井・大竹・池田（2009）、大竹・白石・筒井（2010）などがある。また心理学の分野における研究展望論文としては、例えば佐伯・大石（2014）がある。それらは前章で論じたので、以下では、それをもとに幸福感に影響する諸要因と幸福の類型を考えよう。

5）アンケート調査「あなたはどのくらい幸せですか」などの質問に対する回答を主観的厚生（subjective well-being）として用いる経済学。詳細は大垣・田中（2014：10章）を参照。

(1) 幸福感に影響する諸要因

　幸福に関連する要素は、概ね以下のようにまとめることができる（第6章の図表6-15）。

　1）所得（一人あたりGDP）水準と幸福度の関係をみると、一定水準までは確かに両者の間に正の関係が見られる。しかし、それ以上になると関係が急速に薄れる[6]。この現象は、世界各国を対象とした多くの研究で確認されているほか、日本国内に関しても所得が大きいほど幸福であるがその増加は逓減的であり、高い所得階層では飽和が観察されること（筒井・大竹・池田 2009：26-27ページ）が報告されている。この知見はイースタリンの逆説（Easterlin Paradox）とも称され、その後、幸福が所得以外のどのような要因の影響をうけるかについての研究を発展させる大きなきっかけの一つとなった。

　2）健康であること（健康寿命）の重要性は、どの調査においても例外なく指摘されており、幸福の基本要素とみられる。そして、個人の安全、環境の質（生物多様性、自然との調和）といった個人を取り巻く環境条件の良さも、幸福にとって重要であるとされる。

　3）個人は単独で存在するのでないため、個人相互間でのつながり（社会的つながり、社会的支援の存在、共同体の持続性、友情）や、個人が社会のあり方に関与できるかどうか（政治制度、市民の関与、良いガバナンス）、といった要素も多くの場合、重視されている。つまり、幸福度を把握するには、所得や経済的豊かさなどの物的資源とともに人間的要素ないし社会的要素の考慮が不可欠であることが示唆されている。

　4）以上の諸要因ほか、仕事と生活のバランス、所得や男女の平等さ、といったことも場合によっては幸福の要因とされている。

(2) 幸福の類型

　以上、幸福に関連する諸要因をみたが、これらが人にもたらす幸福には、その程度、持続期間、個人の生きる姿勢との関連、などからみて相当異なった面がある。そこで、次に幸福、すなわち幸福概念ないし幸福水準にはどのような類型があるかを考えよう。ここでは、心理学者の場合、経済学者の場合、それ

　6）第6章の図表6-4、および図表6-14を参照。

図表7-2　広義の幸福（happiness）とその内訳についての考え方

心理学者(Seligman 2001)	経済学者(Frey 2008)	国際機関(OECD 2013b)
1. 気持良い生活	1. 一時的な幸福感	1. 感情
2. 良い生活	2. 生活満足感	2. 生活の評価
3. 意義深い人生	3. エウダイモニアないし良い人生	3. エウダイモニア

（注）当該文献をもとに著者作成。

ら二つの場合を統合して比較的大きな視点から見る国際機関の場合、この3つをとりあげる（図表7-2）。

　まず、アメリカ心理学会の会長も務めた心理学者セリグマン（Seligman 2001）は、幸福には三つの側面があることを主張した（図表7-2の左）。すなわち(1)気持ち良い生活（pleasant life）、(2)良い生活（good life）、(3)意義深い人生（meaningful life）、である。「気持良い生活」とは、好ましい感情（気持ち良さ、心地よさ）の追求を目指す生き方であり、快楽的な幸福（well-being）と同列である。「良い生活」とは、個人が満足感を得るため個人が持つ性格上の強さを活かした活動（行いたい活動）をすることである。そして「意義深い人生」とは、自分の強さを自分以外の何かに対して役立たせることを含む人生である。

　次に、経済学者の Frey（2008：原書5ページ）は、(1)一時的な幸福感（happiness）、(2)生活満足感（life satisfaction）、(3)エウダイモニア（eudaimonia：持続性のある深い幸福感。後述）ないし良い人生（good life）、の三つを区別している（図表7-2の中央）。「一時的な幸福感」とは、心理学でいう正負の感情のうち一時的な正の感情（喜びと楽しさ）を指す。「生活満足感」とは、生活全体として満足している状態である。そして「エウダイモニアないし良い人生」とは、自分の可能性を伸ばし素質を十分発揮することによって人生の質が向上することを指す。

　さらに、国際機関による最近の研究（OECD 2013b：第1章）においては、広義の幸福は(1)感情（affect）、(2)生活の評価（life evaluation）、(3)エウダイモニア（eudaimonia）、の三つの要因によって理解できるとの主張がなされている（図表7-2の右）。

幸福の3類型

　以上の3ケースを概観した結果、幸福について次の点を指摘できよう。

　第1に、これらいずれのケースにおいても三つの区分ないし類型によって幸福が理解されていることである。すなわち、第1の側面である気持ち良い生活、一時的な幸福感、そして感情は、いずれも一時的ないし短期的な快い感情に起因する心理状態としての幸せとされている。例えば、人が快楽的な行動（余暇、休養、娯楽など）に関わる時、確かに人は各種の好ましい（楽しい、愉快な）感情を得て活気に満ちる一方、負の感情（悲嘆、怒り、恐怖、不安）は低くなるので、前者が一つの幸福だ、という認識である（OECD 2013b：31ページ）。

　そして次の段階に位置する良い生活、生活満足感、生活の評価は、生活の特定側面（例えば仕事、資金、健康）に関する自分自身の評価、あるいは生活全体に関する自分自身の評価を意味する（OECD 2013b：29-30ページ）。したがって、前記の感情面での幸福に比べると時間的にも次元的にもより広い意味での幸福を示している。

　最後の段階に位置する意義深い人生、良い人生、エウダイモニアは、精神的に良い人生を送っていること（good psychological functioning）を示す概念である（OECD 2013b：32ページ）。すなわち、前記二つの幸福は、いずれも現在の経験（快い感情）または過去から現在にかけての経験の評価（生活評価の良好さ）を表すのに対し、ここでの幸福はさらに「人生の意味」あるいは「人生の目的」も加えた場合の幸福度を意味している（同）。

　このため、長期的にみた場合には、前2者の幸福（一時的な幸福、生活満足感）を追求する人よりも、このような良い人生（エウダイモニア）を積極的に追求する人（自分の可能性や技能を発展させたり何かを学んだりする人）の方が、自分の生活と人生に対する満足度が高いことが知られている（Boniwell 2008）。このため、エウダイモニアを考慮した幸福は「真の幸福モデル」（authentic happiness model）と称される（同）。

　なお、幸福をこのように三つの類型ないし段階で捉える見方を単純化すれば、それは「もらう幸せ」→「できる幸せ」→「あげる幸せ」というかたちの段階的理解も可能である（高橋 2008：117ページ、2014：194-196ページ）。なぜなら、人は幼少時にはもらうことによって快感を得るという段階から人生をはじめ、次いで勉学や努力によってものごとができるようになるのでそれがもたら

す幸せを感じるようになり、さらに進めば自分の時間・エネルギー・資金などを他人のために費やすことによって真の幸福感を得る境地に至るからである、と説明される。これは、幸福に関する上記3区分の本質を別の側面からみた鋭い洞察といえよう。

幸福の3類型を巡って

　第2に指摘できることは、前項(1)で列挙した幸福に関連する諸要素は、幸福の3類型のうちのいずれかに関連する要素になっていることである。すなわち、従来重視された所得水準は、明らかに「気持ち良い生活」の基礎である。そして、健康、個人の安全、環境の質は「良い生活（生活全体の満足感）」を大きく作用する要因である。さらに、個人相互間における各種のつながりは「意義深い人生（エウダイモニア）」を構成する重要な要素に対応する。このように理解すると、幸福を考える場合、上記の3類型モデルは実証結果に支えられた妥当性の高い枠組みになっている、といえる。

　第3に、幸福の3類型のうち、第1番目および第2番目の幸福は、従来比較的多く研究されてきたが、第3番目の意味における幸福の考察は既存研究では不十分にとどまることである。このため、本章では、以下第3の側面からみた幸福に重点をおいて考える。

(3)幸福に関連する用語について

　英語の場合、happinessに関連する表現としてwell-beingという言葉が比較的よく使われ、さらにgood life, life satisfaction, eudaimonia, welfareなどの表現がある。経済学研究者の中には、これらを区別せずに日本語で全て「幸福」に統一している場合もある[7]。しかし、心理学では従来からこれら用語のニュアンスを区別することに気を使っている（Graham 2011：邦訳24-26ページ）うえ、これら各概念には大きな相違があるケースも少なくない。このため本稿では、原則として各用語のニュアンスを尊重し、必要に応じて使い分けた表現をする。

　7）例えば、Frey（2008：邦訳2012）では、well-being, happiness, welfareなどをすべて「幸福」と訳出している（287ページ：訳者あとがき）。

幸福（happiness）は、幸福感、幸福度など相互互換的に使う。一方、英語の"well-being"は幅広い状態を表現しており、簡潔な日本語になりにくい面があるが、健康で安心できる状態、望ましい生活状態、厚生、幸せ、人間にとって望ましいあり方など、と表現する。"good life"は、文脈により、良い暮らし、良い人生、などを充てる[8]。またエウダイモニアは、持続性がある深い幸せ、充実した人生、などと表現する。

第3節　人類古来の幸福の考え方：代表的な三思想

　人類の長い歴史をたどれば、幸福と徳は本質的にからみ合っており、幸せは良い生活（good life）、正しい生活（right kind of life）によって達成されるというのが西欧ではアリストテレス以来の、そして東洋では儒教の伝統であった。すなわち、われわれは官能的快楽や多くの物質を保有することを追求するのではなく、勉学・訓練・自己規律・偉人の模倣によって同情心や節度（moderation）を高めるべきであり、それによってこそ幸せになれる、と古の東西の賢人たちは説いた（Sachs 2013：82ページ）。

　しかし、西暦1700年頃以降の議論においては、重点が圧倒的に経済的要因におかれ、幸福を倫理（正確には倫理のうち徳という側面）に関連づける議論は経済学者の間ではほとんどみられなくなった。明確なかたちをとった経済学はアダム・スミスに始まるが、その後、功利主義（utilitarianism）を主張したジェレミー・ベンタムを経て効用理論が開発された。その結果、人間の幸福（well-being）に関する理論はそれまでとは一変、快楽や物質を基礎とする消費者行動の理論にすり替えられてしまった（Sachs 2013：90ページ）。このため、個人の幸福が利他心、共感、社会的つながり、徳などと密接に関連しているという発想は放棄された（同）。

　そこで本節では、Sachs（2013）に依拠しつつ、幸福の考え方を示す人類古来の代表的な三つの思想、すなわち仏教（Buddhism）、アリストテレスの倫理学（Aristotelian ethics）、ローマ・カトリック教会（Roman Catholic Church）

8）英語の life を和訳する場合には、生活（暮らし）、人生（人がこの世で生きていくこと。人の一生）という使い分けが必要である。

の思想をとりあげ、著者なりに改めて整理しておきたい（図表 7 - 3 ）。

仏教（ブッダの原初仏教）[9]

ブッダ（ゴータマ・ブッダ、釈迦）は、世界が死・貧困・苦痛に満ちていることを目の当たりにし、それを終える方法として二つのアプローチを実験した。一つは、快楽主義（hedonism。官能的快楽を抑制せずに追求する生き方）であり、もう一つはその対極にある禁欲主義（asceticism）である。しかし、快楽や人が所有する物はいずれも永久性がなく、また全ては相互に依存しているため、持続性のある幸せ（正確には苦痛からの解放）は、保有物の多寡によってではなく、専ら人の心のあり方（one's state of mind）によって決まると説いた。なぜなら、自分以外の世界を変えるのは困難である一方、われわれが自分以外を見る自分の視点を変えるのはいつでも可能であるからだ、と考えたからである。

このため、幸せになるには二つのことが必要だとブッダは考えた。一つは、正しい心の持ち方をすること、すなわち快楽主義と禁欲主義の中間に位置する「中道」（a Middle Way）の達成である。もう一つは、他人に対する同情心の涵養と正しい行動（倫理の実行）である。そして、これら二つを達成するには、一生を通じて鍛錬、精神修養、実践が不可欠だと説いた。

こうして個人の内的満足が達成されれば、それは家族、共同体、そして社会の平和に貢献する、というのが個人の幸福であると同時に個人と社会との関係についてのブッダの理解であった（Sachs 2013：83ページ）。

アリストテレスの倫理学

ブッダの思想が東洋の伝統に大きな影響を与えたのと同様、西洋の伝統においては、アリストテレスによる幸福論、とりわけ『ニコマコス倫理学』が大きな影響を与えてきた。その一つの理由は、アリストテレスの考え方が、聖トマス・アクィナスの著作を通して中世のローマ教会の教義に取り込まれたからで

---

[9] 現在見られる仏教（大乗仏教、小乗仏教をはじめ各種流派の仏教）は、当初ブッダが説いた教えとは似ても似つかぬようなものになっている（橋爪・大澤 2013：372-373ページ）。このため、ここでは Sachs（2013）に倣って当初仏教（原初仏教）の教義に焦点をあてる。

図表 7-3　幸せに関する三つの思想の対比：ブッダ、アリストテレス、キリスト教（ローマ・カトリック）

	ブッダ （原初仏教）	アリ （ニコ
幸せの捉え方	・快楽主義（hedonism）やその対極にある禁欲主義（asceticism）は、いずれも幸せをもたらさない。 ・快楽や人が所有する物は、いずれも永久性がなく、また全ては相互に依存。 ・したがって、幸せ（正確には苦痛からの解放）は、保有物の多寡によってではなく、専ら人の心のあり方によって決まる。	・人間は極端な行がちであり、ま る一方、過度には幸せをもたら ・幸福は、人間の則した中庸の生心理学的な自然である。 ・幸福（happiness）意味する。それ合としてエウダきる。それは人ある。
幸せになる方法	・二つのことが必要：一つは、正しい心の持ち方をすること。すなわち快楽主義と禁欲主義の中間に位置する「中道」の達成。もう一つは、他人に対する同情心の涵養と正しい行動（倫理）。 ・これら二つを達成するには、一生を通じての鍛錬、精神修養、実践が不可欠。	・人間は、その感とを避け、節度moderation）、することによって幸 ・徳は鍛える必要に属するが、も民は子供や友人
個人と社会との関係	・個人の内的満足が達成されれば、それは家族、共同体、そして社会の平和に貢献する。	・深くかつ持続性は、個人の成長
他の思想との異同	・アリストテレスと対比した場合、心理的・社会的な洞察に共通点が多い。 ・ブッダもアリストテレスも（1）人間は快楽や物質的保有を過度に追求する傾向が強いこと、（2）物質的保有がより幸福な生活をもたらすわけではないことを強調。さらに対応方法として右欄（3）の面でも共通。 ・感情への対応には差異：仏教では感情の抑制を支持。	・ブッダと対比し共通点が多い。 ・左欄（1）（2）に加ブッダの場合）、場合）の必要性要性を強調。 ・感情への対応には抑制されるべれるべきと主張。

（注）Sachs（2013）の記述をもとに著者作成。

ストテレス マコス倫理学)	キリスト教 （ローマ・カトリック）
動（快楽主義や禁欲主義）に走り た名誉を求めるあまり無謀にな 臆病になったりするが、それら さない。 本性ならびに物質面での現実に 活をすることにある（倫理的・ 主義）。その基準が徳（virtue） は良い生活状態（well-being）を がより深くかつ持続性を持つ場 イモニア（eudaimonia）を定義で 間の最終目的であり、最高善で	• 幸福は、もっぱら神の意志に仕えることに重点を置いて捉える。 • 人間にとって中心的な目的は、地上における一時的幸福というよりも永遠の幸福を得ることである。 • しかし、この世で神の意志に沿った生活をすることによって、個人は永遠の生命にとっての報いを得るとともに、この世における幸せを増進することができる。
情や行動が極端な方向に陥るこ を重視する行き方（the path of なわち徳（virtue）を身につけ せになれる。 がある。それは公共政策の領域 し政府が怠慢ならば、全ての市 に徳を深めさせる義務がある。	• 聖トマス・アクィナスの著作を通して、徳が救済の道に組み込まれている。 • ローマ教会が掲げる４つの基本的な徳（思慮分別、正義、不屈の精神、節制）と３つの神学面での徳（信仰、希望、慈善）によって「良い行為」を規定。基本的な徳は、反復によって修得され強化されるべきものと位置づけ。
のある幸せ（エウダイモニア） と集団の調和の両方を達成する。	
た場合、心理的・社会的洞察に え、両者とも（3）正しい道（中道。 あるいは徳（アリストテレスの と、その修得のための鍛錬の必 差異：アリストテレスは、感情 きではなく理性によって制御さ	• 幸福は、もっぱら神の意志に仕えることに関連づけられており、この点で仏教倫理やアリストテレスの倫理と異なる。 • 一方、アリストテレス的な徳は、救済の道に組み込まれており、その修得と強化が重視されている点は、ブッダやアリストテレスと共通。

ある（Sachs 2013：83ページ）。

　アリストテレスは先ず、人間は極端な行動（快楽主義や禁欲主義）に走りがちであり、また名誉を求めるあまり無謀になる一方、逆に過度に臆病になったりすることもあるが、それらは幸せをもたらさない、と考えた。そして幸福は、人間の本性ならびに物質面で現実に則した中庸の生活をすることにあり、その基準が徳である、と説いた（同84ページ）。さらに幸福は、一時的な心地良い感情といったものでなく、良い生活状態（well-being）のことであり、それがより深くかつ持続性を持つ場合として「エウダイモニア」（eudaimonia）を定義した。

　この言葉は、英語では通常 happiness あるいは well-being と訳されるが、場合によっては繁栄ないし立派な生活ぶり、あるいは、生きがいのある良い人生を送ることを表す意味で "human flourishing" と表現される場合もある。そして、アリストテレスはそれこそが人間の最終目的であり、最高善（the supreme good）であるとした[10]。

　人間がこの意味で幸せになる方法としては、感情や行動が極端な方向に陥ることを避け、中庸（the mean）の追求、あるいは節度を重視する行き方（the path of moderation）、すなわち徳を身につけることが必要だと説いた（同84ページ）。さらに、こうした徳は自然に身につくものでなく、教育、鍛錬、実践によって鍛え、そして習慣化する必要があることを強調したことも特徴的である[11]。

　こうして個人が深くかつ持続性のある幸せ（a deep well-being。エウダイモニア）を達成すれば、それは個人の成長（心理面での強靭化）を意味するだけでなく、共同体の調和も達成することになる（同84ページ）とした。なぜなら、貪欲や禁欲主義とはともに徳の欠如に他ならず、このためこれらは心理学的幸福だけでなく社会的統合をも脅かすが、徳という倫理に従う個人は、人間性

---

[10] 倫理学の三大領域（後述するとおり善、正義、徳）のうち、アリストテレスはこのようにして徳と善を結びつけた。

[11] 徳の修得は公共政策の領域に属するというのがアリストテレスの考え方（国家観）であった。そして、もし政府（都市国家：ポリス）が怠慢ならば、全ての市民は子供や友人に徳を深めさせる義務があるとし、徳を修得する必要性を強調した。ただ「政治の最終目的は国民の美徳の涵養のためにある」とするアリストテレスの国家観ないし政治目的論には疑問が多い（Sandel 2009：邦訳253ページ）とされる。

(human nature）と社会的現実（social realities）に導かれた生活をすることになり、こうした緊張関係が静められる（moderated）からである（同84ページ）とした。

　こうしたアリストテレスの考え方を、上述したブッダの思想と対比した場合、心理的・社会的な洞察に共通点が多いのが大きな特徴である（同84ページ）。すなわち(1)人間は快楽や物質的保有を過度に追求する傾向を持つと認識していること、(2)物質的保有を増やせばより幸福な生活が得られるわけではないと主張していること、(3)人間の幸福にとっては正しい道（ブッダの場合は中道。アリストテレスの場合は中庸すなわち徳）の追求が必要だとしていること、(4)正しい道を修得するには教育、鍛錬、実践といった鍛錬の必要性が強調されていること、などである。

　一方、感情への対応方法においては両者の間に差異がある。すなわち、仏教では感情は抑制すべきものとされたのに対して、アリストテレスは感情は抑制されるべきでなく理性によって制御されるべきもの、とした。

キリスト教（ローマ・カトリック教会の場合）

　次にキリスト教（ローマ・カトリック教会の場合）を見よう。この場合、幸福はもっぱら神の意志（God's will）に仕えることに関連付けて理解される。その点において、仏教倫理やアリストテレスの倫理とは相当異なる。ローマ教会の教えでは、人間にとって中心的な目的は、地上における一時的幸福というよりも永遠の幸福（eternal happiness）である。ただ、この世で神の意志に沿った生活をすれば、個人は永遠の生命にとっての報いを得るとともに、この世における幸せ（earthly well-being）も増進することができるとされる。

　人間が幸せになるには、聖トマス・アクィナスの著作を通して徳が救済の道に組み込まれているので、それを実行すればよいとされる。すなわち、ローマ教会が掲げる四つの基本的な徳（思慮分別、正義、不屈の精神、節制）、そして神学面で「良い行為」として規定されている三つの徳（信仰、希望、慈善）を実行することである（Sachs 2013：85ページ）。そして、こうした基本的な徳は、反復によって修得され、強化されるべきものと位置づけられている（同）。

　このように、ローマ・カトリック教会の場合の幸福は、もっぱら神の意志

仕えることに関連づけられている点で仏教倫理やアリストテレスの倫理と異なる。一方、救済の道に関してはアリストテレス的な徳が組み込まれており、その修得、強化が重視されている点は、ブッダやアリストテレスと共通している。

三つの思想の要約

　以上見た伝統的な三つの思想における徳倫理の要点は、仏教（Buddhism）であれ、アリストテレス的思想（Aristotelianism）であれ、ローマ・カトリック思想（Roman Catholicism）であれ、幸せは正しい生活（the right kind of life）をしようとする意思と熱意によって達成されるものである、という点にある。つまり、三つに共通しているのは、個人の制御されない感情は人を誤ったみちに導きこの世の苦痛をもたらすと見る点にあり、このため個人は合理的思考、教育、精神修養、徳を満たす行為の習慣化によって徳性を高めることが必要であることが説かれている（同85ページ）。それが人間の本来の生き方であり、幸せをもたらすゆえんであることが示唆されている。

　なお、以上では伝統的な三つの徳倫理をみたが、その他多くの崇敬されてきた伝統的思想（儒教、ギリシャおよびローマのストア哲学など）においても、上記の思想との類似点が非常に多いこと（同85ページ）も指摘しておく必要があろう。

第4節　持続性のある深い幸福：エウダイモニア

　以上の議論から次の2点が浮かび上がってくる。第1は、最も深い歓びをもたらすという意味での幸福は「良い人生」あるいは「エウダイモニア」であること、第2に、そうした幸福は人が物を得ることよってもたらされる快感や生活環境が良くなることによって増大する満足感とは異なり、人の態度のあり方（倫理）ないし主体的な行動に関連していること、である。

　本節では、エウダイモニアという概念が近年なぜ再び議論されるようになったのか、アリストテレスのいうエウダイモニアを機能させるのはどのような要素か、そしてそれが徳という倫理（徳倫理、virtue ethics）とどう関連するのか、を必要に応じてアリストテレスにまで遡る一方、もっぱら現代的視点から考察する。

エウダイモニアが注目される理由

　アリストテレスが創始した概念であるエウダイモニア（持続性のある深い幸福）が国際機関その他において近年注目されるようになったのは、近年の学問のあり方への反省がある。

　すなわち、経済学の場合、既に述べたように功利主義の発想を強めたこと（幸福＝消費増大という置き換えがなされたこと）により幸福というテーマは早い段階で研究の対象外とされてしまっていた。また人間への理解を深めるべき心理学の場合、「人間は刺激に対応する機械である」という視点からの研究が中心となっていた。すなわち経済学、心理学ともに、現代の研究活動においては、幸福ないし良い生活状態（well-being）を探求するという視点が希薄化し、人間を狭い視点から扱う研究が一般化していた。さらに、人間のあるべき姿を追求するという課題に対しても、人間主義的な思想家（ユング[12]、マズロー[13]など）の貢献がほとんど無視される一方、幸福に関する古来の意義深い（しかし複雑な）哲学的概念に対して十分な注意が払われてこなかったというのが現実であった（Boniwell 2008）。

　こうした点への反省があったため、心理学では、人間の主体性・創造性・可能性など人間の肯定的側面に焦点を当てるとともに、人間の自己実現を追求する人間性心理学（humanistic psychology）が20世紀半ばに提唱された[14]。また、個人や社会を繁栄させるような強みや長所を研究するポジティブ心理学（positive psychology）という新しい領域も20世紀末に導入された[15]。これらの研究においては自ずと「良い人生」が一つの中心テーマとなる。このため、

---

12) スイスの心理学者（Carl G. Jung, 1875-1961）。分析心理学を創始、幅広い学問分野に影響を与えた。
13) アメリカの心理学者（Abraham H. Maslow, 1908-1970）。彼は、人間が持つ欲求には5段階の構造があり、基本的に低次の欲求が充足されることによって高次の欲求が発現するという心理モデル（欲求階層説）をMaslow（1943）で提示した。彼が主張した欲求の序列は、低次から順に、生理的欲求、安全の欲求、所属と愛の欲求、承認の欲求、自己実現の欲求であり、企業の人的管理論などに大きな影響を与えた。
14) その提唱者は、かつて米国心理学会会長を務めたセリグマン（Martin E. P. Seligman）である。彼は、従来の心理学研究が陥っていた問題点（精神病や障碍の研究が中心）を指摘、今後は人間生活における最良の質の構築を目指すべきである（それは強さや徳の研究でもある）と主張した（Seligman 2001：4ページ）。
15) 注14を参照。

アリストテレスが導入したエウダイモニアへの関心が高まり、心理学では比較的早い段階からこの概念が議論されてきたわけである。

心理学の動きに遅れ、経済学においても、前述したように人間に関する従来の単純な行動前提（消費に基づく効用を最大化するという人間像）が一部の研究者によって疑問視され、むしろ人間の行動を観察することから研究を出発させる必要があるという新しい動き（行動経済学）が台頭、そこでも徐々ながらエウダイモニアが言及されるようになった[16]。これが現況である。

では、エウダイモニアとは具体的に何か。以下では、もっぱら心理学や哲学の文献に依拠してこれを考えることにしたい。

エウダイモニアの実現を可能にする要素1：二つの研究例

エウダイモニアが実現するには、人はどのような要素ないし資質を保持している必要があるのか。これは経済学や心理学が直接回答を与えることができるほど簡単な問いではない。なぜなら、エウダイモニアは端的にいえば「精神面で良い人生を送っている（精神面で豊かな活動をしている）」（good psychological functioning；human flourishing、OECD 2013b：32ページ）という意味での幸福であり、やや抽象的かつ幅広い概念だからである。

そこで、以下では性格が異なる二つの研究例を取り上げ、エウダイモニアを実現させるうえで具体的にどのような要素が必要とされているかをみよう（図表7-4）。

まず、エウダイモニアに対して心理学の領域から先駆的貢献をしたRyff（1989）およびRyff and Keyes（1995）は（同図左）、(1)自分の意志で生きること（autonomy）、(2)自分自身に満足していること（self-acceptance）、(3)自分自身の人間としての成長が感じられること（personal growth）、(4)自分の環境を自分の力で改善できること（environmental mastery）、(5)他者と信頼ある関係を持つこと（positive relations with others）、(6)人生の目的があって生きがいを感じること（purpose in life）、がエウダイモニア実現にとって必要な要素であると指摘、この理論的枠組み（6要素モデル）は実証的にも確認

---

[16] 日本語のまとまった研究書としては、大垣・田中（2014）がおそらくその先駆けである。

図表7-4　持続性のある深い幸福（eudaimonia）を機能させる要素

心理学者（Ryff 1989；Ryff and Keyes 1995）	心理学的社会調査項目（Huppert et al.2009）	著者提案
1. 自律性 2. 自己肯定 3. 個人としての成長 4. 人生環境を左右する能力 5. 他人との積極的な関わり 6. 人生の目的意識	1. 自律性 2. 能力 3. 学習意欲 4. 目的志向 5. 立ち直る力 6. 社会的関与 7. 同情心 8. 利他心 9. 目的意識	1. 自律性 2. 能力とその成長 3. 立ち直る力 4. 社会的関与 5. 同情心 6. 利他心 7. 人生の目的意識

（注）左の2列は当該文献をもとに著者作成。ただし、各項目の配列順序は当該文献のものではなく著者が再配列したもの。

される、としている。

次に、比較的新しい研究であり、欧州での心理学的サーベイ調査に際してHuppert et al.（2009）が用いた項目を見よう（同図中央）。この研究では、上記研究と重複する項目も含め合計9項目の働きが大切である（"functioning" element）とされている[17]。

このように列挙された項目をみると、いずれの場合とも、各要素は確かに重要と思われるものの、それらは幾分恣意的に取り上げられた感じが否めない。例えば、このうち一つまたは二つを除去すると問題が生じるのか、逆にこれら以外の要素を加えると内容がより充実するのかが不明である（Boniwell 2008）。そこで以下では、こうした項目を四つの要因としてグループ化して捉え直したい。

エウダイモニアの実現を可能にする要素2：著者提案

エウダイモニアの実現を可能にするための要素を図表7-4の右欄に示した。第一の要素は「自律性」（autonomy）、すなわち他から支配されることなく自分が立てた規範に従って行動できることである。これは上記二つの研究のいずれにおいても、独立した要素として認識されている。

17）この9項目はOECD（2013b：32ページ）において言及されている。

第2の要素は「個人の能力とその成長」(competence and personal growth)、すなわち自分の能力に対して自信が持て、その成長を期待できることである。この要素は、上記1番目の研究例において、個人としての成長、自己肯定、人生の環境を左右する能力、として指摘され、そして2番目の研究例では、能力(competence)、学習意欲(interest in learning)、目的志向(goal orientation)、立ち直る力(resilience)、としてそれぞれ認識されている。

第3の要素は、人間が社会的存在であるため「社会との積極的かつ好ましい交わりがあること」(positive relations with others)を指摘したい。この要素は、1番目の研究例では、他人との積極的な関わり、として指摘され、2番目の研究例では、社会的関与(social engagement)、同情心(caring)、利他心(altruism)、としてそれぞれ該当項目が存在する。

そして第4の要素は「人生の目的意識」(purpose in life)、すなわち自分の人生の目的を知り、それに沿った生活ができることである。この要素は、人生の目的意識として前二つの研究で指摘されている。

ここで列挙した幸福の要素は、経済学における個人の効用(満足)を幸福とみなすという狭い枠組みを当然取り払っている。また、それ以外にも、自分自身に関する多くのことがら(自分の成長等)も含むだけでなく、自分以外に関わることがら(社会的関与)や、現在の自分という時間枠を超えたことがら(人生の目的)も含んでいる。つまり、真の幸福は結局、現在の自分に関することだけで決まるのではなく、それを超える要因(超越性、transcendence)も考慮したうえで決まるものである(Boniwell 2008)、との考え方を著者は採用したい。現に多くの識者たち(アリストテレスのほか、上述したリフ、セリグマンなど現代の識者も含む)も、前述したように幸福を考える場合にはそうした視点が欠かせないと考えた(同)からである[18]。

自己実現の結果としてのエウダイモニア

以上整理した4グループ(7項目)にわたる要因がなぜ「幸福」につながる

---

[18] 人類古来の主要思想をつぶさに点検した社会心理学者ハイト(2011：321-325ページ)は、幸福とは結局、心の内側ならびに外側の両方に起因するものであり、それは自分の仕事(使命)に対する積極的な関与(vital engagement)によってもたらされることを強調している。

図表 7-5 人間の基本的ニーズと幸福の実現

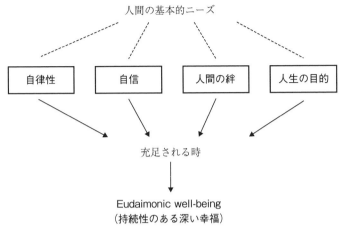

(注) 著者作成

のか。そのメカニズムは、人間の基本的ニーズとその充足という視点[19]から理解することができる（**図表 7-5**）。

すなわち、人間は生まれつき三つの基本的ニーズ（inherent fundamental needs）を持っている、と仮定する。それは(1)自分の行動を自ら選択できること（autonomy）、(2)自分の行動に関して自信が持てること（competence）、(3)緊密かつ安全な人間的関係を持つこと（relatedness）、である。そして、この3つのニーズが満たされれば、人間は満足度（well-being）が高まり、逆にこれらが制限されれば負の影響を被ることが実証研究によって示されている（Ryan and Deci 2000）。

確かに、これら三つのニーズは基本的な要素であり、その充足が幸福につながるという考え方は、多くの心理学者によって支持されている（Boniwell 2008）。そこで、人間のこの基本的ニーズを端的に(1)自律性、(2)自信、(3)人間の絆、という三つの用語で表現しよう。

すると人間は、これら三つの基本的ニーズが満たされる時（そして4番目の

---

[19] この考え方は、Ryan and Deci（2000）によって提示された自己決定理論（self-determination theory）として知られる。

要素である人生の目的も意識された時）に心理学的な「幸福」に至る、と考えることができる（前掲図表7-5）。そして、この場合の幸福は持続性のある深い幸福であるので、Boniwell（2008）の用語法に従って"eudaimonic well-being"と表現することにしたい。

つまり、心理学では早い段階の研究（Waterman 1993）以来確立された見解となっているように、自己実現（self-realization）とエウダイモニアは深く関連しているわけである。では、人間が自己実現するうえで必要な上記要素の背景には何があると考えられるのか。これが次の問である。それを次節で考察しよう。

第5節　エウダイモニアの実現と徳倫理

アリストテレスは、上記のような持続性のある幸福（エウダイモニア）を達成するには徳に沿った生活を送ることが必要である（両者は一体化している）と説いた[20]。こうした意味を持つ徳は、1950年代後半に倫理学に再登場し、近年は心理学や経済学の分野でも議論される機会が増えている。では、徳とは何か、徳がなぜエウダイモニアにつながるのか。

アリストテレスの場合、徳の基本は中庸

まず倫理学自体を考えると、そこには従来から3大原理がある（山内 2015：34ページ）。すなわち、善（事象や行為の望ましいあり方）、正義（制度や行為の望ましいあり方）、徳（人や人格の望ましいあり方）である。このうち、徳に関する倫理学が通常、徳倫理学（virtue ethics）とよばれ、エウダイモニアに直接関連することもあって近年活発に議論されるようになった領域である（同）。

既述のとおり、アリストテレスは「幸福とは、完全な徳に基づいた魂のある種の活動である」（2014年版アリストテレス全集：57ページ）と規定、幸福は人間のあり方（善く生きること）であり、それは徳に則した人間活動に他ならないとした（Sandel 2009：邦訳255ページ）。そして徳とは、思考、人格、行

---

[20] *Stanford Encyclopedia of Philosophy.*

図表 7-6 徳の種類とその性格

対象領域	超過する状態	中間性	不足する状態
1. 大胆と怖れ	無謀	●勇敢	臆病
2. 快楽と苦痛	自堕落	●節度	鈍感
3. 金銭授受	放漫	●鷹揚	けち
4. 名誉	虚栄	●気高さ	卑屈
5. 気質	激怒	●温和	意気地なし
6. 対人態度	憎悪	●親愛	追従
7. 人との交わり	法螺吹き	●正直	ごまかし

(注) 1. アリストテレス『ニコマコス倫理学』第2巻第7章（82-88ページ）、同章における訳者注2（83ページ）、同『エウデモス倫理学』第2巻第3章（215-220ページ）をもとに著者が作成。
2. 原資料では問題視される項目も含まれているので、上表ではそれらを除く項目を著者が選択的に記載した。また日本語表現は、一部短縮化したほか理解しやすい表現にした場合がある。

為における幾つかの側面において超過や不足がない状態だとアリストテレスは定義している。

図表7-6は、彼が示した徳の考え方を表している。例えば、大胆と怖れという両極端の状況を考えると、大胆という感情と行動の超過する状態が「無謀」であるのに対して、不足する状態が「臆病」であり、その中間が「勇敢」である。このように両極端を避けた中間こそが最善であり、徳である、というのがアリストテレスの主張であり「徳の中庸性」として知られる（内山2008：628ページ）。同様に、快楽と苦痛については、快楽の超過状態が「不節制」であるのに対して、不足状態が「鈍感」であり、その中間が「節度」である。このようにして、勇敢、節度のほか、鷹揚、気高さ、温和、親愛、正直などが徳であると規定されている。

このようにみると、徳は道徳的に優れた行動ができる人間の能力として現れるものであり（山内2015：35ページ）、したがってその習得のため鍛錬が必要とされ（前掲図表7-3）、その結果、人はこのような各種の能力を持つに至ると理解できる[21]。

徳が幸福に関連する理由

人が、このような徳を身につけることができるならば、上述した自律性、自

信、人間の絆といった人間の基本的ニーズ（前掲図表7-5を参照）を高めることになり、その結果、エウダイモニア的幸福をもたらすことになる。なぜなら、以下に箇条書きしたように、勇敢という徳は人の自律性を支える要因であり、気高さ、節度といった徳は人の自信向上に関連し、さらに温和、鷹揚、正直、親愛といった徳目は人間の絆を強めると解釈できるからである。なお、同情心、利他心は、中庸という意味での徳とは異なるが広い意味での道徳的美徳と捉えるならば、こうした徳も人間の絆の強化を通してエウダイモニア的幸福に関連することになる。

- 自律性 ⟵ 勇敢。
- 自　信 ⟵ 気高さ、節度。
- 人間の絆 ⟵ 温和、鷹揚、正直、親愛。同情心、利他心。

また、次のように理解することもできる。すなわち徳の特徴が中庸にあると考えると、個人と社会の間における緊張は徳という倫理を通して和らげられ、そして静められる。なぜなら、徳倫理によって個人は、争いのない生活をしたいという人間本来の願い（人間性）と、人間の欲する物質や地位などを無制限に入手できるわけではないという社会的な現実に導かれた生活ができるようになるからである（Sachs 2013：84ページ）。つまり徳倫理は、自分の人格を磨くことによって自己の環境対応力を高める一方、物質面では「足るを知る」生活ができるようになるという効果を持つこと[22]から、エウダイモニア的幸福をもたらす、と理解できる。

---

21) ちなみに、徳（モラル）に対する経済学者の見解は、これとは全く異なる。すなわち経済学者は、徳といえども個人の効用関数において効用を高める一つの要因（徳による個人の利益発生および徳に従った行動がもたらす満足感）に過ぎない（Gino et al. 2016）と理解しており、これが通説的見解である。あるいは、人間は道徳的な感情に価値を認めるもののそれに反した行動（利己的ないし非道徳的行動）をしてもその行動を正当化する心理メカニズム（情報処理メカニズム）を備えている（同）、と理解される。これらいずれの場合も、徳それ自体の価値ではなく、徳を個人利益の有無に関連づけて理解する点に経済学者の発想の基本がある。

22) このような生活指向は仏教経済学に通じる。仏教経済学の概要は、本書第12章の付論1を参照。

2種類の幸福の性格対比

　以上、幸福の類型やその要素をみてきた。そこで、これらを総括する意味で、ここでは3分類に代えて、Waterman（1993）や最近の脳科学者が行っている一般的な2分類[23]によって幸福を「一時的な快楽」と「持続的な幸福感」として捉える。そして、それらがどのような要素と対応しているかを明確に理解するため、両者を視覚的に示すことにしよう。

　図表7-7において、横軸は人間の行動パターンを表すこととし、右に行くほど原因指向（ものごとの生成のエネルギーの主体者ないし原因となろうとする姿勢が強いこと。因縁指向）を示し、左へ行くほど結果の直接的追求（結果だけを得ようとする姿勢が強いこと。果報指向）を示すことにする[24]。また、この横軸をそれとは別の視点から捉え、右に行くほど利他的、左へ行くほど利己的、という場合も重ねあわせて表示することにする。さらに、行動の視野が長期的か、それとも短期的かという特徴や、徳倫理の強弱、変化への対応力の大小も同様に横軸に表示する。一方、縦軸は幸福の継続性を表すこととし、上に行くほど長期的な幸福を、逆に下に行くほど短期的な幸福を示すことにする。

　この場合、右上の楕円で示した領域に属する幸福は「持続性のある深い幸福」（エウダイモニア的幸福、eudaimonic happiness）に該当すると理解できる。なぜなら、この場合には、前述したようにものごとの主体者になろうとする（原因側に立とうとする）姿勢、利他的な行動、長期的な視点、徳倫理的な行動、変化に対する大きな対応力、などに対応しているからである。それゆえに、このタイプの幸せは、強さ、深さ、そして永続性を持った幸せになる[25]。

　これに対して、左下の楕円で示した領域に属する幸福は「快楽的な幸福」（hedonic happiness）である。なぜなら、それは、ものごと生成の主体者になるよりも自分が求める結果を直接獲得しようとする姿勢（結果指向）を基本としているうえ、自分を中心に考えるので利己的な行動、さらに目先のことを中

---

23) 例えば脳科学者の金井（2013）は、幸福を(1)感覚的な快楽、(2)自己実現の喜びや生きる意味を感じることで得られる幸せ、の二つに大別できるとしている。そして、エウダイモニアの高い人と、その対極にある鬱病の人、の差は大脳の島皮質（大脳皮質の一領域）の構造の差によって感覚に差が生じていると推測している（同104ページ）。

24) この二つの対照的区分（原因指向、結果指向）は、高橋（2014：183-230ページ）の指摘（それぞれ因縁指向、果報指向と表現）から示唆を得た。

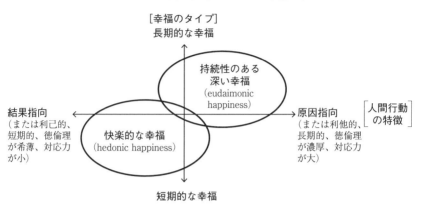

図表 7-7 人間の行動パターンと幸福の種類

(注) 著者作成。

心にした短期的な視点、徳倫理の希薄さ、そして変化に対する対応力も小さい事態に対応しているからである。このような場合の快さや喜びは、たとえ一時的に強いものであっても持続性がなく、また深い歓びに結びつくものでない。

なお、この図において、形式的には左上方の第2象限（結果指向の長期的幸福）および右下方の第4象限（原因指向の短期的幸福）に位置する幸福も考えられる。しかし、それらは短期的にありえても長期的には上記二つの幸福に移行ないし帰着する、と理解できる。

例えば、人生の長期に亘る幸せを目指して宝くじを購入するような場合（第2象限の幸福）、それに当選したとしても、その幸福感は、一時的には高いものの人は新しい事態に適合してしまうためそれには持続性がないこと（左下方の第3象限の幸福に移行すること）が実証的に知られている（Frey and Stutzer 2011：12ページ）。また、人がボランティア活動に参加する場合、それには幾つかの複合的動機があること（概ね右下方の第4象限の幸福）が指摘され

---

25) 三大幸福論の一つとされるアラン（2008）は、「人は棚ぼた式の幸福をあまり好まない。自分でつくり上げることを欲するのだ」（同136ページ）と指摘、幸福は自分の努力によって手に入れるものであることを幾つかの例を挙げて強調している。「守銭奴は多くの楽しみを自分に禁じる。そして、まず楽しみにうちかつことによって、そしてまた財力を蓄積することによって、強烈な幸福感を作り出す」（同136ページ）としているほか、労働者が自分で手に入れた材料で暇を見て少しずつ家を建てるのは「宮殿を建てるに増しての幸福」であり「苦しみが楽しみを作る」（同154-155ページ）と表現している。

ているが、長期的にみるとそれが高い満足度をもたらすに至ること（右上方の第1象限の幸福に移行すること）が心理学等の研究から知られている[26]。

以上のとおり、人のあり方として、そして公共政策としても、第1象限に位置する持続性のある深い幸福（エウダイモニア的幸福）を追求するのが望ましいことは明らかである。

第6節　徳倫理の再興可能性と政策含意

個人や社会にとって一つの望ましい（しかし従来は認識が欠落していた）要素である徳倫理を今後、公共政策あるいは国民の社会生活において復活させ取り込む余地はあるのか、またその可能性があるとすれば具体的にどのようなことか。

徳倫理の再興は可能か

まず、徳倫理学を公共政策に取り込むにことは課題が非常に多い。なぜなら、米国など先進諸国では従来そうした経験がほとんどないうえ、唯一の倫理基準が存在しないところで倫理の合意を強要することには危険が伴うからである（Sachs 2013：93ページ）。しかし、国民（社会構成員）の意識や文化的背景が多様化した社会であっても、意味ある新しい倫理のコンセンサスを形成できる余地はある（同）、と考えるべきではないか。

なぜなら、第1に、幾つかの基本的な倫理原則は、既述のように全ての主要宗教（日本に関連していえば仏教や儒教的思想）において共通しており、それが国内外で共通の倫理的枠組みになりうるからである（Sachs 2013：93ページ）。現に、やや詳細な研究（Dahlsgaard et al. 2005）によれば、勇気、節制など幾つかの中核的な徳は、中国（儒教、道教）、南アジア（仏教、ヒンズー教）、西洋（アテネ哲学、ユダヤ教、キリスト教、イスラム教）における哲学的・宗教的伝統に共通していることが明らかになっている[27]。

第2に、徳倫理の多くの項目は、心理学をはじめ脳科学も含む近年の研究に

26）第8章の第2節および第3節を参照。
27）この知見は、ポジティブ心理学を成立させる基礎でもある（Dahlsgaard et al. 2005）。

よって明らかにされているとおり（注23を参照）、人間にとって無理のない行動規範になっている（それらは個人にとって幸せをもたらす要因である可能性が大きい）からである。

例えば、利他的行動の代表的事例である「相互性の黄金律」（「自分にしてもらいたくないことは人に対してするな」あるいは「自分にしてもらいたいように人に対してせよ」）が人間性の原則として再度注目されている（Sachs 2013：93ページ）[28]。それに普遍性があるのは、与える人の健康と幸福に対しても良い効果を持つことが一つの要因になっている[29]からである。こうした科学的な根拠は、広義の徳倫理の再興にとって、思想面での普遍性とは別に、生命体としての人間という観点からその可能性を高めている。

公共政策と生き方への含意

公共政策面では今後どのような考え方をするのが望ましいのか、また、より根本的にいえば人間の生き方への示唆を与える余地はあるのか。

まず、今後目指すべき社会を考える場合、物質的な豊かさだけでなく、各種の政策が個人の徳倫理向上に役立つか、また他人との望ましい関係構築に資するかどうかという視点（従来ほとんど着目されなかった視点）を考慮することが重要となる。そうした視点は、エウダイモニア的幸福の達成に密接に関連するからである。以下では、断片的ながら幾つかの例を示しておこう[30]。

例えば、徳は能力でありマインドセットないし習性でもあるので、教育政策としての人徳の涵養（学校だけでなく家庭における対応も含む）、ボランティア活動や寄付行為の奨励などによる利他性の涵養、などが考えられる（大垣・田中 2014：241-242ページ）。また、小学校においてグループによる学習方法を用いた教育を受ければ、大人になってから利他性が高くなる傾向が認められ

---

[28] その例として "Global Economic Ethic" という運動（http://www.globaleconomicethic.org/）が指摘されている。なお、黄金律については、第9章で詳細に論じる。

[29] 第8章第3節を参照。

[30] 倫理に関する新しい課題として、Sachs (2013) は以下の五つを挙げている。(1)社会で共有可能な倫理的価値の研究、(2)各種倫理概念の理解を深めるための公的教育、(3)国民の自発的行動を支援する公共政策、(4)企業および政府の倫理行動のモニター手法を開発するための市民社会組織の構築、(5)徳と幸福の現代的関連の研究（OECD 報告書の例がある）。

ること（Ito, Kubota, and Ohtake 2015）が知られており、この結果、幸福度が高くなる可能性が大きいので公共政策として初等中等教育でのグループ学習方法の推進も考えられる。一方、経済政策においては、単に景気回復によって仕事を作り出すという視点にとどまらず、生きがいが感じられる仕事を作り出すこと、信頼関係のあるコミュニティを作ること、などの視点が大切になってくる（金井 2013：110ページ）。

さらに、より良い社会のあり方を探求する場合、従来の「市場か国家か」という単純な二分法でなく、「市場・国家・コミュニティ」という三部門モデルに基づいて多様なコミュニティ（NPO/NGO）の創設とその活動を支援することも重要になる[31]。例えば、米国では「人間性の原則」（the principle of humanity）に沿ったプロジェクト、「人間の幸福」を目指すプロジェクト、「現代社会にとって善いこと」を目指すプロジェクトなど、自発的かつ組織的な活動が活発化している[32]。これらの活動やそれを支援する仕組みの構築は日本でも参考になろう。

また、個人が精神的鍛錬をすることによって自ら徳を磨き、各人それぞれに与えられた働き（人生の使命）を自覚できるようになる訓練の場があれば、それは幸せに通じることになろう。なぜなら、もし個人がそのように生きることができれば、日々直面する事態を「快か苦か」で受け止めることがなくなり、たとえ多忙であっても、また苦しいことがあっても「強く、深く、悠々と生きる」（高橋 2014：263ページ）ことができるようになるとともに、各人の仕事ないし働きを介して社会に貢献できることになり、その結果、深い幸福（エウダイモニア）を経験できると考えられるからである。

こうした思想の学習とその精神的鍛錬の場の例としてトータルライフ（TL）人間学、あるいは魂主義という生き方（高橋 2013b、2014）がある。そこでは、仏教の基本思想である「中道」の心で生きるための鍛錬が推奨されている。また、徳という言葉で表現されているわけではないが、それに含まれることがらやゆるぎない生き方の原則[33]が体系的に示されている。こうした一つの実践

---

31) 三部門モデルについては、第4章第3節を参照。
32) 第1番目については脚注28を参照。第2番目は"Action for Happiness"（http://www.actionforhappiness.org/）、第3番目は"The Good Project"（http://www.thegoodproject.org/about-us/。研究プロジェクトの集合体）である。

哲学とそれが持つ可能性については、第12章および第13章で論じる。

なお、本章を結ぶにあたり、学問研究のあり方について著者の考えを一言述べておきたい。近年の社会科学においては、価値中立性（没価値性）と厳密さがことさら強調されてきた。その結果、研究ならびに研究者が目指す最終目的についての感覚が希薄化しているとの印象を著者は禁じ得ない。例えば、本章のテーマである幸福の研究をする場合、生活の質や生活の満足度に関する社会調査データの分析を中心に据えた（data-driven）研究が多く、幸福を考える明確な概念枠組みの提示ないし哲学的洞察は回避することが一つの潮流になっている（Ryff and Keyes 1995：719ページ）。しかし、研究において価値中立性が最大かつ絶対の条件だ、と考えるのは、ある意味で行き過ぎた、そしてリスク回避的な姿勢ではなかろうか。

われわれがより良い人間になり、より充実した人生を送ること、そしてより住みやすい社会にすることこそ学問の最終的でなければならない。研究者には、そのためにむしろリスクないし一定の視点（ポジション）に立つ勇気が求められるのではないか。そうした踏み込んだ立場を取る場合には、前述したように、個人や社会を繁栄させるための強みや長所を研究するポジティブ心理学が生まれる。また経済学においても、事実解明的分析にとどまらず、どのような社会制度や政策選択が望ましいかを課題とする規範的経済学が発展することになろう。研究者個人として、そして学会としても、このような姿勢を強めること、そして学際的研究を発展させることが、いま幸福の研究において求められていると考える。

本章の結論

本章の主な論点は次のとおりである。
1．幸福とは何かを理解する場合、経済学的視点のほか、思想史、倫理学、心理学、脳科学など多様な先行研究の知見を取り入れて考察すれば、幸福はそ

33）自然の姿になぞって月の心、火の心など「12の菩提心」（高橋 2008）が挙げられている。例えば、火の心（熱き心の菩提心）は図表 7 - 6 の「勇敢」に、海の心（広い心の菩提心）は「温和」に、観音の心（慈悲の心の菩提心）や太陽の心（愛の心の菩提心）は「親愛」に、山の心（不動の心の菩提心）は「気高さ」にそれぞれ通じる要素を含んでいる。

の深さや継続性に着目する必要があることが導ける。その観点から見ると、幸福は(a)気持ち良い生活（pleasant life）、(b)良い生活（good life）、(c)意義深い人生（meaningful life：アリストテレスのいう eudaimonia）の三つに区分することができる。
2．このうち(c)を支える要素としては、自律性、自信、積極性、人間の絆、人生の目的意識が重要であり、これらは徳倫理（virtue ethics）に相当程度関連している。
3．今後の公共政策運営においては、これまで中心的位置にあった上記(a)にとどまらず(b)や(c)に関連する要素も考慮に入れる必要性とその余地がある。
4．個人が徳の修得を含めて自己鍛錬すれば、自らの幸せを向上させることができるだけでなく各人の使命（ミッション）を発動することによってより良い社会の構築につながる可能性がある。

付論1　経済学の前提拡張：利他主義の包摂(2)

　新古典派経済学においては、人間は利己主義的に行動するという前提が置かれ、それが伝統的に踏襲されてきている。このため主流派経済学では、人間が利他的な「行動」をする場合においてもその裏には利己的「動機」が潜んでいると解釈し、利他的な行動も利己主義の観点から説明可能という説明がなされる場合もある（第8章の付論2を参照）。

　一方、人間には利己的動機だけでなく利他的動機もあるという前提で分析を出発することも可能である。例えば、個人の効用関数における説明変数の一つとして他人の効用も付加するという視点である[34]。以下では、そうした発想に沿って「徳」を導入し、従来の研究よりも一歩進んだかたちで利他的行動を定式化して徳の含意を議論しようとした最近の研究例（Bhatt, Ogaki, and Yaguchi 2013[35]；改訂版は Bhatt, Ogaki, and Yaguchi 2015）を紹介する。

　ここでは、親と子供からなる家族、そしてそれ以外の他人を考える。このような条件のもとで、個人（親）の効用のほか、家族内の成員（自分の子供）の効用、ならびに他者の効用を考える（三者の効用はいずれもその消費量によって規定されるとする）。そして後者二つを考慮することにより、経済主体（親）の行動に「利他主義」の要素が導入できる、というのがこのモデルの特徴である。それを著者（引用者）なりに簡略化して要点を示せば次のようになる。すなわち、個人（親）の最終的効用 U は下記のようなかたちになる。

$$U = U_F(C_P) + \alpha_1 U_K(C_K) + \alpha_2 U_S(C_S)$$

　ここで、U_F, U_K, U_S は、それぞれ、親の自らの消費に起因する効用、子の効用、他人の効用を示し、それらはそれぞれ C_P, C_K, C_S, すなわち親の消費量、子の消費量、他人の消費量によって規定される、と仮定する。α_1 は、親が子供のために行う支出や子供と一緒に過ごす時間を示し、α_2 は、親による他人のための寄付、他人のために行うボランティア活動の時間を示す。つまり、

---

[34] 第4章の付論1を参照。そのほか第8章の付論1「経済学における利他主義の研究（小史）」も参照。

[35] その概要は、大垣・田中（2014：11章3節）においても別途解説されている。

α_1, α_2 は、ともに親が決定できる値であり、親の利他的行動とその程度を表す。そして個人（親）の効用は、これら三主体の効用の総計によって規定されるとし、個人（親）はそれを最大化するような行動をする、という定式化である。

ここで、α_1, α_2 は「徳」（図表7-6における「鷹揚」）を表わすと解釈でき、一般的には $\alpha_1 < 1, \alpha_2 < 1$ である（子供あるいは他人の効用は親自身の効用よりも小さい比重で考慮される）が、α_1, α_2 の大きさによって「徳」の程度が表される点に特徴がある。すなわち、とくに $\alpha_1 = 1$ の時を「家庭内利他性の徳」（家庭内では親自身の消費と子供の消費は同等の満足度を親に与える）、一方 $\alpha_2 = 1$ の時を「他人への利他性の徳」（親自身の消費と家族以外の他人の消費が同等の満足度を与える）と定義している。

その結果、(1)徳を増進すれば（上式で明らかなように）親の効用 U が増大する、したがって(2)徳を増進する政策は「良い政策」である、(3)そうした政策例としては、家庭内の子どもの教育費用（子供の忍耐強さを強めるための教育費用）に対する税額控除、あるいは金銭の寄付行為に対する税額控除がある、などが主張されている。

確かに、こうした理解の枠組み（内生的選好モデル）の発展により、徳を数学モデル内で定義して厳密な政策分析をすることが可能となった（大垣・田中2014：243ページ）といえよう。

しかし、上記モデルでは(1)効用の可測性と集計可能性（いずれも従来から反論が多い）が前提されていること、(2)人間（自他とも）の満足をあくまで消費量の多寡を基礎として判断していること、さらにいえば(3)発想が極端な個人主義（家庭内での親の子に対する行動すら「利他的」と認識した定式化）に陥っていること、などの問題を指摘できよう。解析的展開をしようとすれば、これらの問題は不可避であり、とくに消費以外に起因する「効用」（行動のプロセスに伴う幸福感や、持続的かつ深い幸福感であるエウダイモニアなど）をこの枠組に取り込むことはまず不可能である。幸福についてバランスのとれた理解をするうえでは、こうしたアプローチには当然ながら限界があるので、哲学的探求で補完することが必要になる。

第3部

社会科学の新しいあり方(2)
人間の行動動機の多様性認識

第8章　利他主義の動機、成立構造、効果

　第2部では「社会科学の新しいあり方(1)」として、方法論を革新し経済学の前提を問いなおす必要性を論じた。それに続く以下の第3部では、「社会科学の新しいあり方(2)」として、人間の行動動機の多様性を認識する必要性を議論する。

　正統派経済学では、人間は利己主義的に行動することを大前提としていた。これに対し、現実にみられる利他主義的な行動（例えばボランティア活動）はどう考えれば良いのか。第8章では、この問題を正面から問う。そこでは各種の人文学、社会科学、自然科学の知見を踏まえて著者なりの解答を与えることを試みる[1]。続く第9章では、利他主義的な行動基準を示す黄金律「自分にしてもらいたいように人に対してせよ」に焦点を絞り、その系譜と精神構造を明らかにする。第10章では、人間の利他主義的な行動動機を基礎とする人間集団としてのコミュニティを取り上げ、その組織の特徴と力の源泉を訪ねる。

第1節　真性の利他主義はあるのか

　人間が利己主義的な考え方や行動をするのは、生命を維持する必要があること（そのためにまず自分の食糧を確保する行動に出ること）から考えても明白である。これに対して、利他主義（他人の幸せに関心を払う主義ないしそのための行動）も日常的に見かける。例えば、東日本大震災（2011年3月）後には、

---

1 ）本章は、岡部（2014c, 2014d：第5節〜第8節）に依拠している。

多くの人々が自分の時間・エネルギー・資金を費やして救済ボランティアとして現地に出向いた。

また、「自分にしてもらいたいように人に対してせよ」あるいは「自分にしてもらいたくないことは人に対してするな」というよく知られた格言がある。これは世界中の多くの宗教や文化に共通する規範になっており、黄金律（Golden Rule）と称される[2]。この倫理命題では、自分の行動を相手の尺度で評価することを事前に要請しているので、相手に対して広い意味で好意を持っていることが前提されており、程度はともかく相手のためになるように行動せよ、という要素を含んでいる。そうした発想や行動は、利己主義（egoism）に対して利他主義（altruism）あるいは慈善（フィランソロピー、philanthropy）[3]などと呼ばれる。

人間が持つこうした利他主義の動機ないし行動をどう理解すべきか。またそれはどのようにして利己主義と共存しているのか。本章ではこれらの問題を多面的に考察する。

(1)利他主義の様々な捉え方と主要論点

利他主義（altruism）とは、広く理解すれば、他人の幸せ（welfare）に関心を払う主義ないしそのための行動を指す[4]。これは、世界中の多くの宗教や文化に共通してみられる伝統的な道徳ないし倫理基準である[5]。

例えば、世界のほとんど全ての主要宗教（キリスト教、仏教、ヒンズー教、イスラム教など）は、その教義に利他主義を大切な道徳的価値として含んでおり、またそれを推進している。そして、非宗教的な色々な伝統においても、こ

---

2) この詳細な考察は、次章（第9章）で行う。
3) 慈善（博愛）は、慈善事業などの表現が示唆する通り、個人の場合よりも企業などが医療・福祉・環境地域活動に参加・協力することを指す場合が多い。これに対し、本書では主として個人を基礎とする利他主義を扱う。
4) http://en.wikipedia.org/wiki/Altruism。なお本章では、別途述べた理由（第9章の注3参照）により、引用可能な条件を備えていると考えられるウェブサイト情報（英文ウィキペディアなど）は引用する。
5) 倫理が社会的規範として機能するうえで満たさねばならない条件としては、個人的感情に合致し直感的に自明な原則であること、合理的手続きであること、文化の一つになっていること、相互利益になる社会契約であること、社会的に有用であること、などが指摘されている（Gensler 2009：148ページ）。

の考え方ないし行動基準（次章で述べる積極型の黄金律）が中核の一つに位置している。この倫理基準は無私の心（selflessness）を意味しており、利己主義（egoism）や利己心（selfishness）の反対概念である。ただし、より厳密に考えると利他主義については様々な視点があり、その理解の仕方が非常に多様であることに驚かされる。

利他主義の様々な捉え方

まず、心理学的視点に立った一つの極端な見解がある。すなわち、心理学的利己主義（psychological egoism）と称される立場からみれば、どのような分けあい、援助、あるいは犠牲であっても、そうした行為をする者は個人的満足（personal gratification）というかたちで本来的な報酬（intrinsic reward）を得るので、それらの行為は真の利他主義と認めることはできない、という考え方がなされる[6]。また経済学でも、これと類似の議論がなされており、たとえ利他主義的に「行動」しても、その「動機」は利己主義的なものに帰着する、と扱われる（付論2を参照）。

これに対して、人間は文字通り利他主義的考えをもって行動をする、と理解する見解がある。なぜなら、人間も動物（生物体）の一種であるから、他の動物と同様、種族保存のためには自己犠牲をしてでも他の主体を助けて自らの種を生存させる（つまり利他主義的行動をとる）という考え方である。これは上記見解と枠組みを全く異にするが一つの視点であり、現にこの線に沿った研究も自然科学系の分野から多くなされている（後述）。

主要論点

以上二つの対照的な主張からわかるとおり、「真性の」利他主義が果たして存在するのかどうかについて、そもそも両極端の見解が存在する。最も基本的には、人間を動物体としてみるか、それとも人間の社会的・文化的側面を重視して人間は他の動物と同一視できないと考えるか、である。

そして仮に後者の視点に立つとしても(1)人間は「利益」に該当するものがなくても利他的行動をするのかどうか、(2)もしそうした行動をするのであれ

6）http://en.wikipedia.org/wiki/Altruism

ばその動機は何か、(3)行為する者が受け取る報酬ないし見返り（それは多様な形態をとりうる[7]）が果たして「利益」に該当するものかどうか、などを明確化する必要があり、結論はそれらの結果によって直接左右される。

さらに次のような問いに対しても解答が求められる。すなわち(4)利他主義は、自分以外の誰かのために自分の何か（例えば時間、エネルギー、所有物など）を犠牲にすることを条件とする必要があるのか、それともそうした犠牲を伴わなくとも（例えば相手に対する思いやりだけでも）成立するのかどうか。(5)利他主義的「行動」と利他主義的「動機」は区別するべきかどうか。(6)利益を受ける「他人」は特定の個人（個体）なのかそれとも集団なのか、もし後者の場合その範囲は何か（一定の社会的集団か、それとも人類全体か）。そして(7)人間が利他的行動をするのは一時的にすぎず圧倒的に多くの場合は利己的行動をすると考えるのかどうか。

このように考えると、人間が果たして利他主義的行動をするのかどうか（するとすればなぜか、どの程度かなど）について結論を述べるのは容易でない。しかし、少なくとも、人間は、場合によっては利他主義的行動をすると理解するのが自然である。例えば、火事になった家に人が残されている場合、命の危険を冒して家に飛び込んでまで人命を救助するとか、溺れている人を自分の命の危険を冒してまで助ける、といった例は少なくないからである。また、献血をする行為は多くの人が行う行為であり、これは明らかに利他主義的行動に該当する。さらに、上述したとおり東日本大震災後には、多くの人がボランティアとして自弁で東北地方に出向いて被災者を援助する行動を見せたのも、人間が利他主義的心理を持つことを示唆している。

(2)利他主義の定義（再説）

以上の議論を踏まえると、人は、たいていの場合、利己心で動くが、それだけでなく「場合によっては、他人の幸せそれ自体を最終目的として関心を寄せ

---

[7] 例えば、報酬は、直接的利益でなく寄附行為に対する認知度の上昇など間接的利益の場合もある。また(a)自分に対してよりも他人に対して行う方が自分自身の気持ちを良くする、(b)自分に対する他人の尊敬が高まることによってより良く扱ってもらえる、(c)感情と行動の非整合性からくる圧迫感から逃れられるなど、よく考慮した上での自己利益（enlightened self-interest）が動機になる場合もある（Gensler 2009：148ページ）。

る」と考える（Sober and Wilson 1998：228ページ）のが適切になる。つまりこれは「ほとんどの人が常に利他的である」とか、「何人かの人はほとんどの場合利他的である」と考えるのではなく、人は広範な利己心（selfishness）を持つ一方、利他心も併せ持つ存在であり、したがって行動動機は多元的である、とする見方である（同）。本書では「利他主義」をこのような広い視点から考えることにしたい。

つまり利他主義という場合、狭い意味での利他主義（事前的にも事後的にも利己的な要素を全く含まない場合）と、広く捉えた利他主義（事前的または事後的に利己的な要素を含む場合）の二つに区分できるが、本書ではこの両方を議論の対象とする。

確かに、前者だけを真性の利他主義と捉える見方もある。例えば、哲学者の中には「他人の利益を考慮する一方、隠れた動機を保持することなく行動する意志（willingness）があること」をもって利他主義とするケースがある（Andreoni et al. 2008：134ページ）。そこでは(1)他人を考慮すること（当人の犠牲を伴うかどうかは問わない）、そして(2)行動自体で利他主義を説明するのではなくそこに利己主義的な隠れた動機がないこと（もし利己主義的動機があるとしてもその動機だけではないこと）、が条件となっているので、利他主義が狭く（厳格に）捉えられている。この点いかにも哲学者らしい。しかし、多くの学問領域では、利他主義をより広く捉えたうえで考察しているので、本書でもそれに従うことにする。

第2節　ボランティア活動の解釈

利他主義の動機と行動が一体となった身近な一例としてボランティア活動（volunteerism）がある。その活動を概観しておくことは、利他主義を考える上で具体的なイメージを与えるとともにその論点について多くの示唆を与えるので、本節ではボランティア活動をいちべつすることにしたい。ボランティア活動は各国において広くみられるため、研究例も数多い。ここでは、その概要を取りまとめた最近の研究成果であるMannino et al.（2010）に依拠して以下記述する。

ボランティア活動の意義と動向

　まず、ボランティア活動とは、人々が償いや報酬を期待することなく他人のために時間と労働を進んで割くことを指す。インフォーマルな活動の場合もあれば、形式が整った組織体による場合もある。これは社会活動（social action）、すなわち個人が他人ないし社会の利益のために目的と動機をもって関与する活動の一形態である。

　その活動は近年世界中で増大しているのが特徴的である。その理由は、社会がそれを好意的に見ていること、すなわち社会がボランティア活動の価値を認め、それを奨励していることによる面が大きい。なぜなら、ボランティア活動をする個人は利他的であって他人の気持ちが理解でき（compassionate）、そして人間的に寛大である、などと見られているからである、とされている。

　ボランティア活動に特徴的なのは、ボランティア活動を義務づける法律はないこと（そうした活動をしないことに対する罰則や社会的制裁があるわけでもないこと）である。それにもかかわらず、人々は自分の時間やエネルギーを注ぎ込んで（経済学的な表現をすれば「機会費用」が伴うにもかかわらず）自ら選んでそれを行っている。この点が特徴である。つまり人々の自発性が重要な背景にある。

ボランティア活動の動機

　ボランティア活動に関する重要な研究テーマは幾つかあるが、そのうち人々をボランティア活動に駆り立てるものは何か、つまり活動動機は何かという問題が最も興味深い問題である[8]。Mannino et al.（2010）によれば、ボランティア活動は参加者のやる気が支える現象（a motivated phenomenon）と位置づけることができ、この見方は広範な研究によって支持される（同129ページ）としている。

　そしてその動機は、人間の社会的文脈（人間は何らかの共同体に所属しているという意識と現実があること）から発生するとともに、人間内部の感情からも湧き上がるものである、とされる。したがって、それら両要因がボランティ

---

[8] その他に解明すべき問題として、人々がなぜ特定のボランティア活動を選択するのか、ボランティア活動を継続しようとするのはなぜか、などがある。

第8章　利他主義の動機、成立構造、効果　259

ア活動への参加自体を左右するほか、活動の形態、期間を決めることになる（同129ページ）。

　具体的にいえば、ボランティア活動に参加する場合の動機は(1)何らかの個人的目標の実現と他者への貢献が一体化した人間の心理、(2)個人的および社会的なアイデンティティの獲得、(3)コミュニティへの連結性、の３つが基礎になっている。また活動単位としては、個人のレベル、集団のレベル、の両方がある。そして、ボランティア活動集団に所属しているという心理面の役割も見逃せない意味を持っている。

　いずれにせよ、現代社会では重要な社会サービス（コミュニティ・サービス）がボランティアによって提供されているので、ボランティア活動は社会にとって有益である。そうしたボランティアサービスの実施計画を策定する場合に必要なことは、効率的（effective）であること、サービス提供者に満足感が伴うもの（satisfying）であること、長期間活動可能な（long-serving）ボランティア労働力を確保できるものとなっていること、などである（同141ページ）。

第３節　人文学的・社会科学的・自然科学的解明

利他主義を理解する基本的視点

　われわれ人間は、他の人の利益になることをなぜするのか。あるいは、より控え目にいうならば、少なくとも自分の利益にならないことでもする場合があるのか。これが基本問題である。具体的にいえば(a)他人の利益になることをするのはそれが単に自己利益にかなうからなのか、それとも(b)われわれは他人の利益になるように行動する動機を本来もっているのか、という問題である。そして(c)もし他人の利益になるように行動するとすれば、どのような他人（家族、友人、国家、人類）の場合か、という問題も随伴してくる。以下、対照的な視点である(a)および(b)をやや敷衍して考察しておこう[9]。

　まず(a)のような行動は、一見利他主義に見えるものの自己利益の手段として他人の利益になる行動をすることを指すから、実体的には利己主義（ego-

---

9）通常では知りえない認識が超越的な存在によって開示されるとする観点（例えばキリスト教における啓示）からみれば、利己も利他も区別がないことになるが、本書ではその議論には立ち入らない。

ism ないし self-benefit）的行動である。この場合、多様な自己利益の形態があることが実証的に明確に確認されている（Batson et al. 2010：106ページ）。それには大別して二つのタイプがある。一つは、利他主義的行動をすることによって何らかの報酬（rewards）を獲得する場合である。例えば謝辞、称賛、名誉、プライド、金銭の受領、相互関係の維持などである。もう一つは、懲罰（punishment）の回避である。すなわち、罰金、攻撃、社会的責任違反に対する制裁、恥さらしなど（マイナス要因）を回避するために利他主義的行動をとる場合である。

これに対して上記(b)のような行動は、その最終目的として他人の利益になることをする場合であり、真性の利他主義といえる。つまり一人の人間が、自己利益達成の手段としてではなく、他者の幸福（welfare）を究極的な目的として行動することである。果たして人間にはそういう動機や行動がほんとうに存在するかどうか、これは興味深い問題である。この問いに対しては、哲学、社会科学、行動科学などの視点に立って比較的古くから研究されてきているが、近年（ここ30〜40年）は自然科学の領域からの研究も加わってその視野が急速に広がってきている。

以下(1)では、このうち哲学や社会科学の視点からの研究動向を整理し、(2)では自然科学の観点からの理解をまとめる。なお、このような広範かつ複雑な研究領域を正当に概観するのは著者の能力をはるかに超えるので、以下は断片的かつ印象的なものにすぎない可能性もあろう。

(1) 人文学的・社会科学的解明
哲学

まず、利他主義の考察において古い伝統をもつ哲学をみよう（以下図表8-1を参照）。哲学といってもむろん千差万別の思想があるが[10]、ここではそのうち最も大きな影響力を持ち続けている思想の一つである功利主義（utilitarianism）を取り上げる。

この思想の特徴は「個人の究極的目標は自分自身の利益を得ることにある」と考える点にある。したがって、他人のことを考える時でも、それが自分の幸

---

10) 例えば、利他的行動は人間の責務だとする主張がある。

福を増大する結果を生むかどうかの観点だけから見る。つまり、一見他人のことを考えて行動しているように見えても、そうした行動は結局自分の利益のためである（それに帰着するはずである）と判断する。したがって、利他主義の観点からみると、人間は利己心だけを持ち、利他心をもたない存在である、と結論される（Sober and Wilson 1998：2ページ）。

経済学

　次に、上記の功利主義思想を直接継承する経済学をみよう。経済学の視点からの利他主義の研究は当初、博愛主義（philanthropy）をどう位置づけるかという視点から1960年代に始まり、その後、紆余曲折があって現在に至っている（その略史は**付論1**を参照）。しかし、経済学の内容が近年著しく多様化[11]する中にあっても、その根幹領域の一つであるミクロ経済学においては、人間は利己心（自分の効用最大化）だけを目的に行動する主体であることが引き続き前提され、それをもとに一つの社会像を構築している点に特徴がある[12]。

　また、ミクロ経済学に含まれるこうした功利主義の思想を受けて近年発展してきたゲーム理論においては、一見利他的な行動をする場合でも、結局それは自己利益の追求が究極的な動機になっている（岡田 2014：158-159ページ；2011：260-261ページ）、という分析結果が多い（**付論2を参照**）。つまり、ここでも、人間は利他的「行動」をする場合があるものの、それは利他的「動機」の存在を表すものではなく、動機はあくまで利己的なものである、と主張される。これに対して、理論ではなく経済心理学の実験をした結果によれば、利他主義は、必ずしも利己心に帰着させる必要はないもののやはり合理性理論（rational theory）の枠内で説明できる（Khalil 2004）とする主張もある。

　このように経済学では、その対象領域や分析手法が近年大きな発展を示してきたものの、そこでは依然として利他心をもたない人間が仮定される一方、利他的行動も結果的には利己的行動として「説明」できるという議論がなされるなど、広い意味での功利主義の思想が一貫して踏襲されている。

11）最近の経済学の動向と問題点については、第1章および第2章を参照。
12）この点は、第1章で詳細に述べた。

262　第3部　社会科学の新しいあり方(2)：人間の行動動機の多様性認識

図表8-1　各種学問分野からみた利他主義についての見解

学問分野	具体的領域	考え方・分析方法	人間の利他心の有無の判断
哲学	功利主義	・個人の究極的目標は自分自身の利益を得ることにある。 ・他人のことを考える時でもそれが自分の幸福を増大する結果を生むかどうかの観点だけから見る。	▲人間は利己心だけを持ち、利他心をもたない。
経済学	ミクロ経済学	・人間は利己心（自分の効用最大化）だけを目的に行動することを前提、それをもとに社会像を構築。	▲人間は利己心だけを持ち、利他心をもたない。
	ゲーム理論	・一見利他的な行動をする場合でも、結局は自己利益の追求であるという分析結果が多い（本章の付論2を参照）。	▲同上。
心理学	社会心理学	・利他的行動によって自己利益が生じる場合があるが、それはあくまで意図せざる結果。人間が社会的存在であることに着目すれば、人間は他者の利益になることを目標として行動する理由がある。 ・ここ30年間の研究はこの仮説の妥当性を強く支持。	△人間は自己利益のために多様な行動をする一方、他者の利益を究極目標とした行動をする場合もある。
	ポジティブ心理学	・人間がより良い真に幸せな生き方をするための方法を心理学の研究成果をもとに探求する。 ・自分の労力・時間・お金などを他人に与えることによって他人の幸せを考える姿勢を持つことが長期的にみて高い満足度をもたらす（頑健な実験結果）。	△人間は自分が保有する各種資源を他人に与えることによって幸福度を高める面があるので、利他心を持つ。
人類学	文化人類学	・人類の生活様式全体を社会的・文化的側面から解明。対象時期は数千年前から現代までと幅広いうえ、地球上のあらゆるタイプの人間集団を対象。 ・実地調査（観察、参与観察、面接など）を重視。	△人間の社会的相互作用は、主として物の交換（与えたりもらったりすることの繰り返し）によってなされる。交換である以上、道徳原則（与えれば相手に負い目を生じさせ、いずれ何らかの報いを発生）が働く。その結果、信頼が醸成され、集団ないし社会が安定化。

			贈与は利他・利己という単純な二元論では把握不可能。
生物学	進化生物学	・適者生存の原則（ダーウィンの進化説）は生物個体についてだけでなく生物のグループ（集団）にも適用可能（グループ間でも相互に競争して勝ったグループが生き残る）と前提。 ・自己の生存や生殖を犠牲にしても、当該集団の他の個体を生き延びさせることによって集団を生存させる。	△人間も生物である以上、この理解を適用可能であり、したがって人間も人類生存のために利他心を持つ。 ただし、生物集団が生物個体と同様に一つの有機的単位として行動する、とみなせる根拠が不明確。
神経科学	生理学／化学／物理学／心理学／コンピュータ科学／医学などから接近	・慈善寄付を行えば、脳の快感を知覚する部分が反応するという実験結果が存在。	△人間の利他的行為は神経学的な基礎をもつので、人間には利他心が備わっている。

注1．▲人間は利他心をもたない。
　　△人間は利他心を持つ、または持つ場合もある。
注2．著者作成。出典は本文を参照。

心理学

　以上みた経済学に対して、心理学では一般にこれとはやや異なる見解が支持されている。例えば、社会心理学においては、利他的行動によって自己利益が生じる場合があるとしても、それはあくまで意図せざる結果であること、そして人間が社会的存在であることに着目すれば、人間は他者の利益になることを目標として行動する理由があること、などが主張されている。そしてこうした仮説（真性の利他主義は存在するという仮説）の妥当性は、最近30年間の各種の心理学実験の結果から強く支持されている（Wattles 1996：119ページ）。

　また、心理学における一つの新しい分野であるポジティブ心理学[13]においても、自分の労力・時間・お金などを他人に与えることによって他人の幸せを考える姿勢を持つことが長期的にみて高い満足度をもたらすことが頑健な実験結果として得られている（Seligman 2002：43ページ；ピーターソン 2012：

13）人間がより良い真に幸せな生き方をするための方法を心理学の研究成果をもとに探求する心理学の一分野。

37-39ページ)。さらに、自分にとって楽しい行動[14]（それは束の間の楽しさをもたらすに過ぎない）よりも、他人の幸せを考える慈善活動[15]の方が永続性のある満足が得られることも実験的に確立された命題になっている（ピーターソン同）。

このように心理学では、人間は自分が保有する各種資源を他人に与えることによって幸福度を高める面があることが確認されているので、人間は利他心を持つ、と結論づけられている[16]。ここで注意する必要があるのは、自分が保有する各種資源を他人に与えれば高い満足度につながるのは、あくまで結果論（事後的に発生する状況）であり事前にそれを目標として行動しているわけではない点である。この点は、人が利他主義的行動をするのはその報酬を事前に予想しているからであると理解する経済学（ミクロ経済学やゲーム理論）の発想と異なっている。

人類学

人類学は、大別すると人類の生物学的特性を対象とする自然人類学と、言語や社会的慣習など文化的側面を対象とする文化人類学に分けられる。このうち後者の視点からみると、まず人間はモノや行為を交換する存在である、という認識が出発点となり、それをもとに社会的相互作用の持つ意味が考察される（Graeber 2012 : 89-91ページ）。

ある一人の人間が他方に物を与える場合、まず経済学の視点からみよう。この場合、受領側は負債（返済義務）を負うことになるので、相手に対して受領額に等しい額を弁済する必要が生じると理解し、そのため弁済は同じ価値を持つものによってなされなければならないこと（等価交換）が重視される。そし

---

14) 例えば、友人と遊んで時間を過ごす、映画を観る、チョコレートパフェを食べるなど、大半の人が共通して愉快だ（楽しい）と感じることがら。
15) 例えば、近所の高齢者のために雪かきをする、弟妹の宿題を手伝う、家族のために洗濯をするなど。
16) 心理学の研究によって利他主義を主張する場合、研究者は「世界は友好的で住みやすい場所であってほしい」という自らの願望が暗に込められている場合もあることが指摘されている。しかし、科学的な研究で何が真理かを解明しようとする場合には、そうした落とし穴に入らないように注意する必要がある（Sober and Wilson 1998 : 8-9ページ）。

第8章 利他主義の動機、成立構造、効果　265

て、それがなされた以降は何の関係もなくなる（その後に両者が再び会う機会があるかどうかも関係ない）とみる。

　これに対して文化人類学者は、一方が他方に物を与える（贈与する）場合、両者の関係がどう変化するかをより詳細に見極めようとする。すなわち、受領側に負債（debt）を発生させると見るのは同一であるが、受領側はいずれ、そして何らかのかたちでそれに報いなければならない状況に置かれること自体を重視する。そうした場合、人類の歴史を通じてみられる原則（道徳原則）は互酬性（reciprocity。公正・バランス・公平性の感覚、対称性などを含む）であると指摘、ここから生じる圧力（報いのために何かの返済をするべきだという感情を残す慣習）の存在が個人だけでなく社会にとって大きな意味を持つ点に注目する。これが経済学の視点と大きく異なる。

　つまり、人類社会では一般に、受領者が何も返済しなければ搾取者あるいは寄生者という烙印を押される一方、返済するものの価値は、当初受け取ったものの価値より少し多めか、あるいは少し少なめか、である必要があることが求められてきたことが強調される。もし返すものが全く同じ価値のものである（完全な等価値返済）ならば、それは公平性を達成することにはなるが、その行為は隣人との関係を絶ちたいことを意味するので容認されない、とされる（Graeber 2012：105ページ；高橋・辻 2014：120ページ）[17]。このような状況を作り出すことによって隣人と仲良くすることができ、緊急時には相互に助け合うという信頼感が醸成され、その結果自分たちの社会を存続させることになる、と考える。

　このように、集団内部においては債権債務を帳消しにすることが回避され、負債が精巧な網の目のように集団を覆っている状況[18]が造り出されることによって社会が成り立っている（Graeber 2012：122ページ）とするのが文化人

17）例えば、現代のナイジェリアにおいて、卵を3個もらって何もお返ししないのは不適切とされる一方、卵を厳密に3個返すのではなく、およそ等しい価値のものを返すべきだとされている（Graeber 2012：104-105ページ）。日本でも、祝い金や香典を受領した場合、全額相当を返すのではなく伝統的に「半返し」がマナーとされてきたが、それと類似している。

18）負債を「返済」する場合(1)同等のステータスにある個人ないし集団内に対してであること、(2)見返り提供のタイミングが非常に重要であること（直ちに返済することは不適当）、などの条件が付くことに留意する必要がある（Graeber 2012：108ページ）。

類学からの理解である[19]。

　最近では、この発想を一歩進め、負債（広義には恩や負い目を含む）が人々を結びつける機能を果たしている点を再評価し、負債の負の側面を適切にコントロールすることによって、より良い社会の構築を目指すことが可能である、とする興味深い主張（サルトゥー＝ラジュ 2014）[20]もみられる。

　贈与をこのように捉えれば、利他がよくて利己が悪い、といった単純な二元論によって現実を適切に理解することはできない（高橋・辻 2014：120ページ）という面がある[21]。

(2) 自然科学的解明

　利他主義的行動がどのような人間社会においても、そして時代のいかんにかかわらず見られるのであれば、それは文化の差異を超え、生物体としての人間の普遍的な行動によるものである、と理解することができる。したがって利他主義は、人体に何らかのかたちで本来的に具備されているはずであり、人体生物学（human biology）の視点からみて何らかのメカニズムによって生じるも

---

19) 代表的な文化人類学者であるマルセル・モース（フランスの人類学者）やレヴィ＝ストロース（同）らも、重点の置き方に差異はあるものの、このような交換によるつながりや生活の安定を重視している（Graeber 2012：89ページ；高橋・辻 2014：191ページ）。

20) 英語の debt（フランス語では dette）という言葉には、経済的な負債という意味のほか「恩」や「負い目」といった意味があり、これらをまとめて「借り（がある）」と捉えることができる（フランスの哲学者・作家サルトゥー＝ラジュ 2014）。例えば、赤ん坊は一人では成長できず誰かに頼らなければ生きられない存在である（家族関係においては必然的に借りが発生する）ほか、我々は先人たちが貴重な遺産を残してくれ、また自分が生きていくのに他の人が何かを与えてくれたからこそ生活ができている。このことを認識するならば、「借り」には大きな効用があることがわかる、としている。このため、「返さなくても良い借り」（借りのある相手に直接返すのではなく社会や他の人に贈与するかたちで返す。同213ページ）という概念を社会システムに導入すれば、我々は同時代の人々とつながる一方、時代を超えて前の世代とも後の世代ともつながることができ、その結果、貨幣を媒介とした「等価交換」を絶対視する資本主義経済の暴走を止め、また祖先たちが残してくれた地球環境を下の世代に伝えてゆく（同25-26ページ）ことができる、と主張している。これは、貸してくれた人や親切にしてくれた人に対して返済（pay back）するのではなく、それ以外の人に対して何かをすることによって借りを返済するペイ・フォワード（pay forward）という思想だといえる。

21) 文化人類学における贈与は、本文で述べたとおり利己心を動機としているとはみないので、文化人類学は「人間は利他心を持つ」と本書では理解する。

の、という考え方が成り立つ（Pfaff 2007：1章）。

　このように、人間のいくつかの行動パターンは人間の脳に普遍的に埋め込まれているとする視点にたって利他主義的な行動を解明しようとする研究が近年、自然科学の分野とりわけ進化生物学や神経科学の領域から活発化している[22]。

進化生物学

　まず進化生物学（evolutionary biology）の観点からどう理解できるかをみよう（前掲図表8-1を参照）。それは、博物学者チャールズ・ダーウィン（1809-1882）の進化説を基礎とした説明である。すなわち、彼の説いた「適者生存」の原則は生物個体についてだけでなく生物のグループ（集団）にも適用可能であることがまず前提される。つまり、生物は個体が相互に競争して生き残ろうとするだけでなく、グループ間でも相互に競争し、勝ったグループが生き残ろうとすることが前提される。だから、この場合、個体は当該集団の他の個体を生き延びさせることができるならば、自己の生存や生殖を犠牲にしても集団を生き延びさせる行動を取る、と理解される。

　そして人間も生物である以上、こうした理解を適用可能であり、したがって人間も人類生存のために先天的に利他心を持つ、という説明がなされることになる（Pfaff 2007：1章および161-162ページ；Sober and Wilson 1998：6-9ページ）。つまり、利他主義は、種ないし自己が属する集団の保存に「保険」を掛ける機能を果たすものとして存在することになる（Boehm 2009：157ページ）。

　これは、利他主義が人類社会において、倫理体系、哲学、宗教のいかんを問わず、そして時代を超えて広くみられることを説明する一つの方法である。ただし、生物集団が生物個体と同様に一つの有機的単位として行動する、とみなせる根拠が不明確だとする批判がなされている[23]。これに対しては反批判がある。すなわち、人間社会においては、社会規範が報酬と処罰を規定する（し

22）利他主義という場合、その研究対象が生物一般であるか、それとも人間であるかによって相当次元が異なる。このため(a)進化論的な利他主義（evolutionary altruism。一般の生物体が種の存続を図るため他の個体に対して自分の犠牲を払う行動）、(b)心理学的な利他主義（psychological altruism。人間が他者の幸せを増大することを目的とした行動）を区別して扱う考え方（Lishner and Stocks 2008）もある。

かもそれは面倒な手続きを経なくても課すことができる）ので、それが人間行動を規定する可能性が大きく、したがって、集団は一つの有機的単位とみなしうる（Sober and Wilson 1998：337ページ）、という反論である。これは、人間行動においては、単に生物的要素だけでなく文化ないし社会規範の重要性を再認識させる視点といえる。

神経科学

　上記の進化生物学に基づく議論は、結局人間の脳の働きないし人間の遺伝子に原因を求める理解方法である。それをさらに系統的に展開しようとするのが神経科学によるアプローチである。神経科学（neuroscience）とは、神経システムに関する研究を行う自然科学の一分野であり、生理学・化学・物理学・心理学・コンピュータ科学・医学など、既存の多くの学問領域から接近するのが特徴である。

　そうした研究においては、例えば人間が慈善寄付を行えば、脳の快感を知覚する部分が反応する、という実験結果が存在する。したがって、人間の利他的行為は神経学的な基礎をもつので、人間には利他心が備わっている、という理解がなされる（Pfaff 2007：2章）。より一般的にいえば、利他主義は人間にとって不愉快な感情（怒り、敵対心、憎悪、復讐心など）を抑制する一方、望ましい感情（幸福観、安心感）を増大させる効果を持つので、自分自身にとって恩恵をもたらす感情コントロール手段として作用する（Post 2009：180ページ）ことになる。神経科学はこのような視点から人間の利他主義を説明している。

(3)「受けるよりは与える方が幸いである」

　上記の人体的現象は近年とくに注目されており、利他主義はそれを実行する主体に精神的かつ肉体的に大きなメリットをもたらすことが実証されている。

　「他人を助けることは、自分に価値がある感覚をあたえるとともに、社会的役割を遂行していることを意味し、そして一般的に自分の健康を増進させる」

23）利他主義による便益を受けるのはどのような個人ないし集団か、そして利他主義の「コスト」はどのように評価するのか、を明確にするため、進化生物学の観点に立った解析的なモデル分析（Kerr et al. 2004）もみられる。

第8章 利他主義の動機、成立構造、効果　269

図表8-2　受けるよりも与えることをより高く評価する発言例

発言者	発言
老子 （中国の紀元前5世紀頃の思想家）	人に与えて、己いよいよ多し[1]。
イエス・キリスト （キリスト教の始祖）	受けるよりは与える方が幸いである[2]。
アッシジの聖フランシス （中世イタリアの聖人）	我々は与えることにおいてこそ受け取ることができる[1]。
ウィンストン・チャーチル （英国の元首相）	人は得ることで生活（living）を営むことができるが、人に与えることで真の人生（life）を生きることができる[1]。
ウォルト・ディズニー （ディズニーランド創設者）	与えることは最高の喜びである。他人に喜びを運ぶ人はそれによって自分自身の喜びと満足を得る[1]。
二宮尊徳 （江戸時代の農政家・思想家）	奪うに益なく、譲るに益あり[3]。
高橋佳子 （現代の実践哲学者）	幸せは、もらう幸せ、できる幸せ、あげる幸せ、へと人生において段階的に高まってゆく[4]。

注1）"Law of Giving-Give and You Will Receive"（http://www.successinspired.com）
　2）『新約聖書』「使徒言行録」20章35節。
　3）二宮（1933：51ページ）。
　4）高橋（2008：117ページ）。
（出所）岡部（2013b：3章17節）により作成。

（Post 2009：183ページ）。またボランティア活動に関する研究においても、その活動を活発にすれば、ストレスが軽減され、その結果、健康へ好影響を与えている（心臓病が少ない）という結果が報告されている（Post 2009：184ページ）。この視点を検証する先端的論文を20編以上収録したPost（2007）は、ボランティア活動等の援助行動の効果をさまざまな角度から分析、「その結果、身体的健康、健康増進、病気予防、そして長寿の関係は、然るべき留保条件をつけた上で、いまや主流派医学研究者の研究において確立された認識になっている」と結論づけている。

自分の時間やエネルギーを無償で与える利他主義的行動は幸福感を高める（Luks 1988）うえ、精神上・健康上も利益があることが長年にわたる臨床心理学など多くの研究によって比較的早い時点から確認されている（Luks and

Payne 1992；Weir 2011)。

　これをさらに大きな観点からみると、「受けるよりは与える方が幸いである」（キリスト教の新約聖書「使徒言行録」20章35節）という古来語られた箴言は、単に道徳の観点から良いとされるだけでなく、健康と幸福の維持にとってよい「戦略」になる可能性があることが現代の科学的研究によって確認された、といえる。

　さらに視野を広げるならば、このように受けるよりも与えることをより高く評価する思想は、古今を問わず、そして洋の東西を問わずみられることがわかる（図表8-2）。そこでは「我々は与えることにおいてこそ受け取ることができる」（中世イタリアの聖人アッシジの聖フランシス）などの表現に代表されるように、「受け取る」ものが明示されていない場合も少なくない。このような場合、受け取るものは物品や金銭ではなく、より大きい満足、あるいは本当の喜び、ないし幸せであると解釈できる（岡部 2013b：138ページ）。それがさらに身体的な健康にも結びつくことは容易に理解されよう。

　倫理ないし道徳は、このようにして人間の歓びや健康に結びついている。古来そうした規範が重視され、また永続してきた一つの理由は、この相互関係によって支えられたため、といえるのではなかろうか。

第4節　利己心と利他心が併存するメカニズム

　以上概観した利他主義に関する各種見解はそれぞれどの程度妥当性を持つのであろうか。それを判断するには、各種の実験を行ってその結果から判断し、また洞察を加えるのが科学精神に則った方法であろう。本節では、これまでに報告されている各種実験結果が示す最大公約数的な理解を紹介するとともに、それが何を意味しているかを考察する。

(1) 実験結果からみた利他主義

　人間が利他主義的「行動」を示す可能性は確かにある（例えば、その行動の結果が自己利益になるような場合）。しかしこれは行動が利他主義的であっても、利他主義的「動機」に基づく行動ではないので、前述したとおり「真性の利他主義」と考えることはできない。

では、人間は果たして利他主義的「動機」を持つ存在なのか。これを検証するには「真性の利他主義」（狭義の利他主義）を定義し、その存在の有無を何らかの実験によって確認するのが妥当な方法である。その場合の利他主義は、前述したとおり「他人の利益を考慮する一方、隠れた動機を保持することなく行動する意志があること」(Andreoni et al. 2008：134ページ) をもって定義する必要がある。

　利他主義をこのように定義し、その有無を確認した多くの実験結果を報告した一つの研究 (Andreoni et al. 2008) に依拠しつつ実験結果を要約すると次の3点になる。すなわち第1に、実験結果によれば、人間がこのように定義した利他主義を持つ可能性があることが示唆されている。第2に、しかしながらその要因が何なのかは確定できない。つまり、利他主義が文化的要因によるのか、心理的成長の過程において獲得されたものか、それとも先天的に他人に配慮する性癖をもつのか、などはなお明確になっていない。そして第三に、利他主義が他の行動動機とどう絡み合っているのか、これについての結論は得られていない。

(2) 実験結果の含意

　これら三つの結論は、人間の利他主義的動機について非常に重要なことを示唆している。第1に、人間は真性の利他主義的な動機も併せ持つ存在であることである（ただしその程度に関しては色々な議論がありうる）。この結論は、別の幅広い研究 (Batson et al. 2010) によっても確認された頑健な結果になっている。

　すなわち Batson et al. (2010) によれば、1990年時点における社会学、経済学、政治学、生物学などの研究によれば、利他主義は理論およびデータから判断して真性の利他主義（究極的に他者の利益になる行動）とより整合的である、とされている（同113ページ）。そして、その後20年経過した時点でも、この結論は不変である（同）。人間は、生存する必要上明らかに利己主義的行動をするが「人間の行動が利己主義によって完全に支配されており利他主義的な究極動機は存在しない」とする見解は、体系的な理論によっても、また明確かつ決定的な観察事実によっても支持されたことはこれまで決してなかった (Sober and Wilson 1998：8ページ) わけである。

第2は、そうした理解をする以上、幾つかの重要な課題が生じることである。一つは、経済学、心理学、行動科学、生物学などにおいて従来仮定されてきた「利己主義の普遍性」(universal egoism) という前提を見直し、それに代わる仮定を置いて人間を理解する必要がでてくることである。つまり人間は、われわれが考えてきた以上に社会性を持つ存在であることを認識する必要がある。われわれは単に自分のことだけを考えるのではなく、他人のことを考える能力と可能性を持っているので、人間の特性 (nature) と可能性 (potential) を究明するためには従来の仮定の妥当性を再考し、人間ないし社会の研究においては何か新しい対応をする必要が生じている。

例えば経済学の場合、この方向での一つの有効な対応は、すでに述べたとおり[24]伝統的に用いられてきた二部門(市場と政府)モデルによる社会の理解方法に代えて、非営利民間部門(非利己的に行動する主体)を加えた三部門モデルによって理解を進めることが一つの対応方向である(第4章の図表4-3を参照)。

もう一つは、人間はなぜ他人に共感する能力(capacity to feel emphatic concern)をもつのか、共感力の源泉はどこにあるのか、の解明である。生物(とくに哺乳類)は種族保存のため、自分のことだけを考えるのではなく親族に対して利他的に行動することが広く知られているが、果たして人間の行動もその一環として理解してよいのか。また遺伝子との関係が強調されるとしても、人間の生後の環境がその関係を変化させるのではないか(社会環境はその影響を相対的に低下させるのではないか)。さらに、人間社会は哺乳類一般よりも高度な文化を持つので、共感力の源泉は文化的な要因や社会規範(social norm)がより大きな影響を与えるのではないか。

これらの疑問を明らかにするには、進化生物学や神経科学の観点からさらなる研究が要請される一方、進化心理学や社会学からの研究も必要になる。つまり、社会科学の領域と自然科学の領域の双方から今後さらなる研究が必要になる。

第3は、真性の利他主義的行動がその行為者に対して精神的歓びを与え、肉体的にも健康を増進させる効果を生むのは、あくまで事後的な結果としてであ

---

24) 第4章第3節を参照。

り、事前にそれを期待して利他的行動をする場合とは区別する必要があることである。何らかの報酬を得ることを事前に意識した後者のような行動は、広義の利他的行動であっても、それは動機に利己性が伴っているので利己主義の一環と理解する必要がある。

　真性の利他主義に上記のような恵み（blessings）がもたらされるには相手を思う心（愛）が必要であり、そしてそれが５つの条件を満たす場合である（Post 2009：186-187ページ）という指摘もある。その条件とは、思いの強さ（intensity）、広範さ（extensivity）、継続性（duration）、十分さ（adequacy）、そして純粋さ（purity）であり、このうちとくに純粋さが不可欠の条件とされる（同）。つまり、真性の利他主義には利己的な動機が含まれていてはならず、それは純粋な愛（利害関係が全くなく見返りを求めない愛）であり、それこそ感情の最高の形態である（同）、とするのはうなずける。

　第４は、人間は利己心と利他心を併せ持つ存在であり、しかも孤立した生命体ではなく社会的な存在であるので、利己心、利他心、社会的関係の三者は果たしてどう関係しているのか、そして個人ならびに社会にとってこれら三者をどう関係づけるのが望ましいか、を究明する必要性が大きいことである。

　こうした視点からの研究は現時点ではほとんど見当たらないが、貴重な例外として Fehr and Fischbacher（2003）がある。彼らは、利他主義者と利己的な個人がどのように協力できるかどうかが社会（人間の協力組織）のあり方にとって極めて大切であることに着目、興味深い結論を導いている。

　すなわち、環境条件のいかんでは(1)少数の利他主義者が多数派の利己的個人を協力に導く場合がある（その結果、社会全体として協力者が増加する）、(2)逆に少数の利己的個人が多数派の利他主義者の行動を変節させてしまう場合もある（その結果、社会全体として協力者が減少する）、などを報告している。一方(3)遺伝子に基礎を置く現在の進化生物学ではこれらがなぜ生じるのかを説明することができない、(4)したがってこれらを解明するには進化生物学だけでなく文化進化論、そして遺伝子と文化の相互関係の進化論などからの研究が必要である、と主張している（同）。

　それを達成するには、各種学問領域にブリッジ（橋）を掛けて利他主義の理解を深めれば、そこから人間行動の望ましいあり方を導くことができるかもしれない。しかしそれは、容易であるまい。それに代わる一つの方法としては、

人間が心の深いところにある想い（利己心と利他心を包摂する菩提心：本当の自らを求め、他を愛し、世界の調和に貢献する心）を自己啓発すれば、自己の深化・成長と社会の課題解決に導かれるとする一つの注目すべき実践哲学がある。これは希望を抱かせるものといえよう（この実践哲学の概要と意義は、第12章および第13章でやや詳細に議論する）。

(3) 本章の結論

本章では、利他主義を取り上げ、多様な学問分野の研究や実験結果を幅広く展望することによって多面的に考察した。本章の主な論点は次のとおりである。

1．利他主義（altruism）とは、他人の幸せ（welfare）に関心を払う主義ないしそのための行動を指す。これは、世界中の多くの宗教や文化に共通する伝統的な道徳ないし倫理基準になっている。
2．人間がなぜ利他主義的行動を取るのかについては、二つの対極的な見解がある。一つは(a)人がどのような利他主義的行動をしても、その行為者は何らかの直接的または間接的な見返りを得ることを期待しているので、真の利他主義は存在しないという見方である。もう一つは(b)人間は他人の利益を考慮する一方、隠れた動機を保持することなく行動する意志を持ち、それを反映した行動をする場合がある（人間は真性の利他主義的動機を持つ）という見方である。
3．この二つの見解のうち、(a)の見方は功利主義哲学やその流れを継承する経済学でみられるのに対して、(b)の見方は心理学などの実験結果によって支持されているほか、進化生物学や神経科学など人間を一つの生物体として理解する観点からも支持されている。
4．人間は(b)の観点から理解することが実験的にも広く支持される見方である以上、(a)の見方をなお踏襲する学問（とくに経済学）は、その前提を見直して新しい方向での展開を模索する必要がある。
5．「受けるよりは与える方が幸いである」（キリスト教の新約聖書「使徒言行録」20章35節）という古来語られた箴言は、単に道徳の観点から良いとされるだけでなく、人間の健康と幸福にとって良い効果を持つことが現代の科学的研究によって明らかにされている。この金言の普遍性と永続性は、こうした相互補強関係による面もあると考えられる。

6．人間は利己心と利他心のほか、それらを包摂する菩提心（本当の自らを求め、他を愛し、世界の調和に貢献する心）を持っており、このため自己啓発すれば個人の幸せと社会の問題解決（調和）に導かれるとする一つの注目すべき実践哲学が登場しており、今後の展開が注目される。

付論1　経済学における利他主義の研究（小史）

　経済学における利他主義の研究を Fontaine（2008）に依拠して簡単に振り返ると次のようになる。

　その研究はまず1960年代にスタートした。その結果、一見「非経済的」とみられる博愛主義も、個人の「効用」についての理解を修正すれば個人の効用最大化という経済学の枠組みを適用して理解できる、という議論になった。すなわち(1)個人の効用は従来個人間で独立しているとされていたが効用は相互に依存関係にある（自分が与えることによって相手の効用が増大すればそれは自分の効用を増大させるという従来とは異なる形の効用関数に置換すればよい）と考える、そうすれば(2)博愛主義的行動も従来の枠組みによって首尾一貫した論理で説明可能である、という認識が示され（1974年のギャリー・ベッカー論文）、これが一般的な理解になった。

　しかし、一部の経済学者（1973年のアマルティア・セン論文）はそれだけでは不十分であり道徳的な側面も見逃せない行動要因になっていることを主張したほか、経済学以外の分野の研究者（とくに哲学者）も加わって、より一般的な利他主義という観点から共同研究がなされた（1975年のエドムンド・フェルプス論文）。そこでは、利他主義は単に自己利益モデル（self-interest model）によって理解するのではなく、自己利益を越えて複雑さと曖昧さ（vagueness）を持った現象であるとみる必要があること（例えば献血行為の理解には新たな枠組みが必要である）、また心理学の視点などからの研究も必要になること、が指摘された。

　その後、人間を一つの生物とみる視点からの研究（進化生物学の視点）が導入されたほか、経済学の論理で説明可能とする見解（経済学帝国主義）が再登場したり、また非利己性（unselfishness）の理解には各種の利己的な行動動機以外の要素を考慮することが不可欠、とする見解などが入り乱れることとなった。

　その後1980年代になると(1)個人は２種類の効用関数（利己心を示す効用関数、所属集団の効用を示す効用関数、つまり economic man と moral man という二面性）を持つとする考え方、(2)個人の効用関数には慈善活動に伴う公共財も含まれるとする考え方、(3)社会は２種類の人（利己性で行動する人、

倫理性で行動する人）で構成されているとする考え方、(4)コミュニティ（家族をはじめ、都市、国までも含む）のメンバーには利他的行動が要請される行動基準（忠誠心）が存在するという考え方、(5)人には人間性（humanity）がありそこに利他主義も含まれているとする考え方、など多様な仮説が登場した。

しかし、経済学者は概して一つの枠組みによる統一的理解を好む傾向が強く、このため上記のような広い視点に立って捉えること（上記の(4)や(5)）には、他の社会科学者に比べて居心地の悪さを感じ、あまり乗り気でなかった。そうした状況下、アメリカ経済学会が1993年の年次大会で「利他主義の経済学」（Economics of Altruism）という分科会を設けたため、それ以降は関連研究が急増、すべて合理主義的に説明しようとしたベッカーでさえも「人間の行動動機は狭い前提で捉えるのではなく、より実り多い価値や好みによって左右される」との認識を示すようになった。また実験の重要性が高まったのも大きな特徴であった。

経済学の視点からは、まず二つの対極（一方で家族レベルの利他主義があり、その対極として市場レベルの利己主義がある）のどこに注目すべきかを明確にする必要がある。そして利他主義というテーマは経済学にとって最も根幹となる人間の行動前提が問われていることを意味している。こうした状況下、経済学はいまその挑戦を受け、本来の対応力を示そうとしているが、今後どういう方向に向かうのかは定かでない（an open question）のが現状である。

付論2　利他的行動と利己的動機：ゲーム理論的分析

人間の利己主義を前提とする主流派経済学では、人間が仮に利他主義的な行動をしても、その動機は結局、利己主義的なものである（利主義的な動機しか持たなくとも一見利他主義的行動を取る場合があることを理論的に示すことができる）、という主張がなされている。これは、ゲーム理論的分析において次のように示される。なお、以下の記述は岡田（2014：158-159ページ）に依拠している。

まず、2人の個人（個人1, 個人2）がお互いに贈り物をするというゲームを考える。個人は、自分自身の財の消費量のみに関心があり、純粋に利己的な動機しか持たないとする。そして2種類の財（x_1 と x_2）の消費量に対する個

図表 8-付 1　贈り物ゲームの利得行列（数字は効用を示す）

		相手 A	相手 B
自分	A	8, 8	4, 10
分	B	10, 4	5, 5

(出所) 岡田 (2014：159ページ)。

人の効用関数を

$$u(x_1, x_2) = x_1 x_2$$

とする。出発点において、個人1は財の組み合わせ (5, 1) を持ち、個人2は財の組み合わせ (1, 5) を持っているとする。個人の戦略は

　　A：自分の多く持っている財の1単位を相手に無償であげる。
　　B：何もしない。

の2通りであり、ゲームの利得行列は**図表8-付1**で与えられるとする。

　この場合、その図表によれば、個人にとっては何もしないB戦略が支配戦略であり、行動の組 (B, B) がゲームの唯一のナッシュ均衡点[25]であることが分かる。ナッシュ均衡点では、個人はお互いに贈り物をしないから効用はともに5である。これに対して、2人が互いに贈り物をすれば、2人の効用はともに5から8に増える。

　このことから、この贈り物ゲームは、囚人のジレンマ[26]と同じ構造を持つことがわかる。つまり、2人の個人が見知らぬ関係であり贈り物をする機会が一度しかない状況では、1回限りの囚人のジレンマと同様に「何もしない」というナッシュ均衡点が実現する。

---

25) 相手が戦略を変更しない限り、どのプレーヤーも自分だけが戦略を変更しても利得を増加できないような戦略の組み（プレーがそこから動かない状態）のこと。

26) 互いに協調する方が裏切り合うよりもよい結果になることがわかっていても、皆が自身の利益を優先している状況下では、互いに裏切りあってしまう、という状況（ジレンマ）に陥っていること。

しかし、繰り返しゲームの理論によれば、一定の条件を満たす場合[27]には、2人が互いに贈り物をすること、すなわち行動の組（A, A）が採用されることによって別のナッシュ均衡点が実現する。つまり、この場合、相手に無償で贈り物をするという一見、利他主義的行動をするが、それは、繰り返しゲーム理論の観点からは各個人の利得最大化（利己主義的）行動原理から説明できる。

---

[27] 2人の関係が友人のように長期的な関係であり、また現在の消費量と将来の消費量に対する評価がさして異ならないような状況のもとで、しっぺ返し戦略（相手から贈り物をもらったらこちらもお返しに贈り物をするという戦略。オウム返し戦略）を取る、などを仮定する場合。

第9章　黄金律の起源、発展、意義

「自分にしてもらいたくないことは人に対してするな」（禁止型）あるいは「自分にしてもらいたいように人に対してせよ」（積極型）という格言がある。これは、洋の東西を問わず古くから知られた倫理命題であり、一般に黄金律（Golden Rule）と称されている。この発想は直感的にわかりやい。例えば「我々は他の人に丁寧に対応してもらいたい。だから我々は他の人に対して丁寧に対応するべきだ」ということは自然に納得でき、そこには相手を思い量る利他主義の要素が含まれている。

本章では、この黄金律を取り上げ、その生成と発展の歴史をたどるとともに、その意義を多面的に考察し、また留意点も明らかにする[1]。

第1節　黄金律の基本形：禁止型と積極型

キリスト教の聖書には「人にしてもらいたいと思うことは何でも、あなたがたも人にしなさい」（『新約聖書』「マタイによる福音書」7章12節）[2]というよ

1）本章は、岡部（2014d：第1節～第5節）に依拠している。黄金律に焦点を合わせた書物は必ずしも多くない。書名として「The Golden Rule」を掲げている書物は、著者が検索した限りではWattles（1996）、Neusner and Chilton（2009）の2点だけである。本章はこの2冊に依拠するところが大きい。なお、前者が哲学、宗教、心理学、文化史の観点を中心とした単独著者による書物であるのに対して、後者は多様な分野（比較宗教学、哲学、倫理学、人類学、社会学、進化生物学、神経科学など）の研究者による9編の論文集である。

2）以下、キリスト教『聖書』からの引用は、断りのない限り新共同訳による。

く知られた表現がある。これは黄金律として知られるが、黄金律という場合、このような能動的な規範を意味する場合が多い。しかし、これは現代の欧米における理解であり、より一般的にみるとその他の宗教や格言においても類似表現が数多くあるほか、上記命題を逆の視点から述べた重要な道徳律もある。

　すなわち、上記の黄金律は「人は、他の人からしてもらいたいように、他の人に対してせよ」という肯定的形式（positive formulation）ないし積極型である。これに対して「人は、他の人からしてもらいたくないことは、他の人に対してするな」という否定的形式（negative formulation）ないし禁止型もある。前者および後者それぞれの英語表現は下記のとおりである[3]。

Do to others as you would
have others do to you.　　　　　　　　　　　　　　　　　(1)

Do not do to others what you
would not have them do to you.　　　　　　　　　　　　(2)

　本節では、人類の歴史を振り返れば、この二つのタイプとも非常に早い時期からそして広範にみられ、現代に至っていることを明らかにする。

　なお、このルールに黄金（Golden）という形容詞句（これは16世紀に欧州で発生した）が付いているのは、(1)人間にとって倫理上の基本的真理といえること（fundamental ethical truth）、(2)多くの宗教や文化を越えて人類社会に広く共通に見られること（普遍性、ubiquity）、(3)直感に合致したルールであること（intuitive sense）、(4)有用性が高いこと（supremely useful）、などのためである（Green 2009：3ページ）。

3）黄金律については、広範な文献に依拠した詳細な解説（歴史的・宗教的・哲学的側面など）が下記の英文ウエブサイトに掲載されている。以下の記述もこのサイトに依存する部分がある。このサイト（表題「Golden Rule」）における記述は、その根拠となる出典がていねいに明示されており、このサイトは（匿名であるが多数者による編集と改訂によって成立した）一つの学術論文とみなしうる。ちなみに、出典を示すために記載されている脚注数は90を超える。なお、同様の日本語サイト（表題「黄金律」）はこれと対照的に1ページ程度に過ぎず、引用文献は皆無である。
http://en.wikipedia.org/wiki/Golden_Rule

黄金律の二つの表現：積極型と禁止型

　黄金律という場合、一般的には単に積極型だけを指すのではなく禁止型も含める場合が多い。前者が黄金律（Golden Rule，狭義）とされるのに対して、後者は「銀色律」（Silver Rule）と称されることもある。こうした別名を持つのは、前者にみられる積極性は高い価値（金の値打ち）を持つのに対して、後者は禁止にとどまっているのでその価値は比較的劣る（銀に相当）というニュアンスが込められているように思われる。

　そこで、世界の主要宗教にみられる黄金律（広義）をこの二つに従って区分すると、**図表9-1**のように整理できる。

　まず、積極型（狭義の黄金律）としては、キリスト教の「人にしてもらいたいと思うことは何でも、あなたがたも人にしなさい」（「マタイによる福音書」7章12節[4]）が代表的なものであり、聖書にはこの他にも「人にしてもらいたいと思うことを、人にもしなさい」（「ルカによる福音書」6章31節）が含まれている。

　イスラム教の場合、聖典コーランにおいては（積極型と禁止型の）二つが間接的に表現されている箇所があるにとどまるが、教祖ムハンマドの言葉としては積極型表現「あなたが人からしてもらいたいことは全ての人に対してしなさい」のほか、禁止型表現（後述）の両方が明示的に述べられている[5]。

　一方、黄金律（狭義）の倫理基準を裏返した形式、すなわち黄金律の禁止型[6]ないし銀色律と称される道徳律（広義の黄金律）にも様々なものがある。まず儒教の「己の欲せざるところは、他に施すことなかれ」（孔子『論語』巻第八衛霊公第十五 23）がよく知られている。そのほか、ユダヤ教における「自分が嫌なことは、ほかのだれにもしてはならない」（旧約聖書続編「トビト記」4章15節）、ヒンドゥー教における「自分自身にとって有害だと思うこと

4）7章12節ではこれに続いて「これこそ律法と預言者である」と述べられている。この日本語表現はややわかり難いが、それは「この一つの規則こそが、特別の地位を与えられた律法（倫理の規範）であり、またそれとイエスの使命との関連（イエスはこのルールを新たに満たすだろうという予測）を要約している」と理解できる（Wattles 1996：56ページ）。

5）http://en.wikipedia.org/wiki/Golden_Rule における "Islam"（引用者和訳）。

6）例えば「自分は他の人に略奪されたくない。だから他の人を略奪するな」という行動がある。

図表9-1　人間の行動に関する広義の「黄金律」

	積極型	禁止型
通　称	Golden Rule（黄金律）	"Silver Rule"（銀色律）
基本表現	Do to others as you would have others do to you.	Do *not* do to others what you would *not* have them do to you.
出　所	[キリスト教] 人にしてもらいたいと思うことは何でも、あなたがたも人にしなさい[1]。（「マタイによる福音書」7-12）	[儒教] 己の欲せざるところは、他に施すことなかれ。 （孔子『論語』巻第八衛霊公第十五 23）
	人にしてもらいたいと思うことを、人にもしなさい[1]。（「ルカによる福音書」6-31）	[ユダヤ教] 自分が嫌なことは、ほかのだれにもしてはならない[1]。（旧約聖書続編「トビト記」4-15）
	[イスラム教] あなたが人からしてもらいたいことは、全ての人に対してしなさい[3]。（ムハンマドの言葉）	[ヒンドゥー教] 自分自身にとって有害だと思うことを他人に対して決して行うべきでない。（マハーバーラタ）[2]
		[イスラム教] あなたが抑圧されたくないのと同様、人を抑圧せぬようにしなさい[3]。（ムハンマドの言葉）
		[仏教] （黄金律や銀色律に類する言葉は含まれていないが、仏教の教えはそれらと整合的）[4]
特　色	・相手に対して積極的な働きかけを要請（積極性）。 ・自分の行為を判断するために相手を位置づけ。 ・2人の人間の間を同等に、そして相互に関係する観点から扱う（相互性、論理整合性）。	・自分に対する禁止規定。相手に対する働きかけには言及なし（消極性）。 ・自分の行為を判断するために相手を位置づけ。 ・2人の人間の間を同等に、そして相互に関係する観点から扱う（相互性、論理整合性）。

1．キリスト教『聖書』新共同訳。
2．http://www.mahabharataonline.com/translation/mahabharata_13b078.php#fn_255。（引用者和訳）
3．http://en.wikipedia.org/wiki/Golden_Rule における"Islam"。（引用者和訳）
4．Pfaff（2007：第2章）。
（注）著者作成。

を他人に対して決して行うべきでない」(「マハーバーラタ」[7])がある。そしてイスラム教の場合には、上述した積極型に加えて禁止型「あなたが抑圧されたくないのと同様、人を抑圧せぬようにしなさい」(ムハンマドの言葉)がある。

　また仏教の場合、黄金律や銀色律に類する言葉は含まれていないが、仏教の教えはそれらと整合的である (Pfaff 2007：第2章)。なぜなら、その教えには"I"とか"you"とかの表現は意味がなく、われわれは皆、精神共同体の一員であるので他人を傷つけることは自分を傷つけることになるからである (同)。あるいは、仏教は自由主義的であり、ドグマ (独断的な教条) がなく、何をどうするか、何をどう考えればいいか、どう行動すべきかということは、自分の工夫によって発見し、創造していくものであり、それらはあくまで自己責任である (橋爪・大澤 2013) という特徴を持つ[8]からである、と理解することもできよう。

第2節　人類史的にみた黄金律：普遍性

　以上みた黄金律は、現在みられる各種の表現であるが、これらは古代から様々な経緯を経た末にこのようになったものである。本節では、2千年以上にわたる人類の歴史を振り返るかたちで、黄金律ないしそれに類似する思想の変遷を簡単に振り返ることにする[9]。

孔子の教え

　古代中国においては、孔子 (紀元前551年－479年) が述べた黄金律「己の欲せざるところは、他に施すことなかれ」(否定形だから銀色律というべき規則)

---

7) 古代インドの宗教的・哲学的・神話的叙事詩。ヒンズー教で最も重視される聖典の一つ。
8) ただ、自己責任といってもそれは人と人との間の正しい関係の確立を目指す点に特徴がある。このため、仏教の法 (ダンマ) では、何が幸せであり、何が正しいことであるか、何がニルバーナ (煩悩からの解放) であるか、などが示されている (アンベードカル 2004：4章 ブッダの教え)。
9) 以下の理解と記述はもっぱら Wattles (1996：2章～5章)、Neusner and Chilton (2009：2章～4章) に依拠している。

が『論語』に記載されている。このルールは、自分の立場ないし役割を逆転させること（自分を他人の位置に置いてみること）によって相手の状況を理解し、相手の立場からみてふさわしい行動を行えという行動基準（徳）を示しており、厳格な自己規律を要請するものである。これは、個別具体的な行動基準を提示するものでなく、包括的かつ豊かな想像力を要請するルールといえる。

このルールの特徴は、儒教の社会観を支える基礎を提供している点にある。すなわち儒教では、人間は一つの家族であるという考え方がなされ、このため個人と社会（家族ならびに国家）の関係が大切にされる。その場合、個人が社会と関係する場面で妥当な行動をするための倫理がこのルールに他ならない（Wattles 1996：26ページ）からである。

古代のギリシャとローマ：相互性

黄金律の発想は古代ギリシャの宗教や哲学において明確にみられた。ホメロス（吟遊詩人）をはじめ、プラトン、ソクラテス、アリストテレスなどの哲学者の思想にもそれを追跡できる（Berchman 2009）。とくにアリストテレスにその発想があったとすれば、それは「自分の分身であるように他人を愛せよ」という表現に近いものになり（同41ページ）、その思想は彼の哲学において中心的位置を占めるものであった（同43ページ）。すなわち、アリストテレスの倫理的、社会的、政治的な思想は、黄金律の重要な性格である相互主義（reciprocity）に依存しており、このため黄金律が十分に行き渡れば個人の幸福と社会の調和がもたらされる、という考え方として理解できる（同43ページ）。

こうした道徳的基準という側面を重視する見解に対して、古代のギリシャとローマにおいては、相互主義ないし互恵主義（reciprocity）、あるいは報復（retaliation）という側面がより重視され、それを保証するルールとしてこの格言（maxims）が黄金律として徐々に形成されることになったという面を強調する見解もある。すなわち、当時のこれら社会では、敵にどう危害を加えるか、味方をどう助けるか、奴隷にどう対応するか、などが大きな課題であり、その場合、良いことには良いことで、悪いことには悪いことで対応するという返報原則（repayment principle）の発想が次第に強まった。これがこの時代の特徴であり、道徳的基準として黄金律の表現が形成されることはなかったものの、黄金律の相互主義という一つの側面が形成された（Wattles 1996：28ペー

ジ）という見解である。ただこの見解においても、相互性（reciprocity）を強調する点においては前者と共通している。

ユダヤ教の知恵

　ユダヤ教においては、その初期文献（紀元後1世紀ごろ）において黄金律の考え方が台頭して定着し、その後これがユダヤ教の中心的教えになった。

　ユダヤ教を代表する教師ヒレル（Hillel、紀元前後のユダヤ教の律法学者。イエスよりも年長の同時代人）に対してある時「トーラー（Torah、ヘブライ語の聖書の最初5冊）を要約するとどうなるか」という質問が提示された。これに対してヒレルは次のように回答した。「あなたにとって嫌なことは、あなたの隣人に対してするな——これがユダヤ教の教えの全てである。その他のことは、これに対する注釈にすぎない。行け、そして学びなさい」[10]と。ちなみに、旧約聖書はキリスト教の聖典であるだけでなくユダヤ教にとっても聖典であるが、旧約聖書（続編「トビト記」4-15）には前述した通り禁止型の黄金律が記載されている（図表9-1を参照）。

　黄金律は、確かに個人の道徳性を全面的に取り込んだ唯一の表現ではない。例えば、知恵、徳、敬虔、正義など、ユダヤ教で重視されることがらは数多くある。しかし、黄金律はその単純性（simplicity）、一般性（generality）、崇高な精神性（spiritual tendency）によって、ユダヤ教の教えを明白に示しており、それは道徳的な生活にとって一本の筋を通すものとして位置づけられる（Wattles 1996：50ページ）。

キリスト教の新約聖書：飛躍

　イエス・キリスト（紀元前4年頃-紀元後28年頃）が述べた黄金律は、前述（図表9-1）のとおり、新約聖書に含まれる二つの書物（「マタイによる福音書」、「ルカによる福音書」）に記録されている。一般に黄金律という場合、イエスが述べた黄金律を指す場合が多いが、それは次の三つの点で注目すべき特徴を持つからである。

---

10) カッコ内は、Wattles（1996：42ページ）、Green（2009：1ページ）を引用者が和訳したもの。

第1に、イエスの黄金律は、好意の相互関係（reciprocity）を示す一方、報復の相互関係（「目には目を、歯には歯を」という報復）をそこから外していることである（Wattles 1996：66ページ）。

古代のギリシャとローマにおいては、上述したとおり好意および報復の両面で相互関係が含まれていた。例えば、ハンムラビ法典（紀元前1792年から1750年にバビロニアを統治したハンムラビ王が発布した法典）では、無限な報復を禁じて同害報復までに限度を設定、それによって過剰な報復（倍返しなど）による報復合戦の拡大を防ぐ効果をもった。しかし、イエスは報復自体を認めず、その相互関係を対象外にしたわけである。報復を認めないというのは、イエスの基本思想である。聖書において「あなたがたも聞いているとおり、『目には目を、歯には歯を』と命じられている。しかし、私は言っておく。悪人に手向かってはならない。だれかがあなたの右の頬を打つなら、左の頬をも向けなさい」（「マタイによる福音書」5章38-39節）という言葉にそれが述べられている。

第2に、イエスは、それまでの否定型ないし禁止型のルール（他の人に対してするな）を肯定型ないし積極型のルール（他の人に対してせよ）に作り変え、発展させたことである（Wattles 1996：56ページ）。イエスは、他人を傷つけるような否定的行為を慎めということから一転し、他人に対して利益をもたらす積極的な行動の必要性を説いた[11]。この点に新しさがある。そして肯定形の方が道徳的により積極性がある。さらに、悪を禁止するよりも、善を命令する方が心理学的には一段と効果的である（同）。

第3に、上記二つによってイエスはより高い基準の黄金律として提示したことである（Wattles 1996：66-67ページ）。すなわち、このルールはまず思慮深さ（prudence）を示している。自分の行動が相手に対して長期的にどのような幸せを与えることになるのかについて、注意を払っているからである。そして、隣人への愛（neighborly love）を示している。このルールが述べる相手と

[11) このルールは、当時すでにユダヤ教とヘレニズム文化の一部となっていたため、イエスの教えとしてでなくとも文章として簡単に聖書に挿入された可能性もあり、したがって聖書に述べられている黄金律をイエスに帰することに躊躇する研究者もいる（Wattles 1996：53ページ）。しかし、聖書の記述を全体的にみると、黄金律はやはりイエスに帰するのが妥当（同）とされる。

は隣人であり、したがって全ての隣人への配慮と公正を求めているからである。さらに、父なる神の愛（Fatherly love）を示している。父なる神が人を愛していることを見習って人は隣人を愛すべしという主張となっているからである。つまり、イエスの教え（黄金律）においては、これら3つのレベルが示唆され、かつ統合されている点が他の黄金律にはない特徴である（Wattles 1996：66-67ページ）。

カントの哲学、英国の功利主義思想

　ヨーロッパ中世から近世にかけては、黄金律を宗教的背景から切り離し、自然法（natural law）における重要な命題とみなす議論が次第に強まった（Wattles 1996：11ページ）。そうした流れの中で18～19世紀に見られた二つの代表的な思想、すなわちカント（Immanuel Kant, 18世紀ドイツの哲学者）の哲学、および英国のJ.ベンタム、J.S.ミルなどの功利主義（utilitarianism）思想を以下で取り上げ、そこにおいて黄金律の考え方がどのようなものであったかをみよう。

　まず、最も大きな特徴は、これら両者の倫理観が全く対照的であったこと、そしてそれにもかかわらず、両者はともに黄金律の洞察を取り入れようとしている点で共通していた（Berthold 2009：84ページ）という見方がある。

　すなわち、カント哲学は行為の背後にある意図を重視するのに対して、功利主義は結果を重視する。また前者が道徳行為の正当化を求めるのに対して、後者は人間の幸福最大化を追求する。さらに、前者が道徳的命令の確立を要求するのに対して、後者は全ての倫理的行動は状況次第とみる。そして、前者では道徳的考察において欲求、利害、感情を徹底的に排除するのに対して、後者ではそれらが重要と見る（同83ページ）。

　両者はこのような対照的な思想であるにもかかわらず、共通点があったとされる。なぜなら、カント哲学においては、われわれが行為する場合には他者を尊敬しそれ自体が目標であることが道徳律から要請されるとして他者を位置づける一方、功利主義においては、最大多数にとっての利益ならびに幸福を強調しているので自他双方を考慮しており、このため両思想とも他者ないし自他の関係において黄金律を意識しているからである（同84ページ）とされる。ただ、黄金律の性格をここまで拡張解釈してこれらの思想と関連づける必要が果たし

てあるのかどうか、著者には疑問なしとしない。

米国における企業経営倫理としての適用

19～20世紀になると、黄金律は哲学者や神学者にとどまらず、牧師、政治家、実業家にもてはやされることになった。とくにアメリカでは、黄金律は宗教的倫理の枠を抜け出し、ポピュラーな企業経営スローガンになった（Wattles 1996：101ページ）。例えば、経営者の自己犠牲によって労働者の賃金を引き上げたり、利潤追求するうえでの道徳的制約を強調するなどの動きがみられ、黄金律が実用化されるようになった。

第3節　黄金律と利他主義

黄金律は、自己の行動規範を述べたものであるが、その前提として相手に思いを馳せることを条件としている。したがって、これは相手を思うという点で利他主義的な要素を含んでいる。そこで、本節では黄金律と利他主義の関連を考える。

古くから黄金律として知られる倫理命題「自分にしてもらいたいように人に対してせよ」は、直接的には自分に対する行動命題であり、その場合の条件が述べられているだけなので利他主義そのものではない。しかし、それは利他主義に深く関連する思想であり、また行動基準でもある。なぜなら、それは、自分の行動を相手の尺度で評価することを事前に要請しているので、相手に対して広い意味で好意を持っていることが前提されているからである。つまり、自分の行動は単に自分のために行うのではなく、程度はともかく相手のために行動せよ、という要素を含んでいる。その発想を延長すれば、人間が自分のためでなく専ら相手のために行動する場合になる。これが利他主義である。

黄金律と利他主義の関係をやや厳密かつ形式的に考えると、**図表9-2**のようになろう[12]。すなわち、先ず、ある人が他の人に共感ないし感情移入（empathy）するとしよう。すると、両者の感情は相互に対等なものとなり（相互性：reciprocity）、自分の感情と相手の感情は同一視できる状況（整合

12）以下で言及する幾つかの概念の詳細は岡部（2014b）を参照。

図表 9-2　黄金律と利他主義の関係

基礎条件	現れる状況	帰結
共感・感情移入 (empathy)	相互性 ＋ 論理整合性 (reciprocity)(consistency)	・水平的（同値的）関係 ・黄金律(Do to others)
同上	相互性 ＋ 論理整合性 ＋ 同情 (reciprocity)(consistency)(sympathy)	・相手に傾斜した関係 ・利他主義(Do for others)

（注）著者作成。

性：consistency）が発生する。つまり両者の間で水平的（同値的）関係が発生する。この状況で導かれる規範が黄金律すなわち「自分にしてもらいたいように人に対してせよ」である。これを簡潔に英語表現すれば"Do to others"[13]となる（図表9-2の上段）。黄金律を理解するうえでは、従来から共感の原理（a principle of sympathy）が基本になっていた（Wattles 1996：114ページ）わけである。ただし、黄金律を単に論理整合性だけの形式論に閉じ込めてしまうならば、そのルールが本来的に持つ直観的要素は犠牲になる。黄金律はあくまで人間に対する尊敬を含むものだからである（同140ページ）。

この状況からさらに一歩進んで相手に同情心（sympathy）を示せば、それは相手に傾斜した関係となり、その結果、自分よりも相手に重心が移行する。その結果、利他主義に至ると理解できる。これを簡潔に英語表現すれば"Do for others"[14]となる（図表9-2の下段）。

なお、黄金律に対応する英語表現は Do to others という表現と Do for others という表現の二つがあるが、後者よりも前者がより一般的に使われていること（付論1を参照）に注目する必要があろう。なぜなら、それが黄金律をより忠実に表現しているからである。これに対して後者は、広義では黄金律を表現しているが、そこから一歩進めて利他主義にまで踏み込んでいる、と理解できる。ちなみに、明治学院大学が校是として Do to others でなく Do for others を採用している（付論1を参照）のは、利他主義の精神を明確に表現する意図があ

---

13) 省略することなく言えば、Do to others as you would have others do to you.
14) 省略することなく言えば、Do for others as you would have others do for you.

るためと推察される。

第4節　黄金律の意義

以上概観した黄金律の歴史を踏まえると、黄金律は次の５つの項目で要約されるような特徴と性格をもつ格言であると理解することができよう。

(1)黄金律には二つの表現：積極型と禁止型

第１に、黄金律をやや広くとらえると、前述したとおり「人は、他の人からしてもらいたいように他の人に対してせよ」という肯定的形式ないし積極型がある一方、「人は、他の人からしてもらいたくないことは他の人に対してするな」という否定的形式ないし禁止型の二種類がみられることである。

これらはともに人間にとっての基本的倫理を示すうえ、宗教や文化を越えて人類社会に広く共通に見られることから（広義の）黄金律と理解されている。ただ、イエス・キリストが説いたルール（『新約聖書』「マタイによる福音書」７章12節）は（1）それまで報復の相互関係（「目には目を、歯には歯を」という報復）を除外して好意の相互関係に限定したこと、そして（2）それまでの禁止型ルール（他の人に対してするな）を積極型ルール（他の人に対してせよ）に作り変えたことにより、一般的には（とくに欧米では）これが黄金律とみなされる場合が多い。この場合、禁止型ルールは「銀色律」（Silver Rule）という扱いがなされることもある。また、黄金律の否定形である銀色律は、黄金律に比べより実用的である（実行しやすい）とされる。

(2)黄金律には普遍性：宗教や文化を超えた道徳の基礎

第２に、黄金律は人類史において古くから見られる人間社会の原則であり、現代においても宗教や文化を越えて道徳の基礎となる重要な規則になっていることである。

黄金律は、おそらく人類が知る最もよく知られた倫理的格言（ethical dictum）であり（Green 2009：１ページ）、人類の知恵（human wisdom）の一部にほかならない（Neusner and Chilton 2009：序文）との評価が一般になされている。そして銀色律（黄金律の禁止型である Silver Rule）については、人

間がこれまでに発明した最も偉大な、最も単純な、そして最も重要な道徳基準（moral axiom）であるという見方[15]もある。その要因としては、銀色律は直感的に明快であって近づきやすく、そして理解しやすいルールであること（Wattles 1996：188ページ）が指摘されている。

　黄金律が文字通り金科玉条に値するものである（The rule is genuine gold, in fact solid gold）（Gensler 2009：147ページ）のは、このルールが何よりも道徳律の背後にある精神（spirit）の根幹を捉えているからである（同）。さらに、このルールは自己中心主義に反論しているほか、自分以外からの回答を強制するのではなく自分の推理力の活用を求め、さらに相互理解と協力を推進することを求めるといった具体的対応の必要性を示唆している点を指摘できる（同）。

　黄金律は、上記のとおり宗教や文化を問わない普遍性（universality）ないし遍在性（ubiquity）を備えている点に大きな特徴があるが、換言すれば、黄金律はそれほどに非宗教的な原則（nontheologic principle）であると性格づけることができるわけである。つまり、ほとんどの主要宗教（キリスト教、イスラム教、ヒンズー教ほか）がこれを基礎的な道徳として含んでおり、しかも黄金律は神に言及しているわけでないので神学的原則でなく、宗教とは関係のない倫理としても（格別の宗教的コミットメントなくしても）多くの人が共感をもつ考え方になっている（Wattles 1996：4ページ）。

　このように、黄金律は時間を超越した規範（人類の歴史を通して支持されてきた規範）であるうえ、現在どの民族も共有できるグローバルな規範になっている。このことは、「世界宗教会議」の1993年大会において、全ての主要宗教を含む40以上の宗教団体によって「グローバル倫理に向けての宣言」（Declaration Toward a Global Ethic）が採択されたことに端的に表れている（Gensler 2009：149ページ）。その宣言では、根幹をなす考え方として黄金律への言及がなされ、それが以下のとおり引用されている（引用者和訳）[16]。

　　人類の何千年にも亘る歴史において、多くの宗教ならびに倫理的伝統において存続してきた次のような原則がある。「あなたにしてもらい

---

15) http://en.wikipedia.org/wiki/Golden_Rule
16) http://www.parliamentofreligions.org/_includes/ FCKcontent/File/TowardsAGlobalEthic.pdf

たくないことは、他人に対してするな」。あるいは、それを肯定的表現にすれば次のようになる。「あなたがしてもらいたいことは、他人に対して行え！」。これは、年月を経ても決して消え失せることのない無条件の規範であり、生活のすべての領域に当てはまるほか、家族やコミュニティにとっても、また人種・国家・宗教のいかんにかかわらず妥当するものである。

(3) 黄金律は相互性、整合性、人間の平等性を重視

　第3に、黄金律は「自分を相手の立場に置いてみること」を根本に据えた一般性の高い命題（abstract mandate）であるから、そこから相互性、論理整合性、人間の平等性など、社会関係ないし論理の観点からみて重要な幾つかの原則を暗黙のうちに主張していることである（Green 2009：2ページ）。

　自分を相手の立場に置いてみることは、他の人々の気持ちを汲み取ること（共感、empathy）を意味しており、このため黄金律は、他人に対して熟慮と公正をもって他人を扱うことにはっきりとコミットした道徳基準である（Wattles 1996：188ページ）。このためそれは、本質的に相互性（reciprocity：相互利益、互恵主義、相互主義）を前提としたルールである。また黄金律は、何らかの特定の行動を取るべきことを述べているのではない点に特徴があるが、その場合に整合的でない行動の組み合わせを回避する指示を与えるもの、ということもできる。したがって黄金律は整合性（consistency）原理を本質的に含んでいる（Gensler 2009：139ページ）。

　さらに、自分を相手の立場に置いて感情移入（empathy）することは、相手が誰であれ、何がフェア（公正）かという倫理的な問いかけを行うことに他ならず、それは相手に対する理解と親切を意味しており、相手を尊敬することにつながる。したがって、黄金律は根底にヒューマニズムの精神、あるいは人間の平等性（自分も相手も同じ価値を持つ存在）の思想を秘めており（Wattles 1996：180ページ）、このため性差別、ナショナリズム、人種差別、階級・年齢・健康・信条・教育水準・言語などによる差別とは相容れない（同174ページ）。

　この理解をさらに延長すると、黄金律は、現代の人権（human rights）という概念（個人は正当な扱いを受ける権利があるという思想）にとって基礎を提

供するものだ、という見解になる。ただし、人権という「権利」の思想はあくまで現代の政治的思想であり、古代から存在する黄金律とは無関係だ、という反論がある[17]。

(4) 黄金律は静態的規則というよりも動態的基準

　第4に、黄金律は個別具体的な道徳規則を示すものではなく、より広い倫理を展開するための基準ないし尺度である。

　個別具体的な道徳規則としては、例えばキリスト教の場合、敵を愛せよ、父母を敬え、神を崇拝せよ、などの積極型規律がある一方、腹を立てるな、人を裁くな、復讐するな、などの禁止型規律も少なくない。黄金律はこうした個別具体的な道徳規則とは異なり、より広い倫理の基準を提示している点に特徴がある。すなわち、どのようなことが倫理基準に合致し、どのようなことが合致しないかを示す一般原則であり、リトマス試験紙のような機能を持つ基準といえる。この意味で黄金律は、例えていえば地図（map）ではなくサーチライト（searchlight）であるとする見方（Wattles 1996：165ページ）もある。

　この観点から見ると、黄金律は、倫理にとっての十分条件であると理解できる。なぜなら、この規則を遵守する限り悪事に陥ることがないという意味を持つからであり、あるいは全ての義務はこのルールから導くことができるという意味からである（Wattles 1996：5ページ）。

　これに対して、この規則は正しい行動にとって一つの必要条件を示すものに過ぎないという見解もありうる。つまり、人が行動を起こす時、それが正しい行動であると保証されるには黄金律というテストをパスする必要があり、パスできない時にはその行動は正しくない行動であると考えることができるからである（同）。いずれの立場を採るにしても、黄金律が示す基準の一般性を物語っている。

　黄金律が示す基準に一般性があることは、そこから導出される倫理基準やそれに従った行動が静態的なものでなく、成長し発展する性格を持つことを意味している。したがって、黄金律は静態的規則というよりも動態的な基準である。このため、道徳の探求やわれわれの行動において成長をもたらす要素を含んで

17）http://en.wikipedia.org/wiki/Golden_Rule

いる（Wattles 1996：166ページ）。このルールを忠実に実践することは、我々を利己主義から共感へと移行させるほか、道徳上の直感を理性によって研ぎ澄まさせ、義務感よりもむしろ満足感をもたらすことになる（同188ページ）。黄金律は人類共通言語とでもいうべきものであり、全人類にとってこれほど弾力性をもった道徳律は他にない（同189ページ）。

(5)黄金律の実用性を疑問視する意見も存在

第5に、上述したように黄金律は人間社会にとって古くから普遍性のある道徳基準であるほか、相互性、整合性などの重要性を示唆する点でも類例のない規範とされてきたが、その実用性にはある程度限界があるとする見方も存在することである。これを次節で論じることにしよう。

第5節 黄金律における留意点

黄金律は、最もよく知られた金言の一つであるがその内容や応用性の限界に関して疑問点ないし異論も少なくない。

(1)黄金律における留意点

以下、黄金律における留意点を4つ指摘しておこう。

自分と相手の価値観の差異

第1に、黄金律では人間は基本的に類似したものとみなしており、そのため人間相互における価値観や世界観の差異に対する認識が不十分のままルールを適用すれば、誤った行動に陥ることである（Wattles 1996：6ページ）。

つまりルールでは、他人と自分では、してもらいたいこと、あるいはしてもらいたくないことが同じであると暗黙のうちに前提されている。したがって、自分にとって望ましいことは他人にとっても望ましい、ということが暗黙のうちに前提されている。しかし、両者は異なるかもしれないのである。そのような場合には、黄金律が常に良い指針とはならないのでその実用性が疑問視される（Green 2009：3ページ）ことになる。

最もわかり易い例（黄金律が適用できない反例）を一つ挙げよう。いま大学

生を考える。学生は、できるだけ良い成績をもらって履修単位を取得し、そして卒業することを当然望んでいる。このような状況において、教員がもし黄金律に従うならば、学生が望むそうしたことを叶える行動をとることを意味する。そのため、例えば学生が試験で達成したレベル以上の成績を付ける（水増しした成績評価をする）とか、本来ならば不合格と評価すべき学生に合格点を付けて卒業させる、といったことが黄金律の観点からは要請される。しかし、教員のそうした行動が果たして良い行動かどうかには当然大きな疑問が生じる。つまり、この場合、教員が具体的に何をすべきかを判断するうえでは黄金律（相手がしてもらいたいように行動せよというルール）は何ら役に立たない。この場合、教員は当然ながらその立場を考えた行動をする必要があり、黄金律を適用可能な場合かそうでないかを見極めることが肝要である。

　このように、立場の違いによってルールが適用できないといった問題が生じるほか、自分の倫理基準と相手の倫理基準が異なる（conflicting moral universe）場合にはとくに深刻な問題が発生する。例えば、他人の倫理基準が自分の倫理基準に反するような場合、相互主義に則る限り、自分はその基準（自分が反対する基準）をもとに自分の行動を形成することが求められるかたちになるが、果たしてそれでよいのかどうか、である（Green 2009：4ページ）。黄金律は必然的にこの面での曖昧さを含んでいる。

　黄金律で判断の基準となるのは、行動主体（自分）なのか、それともその行動の影響が及ぶ主体（相手）なのか。またそのルールに従えば、自分が良いと信じることであればそれが何であっても（相手はそれを評価しないようなことであっても）、自分はそれをしてもらいたいと考える以上、相手に対してそれを行うこと（そこまでお節介な行動をすること）が果たして許されるのか。つまり黄金律の相互主義には限界があるのか。もし限界があるならば、黄金律はどのような意味で一般性の高い倫理原則といえるのか（Green 2009：4ページ）。これらは難問といわざるを得ない。

　とくに「人に対して……をしなさい」という積極的表現（positive formulation）をとった黄金律の場合には、自分の価値観を誰にでも適用できると勘違いしがちになり、相手からみると「余計なお節介」あるいは僭越な行動（でしゃばり、presumption）になっているにもかかわらず自分がそれに気づかない可能性がある。このような場合、相互主義がどのように有効に機能するのかは

明らかでない。つまり、われわれは、他人に自分の観点（価値基準や嗜好）を当てはめて考え行動するべきなのか、逆に自分は他人の観点を受け入れてそれを基礎として行動するべきなのか、それともこの2つを何らか組み合わせるかたちで対応すべきなのか。この点について黄金律は曖昧である。

　黄金律は信条（belief）や価値観が類似している者の間においてだけ直接適用可能であるにとどまるものであり、上記のようなケースに陥っていないかどうか、常に熟慮して見極めることが要請される（Green 2009：4ページ）。

　この難問は単に理論上の問題でなく、それが現実に歴史的に大きな意味をもつことになった実例もある（Green 2009：4ページ）。それは、18世紀から19世紀にかけて議論された奴隷制度の適否についてである。そこでは奴隷制度廃止論者と、奴隷制度存続論を唱えるキリスト教聖職者の間で論争がなされた。制度廃止論者は黄金律（自分は奴隷になりたくないので奴隷制度を廃止せよ）を援用し、制度廃止を主張した。これに対して、制度存続論に与するキリスト教説教者は奴隷制度を罪だと考えておらず、制度存続（正反対の主張）の論拠として何と同じ黄金律を援用した。すなわち後者は、もし奴隷制度を廃止すれば、その結果、社会・経済制度に大きな混乱をもたらすことになり、このため制度廃止から恩恵をうける人々よりもより多くの人々を傷つけることになるからだ、と主張した。ただし、ここでは道徳が著しく軽視されている。つまり黄金律は、両陣営にとって論拠として用いられたのでその実用性には問題があったこと（黄金律を行動指針とするには熟慮が必要であったこと）を示している。

より高い倫理基準の欠如

　第2に、黄金律では平凡な希望や欲求が道徳の判断基準となっており、倫理基準として掲げるにはレベルが低すぎる（Wattles 1996：6ページ）という批判があることである。

　例えば、必要な行動が歓迎されないような場合でも、人は本当にそうした行動をとるべき時がある。しかし、黄金律はそうした場合に指針を与えるものとはなっておらず、本当に「良いこと」とは何かについてより高い視野が欠如している。このため黄金律は、道徳的判断の整合性を規定するうえでの形式的ないし手続き的な性格を持つルールにすぎず、内容的に豊かで深い意味を持つものにはなっていない、というわけである。

黄金律はその非宗教的性格が一つの特徴であるが、宗教の観点から見た場合、このルールはより次元の高い倫理（例えば愛し合えという教え）を追求する性格を備えておらず、宗教的に見てもその有用性は中途半端にとどまっている（Wattles 1996：5ページ）。例えば、著名なドイツの神学者ポール・ティーリッヒ（Paul Johannes Tillich, 1886-1965）は「黄金律はわれわれが何を本当に望むべきかの示唆をあたえるものではないため、レベルの低い原則に過ぎない。黄金律をはるかに超越するルール（例えば愛）がある」としている（同）。

競争社会の原則としてはナイーブさ

第3に、競争社会という現実を考えた場合、黄金律はあまりにも素朴（ナイーブ）かつ理想主義的な基準であること（Wattles 1996：7-8ページ）が指摘されている。現代の資本主義社会における人々の心理的要請に鑑みると、このルールはあまりにも非現実的なものにとどまっており、したがってその面では現代社会を生きるうえでルールの実用性に限界があるかもしれない。

ルールの適用には熟慮が必要

最後そして第4に、黄金律は行動基準として一般に広く受け入れられているとはいえ、それを援用できるための前提条件に留意する必要があるほか、行動に際してこのルールに従う場合には、その状況をどのような論脈や枠組みで理解する必要があるかを熟考し、果たしてそれが適用可能かどうかを見極めることが肝要である。道徳上の独善主義は、善意に満ちた強引さ（benevolent aggression）[18]をもたらしかねないので、そうならないように注意する必要がある（Wattles 1996：175ページ）。

黄金律は、行動基準として確かに一般性があるものの、人間的にある程度成熟し、最小限の誠実さが援用の条件であること（Wattles 1996：6ページ）、を認識する必要がある。

---

[18] この問題に対しては、黄金律よりもその否定的表現をとった銀色律（Silver Rule）が控えめな対応を要請しているので、より適切な行動基準である（Wattles 1996：176ページ）。

(2)本章の結論

本章の主要論点を要約すれば下記のとおりである。

1．「自分にしてもらいたくないことは人に対してするな」というよく知られた格言がある。これは、古代中国における孔子のほか、古代ギリシャ、古代ユダヤ教などでもみられたものであり、歴史的には古代から、そして洋の東西を問わず知られた倫理命題になっている。

2．その表現を肯定型にした場合の「自分にしてもらいたいように人に対してせよ」という格言は、キリスト教の『新約聖書』（「マタイによる福音書」7章12節）に登場する。ここでは、従来みられた禁止型のルール（他の人に対してするな）が積極型のルール（他の人に対してせよ）に転換されている。すなわち、従来みられた他人を傷つけるような否定的行為を慎めという基準から一転、他人に対して利益をもたらす積極的な行動の必要性が説かれている。以後これが普遍性の高い行動基準として黄金律（Golden Rule）として広く知られるに至っている。

3．ただ、黄金律という場合、広義には積極型（…せよ）だけでなく、禁止型（…するな：Silver Rule）も含めた意味で使われる場合が多い。

4．このような黄金律には、他者を思い量る利他主義の要素が含まれる。そしてその特徴としては(a)現代においても宗教や文化を超えた道徳の基礎となっているので普遍性（universality）がある、(b)「自分を相手の立場に置いてみること」を根本に据えているから相互性（reciprocity）、論理整合性（consistency）、人間の平等性といった重要な原則も暗黙のうちに主張している、(c)個別具体的な道徳規則を示すものではなく、より広い倫理を展開するための基準ないし尺度である、などを指摘できる。

5．黄金律は、その重要性と適用範囲の広さの面で人類が知る類例のない規範とされてきたが、その一方、ルールの適用に際しては(a)自分と相手の価値観に差異がある場合には十分留意すること、(b)状況がどのような論脈や枠組みであるかを熟慮すること、(c)ある程度の人間的成熟と最小限の誠実さがあること、が必要である。また、黄金律では平凡な希望や欲求が道徳の判断基準となっているが、倫理基準としてはさらに高いレベル（例えば愛など）があることも忘れてはならない。

付論1　教育理念としての黄金律：明治学院大学の場合

　キリスト教主義教育を標榜する明治学院大学では、「人にしてもらいたいと思うことは何でも、あなたがたも人にしなさい」（『新約聖書』「マタイによる福音書」7章12節）を建学の思想と位置づけ、それを集約したキャッチフレーズ"Do for others"（他者への貢献）を教育理念として近年学内外に打ち出している[19]。以下では、その経緯等について若干触れておきたい[20]。

明治学院の前身を創設した宣教師ヘボン

　この聖句が校是として採択され公表されたのは、比較的最近のこと（21世紀入り直後）である。なぜこうした企画が推進されたのかを説明する公表資料は見当たらないが、このモットー（教育理念）を採用した理由については、幾つかの資料において説明がなされている。例えば、当時学長だった大塩（2005）の説明によれば、それは、日本が開国した直後の1859年に来日した宣教師ヘボン博士（James Curtis Hepburn, 1815-1911）の思想と活動の精神を同大学は受け継いでいるからである、とされている。

　すなわち、ヘボンの日本社会における貢献は3つの分野があると要約、それらは（1）病に悩む人々に対する医療活動、（2）聖書の日本語訳の必要から生じた和英辞典・英和辞典の編纂、（3）明治学院の淵源となるヘボン塾開設を通じる教育活動、であったとしている。そして、こうした3つの活動のために「33年間という時間を日本人のために捧げた［のが］ヘボン［でありその］生涯を一言で表すなら、"Do for others"という言葉が適切」であると主張、「明治学院大学はヘボンの生涯を貫く信念を教育理念として学生と教職員によって無意識のうちに今に受け継いでいます」とフレーズ採用の一つの理由を説明している。

　いま一つの理由としては、同大学の淵源は宣教師ヘボンによるキリスト教布

---

19) 例えば、大学案内冊子やインターネット上のウエブページにその表現が必ず掲載されているほか、同大学の学生全員が保有するダイアリーの表紙裏には「DO FOR OTHERS WHAT YOU WANT THEM TO DO FOR YOU.」「だから、人にしてもらいたいと思うことは何でも、あなたがたも人にしなさい。」と英語ならびに日本語で印刷されている。
20) 以下は、岡部（2012b, 2014d：第1節）に依拠している。

教活動の精神を継承していることから、聖書の教えを総括した句として黄金律を学是に採用したとされている。つまり、聖書は、何を知りそして信じるべきかだけでなく、何を行うべきか、誰に対して行うべきか、をも述べているが、黄金律はそれら全体を貫く「イエスの倫理の根幹をなす教え」（大塩 2005：viページ）に他ならないからである、と説明している。

Do to others か Do for others か

やや細かいことであるが、明治学院大学が Do to others ではなく、なぜ Do for others を校是としたのであろうか。黄金律（「マタイによる福音書」7章12節）の英語表現としては、実は Do to others が最も一般的な表現である。すなわち、ほとんどの場合、下記（1a）であり、（1b）という表現は、例外的とまでは言えないにしても非常に少ないものにとどまっている。

> Do to others as you would
> have others do to you. (1a)

> Do for others as you would
> have others do for you. (1b)

例えば、インターネット上で英語版聖書の記述を検索してみると[21]、20種類の聖書のうち、Do to others、またはその古表現である Do unto others という表現をしているのがそれぞれ12ケース[22]、4ケース[23]あり、合計16ケースであるのに対して、Do for others という表現は4ケース[24]にとどまっている。

Do for others という表現は、聖書の語句としては Do to others に比べてやや

---

21) http://biblehub.com/matthew/7-12.htm では英語版聖書20種類の例が示されている。
22) Do to others" と表現しているのは、New International Version, New Living Translation, English Standard Version, King James Bible, NET Bible, American King James Version, Douay-Rheims Bible, Darby Bible Translation, Webster's Bible Translation, Weymouth New Testament, World English Bible, Young's Literal Translation の12ケースである。
23) "Do unto others" としているのは、Jubilee Bible 2000, King James 2000 Bible, American Standard Version, English Revised Version の4つのケースである。

一般性に乏しいにもかかわらず前者を校是にした理由は、著者が明治学院大学の種々の文書を検索した限り公表資料では見当たらないが、当時の学内関係者の文章をみると、"to"か"for"かという問題は、確かに一つの論点であったことが推測される。すなわち、英語聖書では to（ないし unto）がより一般的な表現であるという認識は確かに持たれていたようである。例えば、当時の学長による学是の英語解説（Ooshio 2004）では、聖書引用として unto others という用語で記載されているほか、同大学の教員の一人（久山 2005）は to others の方が英語表現としてより一般的であることを担当授業において明示的に述べている。

　しかし、Do to others は（それを修飾する語句を省略すれば）単に「人に［対して］しなさい」となってしまい、原文で示唆されている「どのようなことを」すべきかが不明となり印象的な表現にならないのに対して、Do for others は「人のためにしなさい」という、他者に対する思いやりのある積極的な行動を奨励する含意が明確であるのでこの表現に確定したのではないか、と推測される。

ボランティアセンターの創設

　なお、明治学院大学では、創設者ヘボンの精神"Do for others"に沿ってボランティアセンターという学内組織が創設されている。このセンターは、1995年の阪神・淡路大震災発生時に、自発的な救援活動のために多くの明治学院大学の学生が被災地に向かったことがきっかけとなり、学生と教職員がパートナーシップを築きながら活動する学内組織として1998年に設置された。これは、日本の大学における学内組織としては最も早期に設立されたものの一つであり、同大学ボランティアセンターは、先進性と独自性の点で全国の大学のボランティア活動に対して指導的な立場にある[25]。

24）"Do for others"と表現しているのは、Holman Christian Standard Bible, International Standard Version, Aramaic Bible in Plain English, GOD'S WORD® Translation の４つの場合にとどまる。

25）http://www.meijigakuin.ac.jp/doforothers/philosophy.html

第10章 コミュニティの機能：その組織的特徴と力の源泉

　主流派経済学では、家計や企業の市場における行動を分析の中心に置く一方、市場によって対応できないことがらは政府が対応する、という理解の枠組み（二分法）が従来から採られてきた。しかし、現実の社会においては、家計、企業、政府いずれの主体とも性格を異にするコミュニティ（community：共同体）ないし非営利組織（non-profit organization：NPO）が重要な部門として存在する。このため、社会システムを適切に理解するには、市場でも政府でもないこの部門を第三部門として位置づけて全体を理解すること（三部門モデル）が不可欠である。

　本章では、コミュニティとくに非営利組織（NPO）に焦点を絞り、それが成立するための組織的条件、形態、社会における機能、存立を支える基盤などにつき、社会学をはじめ経済学に隣接する学問領域の成果をも取り込みつつ、市場経済の全体像を深く理解する一つの視点を示すことにしたい[1]。

第1節　市場経済におけるコミュニティの位置づけ

　人間社会をみる場合、経済学では従来、民間主体が活躍する市場が社会作動の基本メカニズムであると理解する一方、これと対極的な主体として政府が想定されていた（第4章の図表4-3(1)を参照）。そして市場においては、家計や企業が利己的、分権的に活動すると理解する一方、政府はそうした民間活動

1）本章は、岡部（2016a）に依拠している。

社会を理解する枠組み変革の必要性

　ところが、既に重ねて述べてきたとおり、こうした二分法では捉えきれない人間の行動動機や人間活動あるいは人間集団の重要性が近年高まっている。このため、政府でなく市場でもない民間セクター、すなわち各種のコミュニティ（自立した個人のつながり）を明示的に位置づける必要性が大きくなっている[2]。こうしたコミュニティは従来の「民」とも「官」とも異なる「公」であり、そこにおいて人間は、利己的というよりも専ら利他的な動機で、そして強制されてではなく自発的に関わることが多い点が特徴的である。これを視覚的に理解すれば、第4章の図表4-3(2)のようになる[3]。

　では、コミュニティとは何か、どのような種類があるのか、それを成立させる要素は何か、どのような機能を果たすのか、その存立は何によって支えられているのか、さらに日本の場合どんな特徴と課題があるのか。以下、こうした課題を順次検討するが、それに入る前にまず基礎となるコミュニティという概念を明確化しておこう。

コミュニティという概念

　コミュニティとは、20世紀初め以来「一定地域において共同生活を行う領域ないし生活空間を指し、互いの間に共通の関心や社会意識が見られることがその要件である」とされてきた（経済社会学会 2015：115ページ）。つまり、かつては、同じ地域に居住して利害を共にし、風俗・信念・目的・資源などの面で深く結びついている人々の集まり（地域共同体）を意味する概念であり、地理的条件が重要であった。

　しかし、インターネットの発達により地理的条件は従来よりも制約が弱まり、地域性に限定されず空間的に拡散した機能集団という性格を持つコミュニティ

　2）コミュニティの基本的な位置づけは、第4章第3節を参照。
　3）この図では、コミュニティ（またはその構成員）の行動が利他主義的動機である場合を示しているが、後述するようにそれ以外の動機（利己主義的動機）や社会的要因によってコミュニティが成立する場合もありうる。第5節(1)および付論1を参照。

（オンライン・コミュニティ）も増加している。このため近年では、地理的条件を含まない広い定義が用いられるようになっている。すなわち、例えば最近の研究者によれば、コミュニティとは「血縁や地縁を越えた持続性のある社会関係によって連結され、かつその関係が当人の社会的アイデンティティと社会的活動にとって重要だと相互に見なされているような一つの人間集団あるいは人間のネットワーク」と定義されている[4]。

つまり、人間が社会的ネットワーク（social network）を形成することによって連帯感（sense of connectedness）が生まれていることがコミュニティの基本要件となっており、そのためには効果的なコミュニケーションがなされることが非常に重要な前提条件であるとされている[5]。

コミュニティをこのような性格を持つ人間集団と捉えるならば、コミュニティの外縁はどこにあるのか（どこに境界線を引いてその範囲を定めることができるのか）が問題となる。その線引き対応（つまりコミュニティの定義の仕方）には色々あろうが、一つの考え方は組織体をとっているコミュニティ（その場合には境界が明確化している）を中心にそれを捉えることである。なぜなら、非営利組織こそコミュニティである（ドラッカー 2007：xiページ）と見ることができるからである。

例えば、有志の集まりといった色彩が濃い場合には、ボランティアグループ（ボランティア団体）などと呼ばれコミュニティの一つであるが、そこに役員会や事務局が置かれるなど、組織的により整備されてくればより明確な組織体となり、名実ともNPOになる。また、何らかの社会問題を解決するため、個人や組織が密接な情報共有と活発な相互作用を行う「情報と関係性の共有地（コモンズ）」あるいはコミュニティをまず自発的に作り、次いで自分で作りだしたルールを各メンバーが遵守するような場合（金子 2002）も、それは自生的組織であるので広義のNPO（またはNGO）と考えることができよう。

そこで本章では、そうしたコミュニティの中で最も重要な組織体である非営利組織（not-for-profit organization; non-profit organization：NPO）を中心に論じることにする。

4）https://en.wikipedia.org/wiki/Community（英語版）。
5）このように理解すると、コミュニティは、そのメンバー相互間で創出されるソーシャル・キャピタル（後述）という社会的ネットワークと表裏一体の関係にある。

第2節　非営利組織（NPO）の成立条件

　非営利組織（以下 NPO と略称する）は、一般に営利組織（株式会社などの民間営利企業）以外の全ての組織を指す。このため、NPO の設立動機、組織形態、活動内容はきわめて多様であり、一概に論じることはできない。

　このため、その統一的な研究は1980年代半ばまでほとんどみられず、それ以降になってようやく NPO を表題に掲げる研究や書籍が刊行されるようになったのが実情である[6]。ちなみに、その名称も非営利組織（NPO）のほか、非政府組織（non-governmental organization：NGO）[7]、非営利部門（nonprofit sector）、第三部門（third sector）、ボランティア部門（voluntary sector）、社会的企業（social enterprise）など多様な表現が用いられており、現在では社会科学の学際領域としてダイナミックな展開をみせている[8]。

　以下では、これらの組織体を一括して単に NPO と称することとし、それに関して現時点では最も網羅的かつ体系的に記述された基本文献とみられる Anheier（2005）に依拠しつつ、その成立条件、活動領域、組織形態、経済的重要性を整理する[9]。

NPO 成立の 4 条件

　NPO は、その名称が示唆するとおり、営利を目的とせず何らかの社会的目

6）その嚆矢は Weisbrod（1988）である。NPO について日本語で手軽に利用できる解説書としては山内（2004）がある。
7）一般的には NGO も NPO に含まれると考えて良い。但し、NPO は営利活動に対して非営利を強調するのに対して、NGO は政府活動に対して非政府活動を強調している点に違いがある。例えば、非市場的活動を行う福祉サービス団体が NPO を名乗る傾向があるのに対して、国際協力活動や地球規模の環境問題に国境を越えて取り組む団体は NGO を名乗る傾向がある（経済社会学会 2015：252ページ）。
8）比較的早い段階から NPO の活動が活発であった米国では、1971年に非営利組織学会（Association for Research on Nonprofit Organizations and Voluntary Action; ARNOVA）が設立された。日本においても、阪神・淡路大震災（1995年）を契機に NPO の役割が注目されたことを背景として、1999年に日本 NPO 学会（http://www.janpora.org/）が設立された。
9）NPO の基本文献である Glaeser（2003）においても、ほぼ同様の項目が解説されている。

図表10-1　非営利組織（NPO）の条件、主要対象領域、組織形態

	具体的項目
非営利組織にとっての４条件 (国連基準)	１．自己統治組織であること。 ２．非営利かつ非利潤分配の方針が採られていること。 ３．制度的に政府から分離された組織であること。 ４．活動への参加が非強制的であること。
主要対象領域	・健康（病院、介護施設、献血）　・教育（初等中等、大学） ・文化・スポーツ・芸術（博物館等）　・地域特産品の公的販売 ・各種社会サービス（福祉団体等）　・環境保護（リサイクル） ・研究（政策提言）　・法律（人権保護） ・財団　・政治（政党） ・宗教
組織形態	１）起業家精神が比較的高い形態： 　・社会的企業（ソーシャル・ビジネス）、社団法人、協同組合等。 ２）社会的目的の達成を比較的重視する形態： 　・支援組織、助成財団、政党等。

（出所）上段は Anheier（2005：54ページ）に基づく。中段および下段は Anheier（2005：55ページ：表3-2）、山内（2004：3章）、Borzaga and Tortia（2007：図1-1）に基づいて著者が作成。

的を達成するために設立された組織である。したがって、その組織体の所有者のほか運営者の利益増大を目的としていない点にその基本的性格があり、形態的には営利企業と政府組織の中間的な制度形態である（Steinberg and Weisbrod 2008：118-120ページ）。

こうした組織体の要件としては、さまざまな観点から具体的に規定すること（例えば税法上の定義、機能による定義、収支構造からの定義等）が可能であるが、最も一般的かつ適切な見解と考えられるのは、それまでの各種研究の成果を踏まえて2002年に国連の手引書（Handbook on Nonprofit Organizations）が導入した定義である（Anheier 2005：53-54ページ）。

国連は、NPO の目的や収入源を強調するのではなく、組織としての構造ならびに運営面に着目し、次の４つの性格を併せ持つ組織を NPO と規定している（図表10-1の上段）。すなわち(1)自己統治組織であること（self-governing organizations）、(2)非営利かつ非利潤分配の方針が採られていること（not-for-profit and non-profit-distributing）、(3)制度的に政府から分離された組織で

あること（institutionally separate from government）、(4)活動への参加が非強制的であること（non-compulsory）、である。

上記(1)は、NPO が曖昧なコミュニティ（共同体）でなく明確な組織体になっていること、そして自ら管理運営する組織であることを意味する。

そして(2)は、当該組織が営利を目的として活動しているのでないことを規定するにとどまらず、利潤が生じてもそれを組織体の所有者や運営責任者（owners or directors）に分配しないという制約が付いていることを意味している。つまり利潤は、組織目的（公共の利益）達成のため組織内に蓄積することはできるが、組織の所有者、会員、創立者、運営責任者に分配してはならないという規定である。この点において、NPO は利益をあげるために存在するのではなく、利潤動機を主目的として行動する組織ではないことが導かれる。このため、利潤の分配はしないという制約（非分配制約、non-distribution constraint）こそ、法律において、そして社会科学的文献において NPO を定義付ける場合の中心的な特徴になっている[10]。

また(3)は、NPO は民間主体でなければならないという条件である。そして(4)は、参加が強制によるのではなく、基本的に自発的であること（voluntary; voluntary participation）を多少言い換えたものである。

以上のような NPO に関する規定は、NPO の本質を捉えているうえ、各種組織との比較ないし国際的な比較においても有用なものとされている。ちなみに、各国共通の基本的経済統計である国民経済計算（System of National Accounts：SNA）においても、NPO の定義として上記(2)が採用されている（Anheier 2005：46ページ）。

第 3 節　NPO の活動領域、組織形態、経済的重要性

次に、NPO は主としてどのような領域で活動しているのか、組織形態としてどのようなタイプがあるのか、そして経済全体の中でどの程度の重要性を持

---

10) NPO にはこのように非分配制約があるため、資金提供者（寄付者等）によるモニタリングが営利企業の場合ほど働かなくなり、その結果、活動の効率性や需要変化への迅速な対応のインセンティブが削がれる面がある（Steinberg and Weisbrod 2008：120ページ）。

(1)NPO の主要活動領域

　NPO が取り組み対象としている領域は、多種多様である。主なものを列挙すると（前掲図表10-1の中段）、国によって相当異なるものの、健康関連サービス（病院、介護施設、献血）、教育（初等中等教育や大学における私立の学校）、文化・スポーツ・芸術（博物館等、オーケストラ）、各種社会サービス（福祉団体）、環境保護活動（リサイクル）などがある。また研究（政策提言）、法律（人権保護）、政治（政党）、宗教、財団などの活動も大半が NPO によるものである[11]。一方、例えば日本の農山村における特産品を活かしたコミュニティ・ビジネスなど、サービスの提供よりもむしろ物品の販売を中心とするケースもある。

　これらの例から明らかなのは、NPO が対象とする領域は、多くの場合、程度はともかく「政府と市場」の両方の要素を持つこと、そしてその二つの要素における境界が曖昧かつ流動的であること、である（Anheier 2005：4ページ）。このような中間性こそが、組織としての NPO とその活動内容の大きな特徴である。

　さらに NPO 部門は、経済的次元だけでなく社会的次元も併せ持つ。すなわち、NPO 部門は、有形の財を提供するだけでなく、ソーシャル・キャピタル（social capital）、社会的凝集性（social cohesion）といった無形の財（intangible goods）も提供しており（OECD 2003：3ページ）、経済面と社会面を両立させる次元（socio-economic dimension）において重要な存在である（同10ページ）。このため、NPO の役割が十分に認識され、その可能性が十全に開発・利用されるならば、経済ならびに社会を理解する仕方を変える必要がでてくることになる（OECD 2007：12ページ）。

(2)NPO の組織形態

　NPO が提供する財やサービスが上記のように「政府と市場」の両方の要素

---

11) 高齢化が急速に進む日本では、今後、医療、介護、福祉が重複する領域に対処するには、コミュニティを中心に据えた対応（コミュニティヘルス）が重要になる（秋山 2013）。

を持つことは、組織形態に着目した場合にも、NPO には多様性があることを示唆している（前掲図表10-1の下段）。

すなわち、一方で、起業家精神が比較的高い形態がある。例えば、後述する社会的企業（ソーシャル・ビジネス）をはじめ、社団法人、協同組合等がこの部類に入る。これに対して、社会的目的の達成を比較的重視する形態がある。これには、支援組織（advocacy organization）、助成財団（grant-making foundation）、政党等などが含まれる。

つまり、NPO が提供する財やサービスは、経済学の用語を用いれば、次節で述べるように「準公共財」と性格づけることができるので、公共財や私的財の場合よりもはるかに多様な対応方法があるわけである（Anheier 2005：119ページ）。それを物語る二つの例をここで挙げておこう。

一つの例は、健康管理サービス（health care）への対応である。そのサービス提供に際しては、一方では営利クリニック（株式会社形態あるいは医療法人社団組織の美容クリニック等）があり、他方ではそれと対照的に実体的に政府機関が対応する場合（国立病院[12]等）がある。

ソーシャル・ビジネス

もう一つの例は、ソーシャル・ビジネス（social business）である。これは、社会問題の解決を目的として収益事業に取り組む各種の事業体を広く指す用語であるが、social（社会的）により重点を置くか、それとも business（企業）の側面がより重視されるかによって、各種のバリエーションがある。

その両方を調和させるかたちで創設され、途上国（バングラデシュ等）で大きな成果を挙げているのが、ノーベル平和賞の受賞者ムハマド・ユヌス氏が開発したソーシャル・ビジネス（Yunus 2010）の形態である。

その概要は既に述べたが（前掲図表4-5を参照）、重要な点だけを再度簡単にまとめておこう。まずそのソーシャル・ビジネスの特徴は、(1)人間は利己的であると同時に利他心を併せ持つという認識を基礎としていること、(2)社会では営利企業に加えて他者の利益に専念する会社（ソーシャル・ビジネス）

---

[12] 日本における従来の国立病院は、2004年に独立行政法人へ移行し、現在は独立行政法人 国立病院機構を構成するかたちになっている。

の二種類が必要であるとしていること、そうすれば(3)人類が苦しんできた社会・経済・環境等の問題は解決されるとしていること、などである。

そのためのシステムとして提案されたソーシャル・ビジネスは、(4)多くの人が資金だけでなく創造力、人脈、技術、人生経験を提供する、(5)慈善団体のように寄付金に依存することはせず株式を発行して資金を調達する、一方(6)営利企業と同様、経費を穴埋めできるだけの収益を確保する、といった営利企業に類似した特徴を持つ点に特徴がある。但し、(7)この企業（ソーシャル・ビジネス）の所有者（出資者）への配当金支払はしない、という重要な制約を付けている（上述した非分配制約。他者の役に立つという喜びが報酬であるとの認識を示している）ので、このソーシャル・ビジネスは「ビジネス」であるものの、前述したとおりNPOに分類される。

ユヌス氏は、こうしたソーシャル・ビジネスであるグラミン・ダノン（ヨーグルト製造会社）を2007年にバングラデシュに創設した。それ以後、飲料水、衣料品、医療などに関する同様の会社を仏、独、米の大手企業と合弁で相次いで設立、活動範囲を広げている（Yunus 2010）。日本においても、ソーシャル・ビジネスに対する関心が徐々に高まっており、今後は様々な社会問題を解決するうえでこの種の企業体が広がることが期待される[13]。

(3) 経済的重要性：国際比較

以上では、NPOを組織体としてみた場合、多様性があることをみた。では、一国の経済活動全体からみた場合、NPOはどの程度の重要性を持つのであろうか。

世界的にみた場合、非営利部門は常識的に考えられているよりもはるかに大きな経済力をもっている（OECD 2003：11-12ページ）。世界35カ国を対象とした調査では、常用雇用者総数のうち約4000万人が非営利部門（伝統的な協同組合を除く）で雇用されている。その雇用は生産年齢人口の3.6％を占めており、非農業雇用者の7.3％に該当し、非営利部門は社会的・経済的勢力としての成長ぶりも近年顕著である（同）。

---

13) ユヌス氏が提案するソーシャル・ビジネスの概要、評価、課題については、第4章第3節(2)を参照。

図表10-2　経済的活動人口に占める非営利部門労働人口の比率（国際比較）

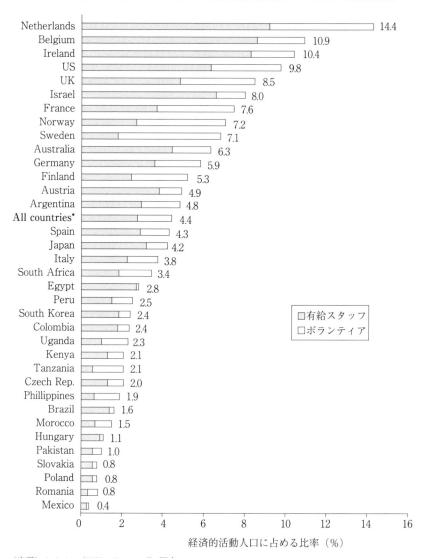

(出所) Anheier (2005：81ページ) 図表4-15。

　次に、NPOの規模を国別に比較してみよう。**図表10-2**は、経済的活動人口に占める非営利部門の労働力の比率を国際比較したものである。ここから次の

三つの点を指摘できる。

先進国ほど非営利部門の規模は大

　第1に、先進国は、途上国や体制移行国よりも相対的に大きな規模の非営利部門を持っていることである。平均的にみると、前者の規模は後者の約3倍に達する。その理由は(1)途上国では一人あたり所得が低い（都市部の中間所得層が比較的小さい）ためNPOが展開する余裕がないこと、(2)中欧や東欧では中央集権的政治体制の色彩が残っているため市民社会としての発展度合いや組織運営のスキルがまだ乏しいこと、(3)NPO活動にとっての制度整備も不十分であること、などを指摘できる（Anheier 2005：82ページ）。

市場重視経済か否かはさして影響ない

　第2に、先進国の状況を経済体制の性格別にみると、アングロサクソン的市場中心型の国（米国、英国、オーストラリア）であれ、政府が比較的大きな役割を演じる欧州の大陸諸国（フランス、ドイツ）あるいは北欧諸国（スウェーデン、フィンランド）であれ、経済体制による差異は比較的小さいことである。

　社会理念として市場を中心に置く経済では、営利企業や個人の利己的行動が中心になるので、非営利部門の規模は一見さして大きくないと思われがちである。それにもかかわらず、米国や英国でNPO部門が大きいわけである（これは常識的理解とは異なる驚くべきことといえる）。

　その理由としては、二つのことが考えられる。一つは、NPO部門の活動の度合いは、営利か非営利かという経済思想に左右されるというよりも、上記(1)および(2)で述べたとおり、むしろ経済の発展度合いがより密接な関係を持っていることである。

　もう一つは、人間は、経済体制や文化の如何によらず利他心を秘めていると理解できる[14]からである。ちなみに、米国や英国でNPOを支える労働力を有給スタッフとボランティアに分けてみると（上掲図表10-2の棒グラフの内訳を参照）、市場主義の色彩が強いこれらの国においてもボランティアが支える割合が概して高いことがわかる。ボランティア活動（volunteering）は、一国

---

14) 第8章の第3節および第4節を参照。

の文化と歴史に深く関連しており、また単に個人の行動というよりも社会的行動と理解する必要もある（Anheier 2005：83-84ページ）。そして人間の行動機は、基本的に利己主義であるという単純な理解にはやはり疑問が多いことを上図は示唆している。

また上述した経済の発展段階と NPO の規模については、因果関係が両方向に働くと見る必要があろう。すなわち(1)経済発展が高度 → NPO 部門の発展（上述）、という方向だけでなく、それとは逆に(2)NPO 部門の増強 → 経済発展の支援、という関係も同時に考える必要がある。これは、第4節で述べるように、NPO がソーシャル・キャピタルという社会経済発展のための基礎的要素に支えられているだけでなく、他方では、ソーシャル・キャピタルが経済と社会を支えるうえで大きな役割を演じていることによる。

日本は先進国の中で NPO の比率が最低

第3に、日本の NPO 部門は、この図表の全調査国の平均的な位置にあるが、先進諸国の中でみるとそのウエイトが圧倒的に低いことである。また NPO 労働力のうちボランティアとして働いている者の比率も、他の先進諸国に比べると顕著に低い。このため、日本における NPO は、その数が近年増加傾向にある[15]ものの、未だ「途上国」というかたちになっている。それには様々な理由があろうが、後述する市場外での自生的なソーシャル・キャピタルという観点からみると課題がなお少なくないことと関連している。

---

15) 日本では、NPO 法（特定非営利活動促進法）が1998年に施行された。その後、NPO 法人数は下記のとおり近年増加傾向を示している（計数は年度末の件数。内閣府ホームページによる）。下表において、認証とは NPO として法人格を得たもの。認定とは NPO 法人のうち公共性などにおいてより高い要件を満たすとして所轄庁が認めたもの（2001年に制度創設。寄附金に関する税制優遇などがある）。

	1998年度	2003	2008	2013
認証法人数	23	16,160	37,192	48,982
認定法人数	—	22	93	630

図表10-3　財の種類と供給主体の適否

	私的財	準公共財	公共財
市場	◎	△	×*2
非営利組織/非営利部門	△	◎	×*3
政府/公共部門	×*1	△	◎

◎：最も適する。　△：他の部門と競合する。　×：不適当である。
(注)　*1　政府の失敗があるため不適当。*2　市場の失敗があるため不適当。
　　　*3　自発部門の失敗（規模不足）があるため不適当。
(出所)　Anheier（2005：119ページ）表6-3。ただし表示方法は著者が変更（文章を記号化）。

第4節　NPOの存在理由：理論的整理

　NPOは市場経済においてなぜ存在するのか。それについては、経済理論の観点から幾つかの説明がなされている。以下では、そのうち基本的だと思われる視点を概説するとともに、各種理論の相互関連を明らかにし、さらに著者独自の理論的解釈も提供しておきたい。
　NPOの存在理由に関しては、二つの説明が代表的なものである。一つは、経済における財の種類に着目してNPOの存在意義を理解する視点である。もう一つは、市場取引における取引主体間の情報の非対称性に着目し、その問題を軽減するための制度としてNPOの存在を位置づける視点である。

(1)準公共財の供給主体としてのNPO

　経済理論における基本命題によれば、純粋の私的財（例えば食料品、衣服、乗用車等）を最も効率的に供給するのは市場システムであり、一方、純粋の公共財（国防、消防、司法制度等）を望ましいかたちで供給するのは国家ないし公共部門である（図表10-3）。

なぜなら、純粋の私的財が市場によって効率的に供給されるのは、市場では競争原理が働くためである。一方、純粋の公共財は市場による供給を期待できない。なぜなら、純粋の公共財は、純粋の私的財と二つの面で性格が大きく異なるからである（Anheier 2005：118ページ）。

すなわち純粋の公共財とは、先ず、二つの条件を同時に満たす財ないしサービスと定義される。一つは、消費における非競合性（non-rivalry）、すなわち、ある個人による財の消費あるいはサービスの享受があっても他人に残された財の消費量あるいはサービス享受の機会が減らないこと、である。もう一つは、消費からの非排除性（non-excludability）、すなわち、利用に際して対価を支払わない人を排除することが困難なこと、である。

例えば、国防というサービスを個人Aが享受した場合、個人A以外の者が享受する国防サービスの量が減少するわけではない（非競合性）。さらに、個人Bが租税を支払っていないとしても、彼は同一国に居住している限り個人Aと同様に国防サービスの恩恵を受けることができる（非排除性）。

こうした性格は純粋の私的財と対照的である。例えば、純粋の私的財である食料品や衣服は、その所有権を持つ消費者がそれを利用（消費）すればそれ以外の者は利用できなくなり（競合性）、また対価を払った人だけがそれを利用でき、支払わない人の利用を排除できる（排除性）。つまり純粋の私的財は、このように競合性と排除性の両方の性格を持つ。逆に、この両方の性質を備えていない財が公共財である。

準公共財の定義とNPO

公共財を以上のように規定すると、現実には私的財と公共財の中間的な性格を持つ財やサービスが少なくないことがわかる。これらは両者の中間的性質を持つので準公共財（quasi-public goods）と位置づけられる。

例えば、非競合性を満たすが、非排除性は満たさないような財（準公共財）としては、美術館やコンサートでの芸術鑑賞がある。料金を支払った者だけを入場させるならば、利用に際して対価を支払わない人の利用を簡単に排除できる（排除性がある）一方、入場者はそれ以外の人の入場があろうとなかろうと当該展示や演奏を同じだけ楽しめる（芸術鑑賞できる「量」が減るわけでなく消費が他者と競合するわけでない）。このため、美術館やコンサートホールの

運営は、営利組織の場合がある一方、NPO の場合もある。

　これに対して、非排除性を満たすが、非競合性は満たさない（複数主体の消費ないし利用が競合する）ようなタイプの準公共財としては、大洋における漁業資源がある。大洋においては、漁をするための対価を支払わなくても原則的にだれでも漁をできる（自由な漁を排除できない）一方、ある船団が漁獲量を増やせば他の船団の漁獲量は減る可能性が大きいので、非競合性は満たさない（競合する）。この場合、例えば漁業資源を管理するために漁業組合（NPO の一つの形態）を設けることによって、漁業資源を長期的に保護するという課題に対応できる。

　以上のように、準公共財の供給に際しては、市場、政府（公共部門）とも適切な供給主体とはいえず、多様な形態をとりうる NPO（非営利組織、非営利部門）が適切な主体であることがわかる（上掲図表10-3）。

(2) 市場取引における情報の非対称性を軽減する主体としての NPO

　以上では、市場取引される財の性質に着目して NPO の存在理由を指摘した。これに対し、いまひとつの視点は、そうした財を市場取引する場合、情報の非対称性に起因する問題（取引費用の増大、信頼性の欠如などいわゆる市場の失敗という問題）が比較的大きいため、それを補正する制度として NPO が位置づけられる、という捉え方である[16]。

　ここでは、例として献血事業を取り上げ、それがなぜ営利企業によってなされないかを考えることにしよう（Anheier 2005：115-117ページ）。まず売血者は、自分の血液が輸血不適当（感染症汚染）であることを知っていても、金銭目的のためそれを隠したまま売血しようとする行動（モラル・ハザード）が発生しうる一方、買う側はそれを知らないで買う可能性がある。このため、自由な市場取引によって血液を売買することは公正な結果をもたらさない（情報の非対称性に起因する市場の失敗）。

　こうした状況において、血液の買い手としては、むろん売り手の血液に問題があるかどうかを検査することができる。しかし、血液検査は取引費用を増大

---

16) NPO についての草分け的研究である Weisbrod（1988：Preface vii ページ）では、NPO の存在理由はもっぱら情報の非対称性を解決することにある、としている。

させるので、営利企業の場合、そのコストを切り詰めて利益増大を図るインセンティブが働く。このため検査が不十分になる可能性がある。つまり、通常の市場取引では、血液を買う企業と最終的な利用者（輸血を受ける者）の双方にとって情報の非対称性に基づく本質的な問題（信頼性欠如または取引費用増大）が回避できない。

その問題を矯正するには、利潤分配の禁止、政府による監督、保険による対応などの制度的対応が必要となる。このため、献血事業は営利企業による市場取引に任せるには限界があり、非営利組織が行う方がより適切になる[17]。

(3) 社会問題の解決をより効率化する主体としてのNPO

以上の二つは、財の性格、あるいは市場取引における情報の非対称性に着目してNPOの存在を理解する方法であるが、さらに第三の理解も可能であると著者は考えている。それは、社会問題の解決方法ないし公共政策の基本原則に則ってNPOを理論的に位置づけるという視点であり[18]、総合政策学の発想といえる。

社会問題を解決するための公共政策に関しては、既に述べたとおり、政策目標と政策手段の関係について二つの重要な原理が知られている。すなわち、ティンバーゲンの原理とマンデルの定理である[19]。NPOの存在は、経済政策論におけるこの二つの基本原理を援用して理論的に理解することが可能である。

この二つの原理を併用すれば、(1)ある一つの政策手段（主体）が仮に複数個のどの政策目標に対しても最も効果的である（絶対優位）としても、その政策手段（主体）だけで（複数個ある）全ての目標を達成することは不可能であり（ティンバーゲンの原理）、他の政策手段（主体）を追加的に導入する必要がある、(2)その場合には目標達成にとって比較優位の原則に基づいて政策手

---

17) 日本では、かつて売血によって輸血用血液を確保していたが、1964年に政府が「献血の推進について」を閣議決定、今日では輸血用血液は100％献血によって確保されている（日本赤十字社大阪府赤十字血液センターのホームページ「血液事業の歴史」）。実際、血液事業に携わる関係者は幅広く、国、都道府県や市町村、日本赤十字社をはじめ、血液製剤の製造・販売業者、実際に製剤を使用する医療機関など、非営利主体が幅広く関係している（日本赤十字社ホームページ）。

18) 第5章第2節を参照。

19) この二つの原理の詳細は、第5章第2節を参照。

段を割り当てる（目標達成に最も適した実施主体が関わる）べきである（マンデルの定理）、ということが導ける。

すなわち、社会問題の解決において、政府を一つの政策主体とみなした場合、NPOという中間的主体がこれに加わることは、独立した政策主体が一つ増えることを意味する。このため、市場でもなく政府でもない独立した主体であり、かつ現場情報をより多く保有する主体である第三の主体（NPO）が加われば、政策目標をより確実に達成できることになる。NPOの存在理由をこのように位置づけることも可能である。

NPOによる対応の限界

以上、NPOは市場と政府の中間的性格を持ち、市場と政府それぞれが持つ不十分さの一部を補正する存在であることを示した。しかし、市場や政府と比較した場合、NPOが全ての面で凌駕するわけではないことを認識しておく必要がある。ここでは、市場、政府、NPOのいずれについても、長所だけでなく短所があること（それぞれ「失敗」があること。前掲図表10-3を参照）を指摘しておきたい（Anheier 2005：119ページ）。

まず、市場では対応できない現象、すなわち「市場の失敗」（market failure）がある。それは、前述したとおり、財の種類いかんによっては市場機能に期待できない場合があること、そして買い手と売り手が保有する情報に差異があること（情報の非対称性）から市場機能には不完全さがあること（パレート効率性の未達成）、を意味する。

一方、政府による対応にも限界があり「政府の失敗」（government failure）が発生しうる。すなわち、政府が公共サービスを供給したり社会問題の解決をしようとする場合、政治的判断を優先して非合理的な対応がなされたり、利益団体（官僚機構も含む）が利己的行動をする可能性がある[20]ので、それらによって非効率性が発生する可能性がある（前掲図表10-3を参照）。

さらに、NPOが社会的サービスの供給あるいは社会問題の解決を図ろうとする場合には、人的かつ金銭的制約がある（市場や政府の場合よりもこの制約ははるかに大きい）ため、その対応は必要とされる規模に達しない可能性があ

---

[20] 第3章の図表3-6を参照。

る。したがって、「自発部門の失敗」(voluntary failure) が発生しうる。

このように考えると、社会システムとしては、市場、政府、NPO いずれか単独によって問題を解決する発想は適切でなく、それらの最適ミックスを追求することこそが課題であることがわかる。

第5節　NPO 存立の基盤：ソーシャル・キャピタル

NPO は、以上みたような存在意義を持つが、その存在と機能はどのような要因に支えられているのだろうか。

営利企業の場合は、利潤動機が基礎となってその組織の行動全体が統括される。政府の場合は、公共財の供給という尺度に照らして行動が規制される。これに対して、NPO の場合は、行動目的が多様であるためその組織体の統括（ガバナンス）にとって重要となるのは、企業や政府の場合とかなり異なるものになる。すなわち、それは NPO 内外における人々相互のつながり（ネットワーク）とそこから発生する相互の信頼が重要になる。これが NPO の存在と機能にとっての基礎である。

このような人的ネットワークならびに信頼という視点を敷衍すると、より一般的な一つの視点、すなわちソーシャル・キャピタル（社会関係資本）という概念に行きつく。つまり NPO のミクロ社会学的な基礎はソーシャル・キャピタルという概念にある（Anheier 2005：58ページ）。以下では、ソーシャル・キャピタルの概念を明確化するとともに、それが NPO の存立と機能にとって基礎を提供していることを論じる。

(1) なぜ人は他人を信じ約束を守るのか

ソーシャル・キャピタルの意義を明らかにするに先立ち、なぜ人は他人を信じ約束を守るのか、という基本的な問題を考えてみよう。ここでは、Dasgupta（2008：574-575ページ）に従い、4つの見方があると理解することにしたい。

第1は、人間相互の愛情（mutual affection）による、と理解できることである。例えば、家族相互の間においては、相手のいうことを信じ、また約束を守るのは文化の如何を問わずごく自然なことである。これは、人類学的な説明

といえる。

　第2は、人間は自分のことだけでなく相手のことも考える（少なくとも気にかかる）ので、社会的関係ないし相互性を考慮する傾向（pro-social disposition）があるからだ、と理解できる。相手の存在を意識することから生じる感情としては、恥、罪悪感、恐怖、愛情、怒り、公正、正義など多様なものがある。それらは、個人の行動パターンに大きな影響を与えるとともに、個人が属する文化によって形成されるものである。このため、これは社会学的な説明といえる。

　第3は、外部からの強制（external enforcement）によって他人を信じる状況に置かれるからだ、という解釈がある。例えば、各種の契約は、それが法律に違反していない限り、契約者双方とも国家によってその履行が制度的に強制される。そういう力が存在することを当事者が相互に認識していること（interlocking beliefs）が他人を信じ約束を守る基礎になっている。これは、政治学的説明といえる。

　第4は、政府など外部からくる強制がなくとも、人が長期的な関係を持つ場合には、そこから生じる相互の強制（mutual enforcement）が働くから人は約束を守り、また相互協力状態が発生する、という考え方である。つまり、相互の同意に違反した場合には、共同体メンバーによって間違いなく制裁が加えられる（例えば今後の交際は一切拒否されるという「村八分」的な扱いがなされる）、という脅威（credible threat）がある場合には、利己主義社会においても約束が守られると考えることができる。こうした状態が生じることは、ゲーム理論（繰り返しゲーム）から導かれる（**付論1を参照**）。このため、これは経済学的説明といえる。

(2) ソーシャル・キャピタルの構成要素と機能

　以上では「なぜ人は他人を信じ約束を守るのか」についての理由、つまり人が何らかの方法で社会関係（相互関係）を持つ理由は、幾つかの視点から説明可能であることを述べた。そこで次に、人と人との社会関係（相互関係）によって生み出される「社会関係資本」とは何か、どのような機能を持つのか、を考えたい。

ソーシャル・キャピタルの構成要素

　ソーシャル・キャピタル（social capital、社会関係資本）[21]という概念は、政治学者 Putnam（1993：6章）が北イタリアと南イタリアの政治的、経済的パフォーマンスを対比し、前者のパフォーマンスが高いことを説明するため「市民が積極的に参加するネットワーク」（networks of civic engagement）を意味する概念として最初に導入したものである。その後、ソーシャル・キャピタルの概念を巡って様々な見解が提示され、また世界各地域を対象とした関連研究も発展してきている[22]。

　ソーシャル・キャピタルを構成する要素は何か。それは「個人相互間でのネットワーク」（social capital as interpersonal networks）と簡潔に規定すれば十分であるとする経済学者の見解（Dasgupta 2008：575ページ）もある。しかし、より一般的には、ソーシャル・キャピタルを単なる「人的ネットワーク（絆）」と捉えるよりも、(1)社会的ネットワーク（social network：絆ないし人的つながり）に加え、(2)互酬性の規範（norms of reciprocity）、(3)信頼（trust）という3つの要素によって構成される（稲葉 2011：序文；稲葉ほか 2011：序章）と理解するのが自然であり、また実体を的確に理解する上で必要な概念規定といえよう。

　なぜなら、「市民が積極的に参加するネットワーク」が形成される場合には、コミュニケーションが促進され、この結果、裏切り行為をした場合の潜在的なコストを高める（非協力的な行動には制裁が加えられる）ので、互酬性の規範という行動規範が構築されるからである（Putnam 1993：173-174ページ）。

　ここで「互酬性の規範」とは「情けは人のためならず」「持ちつ持たれつ」

---

[21] Social capital の日本語表現として、かつては「社会資本」が使われることもあったが、別途「社会共通資本」（social overhead capital：道路など各種インフラストラクチャーを指す）も社会資本と表現されることがあったため、それと区別する意味も込めて現在では「社会関係資本」あるいは「ソーシャル・キャピタル」という表現が使用されている。

[22] ソーシャル・キャピタルという概念のあらましを知るには、稲葉（2011）が便利である。またごく最近にかけての研究動向をサーベイしたものとして稲葉他（2011）が、さらに社会学の視点からの理論化の試みとして三隅（2013）がある。ソーシャル・キャピタルは、換言すれば文化（culture）であり、それは制度（institution）と双方向の複雑な因果関係にあることが最近種々の研究で明らかにされている（Alesina and Giuliano 2015）。

「お互い様」といった相互性を重視する考え方ないし行動基準を意味する。また人々相互間でネットワークが形成されている場合には、個人の信頼性（trustworthiness）に関する情報の流れが良くなるので不確実性が低下し、その結果、相互の信頼性が増して協力行動が促進されるからでもある（同）。したがって、ソーシャル・キャピタルの構成要素は、このような二つの側面も加えて理解することができ、またそれがより妥当となる。

ソーシャル・キャピタルの帰属先

　人的ネットワークを基礎とするソーシャル・キャピタルは、果たして誰に（どこに）帰属するものだろうか。その帰属主体については、二つの考え方がある。

　一つは、それは関係者が共同所有する資産だという捉え方である。つまり個人として分割利用が不可能な資産であるとはいえ関係者の共同資産であるから、最終的には個人に帰属すると理解する。つまり、ネットワークのメンバーになっていること（人的ネットワークにおいて一つの結節点になっていること）は、ネットワーク外部性（network externalities）を広く享受することが可能であること（間接的に結びついている他者からも何らかの便益が得られること）を意味するため、その人の人的資本の一つの構成要素になっていると理解できる（Dasgupta 2008：576ページ）。

　もう一つは、社会やコミュニティに帰属するという捉え方である。つまり、互酬性の規範や信頼関係が存在する場合（ソーシャル・キャピタルについて通常の理解をする場合）、それは広く社会全体に行き渡っていると認められるから、単に関係者間にとどまらず社会に帰属する、と理解する立場である。

　この結果、ネットワークに焦点を当てる論者は、ソーシャル・キャピタルを個人に帰属するものとする場合が多いのに対して、互酬性の規範や信頼に重きを置く論者は、個人ではなく社会全体の協調的な活動に重点を置く傾向がある（稲葉 2008：17-18ページ）。一方、ネットワークの規模（参加者数）によって、その帰属先を理解すべきであるという視点もありうる（**付論2**を参照）。すなわち、この場合、ソーシャル・キャピタルを構成する人的ネットワークの規模が比較的小さい場合には、構成メンバーに所属する（関係者が共同所有する資産である）と理解できる一方、大規模ネットワークの場合には、個人というよ

りも社会全体に帰属する、という理解になる。

ソーシャル・キャピタルの機能

　非営利部門ないしその中心的構成主体であるNPOは、市民社会を支える社会的インフラストラクチャー（social infrastructure of civil society）である（Anheier 2005：88-89ページ）。そして、そのようなNPOを存立させ機能させるうえでの基本要素がソーシャル・キャピタルに他ならない。

　なぜなら、ソーシャル・キャピタルは、前述したとおり、人的ネットワーク（絆）に基づいて相互性（相互利益、互恵主義）という規範、そして信頼を発生させ、これらによって社会的相互作用を円滑化する働きをするからである。

　市民の自発的な共同体参加は、互恵性の規範ならびに信頼構築（trust building）の機会を生み出し、それがソーシャル・キャピタルとして個人相互間ならびに制度への信頼（trustworthiness）として埋め込まれることになる[23]。信頼は、現代社会において脆弱な要素であるが、それがなければ、契約が守られ、あるいは成立した妥協が維持されることは不可能である。

　このようなこの経験則は、NPOにとどまらずそれ以外の場合（企業取引や政治など）についても妥当するものであり、現在では一般化された法則となっている。つまりソーシャル・キャピタルは、多くの研究が一致して指摘するように[24]、民主的政府、経済成長などの面で現代社会が機能してゆくうえで本質的に重要な要素とみられている（Anheier 2005：88-89ページ）。

　経済面からみたソーシャル・キャピタルの重要性について一つ言及しておこう。一般の経済資本（資金）は流動性が高く、他の形態への変換可能性も高い。これに対してソーシャル・キャピタルは、前述したとおり分割利用が不可能な資産であるほか、資本の他の形態への変換可能性も低く、また喪失可能性も高い点で性格が異なっている。しかし、キャピタル（資本）の一種であるから、

---

[23] 信頼は、ソーシャル・キャピタルの一要素というよりも、それは社会的ネットワークを動かす一要素としてソーシャル・キャピタルのあり方とその機能を左右するという動態的な理解をする必要があるという主張（Blumberg et al. 2012）もある。

[24] 前述したPutnam（1993）によるイタリアに関する研究のほか、Fukuyama（1995）による米・独・日の経済的成功の差異に関する研究、そのほか30カ国の国際比較研究など数多い。またその後、Putnam（2000）は、米国社会におけるソーシャル・キャピタルの風化がコミュニティの崩壊を招いていることを多大な統計によって示している。

それは生産増大に貢献する要素である。またソーシャル・キャピタルは、市民相互の信頼感を上昇させるので、契約や訴訟のコストを削減する（宮川・大守 2004：93ページ）など、取引コストの削減を通して全要素生産性（TFP）を高め、マクロ経済活動を活発化するという働きをもっている、と理解できる（付論2）。

ソーシャル・キャピタルとコミュニティの機能度

　ソーシャル・キャピタルの豊かさは、コミュニティの機能度にどう関係するのだろうか。幾つかの理論分析を総合すれば(1)ネットワークの密度（集団から任意に2人を選んだ時にその2人が直接的な関係をもつ確率）が高くなるにつれてソーシャル・キャピタルが増加する、(2)参加者の関係が長期的であると想定されるほどソーシャル・キャピタルは大きくなる、ことが確立した認識となっている（長谷川 2005：178ページ）。つまり、空間的な面での豊かさ（上記（1））そして時間的な面での長期性（上記（2））は、ともにソーシャル・キャピタルを充実させる。

　このため、構成員相互間で長期的かつ強い結びつきをもつコミュニティは、その内部で蓄積されている豊かなソーシャル・キャピタルを利用して問題を解決する能力が高くなる（その意味で頑健さを持つ）。これに対して、長期的な関係を想定することが難しく、弱い結びつきしか持ち得ないコミュニティは、頑健さには欠けるものの、構成員の少々の非協力的な行動を許容する（その意味で耐性を持つ）（長谷川 2005：182-183ページ）。

　このように、ソーシャル・キャピタルの充実度合いが空間的、時間的な要因によって左右され、コミュニティの性格もそれによって規定される（一枚岩的に行動できるか、それとも個人の緩やかな集合体という性格を濃く持つかが決まる）のであれば、コミュニティには様々な態様が存在することになる（趣味のサークルから社会的な使命をもつNPOやNGOに至るまで）。したがって、NPOの制度設計あるいはNPOに関する公共政策においては、NPOの目的とそれに対する自発的な参加者の性格を良くマッチさせるという視点が必要になる。

(3) 本章の結論

本章の主な論点は次のとおりである。
1. 社会を理解する場合、経済学では市場と政府という二つの基本部門を想定した理解方法（二分法）が従来から採られてきた。しかし、現実の社会においては、そのいずれとも性格を異にするコミュニティ（共同体）ないし非営利組織（NPO）が重要な部門として存在する。このため、二部門モデルに代えて三部門モデルで社会を理解する必要がある。
2. NPOには多様な形態があるが、それを特徴づけるうえで最も重要なのは、非営利かつ非利潤分配の方針を採る組織である点にある。このためNPOは、市場あるいは政府によって適切に対応できない各種の問題（準公共財の供給等）に効率的に対応できる場合が多い。
3. NPOの存在ならびに機能の基礎を提供するのは、構成員相互間の社会関係としてのソーシャル・キャピタル（社会関係資本）である。ソーシャル・キャピタルは(a)社会的ネットワーク（絆ないし人的つながり）に加え、(b)互酬性の規範（norms of reciprocity）、(c)信頼（trust）という三つの要素によって構成される概念であり、それは単にNPOにとって重要なだけでなく、市民社会（民主的政府）や経済成長など現代社会が機能してゆくために社会全体にとって重要な要素である。
4. 各種の社会問題を解決するに際しては、今後NPOを積極的に位置づけてゆく必要がある。とくに日本では、NPO部門の発達が先進諸国と対比して「途上国」にとどまっており、今後その拡大のための政策対応が必要である。また経済学においても、NPOを積極的に位置づける研究が期待される。

付論1　利己主義者間での相互協力：ゲーム理論的説明

　利己主義者だけから成る社会においても、彼らの間で相互に協力する状態が生じうる。そのメカニズムは、ゲーム理論によって概略次のように説明できる[25]。

社会的ジレンマの発生

　社会において、個人の利己的・合理的な選択（すなわち個人合理性）が社会全体としての最適な選択（すなわち社会的合理性）に一致しない場合が少なくない。

　例えば、ゴミを分別せずに廃棄するならば手間が省けるので、個人にとっては便利であるが、資源のリサイクルを妨げるので資源の浪費ひいては地球温暖化につながるため社会全体としては望ましくない結果をもたらす。また、交通量の多い場所に違法駐車をすれば、自分にとっては便利かもしれないがそれが交通渋滞（社会にとっては問題）を招く場合が多い。さらに、多数者が利用できる共有資源（漁業資源、牧草地など）の場合、個人が見境なく利用すれば全体としては乱獲によって資源の枯渇を招き、当事者を含む関係者全体にとっては望ましくない結果（共有地の悲劇：tragedy of the commons と称される現象）を招く。

　このように、全員が協力的に行動する方が誰にとっても得になるにもかかわらず、個人が利己的に行動する結果、社会あるいは集団として望ましくない結果をもたらす事態が生じうる。このような個別合理性と社会的合理性の乖離は「社会的ジレンマ」（social dilemma）と呼ばれる。

解決方法

　このようなジレンマ（葛藤）を解決するには、幾つかの方法がある。一つは、個人に規範意識を植え付ける（涵養する）ことである。例えば、ゴミの分別廃棄、適正駐車、適正漁獲量といった面でのモラルを高めることが考えられる。

25）ゲーム理論に依拠している点は以下の説明と同様であるが、フィッシャー（2010）を踏まえると多少異なった視点から説明可能である。第11章第3節を参照。

しかし、規範意識の役割はあくまで限定的である。もう一つは、政府が直接的に規制（およびそれに違反した場合の罰則）を導入することである。こうした規制は、明らかに効果を持つ。ただし、極端な規制対応をする場合には、民間部門の自主性やそれによる効率性を殺ぐ可能性もある。

これらに対して、個人が相互に話し合いあるいは交渉をすることによって意思疎通を図り、お互いにメリットを享受できる何らかの方法を導入する（拘束力のある合意をする）といった対応も考えられる。例えば、協力的行動に報酬を与える一方、非協力的行動には罰則を加えるという合意がある。この場合には、協力的行動を個人合理的行動に変え、それによって合意の実効性が保証されることになる。

相手の存在を意識することから生じる相互協力

このように、相手との意思疎通ないし交渉（あるいは相手を意識に入れた自分単独の行動）を行えば、結果として何らかの相互協力という事態に至りうる。そのような結果が生じるメカニズムは、幾つかの視点から説明されている。

例えば、社会心理学では、社会的ジレンマ状況を実験室で作り出すことによって人間がどう対応するかの研究が行われており、その結果(1)人間は社会的ジレンマ状況において必ずしも自己利益を追求するわけではないこと、(2)お互いが協力し合えるという信頼関係（他者への信頼感、共同体意識、規範意識、公正感など）が形成されればより協力的に行動すること、が明らかにされている（経済社会学会 2015：168ページ）。信頼の醸成が相互協力をもたらす、という視点である。

これに対して経済学（ゲーム理論）では、あくまで個人の利己的・合理的な行動を前提しつつ、類似の結果が生まれることが理論的に導かれている。すなわち、相手を意識した戦略的行動が繰り返し採られる状況（繰り返しゲーム）の下では、相互の同意に違反した場合には、共同体メンバーによって間違いなく制裁が加えられるという脅威（credible threat）が常に存在する。

この場合には、約束が守られるので、行動に関する社会的規範（social norm）、すなわち社会構成員によって遵守される行動ルール（ないし行動戦略）が彼らの中から生まれる。つまり、そうした行動ルールに従うことが社会構成員全員にとって得策になるので、人々が将来における協調の利益を一定程

度以上重視する限り、協調（cooperation）を支持する社会的規範が発生する（Dasgupta 2008：575ページ）。つまり、長期的関係からもたらされる相互強制（mutual enforcement）が相互協力を生み出すことになる。

　以上みた長期的な相互関係（結果としての信頼関係）は、第5節(2)で述べたとおり、市民社会にとって、単に経済面にとどまらず社会面からみても重要な要素である。

ゲーム理論的表現

　以上のメカニズムをゲーム理論の用語を用いて表現すれば、次のようになる。すなわち、上記の「社会的ジレンマ」の最も単純な場合は、行為者が2人の場合の「囚人のジレンマ」である。この場合、罪の自白は各囚人にとって支配戦略（個人合理的戦略）になるが、その場合の均衡点（行為主体の各々が支配戦略を取りあう結果）は、2人の囚人全体としてみるとパレートの意味で最適でない（社会的合理性を満たさない）状態になる。つまり、囚人のジレンマの場合には、個人合理的な戦略と集団合理的な戦略が相反する（岡田 2014：106ページ）。

　この枠組を3人以上の場合に拡張したケースが「n人囚人のジレンマ」であり、その場合の結論も、個別合理性と社会的合理性が相反する点で不変である。

　以上では、暗黙のうちに1回限りのゲームを前提としているが、このゲームが無限回繰り返される場合には、今回非協力的な相手に対して、次回非協力で報復することが可能になる。このため、行為主体は、その時々の行動選択に際しては、目前の短期的な利益だけでなく長期的な利益も考慮することになる。したがって、相互協力状態が（エゴイストの間でも）実現され、互いの合意がなくても暗黙の協調が生まれることになる（長谷川 2005：172ページ）。

　つまり、有限回の繰り返し囚人のジレンマ・ゲームにおいては非協力解が均衡解となるが、それが無限回の繰り返しゲームになれば、協力解が均衡解となる。このことは、ゲーム理論において比較的早い段階から知られていたのでフォーク定理（folk theorem。名前の由来はfolklore：民間伝承に由来）と呼ばれている（岡田 2014：155ページ）。つまり、長期的な関係が続くと予想されるプレーヤーの間では、協力関係が維持されやすいことが、この定理によって理論的に示されている（同）。

付論2　ソーシャル・キャピタルの帰属先と含意

人間相互のネットワークの上に構築されるソーシャル・キャピタルは、経済のどの要素ないし部門に帰属するのであろうか。またそれは、マクロ経済にとってどのような意味を持つのだろうか。以下では、Dasgupta（2008：576-578ページ）に依拠しつつ、これらを考える。

ソーシャル・キャピタルは、人間相互のネットワーク上に成立するものであるため、本文で述べたとおり、それは人的資本にとって一つの要素となる。しかし、ネットワークは、広範な外部効果（externalities：ある経済主体の行為が市場を経由しないで他の経済主体の行為に影響を及ぼすこと）を伴うので、ミクロ主体の行動をマクロ経済の動向に翻訳するのは容易でない。しかし、単純化すると次のように理解できる。

経済全体の生産可能量とソーシャル・キャピタル

まず、経済全体の生産可能量を考える。いま、社会を構成する個人を j（$j=1,2,\cdots$）とし、以下のとおり表すことにする。

K　：経済全体の物的資本
L_j　：個人 j の労働投入時間
h_j　：個人 j の人的資本（教育水準、健康状態等）

すると、この個人の実際の労働投入は $h_j L_j$ となる。ここで、h_j は伝統的な人的資本（この個人が所属するネットワークは考慮外）である。つまり人的資本はこの労働者に体化（embody）されているが、そこにはネットワーク効果は含まないとして扱う。また、Y は資本と労働によって生み出される産出量とする（通常は GDP で計測される）。

ここで、ソーシャル・キャピタルのマクロ経済への現れ方を検討するため、全要素生産性（Total Factor Productivity: TFP）という概念を導入して考えよう。いま、H を経済全体における人的資本の総量とすると

$$H = \Sigma_j (h_j L_j)$$

と表すことができるので、産出量 Y は下記によって与えられる。

$$Y = Af(K, H) \qquad (A > 0) \qquad (1)$$

$$= Af\{K, \Sigma_j (h_j L_j)\} \qquad (1a)$$

ただし、(1)式における f は生産関数であり、通常通り K, H に関する増加関数と仮定する。そして A は、全要素生産性を表す。すなわち A は、市場メカニズムを支える各種の制度的要因（所有権制度等）や社会共通の知識や技術などを総合した指標である（その変化は全要素生産性の変化を表す）。したがって、他の条件が一定ならば、その値が大きいほど、経済全体として、より大きな産出量を得ることができる。また、他の条件が一定ならば、上記仮定により K、または h_j、または L_j の値が大きいほど、経済全体としての産出量は大きくなる。

ソーシャル・キャピタルの帰属先

さて、コミュニティにおいて市民相互の協力関係が増えた（ソーシャル・キャピタルが増大した）としよう。つまり経済が、市民相互の信頼が乏しいシステムから信頼が豊かなシステムに移行したとする。このようなソーシャル・キャピタルの増大は、生産活動において資源の配分をより効率的にする。

しかし問題は、それが上式において(i) A の増大として現れるのか、(ii) H の増大として現れるのか、あるいは(iii) A, H の両方が増大することによって現れるのか、である。その答えは、ネットワーク外部性がどの程度公共財の性格を持つかに依存し、次のいずれかの場合がある。

ケース１：外部性の範囲が小集団に限定される場合。この時には、資源配分の改善は主として小集団に属する労働者の協力増大として h_j に反映される。

ケース２：外部性が経済全体に亘るもの（労働者全体が意識的であれ無意識のうちであれ相互の信頼が向上する状況）である場合。この時には、資源配分の改善は主として A に表れる。

いずれの場合でも、マクロ経済のパフォーマンスへの影響は（程度は異なるものの）ソーシャル・キャピタルの存在によって望ましい方向に作用する点は同じである。すなわち、ソーシャル・キャピタルが増大すれば、それは A の増大、または一部の h_j の増大が生じ、その結果 Y が増大する。

第4部

社会科学の新しいあり方(3)
人間の生き方の探求

第11章 個人と組織のインテグリティ：その意義と社会的機能

　以上の第3部では「社会科学の新しいあり方(2)」として、人間の行動には多様な動機がその背景にあること、したがってこれを理解するとともに何らかのかたちで研究に取り入れることが社会科学としてめざすべき方向であることを論じた。それを受けて以下の第4部では「社会科学の新しいあり方(3)」として、人間性と社会のあり方を関連付けた規範的な議論を行う。

　すなわち、経済学の究極的な目的がより良い社会を創ることにあると理解する以上、人間のどのような行動がそれに結びつくか、という視点からの議論である。これは、必然的に人間の生き方の探求に関連することであり、通常の経済学の範疇を大きく踏み出すことになる。しかし、社会科学の新しいパラダイムをめざすのであれば、これは挑戦すべき課題である、と著者は考える。

　以下、第11章では、普遍性の高い行動基準である正直さ（それを含むインテグリティ）に焦点を合わせ、その概念、構成要素、機能などを分析し、それは個人にとってだけでなく社会にとって意義深い機能を果たすことを論じる。続く第12章では、個人の幸せ追求が社会の発展にもつながるような思想が果たしてありうるのか、を問う。最終章の第13章では、個人の幸せ追求あるいは個人の成長が社会発展をもたらすとする一つの実践哲学につき、その可能性を述べる。

第1節　普遍性の高い倫理基準：正直とインテグリティ

　正直（honesty）は、古今東西を問わず人類が最も重視してきた倫理基準の

図表11-1　ベンジャミン・フランクリン

（出所）http://www.thequotepedia.com/quotes/honesty/page/4/

一つである。本章では、正直のほか誠実（sincerity）などの要素をも含むインテグリティ（integrity）という概念を取り上げ、その構成要素、意義を幅広く考察するとともに、なぜそれが重視されるのかを一つの理論分析を通して明らかにし、さらに日本においてインテグリティという概念を普及させる必要性を論じる[1]。

普遍性

「正直は最良の策」（Honesty is the best policy）。これはベンジャミン・フランクリン（米国建国時代の政治家・物理学者・著述家）の格言の一つであり[2]、正直に関する最もよく知られたことわざになっている（図表11-1）。また幕末から明治にかけての時代先導者であり慶應義塾の創始者でもあった福澤諭吉は、自分の息子たちが家庭で学ぶべきことを書きつけた小冊子『ひびのおしえ』（福沢 2006）に七項目を列挙しているが、その第1番目に「うそをつかないこ

---

1) 本章は、岡部（2016b）に依拠している。
2) 当時英国の植民地であったアメリカで Benjamin Franklin によって発行されたパンフレット"Poor Richard's Almanack"（1732-1758年に刊行）に記載。

と」を挙げている[3]。

　このように、正直であること、うそをつかないことは、古来、重要な徳（virtue）の一つとされてきた。それは、明らかに（そして後述するように）誠実さ（truthfulness, sincerity）あるいはインテグリティに深く関係する概念である。キリスト教の『旧約聖書』においても「誠実な道をたどる人（whoever walks in integrity）は安全に歩を進める。しかし、道を曲げるような人は見つかってしまう。」（「箴言」10章9節、引用者訳）とその大切さを示す表現がある。

　また、現代においても、国際連合では組織として三つの基本的価値を掲げており、その一つがインテグリティであるとしている。すなわち、国連における三つの価値とは、専門的能力（professionalism）、誠実さ（integrity）、そして多様性の尊重（respect for diversity）であり、国連の幹部職員を全世界から公募する場合、この三つを充足する人でなければならないことを謳っている（岡部 2007b：82-85ページ）。インテグリティは、現代においても国際性、普遍性のある価値といえる。

日本語における「インテグリティ」

　日本語では、片仮名表現のインテグリティという表現は未だあまり使われない。それは「誠実」という表現がそれに近いからだと思われる。つまり、誠実とは、私利私欲をまじえず、真心をもって人や物事に対するだけでなく、さらに相手の気持ちを裏切らないような対応も含み、このため英語のインテグリティの内容をほぼ表現しており、あえて片仮名語を使う必要が大きくないからであろう。

　ただ、英語の"integrity"には、後述するとおり、それらを超える幾つか重要な側面も含んでいる。このため、著者は従来「インテグリティ」という表現を用いるのが望ましいと判断、今後はインテグリティの概念が広まるべきであると考えている。

---

[3] ちなみに、第2項目以下を列挙すると、(2)ものを拾わない、(3)父母に聞かないで物をもらわない、(4)ごうじょう（強情）をはらない、(5)兄弟げんかをしない、(6)人のうわさをしない、(7)人のものをうらやまない、である。

第2節　インテグリティ：その構成要素と機能

インテグリティは、上記のように正直と近似した概念である。しかし、正直と同義ではなく、また誠実という言葉で全ての要素が言い尽くされているわけでもない。ちなみに、英語辞書においても、また倫理学者の理解でも重点の置き方にかなりの差異がある。以下では、もっぱら英語で書かれた文献を踏まえて著者なりにインテグリティの概念を明確にしてみたい。

まず、インテグリティの語意を英語辞書で調べると「道徳への忠実、正直（honesty）、誠実（sincerity）」と解説されるケースがある一方、「個人についての厳格な正直さと独立性」と定義される場合があり、さらに「道徳ないしその他の価値に対して断固とした態度をとること（uncompromising adherence）」がその本質だとしている場合もみられる（McFall 1987：5ページ脚注2）。

このようにインテグリティは、従来の道徳的基準――とくに真実を語ること（truth telling）・正直（honesty）・公正（fairness）――に関連を持つ一つの複雑な概念である（McFall 1987：5ページ）。しかし、インテグリティは複雑な概念であるものの、それを構成するのは三つの要素である（ただしそれらは相互に幾分重複する面がある）、と理解できるのではないかと著者は考えている（図表11-2）。

インテグリティを構成する三つの要素

インテグリティを特徴づける第一の要素は、一貫性（coherence; consistency）ないし全体性（wholeness）である（McFall 1987：7ページ）。なぜなら、インテグリティという言葉は、ラテン語の形容詞"integer"に語源があり、それは全体（whole）ないし完全（complete）を意味するからである。このためインテグリティは、完全性、分離されていない状態、首尾一貫性などを基本的要素とする概念である（Montefiore 1999：6-7ページ）。

これには幾つかの側面がある[4]。まず個人内部における価値、原則、コミッ

4）以下に述べることをより平易に表現し、それが大学生にとって意味する具体的な事例は、岡部（2013b：2章13節）で述べた。

図表11-2　インテグリティの構成要素

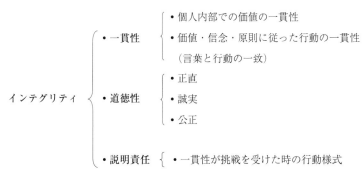

（注）著者作成。

トメントが首尾一貫しており矛盾がないことである。そして個人の行動も、そうした価値や信念に従ったものであること、すなわち言葉と行動が同時化、一体化していること（言行一致）も必要になる。

つまり、言葉（すなわち約束）どおりに行動する一方、その行動は常に信念や原則を反映していること、換言すれば言葉と行動がどちらの方向からみても一体化、完全化していることがインテグリティの重要な側面になる（Montefiore 1999：6-7ページ）。さらに不可欠なのは、対象となる相手の人が目の前にいる場合はもとより、いない場合でも同様に忠実な行動（陰ひなたのない行動）ができることである。これは他人に対してうそをつかないだけでなく、自分自信に対してもうそをつかないことを意味しており、次に述べる2つ目の要素（道徳性）にも関係してくる。

以上のように個人の内部に分裂がないだけでなく、個人の内部と個人の行動においても分裂がないこと（つまり個人がこれら二つの面で統合されていること）、これがインテグリティの基本的な条件である。したがって、第3節で展開する理論モデルによるインテグリティの分析は、こうした側面に焦点を合わせたものになる。

第二の要素は、道徳性（morality）である。つまり、インテグリティは、正直という強い道徳律をその中心に持っている（McFall 1987：6ページ）。インテグリティは、他人に対してうそをつかないだけでなく、自分自身に対しても上述したとおりうそをつかないことを意味する。このように、道徳面でうそを

つかないことと同一視されるほど、正直を重視する意味合いを持つ。そのほかインテグリティには、誠実（sincerity）、公正（fairness）など幾つかの健全な道徳律も含まれる。

　第三の要素は、説明責任（accountability）である。広義の責任（responsibility）は道徳の重要項目の一つであるが、本書では説明責任というかたちの責任をインテグリティの一つの独立的要素として挙げておきたい。

　インテグリティを持った人（a man of integrity）とは、上記二つの要素（一貫性と道徳性）が示唆するとおり、常に自分の信念に沿った行動をし、正直を旨として生きる人である。このため、その結末が当人にとって愉快なものでない場合、あるいはそれを受け入れることが困難である場合が発生しても、そうした結末を受け入れる意思を持つことが要請される（McFall 1987：9ページ）。

　しかし、何らかの事情でそうした原則ないしコミットメントを維持しない（できない）場合、つまり信念が挑戦を受ける場合もありうる。そうした場合、その挑戦を一貫性の枠内でどう対処するか、あるいは一貫性を可能な限り維持しつつも何か別の対応をせざるをえないか、について責任をもって説明すること（正当化できる例外措置は容認されても正当化できない例外措置は回避すること）が求められる。こうした説明責任をインテグリティの一つの要素に加える見解は、先行文献ではほとんど見られない。しかし、これは上記二つの要素から導かれる派生命題であり、これを追加することによってインテグリティの主要構成要素が完結したものになると著者は考える。

　以上をまとめると、個人のインテグリティとは(1)個人が一貫性のある原則ないし約束にコミットしており、(2)それに反する誘惑ないし挑戦が生じたときでも、(3)当人にとって正当性のある理由に基づいて、(4)これらの原則ないし約束を維持することである（McFall 1987：9ページ）。そして(5)そうした原則ないし約束が維持できない場合には責任をもって説明することも含まれる。

インテグリティの個人的ならびに社会的機能

　個人が、以上列挙した諸要素を備えているならば、その人は英語では「インテグリティを持つ人」と表現され、国際的に通用する人格的能力を備えた人とされる。国連の幹部職員にそうした資質が要請されるのは既に見たが、それ以外でも、とくに国際的な組織ないし公的組織の運営に関わる人については、英

語圏ではほとんどの場合それが基本条件になっている[5]。個人と組織にインテグリティが行き渡っているならば、人間ないし組織の信頼性が高くなるので良い社会とされるからである。その場合、出発点である個人にとって、まず大きな報いがある。

第1に、インテグリティを基本原則に据えた生活をするならば、何も言い訳をする必要がないので、どのような状況にも安心して対応できることである。もし、ものごとに関して正直でないならば、それは一つの秘密を自分自身が抱えることを意味しており、このためそれが自分の気持ちの上に重荷となってのしかかってくることになり、疲労、不安、ストレスが生じやすい。しかし、常に首尾一貫した考えを持ち、それをもとに決定し行動するという態度をとり、そして正直を旨とするならば、他人にどのような言いわけをするかといった不安な気持ちを抱く必要はなくなる。また、そうした対応姿勢を持てば、自分に対する自信（confidence）を高めることにもなる。

この結果、対応すべき問題の性質が曖昧化するとか、周囲を当惑させるような決定をする懸念がなくなるので、結局「良い判断」を可能にする。インテグリティを生活の基準におけば、自分の心の落着き（serenity）が得られるばかりか、下さねばならない判断や決定もより的確なものになる。逆にいえば、インテグリティの欠如（一貫性を欠如させたりうそをついたりすること）は自分自身の信用や価値をおとしめるだけでなく、何かにつけ言い訳を考える必要に迫られるので良い判断をすることができなくなってしまい、何の得にもならない。

第2に、インテグリティは一貫性、正直さ、誠実さ、そして責任を持って行動することを意味しているので、第三者からの信頼感が高まることになる[6]。その結果、緊密な友人関係が持てることになるだけでなく、友人を持つ場合、より良質の友人が得られる可能性が大きくなる。これは、自分にとって大きな

---

5) 例えば、イングランド銀行（英国の中央銀行）の副総裁がかつて国際的に公募された。そのような高位の職種に就く人を公募することは日本ではほとんどないが、そのこと自体が組織のインテグリティを示す。そして、その募集広告（英 *Economist* 誌、2013年6月29日号に掲載）においては、このポストに就く人の条件として、専門的な知識・経験・能力をはじめ、統率力、コミュニケーション力などのほか「疑問の余地のないインテグリティならびに名声のある人」（a person of undisputed integrity and standing）であることも明記されていた。

喜びになる。インテグリティは自分を幸せにする一つの要素ともいえる。

　第3に、インテグリティを生活の基準におけば、込み入った日々の生活を単純化できるというメリットがある。それは、日々生活していくうえで不安を減らし、毎日の生活に自信をもたらしてくれる。

　逆に、インテグリティを重視しない生き方（本当とウソを使い分ける生き方）をするならば、それは自分で作った二つの異なる世界を相手にして生活することになる。このため、生きていく上での対応が煩雑にならざるを得ず、余計なエネルギーを費やす。不正直（dishonesty）は、二枚舌（duplicity）に伴う煩雑さをもたらすのに対して、正直は単純さをもたらす。

　以上、個人に関するインテグリティ（personal integrity）について述べたが、それ以外にも職業上のインテグリティ（professional integrity）、組織のインテグリティ（organizational integrity）など、様々な場合があり、それらの場合にも、インテグリティは重要な意味を持つ行動規範である（Montefiore 1999）。

第3節　その経済分析1：シェリングの自己管理モデル

　以下では、こうしたインテグリティの意義を深く理解するために、経済分析で用いられる一つのモデルを導入し、それを援用して考察することを試みよう。

　そのモデルは、トーマス・シェリング[7]の早い時期の論文「自制的行動のための自分内部の抗争」（Schelling 1984a）、「倫理、法律、そして自制的行動」（Schelling 1984b）において提示されたものである[8]。以下、本節ではそのモデルの概要をまず整理して平易に提示し、次節ではそれを援用してインテグリ

6）ヒルティ（2012）はその『幸福論』において「不誠実ならば他にどのような良い性質があっても何の役にも立たない。一方、誠実さがあればどんなに悪い性質でもまだ我慢ができる」（104ページ）とまで述べている。

7）シェリング（Thomas C. Schelling）は、ゲーム理論への貢献により2005年にオーマン（Robert J. Aumann）とともにノーベル経済学賞を受賞した。なお、オーマンの論文は著しく抽象的・数学的であるのに対して、シェリングの著作は現実的な実例を多く含むとともに数式が全く登場しない（しかし文章は難解である）点で両者の論文スタイルは対照的である。

8）著者は、シェリングの主要著作は知っていたが、早い時期に書かれたこの二論文の存在は岩井（2015）によって紹介されていたので知ることとなった。

ティの意義が分析できることを示したい。なお、著者の知見による限り、インテグリティをこのような枠組みを活用して理解した例は、まだ見当たらない。

(1) シェリングの自己管理モデル

ここでは、人が自分自身の行動をどう管理するかについてシェリングが提示した考え方を提示する。

自己管理の困難さ

シェリング（Schelling 1984a, 1984b）は、われわれの日常的な経験、すなわち「自分では止めることにしたことを中々止められない（そして実際に止めなかったことを後悔する）」という現象を取り上げ、なぜそうしたことが起こるのか、を考察した。

例えば、次のようなケースである。［例１］喫煙は健康に悪いので止めようとするが、一服した時の爽快さに負けて中々やめられない。［例２］肥満は健康上も社会的にも望ましくないのでカロリー制限をした摂食（ダイエット）をすることにしているが、つい甘いものに手を出してしまう（そして体重計に乗った時に後悔する）。［例３］自分がセットした目覚まし時計が鳴った時にきちんと起床すれば勤務先や学校に遅刻しないが、もう少し寝ていたいという誘惑に負けて朝寝坊してしまう（そして後悔する）[9]。

つまり、人間は本来、自分自身を管理できるはずであるにもかかわらず、なかなか自己管理（self-management, self-control）ができない、という問題が現実には存在する（Schelling 1984a：62ページ）。こうした人間行動を、経済学の既存の各種概念（例えば、価値、選択と意思決定、効用、合理性など）を用いてどう理解するか、というのがシェリングの問題提起である。彼は、それに対して一つの理解方法があるとまず述べている。

一つの理解方法

それは、時間選好（time preference）の次元を導入して問題を理解する方

9）シェリングは、その他にも同様の性格をもつ人間行動として、やるべき仕事の先送り（procrastination）、自殺に際しての逡巡、などの例を挙げている。

法である。つまり、現在と将来（将来には不確実性がある）は単純に比較することができない。このため、比較可能にするために割引率（将来事象の価値を現在価値に換算する時に用いる値）の考えを導入し、将来のことがらには高い割引率を適用して（すなわち将来のことがらは過少評価して）現在のことがらと比較するならば、そのような現象が生じること（目先のことがらを選択する場合が多くなること）が合理的に理解できる、というわけである。

　こう理解すれば、人間は確かに近視眼的な選択をすることが多くなる。なぜなら、上述した例でいえば、将来における望ましいことがら（肺がんリスクの減少、肥満の回避、定刻出勤）は、目先の快楽（喫煙、美味しい料理、惰眠）に比べて過少評価され、その結果、目先のことが相対的に高く評価されてしまうことが「合理的に」説明できるからである。

　確かに、これは時間選好ないし割引率という標準的な経済学概念を用いることによって現実を説明できている。つまり、上記のような現象も経済学の既存の枠組みに取り込んだ説明が可能になっている。

　このため、最近活発化している行動経済学の研究においては、人間行動の多様性をもっぱら割引率の大小に還元して理解しようとする場合が多いのが一つの特徴である（第1章の脚注18を参照）。例えば、幸福度について大掛かりな社会調査を実施してきた大阪大学の研究チームによる報告においても「時間割引率が高い人（短気な人、我慢強くない人）ほど不幸である傾向がある」（筒井・大竹・池田 2009：50ページ）といった調査結果が報告されており、幸福度を左右する一要因が時間割引率であるとの主張がなされている。

　しかし、このような解釈は、一定の論理性を持つとしても、上記のような異質のことがらを単に割引率の差異に帰着させてしまうこと（いわば異質な問題を一つの論理の枠内に矮小化させて扱うこと）にはやはり無理がある。これがシェリングの指摘であり、その妥当な理解には別の視点が必要だとして彼は一つのモデルを提示している。

シェリングの自己管理モデル

　上記のように人間は、ある一時点において自分の選好とは明確に異なる意思決定をする。このため「個人はその選好（個人が抱く価値）の最大化を図るような選択肢を選ぶ」という従来の意思決定理論の枠組みを用いてそうした現実

を説明するには無理がある、と彼は主張した。そして次のような新しい考え方を提示した。

すなわち(1)人間は常に一人の合理的な主体として行動しているのではなく、あたかも自己の内部に「2人の自己」(two selves) 持っているように行動することがある、(2)そしてこの「2人」は自らが支配しようとして常に抗争している、(3)このため状況のいかんで2人の自己のうちのいずれか一方の「自己」の判断が自分の意思決定として現れる、という考え方である (Schelling 1984a：58ページ)。

つまり、人間の内部には、対抗する2人の自己 (rival selves。Schelling 1984b：88ページ) が潜んでおり、その競争の結果としていずれかの自己が自分の行動を支配する場合があるので、人間は一人の合理的な主体とみなせない場合がある、とみる。前述した禁煙と喫煙の例でいうと、人間が行動するに際しては、健康第一主義者としての自己が顔を出す可能性もあれば、愛煙家という自己が顔を出す可能性もある。このことを、より厳密に表現すると次のようになる。

集団的意思決定との類似性

人間の争いや対立は、2人の別人が一緒に何かを選択する行動をする場合に発生するだけでなく、一人の人間の内部においても発生する。このように人間内部における「2人の自己」という視点に立てば、人間の意思決定は複数の自己が同時かつ統合的な視点から判断を下すというよりも、交互に繰り返す二つの価値システム (two value systems) の衝突から生まれるものとなる。

したがって、人間は合理的決定をする一つの主体というよりも、集団的決定 (collective choice) の結果を表す主体、という様相を呈する場合もでてくる (同93ページ)。それは「個人は複数の別人格の集合体である」という観点から人間行動を理解する見解、といってもよいであろう。

そうした2人の自己が代わる代わる同一の個人を占拠するならば、その2人は持つ目標や嗜好が異なるので、その2人は共同してものごとの最適化 (joint optimization) を図ろうとするよりも、むしろ戦略ゲーム (a strategic game) として相互に関わってくる、と解釈しなければならない (同94ページ)。ここで戦略ゲームとは、当事者 (プレーヤー) が状況に応じて自律的に意思決定で

図表11-3　自制的行動のメカニズム

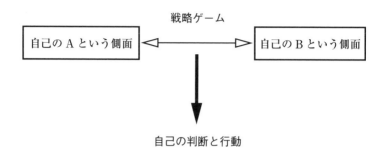

（出所）Schelling（1984b）の記述をもとに著者作成。

きる状況にあり、かつその意思決定が結果を大きく左右するゲームのことである。

　2人の自己の関係をこのように戦略ゲームとして捉える必要があるのは、理論的には次のように理解できる。まず、目標や嗜好が異なる2人の自己の間では、効用の比較不可能性を前提にしなければならず、そのため共同最適化行動が生まれるというよりも2人は戦略的行動に出ざるをえなくなるからである（同93ページ）。そして、交代して現れる2人の選好を同時に勘案するとしても、2人の自己の間で合意されたウエイトづけシステムが存在しないこと、さらに2人の自己の間（個人内部）においては仲介者（internal mediator）が存在しないから、話し合いや駆け引き、あるいは妥協の可能性も限られている。こうしたことから「2人の自己」の関係は戦略ゲームの性格をもつことになる。

　以上述べた自制的行動のメカニズムは、**図表11-3**のように示すことができる。まず自分の中に自己Aと自己Bが存在する。そしてこの2人の自己は、異なる価値を持つので抗争関係にある。このため両者は、共同して最適化行動をとるのではなく戦略ゲームを演じ、その結果として一人の人間としての実際の判断と行動が現れることになる。例えば、自己Aはダイエットを志す自己、自己Bはグルメ（美食家）としての自己、のような場合であり、この両者の戦略ゲームの結果が実際の人間の行動として現れる。

　重要なのは、(1)自己Aと自己Bの関係は戦略ゲームの性格を持つこと、(2)そのゲームの結果がこの人間の意思決定と行動になって現れること、(3)した

がって、個人は合理性の前提に従った意思決定をしない可能性があること、である[10]。

自己管理モデルが示唆すること

人間行動を上記のような枠組み（自己管理モデルないし自己内部の抗争モデル）で理解すれば、次のような点を指摘できる。

第1に、2人の自己のうち、一つの自己は先行きの計画（forward planning）と戦略的行動に関わる一方、もう一つの自己は現時点のことだけに関心を向けることによって一人の人間が保有する選択肢に制約を加える行動に関与する、という事態が典型的に生じることである（同94ページ）。つまり、2人の自己の間では「戦略的態度の非対称性」が生じることになり、その結果、いずれの自己が最終的に優越するかによって、自分の行動の性質は大きく異なるものになる。

第2に、2人の自己のうち、いずれが最終的に人間としての自分に命令を与えることになるかは、容易に予測できないことである。なぜなら、どちらの自己が優位に立つかは、合理性の前提に従って導かれるわけではない（戦略ゲームの結果として決まる）からである。したがって、合理的決定の場合に見られる各種現象（効用比較に基づく意思決定、選好の遷移率、無意味な選択肢の排除、短期的な安定性など）がこの場面に現れることは期待できない（同94ページ）。ここでは、むしろ、議会における駆け引きや戦略（小集団の投票行動、権限や契約を強制できない場合に採らざるを得ない次善策の採用など）と同様の現象が発生すると考える必要がある（同94ページ）。

第3に、2人の自己のうち、どちらが自分を支配するかは一般的には予測できないものの、生理的条件（例えば禁煙によるイライラ状況の発生）や極限状況（例えば拷問や極度の窮乏）が影響することによって一方の自己が強く表面

---

[10] ここで述べた理解とは全く逆に、G.ベッカー（1992年にノーベル経済学賞を受賞）は、人間の全ての行動（自殺行為も含む）を合理性（効用最大化）の観点からモデル化しようとした（第2章第1節(2)を参照）。しかし、ここで述べたシェリングのモデルでは、人間の行動には当然、非合理的な場合があること（Schelling 1984b：98ページ）が強く示唆されている。つまり、自殺行為までも含めて全ての人間行動を合理性の観点から説明しようとするベッカーの発想は（その発想自体が非人間的であることを別にしても）あまりに一面的な視点からの人間理解といわざるをえない。

化する場合がある。また、少なくとも一方の自己にとって望ましい選択肢（パレート優位[11]と評価される状況）でなくとも、両者の戦術（tactic）の結果として予想可能な結末が生じる場合もある。

例えば、健康で長寿を全うしたいという自己と、現在の快楽を追求したいという自己が一人の中で対立している場合、「自宅にはタバコを置かない」という対応がこれに該当する（同100ページ）。それは、2人の自己いずれの立場を満足させるものでない一方、いずれの立場を否定するものでもないからである。

第4に、2人の自己というアンビバレンス（ambivalence。同一対象に対して矛盾する感情や評価を同時に抱いている精神状態またはそれを交替して抱くこと。心の葛藤）に対して、社会としてどちら側を支持するかは、政治哲学上の重要な判断を示すものであり、また望ましい社会のあり方にも深く関係していることである。

例えば、自殺するのは個人の自由だといってもそれを手助けするのは、多くの国において犯罪（自殺幇助罪）になる（同98ページ）。一方、喫煙、肥満、遅刻など2人の自己の一方の側に関するその他多くのことがらをどう評価するかは、社会の環境（友人関係）ないし慣行そして社会制度（エチケット、企業広告、法律、公共教育、慣習、職場環境など）に依存している（同87ページ）。逆にいえば、望ましい社会を実現するうえでは、当然のことながら、法律をはじめ社会環境や慣行を望ましい事態に整合する方向へ変革してゆくことに大きな意義があることを、ここから導くことができる。インテグリティは、この文脈において人間社会で普及すべき重要な価値になる。

(2) 社会の中における自己

以上では、自分が単独に存在する場合の自己管理メカニズムを考えたが、人はいうまでもなく社会の中で生活をしている。このため、自己の意思決定は社会（自分以外の存在）とどのように相互作用をするものか、という観点からも理解することが欠かせない。

---

[11] パレート優位（Pareto superior）とは、ある状態から別の状態に移るとき、従来よりも状況が悪化する者を一人も出さないで、少なくとも1人はより良い状況に出来ることを指す。

契約の自由とその効果

　これを考えるに際して、シェリングは興味深い視点を提供している。それは、自由社会では「契約の自由」が個人の社会的影響力の基礎になっている、という主張である。すなわち、完全な自由が保証されている場合には、自己が様々なことを行う自由を持つが、その中には自己を縛る自由（freedom to bind oneself）、義務を負う自由、自己の選択範囲を狭める自由などもそこに含まれる、とまず考える。そして私がこのような自由に沿って私自身を何らかのかたちで縛る（義務を負う、選択範囲を狭める）ならば、他人は私の行動を予想しやすくなり、したがって私は他人の選択や行動に影響を与えることになる、という主張である。

　つまり、私が自分自身の選択を制約することによって、私は他人の選択に影響する力を獲得している（Schelling 1984b：98ページ）。したがって、契約の自由は、一般的にいえば、期待を通じて他人に作用することになる（同）。

約束、法律、誓約

　以上のメカニズムを利用して、シェリングは、約束（promise）、法律（law）、誓約（vow）の三つを取り上げ、それらの意義ならびに作用するメカニズムに関して一つの視点を提供している。それを要約すれば**図表11-4**のようになる。

　まず約束は、自分自身へのコミットメント（自分自身の選択の自由を制限すること）であり、その相手は他人である。そして、私の行動を他人がどう期待しているか（私がどの程度約束を順守するか）の如何によって、相手の行動に影響することになる。したがって、私の約束は相手の行動に大きな影響力を持つ可能性がある。ただし、そうした影響を持つには、人は約束を守らなければならない（あるいは約束破棄の場合には賠償請求ができる）と信じられている場合に限る、という条件が付く。

　次に法律は、自分と他人の間における相互的なコミットメントである、と理解することができる。つまり、自分と他人がともに選択を制限する（狭める）ことによって相互に影響力を発揮する仕組み、ということができる。そして、自分と他人は相互に大きな影響力を持つ。なぜなら、自分と他人の両方のコミットメントに対して両方に法定強制力を持つからである。ここで留意する必要

図表11-4　約束・法律・誓約の機能対比

	意義	実効性	特徴
約束 (promise)	・自分自身へのコミットメント（自分自身の選択の自由を制限すること）。相手は他人。	・私の行動を他人がどう期待しているか（私がどの程度順守するか）の如何によって相手の行動に影響。 ・相手の行動に対して大きな影響力を持つ可能性がある。	・相手の行動に影響力を持ちうるが、それは、人は約束を守らなければならない（あるいは約束破棄の場合には賠償請求ができる）と信じられている場合に限る。
法律(law)	・自分と他人の間における相互的なコミットメント。	・自分と他人がともに選択を制限する（狭める）ことによって相互に影響力を発揮。 ・自分と他人は相互に大きな影響力を持つ。	・自分と他人の両方に対して法定強制力を持つ。 ・強制可能な法律が一般的に良いものだ、という先験的基礎はない。
誓約(vow)	・自分自身の意思ないし決意の表現。相手は一つの神（西欧的な発想の場合）。	・どのような形であれ神の権限によって強制される（あるいは確立された教会によって認定される）ものであれば、一定の意義を持つ（実効性は社会的・制度的に支持される）。	・法律としての地位（法定強制力）は何もない。 ・誓約の相手が神でなくとも、より広く決意の表明として理解することも可能（例えば法廷で真実を述べるという宣誓）。

（注）Schelling（1984b：98-106 ページ）の記述をもとに著者作成（一部著者が補完）。

があるのは、強制可能な法律が一般的に良いものだ、という先験的基礎はないことである（同100ページ）。なぜなら、法的義務を課しても、その義務が結果的に100％果たされるとは限らないからである。

　そして誓約は、自分自身の意思ないし決意の表現であり、その相手は一つの神（a deity）である（同99ページ）。誓約は、どのような形であれ神の権限によって強制される（あるいは確立された教会によって認定される）ものであれば、一定の意義を持ち、その効果は社会的・制度的に支持されるものになる（同99ページ）。このような誓約には、法律としての地位（法定強制力）は何もないのが特徴である。

以上がシェリングによって展開された約束、法律、誓約の区分とそれぞれが機能するメカニズムである。この結果、交渉力（bargaining power）が発生したり、責任や義務などの免除（immunity）が生じたり、協力や協同（cooperation）を導いたり、場合によっては強制（coercion）につながったりする（同98ページ）。そして社会が動いてゆく。

第4節　その経済分析2：シェリング・モデルの拡張と応用

　本節では、上記の考え方（モデル）を著者なりに拡張し、それを援用することによってインテグリティの意義をより深く理解することにしたい。

(1) 誓約の特徴

　誓約を特徴づける場合、シェリングは、誓約の相手が一つの神（a deity）であるとしていたのは前述したとおりである。それは西欧的な発想といえよう。しかし、より広く捉えるならば、誓約とは「誓って約束すること、また、その誓い」、あるいは「必ず守ると決めること」（oath）であり、必ずしも神を相手とした誓いに限定する必要はない。例えば、法廷で真実を述べるという宣誓は、関係者ないし社会一般に対して行うと考えることもでき、必ずしも神に対するものと限定的に理解する必要はなかろう。

　そこで以下では、誓約の相手が神でなくとも、より広く、人の決意の表明と理解することにする。では、その決意表明は果たして誰に対してなのか。

　約束の場合には、必ず相手が必要である（The promise requires an addressee。Schelling 1984b：99 ページ）。また法律の場合も同様であり、関係者は相互に相手が必要である。これに対して誓約は、神が相手になる場合があるほか、例えば前述した法廷における宣誓を想起すれば示唆されるように、広く関係者ないし社会に対して述べた誓い、と理解することもできる。さらに、自分が自分に対して行う誓い（決意の表明）もこれに含めて理解することも、あながち不自然でない。

　したがって、約束ならびに法律と対比した場合、誓約は、相手が他人の場合ならびに自己の場合の両方を含むと理解できる。この点が誓約の大きな特徴になる。本書では、この理解に立って以下議論を進める。

誓約とその強制力

　約束においては、社会的強制力によってその順守が担保されており（socially binding）、場合によってはそれが法定強制力（legally binding）によって補強される。また法律では、当然ながら法定強制力が当事者双方の義務を規定し、約束を保障する。これに対して、誓約の場合、それを順守（enforce）させる仕組みはどのようなものになるだろうか。

　誓約には、前述したとおり法律としての地位は何もない。ただ、誓約が神ないし他人に対してなされる場合には、自分と他者の両方を含む関係となるため、ある種の社会的強制力が作用してその誓いを順守させる力が働く面がある、と考えられる。

　これに対して、誓約が自分の自分に対する誓いである場合はどう考えればよいのか。誓約の相手が自分である場合には、自分自身に対して「法律的に強制力をもつ」約束をすることは不可能である（One cannot make a legally binding promise to oneself。同99ページ）。また、自分の自分に対する誓いの場合、2人の自分が「社会」を形成していると理解することはできないので、上記の意味での社会的強制力が作用することもない。

　つまり、人は自分自身に対して法的強制力ないし社会的強制力を持つ約束をすることはできない。しかし、逆に言えば、法的強制力ないし社会的強制力を持たない約束を自分自身に対してすることは可能である。例えば「私は禁煙する」という自己約束をした場合、もし喫煙すれば自分自身に対する約束は破棄したことになるが、それが法的な約束破棄ないし社会的な約束破棄になるわけではない。この点に誓約の特徴がある。

　自分によるこのような一方的な約束（unilateral promise）ないし一方的なコミットメント（unilateral self-commitment）にどのような意義があるかについては、残念ながら従来あまり議論されていない（同100ページ）。しかし、誓約やこうした各種のインフォーマルな社会的取り決めは、法的拘束力がないから無視するという態度をとるのではなく、それらには社会的な効用があるので活用する余地がある、と考えるべきである[12]（同107ページ）。その場合の問題

---

12) シェリングは、その一例としてアメリカの Alcoholics Anonymous という団体（飲酒問題を解決したいと願うメンバーの相互援助集団）の有効性を挙げている。

は、誓約をどう実効性のあるものにするか、である。

(2)誓約の実効性を担保する方途

人が自分に対して行う約束（self-directed promise）である誓約の実効性を担保する方法は、二つ考えられる。一つは、その誓約を自分が順守しているかどうかを第三者に監視してもらうことである。

一つの具体例（同103ページ）をもとにこれを考えよう。いま私は、自分の健康維持のため、毎日朝食前に腕立て伏せを20回行うという誓約を行ったとしよう。この場合には、それを実行したかどうかを確認する手法が仮に存在するとしても、私が誓約通りの行動をしたかどうかを確認する主体が存在しない。このため、誓約の実効性は担保できない。しかし、私の行為を監視するとともに監視結果を当局に告発する人を配置すれば、誓約が実行されたかどうかの監視は可能となる。

だたし、ここには二つの問題がある。一つは、私を監視することが誰かの関心事になっていなければならないこと（換言すれば監視インセンティブが存在すること）である。そのためには、例えば監視に報酬制を導入するなどの対応が必要になり、コストがかかることになる。もう一つの問題は、約束の実行を確実にするうえで、上記のように政府がコミットメントの強制執行者（監視役）となる場合には、誓約の不実行に対して政府が民事法というよりも刑法の思想で介入してくることになる。このため、市民は不愉快さ（ハラスメント）を感じるとともに、政府が個人の監視ないし強制執行をすることになるので、個人が自由度を失うという問題が発生する（同106ページ）。したがって、第一の方法は導入できない。

誓約の実効性を担保する二つ目の方法は、インテグリティの意義と価値を広く市民が理解し、市民が自己管理力を強めるような教育を進めることである。これは、上記の方法が持つ問題点を回避しつつ賢明な社会を築く一つの対応になりうる。その論理は、上述したシェリング・モデルを拡張し、ゲーム理論の概念を用いて次のように理解できる、と著者は考える。

(3)インテグリティのゲーム論的理解

自分が自分に約束した行動が順守されているかどうか（そして順守されてい

なければ順守させる）ために第三者に監督させるという方法は、上記のように大きな問題を持つ。したがって、第三者を導入せずにその約束を果たさせるには、自分に関する何らかの側面を変えることによってしか達成できないことになる。その方途は次のように理解できる。

　まず、自分の中で二つの自己が対立する場合を考えよう。例えば、前掲図表11-3において、自己Aと自己Bのような対立が生じている場合である。この場合、どちらの自己が本当の自分かと問うのは間違いであり、どちらの自己も本物（authentic）の自己であると考えなければならない（Schelling 1984b：108ページ）。そこで重要なのは、自己Aと自己Bは目的が多少（ないし状況のいかんで）対立することがあっても、完全に対立するわけではないことである。これをゲーム理論の観点から考察してみよう。

「分裂した自己」のゲーム論的理解

　ゲーム理論では、2人のプレーヤーの利害が完全に対立するゲームが「ゼロ和ゲーム」（zero-sum game）、完全には対立していないゲームが「非ゼロ和ゲーム」（non-zero-sum game）と呼ばれ、ゲームの様相と結末は両者で全く異なるものになることが示されている。例えば、囲碁、将棋、スポーツのように勝負を競うゲームや、ケーキの切り分け（より大きな一片を取ると他の人の一片は必然的により小さなものになる）などはゼロ和ゲームである。

　一方、非ゼロ和ゲームでは、プレーヤーの利害は完全に対立することはなく、利害の対立と協力の可能性が混在する（岡田 2014：14ページ）。競争関係にある企業がしばしば協力関係を結ぶように、社会や経済のゲーム的状況の多くは非ゼロ和ゲームであり、協力を実現するために、プレーヤーは他のプレーヤーと交渉し提携を形成しようとする（同）のが特徴である。そして非ゼロ和ゲームでは、両方が勝者になったり、両方が敗者になったりする場合がある。

　例えば、自己の分裂に関する前述した例、すなわち自己Aはダイエットを志す自己、自己Bはグルメ（美食家）としての自己のような場合、関連する時間的スパンが異なることもあるのでゼロ和ゲームとはいえず、基本的に非ゼロ和ゲームの性格を持つと理解できる。

非ゼロ和ゲームにおける多様な展開の可能性

　非ゼロ和ゲームでは、上記のように利害の対立と協力の可能性が混在するので、少なくとも二つの方向への展開が予想される。

　一つは、2人のゲームプレーヤーがコミュニケーション（意思疎通）を図り、交渉し、そして提携するなど、何らかの協力ないし協調を実現する可能性があることである。つまり協調によって、どちらにも得となる解決を見いだせる可能性がある。ゲーム理論によれば、これは必ずできるとされている。なぜなら、人が協調的な答え（協調解）に達しうるなら、原理的には総和が一定でないどんなゲーム（非ゼロ和ゲーム）であっても、どちらも得するゲームに変換できること、が証明されている（フィッシャー 2010：133ページ）からである。

　もう一つは、相互に信頼を作り出せる可能性があることである。信頼には三つの機能があるとされる。すなわち、社会生活を先が読めるものにすること、共同体の感覚をもたらすこと、そして人が一緒に仕事をしやすくすること、である（フィッシャー 2010：149ページ）。このため、本当の信頼があれば、プレーヤーはそれぞれの戦略を調整し、協調解を生み出す交渉ができ、相手が自己利益のために合意を破らないと信頼できることを知り、そして互いに安心できる、という大きなメリットがある。

　では、果たして信頼が生み出される可能性はあるのか、そしてその可能性があるとすれば信頼はどのようにして生み出されるのか。この問に対してゲーム理論は興味深い示唆を与えている。以下フィッシャー（2010：154-155ページ）の記述を踏まえてそれを概説する。

信頼供与の意義とその可能性

　いま、私が相手に「信頼を与える」（自分が言ったことは守る一方、相手の言うことは実行されると信じる）とする。この場合には、その信頼が裏切られるというリスクも同時に負うことになる。つまり、その賭けがうまくいけば得られるものも大きいかもしれないが、そうでなければ大きな損もありうる。

　ゲーム理論では、こうした信頼の供与は「利益支配」（pay-off dominant）の戦略（一定の状況下でありうる利益を最大にすることを狙う戦略）と呼ばれる。これに対して不信に満ちた戦略は「リスク支配」（risk dominant）の戦略（まずもってリスクを回避する戦略）と呼ばれる。

信頼は利益支配戦略であり、不信はリスク支配戦略である。これは生物の進化を理解する場合に導入された観点であり、単純な進化の点からいえば、不信の方が必ず有利になる（不信の感覚を高度に発達させた個体ほど生き残る可能性が高くなるため）。したがって、不信は進化的安定戦略（evolutionarily stable strategy）と呼ばれる。

しかし、人間社会において常に不信（リスク支配戦略）が優越し、信頼（利益支配戦略）が見られることはない、というわけではない。ゲーム理論では、信頼に支えられる必要なしに「信頼できる約束」の供与がありうることが示されている（フィッシャー 2010：158-164ページ）。それには二つの基本的方法がある。一つは、後で私の気が変わると代価があまりに高くつくようにすること、もう一つは、それよりも一歩進んで意図的に私の退路を断ち、約束を取り消す可能性をなくすこと、である。重要な点は、どちらも私自身の選択肢を、相手方にわかるかたちで制限することによって、約束に信頼性を持たせていることである。

このような信頼供与であれば、信頼は実効性を持つ。その実効性が機能する可能性があるのは、当方からの信頼の供与が相手の側からの信頼の供与を促すからである。つまり、この対応は、相手側を信用できないとみて自分が損をする可能性よりも、相手を信頼してまず信頼を供与すればその見返りに信頼が得られる、という方に私は賭けている。このようなメカニズム（相互性の論理）があるならば、不信の壁を乗り越え、信頼を喚起し維持する戦略を見出だせる場合が実は多い（同177ページ）。

インテグリティとその効果：理論分析

以上、非ゼロ和ゲームでは、［命題1］2人のプレーヤーが意思疎通を図って協調解に達しうるなら両者とも得するゲームに変換できること、［命題2］一方が信頼の供与をすれば相手の側からも信頼の供与が促されて相互信頼が成り立つ可能性が理論的にあること、をみた。これらの結果は2人のプレーヤーが別人である場合を描写している。以下では、この結果を、一人の中で分裂した自己（前述した自己Aと自己Bの併存）がみられる状況に適用してみよう。

まず自己Aは、インテグリティに従った行動をする（自己Bの出方いかんで自分の行動を変えるなどの戦略的行動をとることはせず、常に言動を一致させ

る)、と宣言したとする。つまり、自己Bに対して信頼を供与したとする。すると自己Bは、自己Aが自分に対して好意的見解を明らかにした（自己Bに対して報酬を与えた）のでそれを失いたくない、と考える。その結果、自己Bは相手を信頼するのが得策となるので、自己Aに信頼を供与することになる（信頼供与の循環が発生する。上記の［命題2］）。

この結果、自己Aと自己Bの間での戦略的な対応の応酬がなくなり、私の意思決定の様相はかなり変わってくる。すなわち、分裂した自己の間における戦略的対応がないので、意思決定が迅速化、単純化するとともに、意思決定の予想可能性が高まることになる。そして第三者からみると、私の判断（意思決定）の予想可能性が高まるので、私への信頼性が高まる。さらに、私の最終判断は、自己Aと自己Bの意思疎通によってもたらされたもの（協調解）であるため、私の中の自己Aがインテグリティに従わなかった場合の判断よりも良い判断に至ることになる（これは上記［命題1］の派生命題と理解できる）。

(4) インテグリティの個人と社会にとっての意義

以上、個人のインテグリティは、自分にとって大きなメリットがあることを分析的に示した。これはすでに第2節で述べたことを経済分析（ゲーム理論）の枠組みを使って厳密に説明したものである。

すなわち、インテグリティを満たす行動は、個人にとって良い状況（有利な状況）をもたらす。さらに、個人のインテグリティが高まれば、その周囲にとってもより良い状況をもたらすことになる（このことは上述した論理を異なる個人の間に適用することによって証明できる）。すなわちインテグリティは、それを構成する正直や誠実という徳倫理（virtue ethics）の結果（信頼感の醸成など）として導かれるだけでなく、上記のように自己利益の観点からも説明できるわけである。そして、インテグリティは、徳倫理に含まれる項目でもある（前掲図表7-6における第7項目の「正直」に対応する）ので、人を幸せにする一つの要素にもなる。

社会にとってのインテグリティの意義

いまひとつ重要な点は、インテグリティは単に個人にとってだけでなく、その他にも幾つかの側面で重要性を持つことである。すなわち、組織のインテグ

リティ（organizational integrity）、職業上のインテグリティ（professional integrity）などがあり、後者のうちの一つとして研究・教育のインテグリティ（academic integrity）が位置づけられる。これらはいずれも社会的にみて大きな意味を持つ。

なぜなら、企業の場合、その組織のインテグリティが高い場合には、提供する製品の信頼度が高くなる。この結果、製品の良否を判断するために買い手が費やす労力や時間の負担（サーチ・コスト）は少なくてすむという社会的利点につながる。また、市場や社会はその企業に対する公正な判断ができ、例えば不適切な資金がそこに流れ込むといった事態が生じることもない[13]。さらに、購入したマンションが強度偽装のため傾斜して所有者を大きな不安に陥れる、といった事態が生じることもなくなる[14]。

企業の場合、組織のインテグリティは良いガバナンスにとって最も基本的な要件である。ちなみに、米国ハーバード・ビジネススクールでも企業倫理（組織のインテグリティ）の重要性が早い段階から強調され、それは授業科目の一つになっている。その教科書の邦訳（ペイン 1999）も出版されている。

職業上のインテグリティが遵守されるならば、とくに創造的な職業（デザイナー、研究者など）の場合、他人の作品を無断で活用したり[15]、あるいはデータを捏造した学術論文を公表したり[16]することによって生じる社会的混乱を事前に防止する効果を持つ。また、特定の受験者に国家試験の問題を漏洩し、

---

13) 2015年7月、日本を代表する企業の一つである㈱東芝の歴代社長3名が2008年度から約7年間で1518億円にも達する粉飾利益の計上を指示していたことが発覚した。これは、株式市場に誤った情報を発信して市場から不適切に資金を吸収していたことを意味し、株式市場ひいては日本経済における資金の配分を歪める結果をもたらした。
14) 2015年10月、大手不動産会社が販売したマンションがその杭打ちの深さを偽装していたため傾斜し、住民を大きな不安に陥れるという事態が発生した。またその工事担当会社が日本各地で行ったマンション建設においても、同様の偽装があることが発覚した。
15) 2015年7月、東京オリンピックのエンブレム・デザイナーは、デザインの創造において他人の作品を色々なかたちで活用していたことが発覚、この結果、オリンピック委員会は当初公表したエンブレムを白紙撤回、新エンブレムを公募するに至った。
16) 2014年1月、STAP細胞という新しい万能細胞の作成に成功したと理化学研究所が発表したが、その根拠となる担当研究員の公表論文では、捏造したデータが使われていたことが発覚した。理研はその後、STAP細胞の存在を取り消し、また当該学術論文が掲載された専門誌もその論文を撤回した。

試験の公平さと信頼を大きく損なうといった事態[17]も回避できる。

インテグリティの意義：ひとつの例示

　以上述べたインテグリティの重要性とそのメカニズムに具体性を与えるため、学生が期末試験に臨む場合を一例として挙げよう。学生の考えは、二つの自己に分裂している、と一般的に理解できる。

　自己Aは、良い点をとる自信がないので、メモを隠して試験場に持ち込み、それを見て答案を作成する行動（いわゆるカンニングという不正行為、英語ではcheating）に出ようと考える自己である。不正であることを知りつつそれを行うわけであるから、それはウソをつく行動といえる。一方、自己Bは、カンニングが発覚した場合の恥辱や罰則の適用（他科目で取得した単位も取り消されること）を怖れ、カンニングペーパーを持ち込むことをせずに受験する、と考える自己である。不正は行わないので、正直な行動といえる。

　このような自己Aと自己Bの間でのせめぎ合いは、自分内部における一種の戦略ゲームの展開を意味する。この場合、もし自分がインテグリティの意義を理解し、それに沿った行動をすることを自己の原則としているならば、自己Aのような「ウソをつく行動」という自己の側面は登場しない。その意味で、自己Aは自己Bと同様、正直な行動を現す自己になり（自己Aと自己Bが一体化）、その結果、学生はカンニングをしないことになる。

　つまり、インテグリティは、自己の分裂を回避させる効果を持つ。これはまず学生個人にとって様々な面で大きな利点がある。まず、自己の中で分裂が生じないため、自己の内部で戦略ゲームを展開するといった無駄なエネルギー消費を回避でき、それを他の有用な面に振り向けることができる。そして自分の意思決定もシンプルなものになる（カンニングペーパーを持ち込もうか否かといった悩みは存在しないことになる）。さらに、学生の気持ちを清々しいものにすることも間違いない。つまり、ゲーム理論の概念を用いるならば(a)不正をしないことで良い気持ちになること、(b)不正行為によって得た得点に価値を認めること、の２つを比較した場合、その学生にとって(a)の価値が(b)の

---

[17] 2015年9月、司法試験の問題作成委員であった有力法科大学院の教授が試験問題を教え子に漏洩していたことが発覚した。これは国家公務員法（守秘義務）違反であるだけでなく、同試験の信頼性を大きく揺るがすことになった。

価値を上回る可能性が大きくなる、と理解できる[18]。

別の観点からみると、試験の際にウソをつかない（インテグリティに沿った行動をする）ように指導することは、徳倫理の実行によって学生に上記の気持ちを抱かせるので学生を幸せにする、ともいえる。そして、不正行為をしなかったために、もし試験の成績が悪かったとしても、不正行為をしなかったことによる気持ちの清々しさが得られるとともに、そこからポジティブな気持ち（自分の勉強不足の自覚と向上心の涵養）が派生する可能性があろう。インテグリティには、このように多面的なメリットがある。

第5節　日本におけるインテグリティ概念普及の必要性

日本社会の現状をみると、ここ1〜2年だけをみても、上記のように[19]インテグリティの欠如によっていかに多くの問題が発生したかがわかる。個人ならびに社会におけるインテグリティの重要性に鑑みた場合、日本においてインテグリティ概念を普及させていく必要性は大きい。本節では、その三つの理由を述べるとともに、それに関して大学教育が大きな役割を持っていることを指摘する。

(1)日本においてインテグリティ概念の普及が必要な理由

日本においてインテグリティの概念を普及させる必要性が大きい理由は、第一に、著者の海外（主として米国と豪州）経験に徴すると、インテグリティが個人と組織にとって重要な行動規範になっており、それが良い組織ないし社会

---

18) 『リーダーズ・ダイジェスト』誌（オーストラリア版、1007号、36-43ページ）は、ある実験を行った。調査員が中程度の価格の携帯電話を合計960個、世界のあちこちの人で賑う街中に置いてゆき、離れたところからそこを見ながら着信音を鳴らし、誰かが拾って電話に出てくれて、持ち主にかえしてくれるかどうかをそれぞれの街で確かめた。その結果、驚いたことに全部で654個が返ってきたという。携帯電話を返してくれた理由を聞くと、一番多かったのは「自分もかつて大事なものをなくしたことがあり、他の人がそんな辛い目には遭ってほしくない」というものだった。この理由をゲーム理論の概念を用いて説明すると「携帯電話を返すことでいい気持ちになる、あるいは返さないでおくことでいやな気持ちになることが、その人にとっての携帯電話の物質的な価値を上回ったからである」と説明できる（フィッシャー 2010：173-174ページ）。

19) 前出の脚注13〜17を参照。

そして国際性にとって不可欠である、と考えられるからである。

著者がかつて教壇に立つ機会を得た米プリンストン大学では、学部学生の期末試験においては、学生の正直さを前提として（あるいはインテグリティの重要性を学生に涵養させるべく）驚くべきことに試験監督を置かずに試験を実施している[20]。こうした制度を設けているのは、不正は人格を損なうという考え方、あるいは社会のリーダーになる者にとっては誠実性、正直さが不可欠の条件であることを教育現場において身につけさせるとの発想によるものである[21]。

また著者が客員研究員として何度か滞在する機会を得たオーストラリア国立大学では、大学運営の価値基準として卓越性（excellence）、創造性（creativity）がまず挙げられ、次に誠実性（integrity）が謳われている。前二者は優れた大学の条件として当然のことがらであろうが、インテグリティが第三番目になっているのはきわめて印象的である。つまりインテグリティは、それに続いて挙げられている項目（学問の自由と責任、公平性、人間の多様性の認識）よりも高い優先順位がこの大学では与えられている（岡部 2002：176ページ）。

インテグリティ重視の第二の理由は、日本企業の経営をみるとインテグリティを欠いた事例が頻発し、それが製品や提供サービスへの信頼性を落とすだけでなく企業の存立自体を揺るがす事例がみられるので、とくに企業において組織のインテグリティを根付かせる必要性が大きいからである。

ごく最近の例はすでに幾つか述べたが、その他にも従来様々な例がある。例えば、食品会社の場合、製造日や消費期限の不正表示や消費期限切れの商品の回収再販売など、消費者を欺く行為が何度もみられた。企業経営においてインテグリティが欠如する場合、顧客や社会に対して問題を引き起こすだけでなく、経営危機を招き、場合によっては廃業に追い込まれるなど企業にとっても非常にリスクが大きい（会社の命取りになる場合がある）[22]。

---

20) この制度（honor system）と運用の詳細は、岡部（2005）または岡部（2006c：第1章）を参照。
21) プリンストン大学は、研究だけでなく教育を重視していることで知られる。ちなみに、米国における大学ランキング（*US News* 誌が実施）においては、ハーバード大学と全米トップの座を分けあう（2013年）、あるいは単独トップに立つ（2014年）など高い評価を得ている。

インテグリティを重視すべき第三の理由は、企業にとどまらず、教育や研究などにおいても本来の意義が発揮されるために必要だからである。最近、こうした面におけるインテグリティの欠如が目立ち、それが様々な問題を引き起こしている。例えば、論文における他人の業績の無断引用やデータの捏造（前述）などに見られたとおり、それが発覚することによって当該論文と当該研究が無意味になっただけでなく、その研究者ないし研究組織の信頼が大きく失墜することになる[23]。

以上述べた理由を逆に解釈すれば、日本社会においてインテグリティを浸透させることによって透明性、公平性、効率性が高まり、それぞれの組織やその活動の本来的機能を一層高めるとともに、国際性を持ったより良い組織や社会とすることができることを意味している。では、日本においてインテグリティという考え方をどう普及させればよいのか。

(2) インテグリティと大学教育、そして人間の幸福

インテグリティの重要な要素の一つである正直は、アリストテレス以来、徳の主要項目とされてきた。そして徳は、道徳的に優れた行動を可能とする人間の能力の一つであり（山内 2015：35ページ）、したがってその習得のためには鍛錬が必要とされる[24]。このため、正直という徳を一つの中核として含むインテグリティも、鍛錬あるいは教育によって修得する以外にない。

正直という徳は、比較的わかりやすいので、それを教えるのは家庭あるいは初等中等教育の役目といってよい。しかし、個人にとっても社会にとってもより大きな意味を持つインテグリティの場合、その修得に関しては大学時代が最もふさわしい時期だと著者は考える。

なぜなら、それは単なる正直よりも込み入った概念であるうえ、研究教育に

---

22) 企業にとってのインテグリティの重要性は、別途詳細に論じた（岡部 2007a：第11章第3節）。
23) 日本で唯一の自然科学の国家的総合研究所である理化学研究所の研究スタッフが2014年初めにSTAP細胞に関する論文を発表したが、前述したとおり（脚注16を参照）それが虚偽論文であることが判明、このため後日その論文の撤回を余儀なくされただけでなく、研究組織も抜本的な改革を余儀なくされる事態に追い込まれた。
24) 三つの主要思想いずれにおいても、精神修養ないし鍛錬の重要性が強調されている。前掲図表7-3における「幸せになる方法」を参照。

関するインテグリティは大学教育の現場においてこそ効果的に学生に習得させることができるからである。また、学生が卒業後に就職する会社などの組織についても、組織のインテグリティの重要性をこの時期に体得させるのが望ましいからでもある。

　また、大学でそのような教育を受ける機会がなかった方々に対しては、企業の新人研修やその後の業務研修において、インテグリティを修得できるプログラムを組み込むことが大切であろう。

大学教育の柱の一つとしてのインテグリティ、そして人間の幸福

　大学教育の目的は、究極的には日本語力、インテグリティ、向上心、の三つを修得することにある、と著者は考えている（岡部 2013b：第1章）。このように捉えるならば、大学教育の三つの柱は、それぞれが人の「幸福」という別次元の大きな目的と密接な関係を持っていることがわかる。したがって、インテグリティは人の幸福にも深い関連を持つことになる。

　このことは、**図表11-5**のように整理して理解できる。まず、人が追求すべき目標として幸福を位置づけるならば、幸福には3種類ある（ないし3段階に区別できる）と理解できる[25]。すなわち、気持ち良い生活（pleasant life）、良い生活（good life）、意義深い人生（meaningful life；eudaimonia）、の三つである。

　さらにこれら三つを支える条件として、それぞれ物質的充足、インテグリティ、向上心、の三つを対応させることができる。それらは、短期的な条件から次第に長期的な条件を意味しており、具体的には次のとおりである。

　まず物質的な充足にとっては、働いて所得を得ることが必要となるので、個人は就業力（employability）を身につけなければならない。就業力とは、専門知識のほか、理解力、文章力、企画力、発表力、コミュニケーション力など汎用性の高い技量であり、これらを集約すれば「日本語力」と表現できる。次に、社会で生きてゆくための基礎となる力（すなわち社会力）としてはインテグリティを位置づけることができ、そこには上述したとおり誠実、規律、責任などが含まれる。さらに、人間の成長にとっては「向上心」が必要であり、それに

---

[25] この点を含め、幸福に関する詳細な議論は、第7章を参照。

図表11-5 人の幸せとそれを支える一条件としてのインテグリティ

幸福の3種類 （3段階）	それを支える条件	身に付けるべき具体的技量 （または対応が必要となる事態）
気持ち良い生活 (pleasant life)	物質的充足	・就業力
良い生活 (good life)	インテグリティ	・誠実 ・規律 ・責任 ・順序 ・時間 ・感謝、など
意義深い人生 (meaningful life； eudaimonia)	向上心	・勉強 ・夢 ・着実 ・リスク ・苦境 ・失敗 ・受容、など

（注）岡部（2015e：図表2）および岡部（2013b：図表2-1）を踏まえて著者が作成。

関連する一連の要素として勉強、夢、着実、リスク、苦境、失敗、受容などの理解と体得が求められる。

　つまり、人間が単に短期的、物質的に幸福になるだけでなく、永続的な深い幸福（アリストテレスの用語に従えばエウダイモニア）に達するためには、物質的充足（そのための就業力ないし日本語力）のほか、インテグリティ、向上心が不可欠となる。このようにみるとインテグリティは、充実した人生（幸福）の一要素となっていること、そしてその体得は大学教育の目的の一つとして位置づけられることがわかる。そして、インテグリティに沿った生き方[26]

26）こうした生き方を高橋佳子氏（その実践哲学の思想は第12章および第13章で取り上げる）は次のような詩によって謳い上げている（月刊誌『GLA』2015年7月号）。
　　率直に／生きることを／忘れてはならない。
　　事実を曲げる必要はない。／本心を隠す必要もない。
　　恐れることなく／侮ることもなく／いつも変わりなく／限りを尽くす。
　　率直さは／透明な光を生む。／率直さは／清新な風を起こす。
　　それは／力強く／たくましい。

は、学生にとってだけでなく一般社会人にとっても幸福の条件の一つになることがここから導かれる。

著者は、日本の大学で先端的取り組みをしていることで知られる前任校（慶應義塾大学の湘南藤沢キャンパス）に奉職していた際、そこにおいても組織のインテグリティに関してはなお改善の余地があることを主張した[27]ほか、学生に対してもインテグリティとその体得の重要性を講義[28]あるいは論文[29]などを通して継続的に強調してきた。今後とも機会あるごとにこうした方針を学生や世間に喧伝していきたいと考えている。

(3) 本章の結論

本章の主な論点は次のとおりである。
1. 正直（honesty）や誠実（sincerity）は、時代や文化の如何を問わず徳倫理（virtue ethics）として重視されてきた項目である。これに類する言葉としてインテグリティ（integrity）がある。
2. インテグリティは、日本語で「誠実さ、正直さ」などと表現される場合が多いが、それ以外の要素をも含む複雑な概念である。すなわちインテグリティは、その語源（完全性・一体性・一貫性などを意味するラテン語 integer）が示唆する首尾一貫性を基本的意味として持っており、それに正直、誠実、公正などの倫理的意味が加わったものである。さらに、それらから派生する説明責任という要素も付加して理解すれば、概念的に完結したものとなる。
3. インテグリティを体得した人（a man of integrity）になれば、その人は(a)どのような状況にも安心して対応できる、(b)第三者からの信頼感が高まる、(c)日々の生活を単純化できるので不安が減って自信が持てる、などのメリットがある。本章では、このことをゲーム理論による一つのモデル分析（自分の内部で分裂した2人の自己の間における非ゼロ和ゲーム）によって示した。
4. インテグリティは、個人について人間としての幸福を達成する条件の一つであるだけでなく、職業上のインテグリティ、組織のインテグリティなど多

---

27) 岡部（2002：4章2節；2006c：3章1節、3章2節）。
28) 岡部（2002：1章13節；2007b：82-85ページ）。
29) 岡部（2009b：2部1章；2011a：3部1章）。

くの面で重要な規範になっており、それらが満たされる組織や社会は健全な良い社会である。

5．日本では、インテグリティの概念を普及させる余地が依然としてかなり大きく、それは大学教育で達成すべき大きな目的の一つでもある。

第12章　個人の幸福追求と社会の発展：その関連性

　幸せとは何か。これは、古今東西を問わず、おそらく人間にとって最も重要なテーマの一つである。このため古代アリストテレス以来、多くの賢者が考究してきた課題でもあり、それに関する書籍も国内外で非常に多い[1]。本書では、国別に見た幸福度順位の議論（第6章）を手がかりにまず幸せの要因を検討し、次いで先人たちの幸せについての思想の簡単な展望（第7章）を行った。

　本章では、この問題に一層シャープに切り込むため、幸福に関して三つの学問分野（経済学、文化人類学、哲学）において比較的最近刊行された書物を具体的に取り上げ、それらをややていねいに辿ることを通じて、幸福についての思想的差異の大きさを明らかにするとともに、個人の幸福追求は社会とどう関連するのかという問題（個人の幸福の社会的関連性）を考察する[2]。

　個人の幸福の「社会的関連性」という場合、それは二つの側面を持っている。一つは、社会や制度など個人を取り巻く諸条件が個人の幸せを左右する側面である。もう一つは、逆に、個人が幸せを追求することが社会や制度など外部世界をどう左右するのか（どう変えてゆく可能性があるのか、あるいはないのか）という側面である。前者の側面は既に扱った（第6章および第7章）ので、

1）例えば、書名に幸福（論）と銘打って日本語で刊行されている書物に限っても、ショーペンハウエル『幸福について』、アラン『幸福論』、ラッセル『幸福論』、ヒルティ『幸福論』、ヘッセ『幸福論』、福田恆存『私の幸福論』などがある。また幸福に関しては、宗教、哲学のほか、第7章で簡単にみたように、近年は生物学、心理学、脳科学、文化人類学、経済学など幅広い分野から研究がなされつつある。

2）本章は、岡部（2014a）に依拠している。

本章では後者に焦点を合わせる。

第1節　三つの学問分野からみた幸福

本章で取り上げるのは、3冊の書籍である。すなわち(1)経済学者である橘木俊詔氏による『「幸せ」の経済学』(2013)、(2)文化人類学者である辻信一氏による『幸せって、なんだっけ―「豊かさ」という幻想を超えて―』(2008)、そして(3)宗教思想家ないし実践哲学者[3]である高橋佳子氏による『魂の発見―時代の限界を突破する力』(2011a)、である。

以下、手がかりとするこれら3冊の内容を概観しよう。図表12-1は、ぞれぞれの要約を示したほか、次節以降で検討するそれぞれ幸福感の意義や社会的関連性をまとめたものである。

(1)経済学の視点：橘木（2013）の主張

第1冊目として、経済学者である橘木（2013）による書籍を取り上げよう[4]。ここではまず、経済学の標準的考え方では「人々の幸せは所得（あるいは消費）の増大によって達成される」ことが前提になっていることが指摘され、それを基礎とした思考方法が紹介される。しかし、幸福度に関する世界各国の社会調査によれば(1)人々の幸せは所得（消費）の増大だけで得られるものでないこと、(2)幸せには所得水準のほか、平等意識、将来の安心感、余暇、趣味、労働、さらには個人の性格（外向的な人は幸せと感じ易い）など多くの要素が関連していること、が強調される。そして近年はそうした要素を勘案した幸福度に関する各種指標が開発されており（国連による人間開発指数、OECDによる幸福度指数、ブータン王国の国民総幸福量GNHなど）、それらによれば日本人の幸福度は、全世界においても、また先進国においても、概して中位に位置する結果となっていることが紹介されている[5]。

3）高橋佳子氏は、宗教思想家という側面のほか、その著作物等に表れているとおり哲学者、人生コンサルタント、経営コンサルタント、詩人、劇作家、社会運動家など多くの側面を持っており、一つのラベルで位置づけるのが困難であるが、本書ではその活動の基本にある思想とその実践性に鑑み、実践哲学者と表現することにする。

4）学術書の慣行に従い、以下敬称は略する。

次いで、多くの調査において世界で最も幸福度が高いとされるデンマークが採り上げられる。そして、その歴史的、文化的、制度的な検討をした結果、高い幸福度の理由は経済の強さ（競争原理の重視、労働市場の柔軟性等）、家計所得の高さ（失業保険制度の充実、女性の高い就業率等）、そして所得分配の平等さ（税と社会保険料に関して高い国民負担を課すことによって平等性を実現）、にあると結論している。

では、日本国民の幸福度を高めるには、どうすればよいのか。著者によれば、人々はもはや経済的豊かさだけでは幸せを感じなくなっているので、今後は(1)成長経済よりも定常型経済を指向するとともに所得や資産の格差を縮小すること（欧州型の福祉国家指向）、(2)環境問題に対応する一方、生活の質への配慮を高めること、(3)自由時間を多くして余暇を楽しむこと（自然との交わり、生活美の精神、茶道などの道、漫才や落語、スポーツ、音楽、絵画、旅行等）、などが幸せを高めると主張している。

(2)文化人類学の視点：辻（2008）の主張

第2冊目は、文化人類学者である辻（2008）の書物である。ここではまず、日本を含む先進国において「幸せ」がほとんど無意識のうちに物質的な「豊かさ」と同一視され、その結果、物質的豊かさの増大を追求すること（経済成長）が社会の目標となっていることが指摘される。そこでは、アメリカ型の消費者主義（消費者が保有するモノに企業が不満をいだかせることによって消費と生産を拡大させる仕組み）が組み込まれることになり、したがって経済発展ないし経済成長は自然破壊的、強圧的、暴力的なプロセスとなるにもかかわらず、経済発展の推進がイデオロギー（信仰）となってしまっていることが主張される。

このような豊かさ追求は、人々の幸せを増すどころか、逆に各種の不幸せ（競争への脅迫、過労死、所得格差拡大、国土の醜悪化、地球温暖化等）を増殖する結果をもたらしていることが様々な事例によって強調される。そして、このような不幸せを示す各種現象は、「豊かさにもかかわらず」発生したというよりも「豊かさ（の追求）ゆえに」発生した現象である、と理解する必要が

5）これらの点は、本書第6章および第7章で述べたことと完全に符合する。

図表12-1　三つの書籍の主要論点とその特徴

著者	書籍名	主な主張
橘木俊詔 【経済学者】	『「幸せ」の経済学』 2013年	・経済学では、個人の幸せは消費（所得）の増大によってもたらされることが前提とされる。しかし、幸せは消費の増大だけで得られるものでない（これは日本を含む世界各国の社会調査の結論）。 ・幸せには、所得水準のほか、平等意識、将来の安心感、余暇、趣味、労働、さらには個人の性格（外向的な人は幸せと感じ易い）など多くの要素が関連。 ・日本国民の幸福度を高めるには、所得を増加させるよりも、社会保障を充実させる一方、自由時間の確保、余暇の積極的活用などが必要。
辻信一 【文化人類学者】	『幸せって、なんだっけ－「豊かさ」という幻想を超えて』 2008年	・物質的豊かさの追求は、人々の幸せを増すどころか、逆に多面的な不幸せ（競争への脅迫、過労死、所得格差拡大、国土の醜悪化、地球温暖化など各種の不満や不安）を増殖する最大の要因として作用。 ・経済の成長や発展を重視する従来のマインドセット（思考の型）から抜け出し、いまや魂のあるつながり（地域社会、コミュニティ、家庭、友人関係等）を大切にする思想への転換が不可欠。そこに本当の豊かさと幸せへの道がある。 ・このつながりは、お金やモノの増大によっては達成できず、たっぷりとした時間を持つこと（スローライフへの文化変革運動）によって達成可能。 ・上記の動きは、米国をはじめ日本でも急速に広がりつつあり、個人のこうした行動（自己満足と自己実現を重視）が大きな社会変革をもたらすと期待。
高橋佳子 【実践哲学者】	『魂の発見―時代の限界を突破する力』 2011年	・いま必要なのは本当の豊かさ、本当の幸せとは何かを明らかにする新しい価値観、新しい生き方。それはまた、衰弱した日本を再度活性化する道をも示すものである必要。 ・この２つへの同時対応は、人間の心よりもさらに源の領域に潜むエネルギーの開放によって可能。それは人間にとって快苦や利害を超えるときに現れる根源の力（相手の声を聴く力、見えないエネルギーを見る力、共感する力、拒む力、直感力等）であり、各人に天与の贈り物として与えられている。 ・問題は、多くの人がそのエネルギーを開放できないままでいる点。なぜなら、各人の人生にはそれぞれ呪縛（宿命）があるため。そうした呪縛から開放される具体的方法はすでに著者によって開発されており、それによって心の鍛錬をすれば根源的エネルギーが発露する。 ・著者が主催するグループでは、多種多様な立場や分野の人々が集まっており（海外も含む）、鍛錬の結果、各人の人生が大きく変わる（すがすがしい生き方を発見する）とともに、家庭、職場、日本、そして場合によっては国境を越えた貢献につながるといった実績が増大中。

特徴
・幸せとは、消費増大で得られる効用の最大化だとする主流派経済学からは一歩前進した視点を提供。また、幸せを左右する要因をアンケート調査で調べ、それを統計的、客観的に解明(科学性)。

・主眼はあくまで個人の幸福であり、社会制度や政府はその増進支援主体という位置づけ(経済学の個人主義的思想を踏襲)。

・今後は余暇を楽しめ、というのが基本提案だが、それが果たして永続性のある深い幸せにつながるかどうかの議論、また著者提案が持つ社会的含意についての議論は欠落。

・現代主流派経済学の思想(経済成長・開発の優先、競争至上主義)とそれが政策的に推進された結果、いかに人々の「幸せ」に背馳する事態が発生したかを鋭い社会観察によって描写。

・豊かさは数値化可能である、豊かさの延長線上に幸せがある、と前提する上記経済思想はイデオロギー(信仰)だとして糾弾、それを乗り越える本来の豊かさとその姿を具体的に提案。

・一人ひとりの価値観ならびに暮らしのスタイル転換(文化変革運動)によってつながりのある社会が取り戻され、そして幸せがもたらされるとしているが、個人の転換、そしてその結果としての社会の転換がどのようにもたらされるのかは不明瞭。 |
| ・個人レベルのすがすがしい生き方、社会としての幸せ(発展)の双方を同時に追求する思想であり、かつその実践方法も提示している点は斬新で類例がない。思想としての深さ、論理の明快さも特徴。社会の先端的ないし知的仕事に関わる人々の賛同者が多い。

・この思想と実践方法はすでに著者による多数の書籍によって提示されているほか、各種セミナー、講演会など多面的な学び・鍛錬の場を提供。

・この価値観と生き方が持つ力は、多くの実践事例(ケース・スタディ)によって確認(著書にはその詳細な記述を含む)。

・ただ、人間の心よりも奥にある根源の力が「魂」と称されている点は、人によってはその用語になじみにくさを感じる可能性。 |

あると主張している。

　こうした現実から抜け出すにはどうすればよいのか。それには「経済成長」という信仰に参加するのをやめれば良い、というのが辻の結論である。つまり、経済の成長や発展を重視する従来のマインドセット（思考の型）から抜け出し、自然や文化という本当の豊かさを追求する思想への転換（「豊かさの経済学」から「幸せの経済学」への転換）が不可欠の条件であるとしている。

　より具体的には、魂のあるつながり（地域社会、コミュニティ、家庭、友人関係等）を大切にする思想への転換を主張、そうすることによって本当の豊かさと幸せへの道が拓ける、としている。そして、初期の経済学者（A.スミス、J.S.ミル）は文化、節度、精神性、人間的な価値など、本当の豊かさとそこから生まれる幸せを重視していたにもかかわらず、現代の経済成長論者はその伝統を全く無視している、として現代経済学のあり方を手厳しく批判している。

　具体的に対応する方策は何か。著者（辻 2008）は、上記の各種「つながり」はお金やモノの増大によって達成できるものでは決してない一方、文化の本質は「時間」に他ならないとして、今後人々がたっぷりとした時間を持つこと（スローライフへの文化変革運動）によって幸せが達成できる、と主張している。そしてそうした動きはアメリカのほか日本でも急速に広がりつつあると指摘、それに期待を寄せて本書を結んでいる。

(3)実践哲学の視点：高橋（2011a）の主張

　第3冊目は、実践哲学者である高橋（2011a）の書物である。高橋はまず、物質的豊かさは目標になりえても目的（目指すべきもの）にはなりえないと指摘、いま必要なのは本当の豊かさ、本当の幸せとは何かを明らかにする新しい価値観、そして新しい生き方であると強調する。そして、そうした価値観と生き方は、個人にとって本当の幸せをもたらすだけでなく、凋落し衰弱した日本（「第三の国難」[6]に遭遇している日本）を再度活性化する道をも示すものでなくてはならない、と主張している。

　6）第一の国難は、幕末における黒船来航と開国要求に伴う国内への衝撃、第二の国難は、太平洋戦争での敗北と国土の焦土化、そして第三の国難は、バブル経済崩壊後における日本の凋落と衰弱（そして東日本大震災による追い打ち）、だとしている（高橋 2011a：14ページ）。

この二つに同時に対応できる方法は、人間の心よりもさらに源の領域にあるエネルギーを開放することであり、それによって現に可能となる、というのがその基本的な主張である。そのエネルギーとは、人間にとって快苦や利害を越えるときに現れる根源の力（相手の声を聴く力、見えない根源的エネルギーを見る力、共感する力、拒む力、直感力等）であり、それは各人に天与の贈り物として与えられていると高橋は考えている。そして問題は、多くの人がそのエネルギーを開放できないままでいることであると指摘、その理由として、各人の人生にはそれぞれ呪縛（宿命）があることによるとの解釈を示している。

そして、そうした呪縛から開放されるためには、心の鍛錬（後述）が必要であることを強調するとともに、その具体的方法はすでに著者によって開発され、本書（高橋2011a）や既刊書物あるいは各種セミナーで提示してある、と述べている。それによって心の鍛錬をすれば、新しい判断と行動を自らの血肉にすることができ、またそうなれば人間の持つ根源的エネルギーを発露でき、その結果、個人にとってほんとうの幸せが実現するだけでなくその行動が周囲や所属組織の行動を変えてゆくので社会が直面する各種問題の解決（社会の活性化）も同時にもたらされる、と説いている。

現に高橋のこの思想に共感し、それを実践しようとする人々は次第に大きなグループを形成しており、その環は広がりつつあるとしている。こうした運動への参加者には、多種多様な立場や業界（海外も含む）の先端で活躍する人々が含まれており、自己鍛錬の結果、参加者各人の人生が大きく変わる（ほんとうの幸せを発見する）とともに、家庭、職場、日本、そして場合によっては国境を越えた貢献にもつながる、といった実績が出ていることが本書のほか既刊書籍（高橋2001，2002，2009ほか）で数多く記述されている[7]。

第2節　幸福の思想的差異：三分野の特徴対比

ここでは、まず上記3冊の特徴を整理するとともに、それらはどう位置づけられるかを考える（前掲図表12-1の右欄を参照）。その場合、個人の幸せ（個

7）その後刊行された書籍（高橋2013b, 2014, 2015）に掲載された幾つかの具体例は、第13章の図表13-8に取りまとめて示してある。

人性）だけでなく、もう一つ別の視点、すなわち個人の幸せが社会のあり方とどのような関連を持つかという視点（社会性）をも考慮する。

3 視点それぞれの特徴と位置づけ

　第1に、経済学者である橘木（2013）の論説は、従来の主流派経済学における基本認識（消費増大で得られる効用最大化と幸せを同一視）は社会調査から得られる現実を現すものでないとしている点で、標準的経済学の前提から一歩前進して広い視点を提供している。そして、幸せを左右する各種要因をアンケート調査等に基づき統計的、客観的に解明しようという視点に立っていること（科学性）も特徴的である。

　一方、議論の主眼はあくまで個人の幸福であり、社会制度や政府の活動はその増進手段という位置づけがされている。つまり、この点では経済学における標準的な個人主義的思想を踏襲した議論にとどまっている。また、結論的には「今後は各人が余暇を楽しむべし」としているが、そのことが果たして個人にとって深い幸せあるいは永続性のある幸せにつながるのかどうかの議論[8]、また各人がそうした行動を取った時の社会的含意に関する議論はまったく欠落している。

　第2の書物である文化人類学者の辻（2008）においては、現代主流派経済学の思想（経済成長・開発の優先、競争至上主義）の特徴とそれが政策的に推進された結果、いかに人々の「幸せ」に背馳する事態が発生したかが鋭い社会観察によって描写されている。また、こうした主流派経済学の前提（豊かさは数値化可能であり豊かさの延長線上に幸せがあるとする前提）は、価値から自由になった科学というよりもむしろ一つのイデオロギー（信仰）だとして現代経済学を厳しく糾弾するとともに、それを乗り越える本来の豊かさと幸せの姿を著者なりに具体的に提案している点が特徴的である。そして、こうした姿を実現するには、一人ひとりの価値観ならびに暮らしのスタイル転換（文化変革運動）が必要であるとし、ビジョン実現のための具体的方法に言及している点にも独自性がある。

　8）幸せは、その深さや持続性という観点から考えることが不可欠である。詳細は、本書第7章を参照。

なお、辻（2008）が重視するつながりをはじめ、節度、精神性、人間的価値など主流派経済学とは異なる前提とビジョンを持った経済学のあり方として、仏教経済学という提案が約30年前からなされており、そこには示唆に富む視点が多くふくまれている[9]。仏教経済学の国内外における展開やその思想が持つ普遍性などは、**付論1**を参照されたい。

一方、辻はそうした草の根運動によってつながりのある社会が取り戻され、

---

[9] 幸せ（経済的幸福）は、下記のように財（欲望の対象）を分子とし、欲望を分母とする分数で示すことができるという考え方がある（井上 1994：127ページ）。なお、下記の右辺における第1項は井上による。「または」以下の第2項は著者による追加である。

$$幸せ = \frac{財}{欲望}、または \frac{\sqrt{財}}{欲望}$$

この式をもとに考えると、分子を大きくすることによって幸せになろうとするのが欧米的（ないし正統派経済学的）理解であるとすれば、分母を小さくすることによって幸せになろうとするのが東洋的（ないし仏教経済学的）理解といえる（井上 1994）。正統派経済学の発想と分析にはまさにこの解釈が成り立つ。ちなみに、本章付論2における(2)式は上式の意味そのものであり、また(3)式は上式分子を例えば平方根の値で考えた時（上式で「または」以下で示した場合）の状況を示している。これは「所得が増えても幸福度の増加は比較的小さいものでしかない」というイースタリンの逆説（第6章の図表6-4および図表6-14など実証的にも確認される現象）に該当する。このため、イースタリンの逆説は、仏教経済学の発想と軌を一にする面がある。

前述した橘木（2013）は、分子に財のほか各種サービス（市場的サービスおよび非市場的サービスの両方を含む）を付加することによって幸せを理解する立場であり、したがって欧米的理解の枠内にとどまっている。一方、辻（2008）は分母に新しい価値観やライフスタイルを加味して理解する立場であり、したがって広義で東洋的な理解に属すると解釈できる。

一つの注目すべき見解として、財の多寡（上式の分子）を重視するのではなく、人間が生きる上では、より多くの選択肢（capabilities）があり、かつ選択が自由であること（well-being freedom）こそ幸福に他ならないという考え方（Sen 1985：185-203ページ）がある。これはインド出身の経済学者アマルティア・セン（1998年にアジア人として初のノーベル経済学賞を受賞）の主張であり、幸せ（well-being）に関する一つの東洋的理解といえる。

なお、上記の定義式ははなはだ興味深いものであるが、井上自身がこの式を考案して提案したかどうかは必ずしも明白でない。井上（1994）の別の箇所（150ページ）では、この出典はカーライルによるものであることを間接的に援用していることを示唆する記述があるが、著者（岡部）がカーライルの著作（日本語版および英語版）を検索した限りにおいては、カーライルがこの発想（分数式）を記述した形跡を見つけることはできなかった。

幸せがもたらされるとしているが、果たして個人の価値観の転換、そしてその結果としての社会全体の価値観転換がどのようにもたらされるのかは、本書では不明瞭である（どのようにしてそれを実現するのか、"How" という問い、には未解答のままである）。

　第3の書物である実践哲学者の高橋（2011a）が提示する視点の特徴は、個人レベルの幸せ、社会としての幸せ（発展）の双方を同時に追求する思想であり、かつその実践方法も提示されている点にある。これは斬新であり、他に類例が見当たらない。また思想としての深さと幅広さ[10]、そして論理の明快さも特徴的であり、このこともあってこの思想には、前述したように社会の先端ないし知的な仕事に関わっている賛同者が多いのも特徴である。さらにその実践方法も、著者による多数の書籍で提示されているほか、各種セミナーや講演会など、公開された多面的な学びの場ないし心の鍛錬（物事の受け止め方や行動を歪みのないものにする努力）の場が提供されている。その結果、この思想と生き方が持つ力が多くの実践事例（ケース・スタディ）によって確認されているのも特徴的である。まさに「実践哲学」といえよう。この思想と実践方法については、次章第13章でやや具体的に見ることにしたい。

　なお、人間の心よりも奥にある根源の力（知恵持つ意思のエネルギー）のことを高橋（2011a）は「魂」と称しているので、人によってはその用語になじみにくさを感じる場合があるかもしれない[11]。

第3節　個人の幸福と社会の関わり

　幸せとは、通常は個人がどう思っているかの問題であるので、幸せを考える場合には個人による幸せ追求が議論の出発点となる。これは、従来からそうで

---

10) ちなみに、東日本大震災のあと著者（高橋）はこの二つの思想を美しい詩として編んで3冊の書物にしており（高橋 2011b, 2012, 2013a）、それを被災者および日本人全体に希望を託すかたちで提示している。

11) ただ、日本語では大和魂、企業家魂、魂を込めた仕事など、心よりもさらに深いところから発する根源的な力の意味で使われるので格別不自然ではなく、またこうした意味での魂は、ノーベル経済学賞受賞者であるセン（2002a, 2002b）が重視する人間の潜在能力（capabilities）という発想とも深くつながっている。後者については、第4章第4節および第13章第1節(1)を参照。

あり、また上記3冊においても共通している。ただ、社会科学として見た場合、一つの重要な視点は、そうした個人の行動が社会全体にとって持つ意味である。以下では、このような観点から上記三つの見解の特徴を模式化して考察してみよう。

(1) 個人の幸せと社会の関わり：3視点それぞれの特徴
橘木（2013）の議論

こうした視点から理解するならば、橘木（2013）の論旨は、**図表12-2**のケース1のような考え方であると理解できる。すなわち、人間社会における目標は個人の幸せであり、政府や制度など個人からみた外部要因はあくまで個人の幸せを向上させる手段である、という認識である。これは、現代主流派経済学が基本に据える社会観にほかならない。

そこにおいて個人の幸せは満足度（効用）と等値され、後者は(a)自分が享受できる財やサービスの量に依存する、(b)そうした財やサービスはすべてカネで買える、(c)そうした財やサービスの量が多ければ多いほど向上する、(d)ただし満足度の増え方は財やサービスの量が増えるに従って小さくなる、という前提が置かれる。つまり個人主義かつ功利主義の考え方であり、これがすべての議論の出発点になる。

確かに橘木（2013）では、このうち前提(b)については通説より緩められており（今後はスポーツや趣味などカネで買えないことを楽しむべきだと主張）、このため主流派経済学にとらわれない一歩踏み出した見方をしている。一方、個人の幸せを捉える場合、あくまで前提(a)と前提(c)は崩していない。また前提(d)は明示的に議論されていないが、カネで買えるものを増やすよりも今後は趣味などカネで買えないものを重視すべきとする議論は、前者について暗黙のうちに前提(d)を想定しているといえる。

つまり橘木（2013）は、広い意味において自分が享受できるモノや事柄が多ければ多いほど望ましい（より幸せである）という理解の仕方、あるいは「もらう幸せ、得る幸せ」という経済学の伝統的見方は踏襲している。この二つが特徴である。なお、上述した主流派経済学の議論と橘木（2013）の議論をやや厳密に展開すれば、**付論2**のようになる。

現代の主流派経済学（ことにミクロ経済学）は、人間について上記四つの前

図表12-2　個人の幸せとその社会関連性

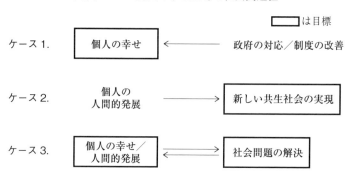

(注) 著者作成。

提（a～d）を置くことによって成り立っている。このため、こうした前提が理論分析（とくに数学的展開）を行いやすくしているうえ、人間の行動ないし社会を特定の一面からシャープに切り取って見る視点を提供していることは事実である。

　その半面、本来多面性を持つ人間とその行動に対して狭隘な視点からしか見ない結果をもたらしていることは否めない。また、上記前提自体は単なる前提であるにもかかわらず、それが人間の本質であるとする誤解を生じさせている場合もある。これらの点は経済学のあり方の本質論に関わる問題であるが、すでに第2章で論じたのでここでは繰り返さない[12]。

　この約30年をみると、人間生活の多くの側面において市場取引が浸透し、従来カネで売買されることがなかった多くのことが平気で売買されるようになっている（例えば二酸化炭素排出権、公共施設の命名権、臓器の売買など）。こうした市場主義の行き過ぎ（market triumphalism）は、人間社会を成立させる倫理を危うくさせ、社会を腐敗させる懸念が大きくなっている（Sandel 2012）。人間社会においては、本来カネで買えないもの（売買されるべきではないもの）があるはずである（同）。しかし、こうした市場取引が社会の多面に亘って浸透してきている現象についても、経済学者の大半はもっぱら効率性を中心とする議論で終始する傾向がある。

---

[12] これらの点は、第2章第2節を参照。

こうしたことを考えると、現代経済学と経済学者は、ともすれば検討課題を処理しやすい視点から小さく捉える（Besley 2013）という安易な方向に傾きがちとなっているように思われる[13]。人間とその行動を深く洞察するという当初の経済学の精神からみると、現代経済学はある面においては堕落している、というと誇張に過ぎるだろうか[14]。

西川（2011）の議論

　以上では扱わなかったが、本章は個人とその社会関連性を重要な視点としているため、その点で一つの重要な考え方を提示している開発経済学者の西川潤による『グローバル化を超えて―脱成長期　日本の選択―』（2011）の視点をここで導入し、簡単に紹介しておきたい。

　それは、脱成長期の日本は今後どのような取り組みをすべきか（環境問題重視の必要性等）を論じたものである（その内容の記述は省略する）が、そこで注目すべきは、そうした近未来の社会は、個人の生活の自律性確立に始まって自分の内なる可能性を引き出す人間発展によって達成すべきだ（西川 2011：412-417ページ）、としている点である[15]。すなわち、目標は新しい社会（共生世界あるいは共生社会[16]）であり、その達成手段として個人の人間的成長を位置づけている。これは前掲図表12-2のケース2のような主張であるということができる。すなわち、人間社会における目標と手段は、前掲した橘木（2013）の場合とちょうど逆の関係にあると理解できる。

辻（2008）および高橋（2011a）の議論

　では、前述した辻（2008）および高橋（2011a）は、こうした観点からみる

---

13) これらの点も、第2章第2節で指摘した。
14) 例えば、人間にとっての幸せは、単に得ることだけでなく3種類ないし3段階ある（もらう幸せ、できる幸せ、あげる幸せ）という後述する考え方（高橋 2008：116ページ）は、現代経済学では完全に排除されてしまっている。
15) 西川（2011）のこの論点は重要なので、第13章第1節でも再度扱う。
16) これは環境や自然と人間が共生する社会（convivial society）であり、個人が足るを知る、自己抑制、集団倫理、社会的構成など道徳的要因を強調する点にも特徴がある（西川 2016）。共生主義（convivialism）は反功利主義運動であり、近年フランスで広まりつつある（同）。

とどう性格づけられるだろうか。まず辻（2008）では、不幸せになった個人が再び幸せになることを最重視する立場であるから、個人の幸せが最も重要な目標になっている。そしてそれを達成するには、前述したとおり人々がたっぷりとした時間を持つための運動（文化変革運動）を起こすべきであり、その結果として個人の幸せが実現される、としている。このため図表12-2のケース3のような主張だと整理できる。ただし、重点は左側の「個人の幸せ」にある。

一方、高橋（2011a）の思想は、個人の幸せと社会問題（第三の国難）解決を同時に追求しようとするものであり、したがって図表12-2のケース3で示したように、この二つがともに目標になる点で辻（2008）と共通している。

しかし、辻（2008）の場合とは異なり、この二目標に同程度の重要性が置かれているうえ、両者の達成は一体的にかつ相互に因果関係をもって進行する性格のものとして捉えられている。この点に大きな特徴がある。したがって、その主張は、いわばミクロ（個人の自己変革）とマクロ（社会変革）を統合した思想である、ということができよう。なぜこうしたことが可能になるのか。それは(3)でやや詳しく述べる。

(2)個人の幸せと社会の関わり：分析的理解

以上、幸せの本来的な「個人性」に加え、その「社会性」をも考慮するという枠組みを用いてそれぞれの立場を位置づけた。ここでは、分析的な図表を用いることによって上記の性格づけが一層明確になることを示すことにしたい。

図表12-3は、横軸に個人の幸福（個人性）、縦軸に社会全体の幸福（社会性）をとって幸せに関する各種思想を性格づける一つの図解的枠組みである。ここで個人性とは、個人が個人の幸せを追求する程度を示す。また社会性とは、社会全体に着目し社会がより良い方向（各種の社会問題の解決が進む、より効率的で公平かつ安定した制度になる、より平和になる等）に向けて追求される程度を示す。例えば、ある思想が個人性（個人の幸福追求）だけに関わるときには、その思想をベクトル OP で表す。

同様に、別の思想が個人性ではなく社会性だけに関わるとき（例えばマクロ経済政策のように間接的にはともかく個人の幸福を直接意識しない場合）には、それをベクトル OQ で表す（その図示は省略している）。

そしてそれぞれの思想が、これら両方を追求しようとする場合には、概念的

図表12-3　個人の幸せと社会全体の幸せの関連：思想その1

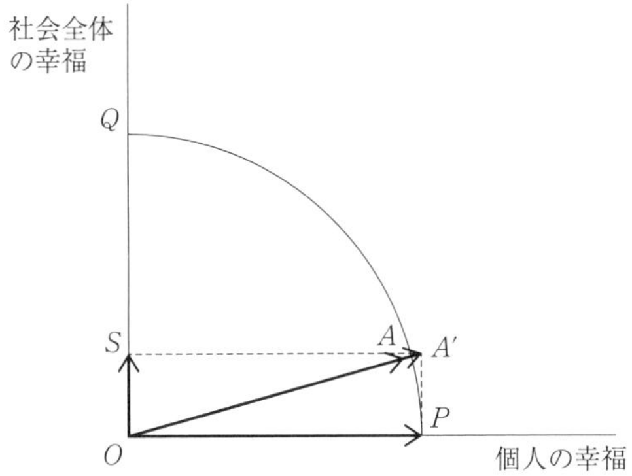

(注) 著者作成。

には、一方に重点をおけば他方はその分だけ重点の置き方が軽くならざるをえないという関係（トレードオフ関係）を想定することができる。なぜなら、個人であれ社会であれ一時点で利用可能な人的ないし組織的なエネルギーの総量は一定の限界があると理解できるからである。このため、個人性（個人の幸福追求）にだけ関わるのではなく、多少とも社会性にも関わる思想は点 P の左上方向に位置する点として表すことができる。このように考えると、個人性と社会性の両方を考慮する思想は点 P と点 Q を結ぶ曲線上の一つの点（ここでは四分円弧 PQ で示しており[17]）、これを幸福フロンティア曲線と称することにする）として示すことができる。以上の枠組みを用いて上述した各種思想を位置づけ、その特徴を理解してみよう。

各思想の位置づけ

まず橘木（2013）は、純粋に個人の視点からの議論である（個人が幸せを追求することの社会的含意は議論されていない）ので、その思想としての強さは上掲図表12-3においてベクトル OP で示すことができる。その対極にあるのが上述したマクロ公共政策（例えば財政政策、金融政策などのマクロ経済政

---

[17] 一般的にいえば、曲線 PQ は原点からみて右上方向に凸の形状をしていればどのような曲線でもよいが、ここでは便宜上、一般性を失うことがないので四分円弧とした。

策）であり、そこでの視点は直接個人の幸せを左右する視点でなく社会全体の動向を左右することに置かれているため、ベクトル OQ（同様に図示できるがこの図では記載していない）で示すことができる。

　次に、個人性と社会性の両方を考慮する思想である辻（2008）と西川（2011）はどう表されるであろうか。まず辻（2008）は、社会への働きかけ（文化革新運動）の主張を含む点で社会性も帯びているが、究極的には個人の幸せに関する思想である。このため、その思想は、ベクトル OP とベクトル OS の二つの性格を持つ、と理解できる（上掲図表12-3）。

　したがって、数学的にはこの二つのベクトルの合成であるベクトル OA' でこの思想を表せるように一見思われるが、実はそうでない。なぜなら、上述したとおり、人間が発揮できるエネルギーには一定の限界があり、それは個人に残されたエネルギーと分散されて社会エネルギーとなった分の合計として理解する必要があるからである。つまり、ベクトル OA' は四分円弧 PQ を越えるので実現可能ではなく、その一部分（ベクトル OA。点 A は四分円弧 PQ 上に位置する）だけが実現可能となる。したがって、辻（2008）の思想は（ベクトル OA' によってではなく）ベクトル OA で示される。

　同様に考えると、西川（2011）は、個人の発展によって新しい社会（共生社会）を目指す考え方であるから、**図表12-4** においてベクトル OQ とベクトル OR の二つの性格を持つと理解でき、結論的に（ベクトル OB' によってではなく）ベクトル OB（点 B は四分円弧 PQ 上に位置する）で表すことができる。

　一方、高橋（2011a）は、すでに述べたとおり個人の幸せと社会問題の解決を一体的かつ同時に実現可能だとする思想であるから、**図表12-5** においてベクトル OP とベクトル OQ の二つの性格を持つと理解できる。そしてその二つのベクトルを合成するとベクトル OC となるが、このベクトルは上記二つの思想と異なる性質を持っている。すなわち、上記二つの場合にはこうした合成ベクトル（前記のベクトル OA'、ベクトル OB'）が達成不可能領域に位置していたが、高橋の場合にはそれが達成可能領域に位置することになるからである。なぜなら、高橋の場合には、当初の幸福フロンティア曲線（四分円弧 PQ）自体が右上方向にシフトし、四分円弧 $P'Q'$ になると理解できるからである[18]。

　これを示す図表12-5から明らかなように、高橋の説く思想は、個人にとっ

図表12-4　個人の幸せと社会全体の幸せの関連：思想その2

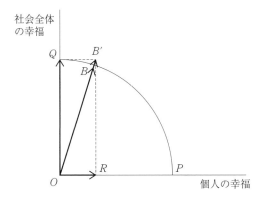

（注）著者作成。

図表12-5　幸せに関する幾つかの思想の対比

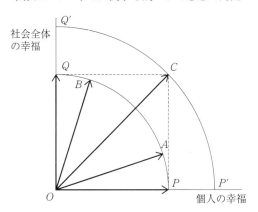

（注）著者作成。

---

18) 以上をまとめると、本章で扱ったとおり思想には基本的に5つの型があり、それらの間には次のような差異があると理解できる。すなわち、ベクトル OP はミクロ的幸福の追求（主流派経済理論が前提にする社会認識）、そしてベクトル OQ は社会を変革する各種マクロ公共政策であり、このふたつが対極的な位置にある。そしてその中間に三つの思想、すなわちベクトル OA（草の根社会運動によって個人の幸せを達成する考え方）、ベクトル OB（個人の成長によって社会の変革を実現する考え方）、ベクトル OC（個人の幸せと社会問題の解決を一体的に実現する考え方）がある。

ても社会にとってもその他二つの思想を優越する「強さ」を持つということができ、このため前二つの思想とは異なるパラダイムを展開しているということができるのではなかろうか。では、なぜ、それが可能になるのか。その理由を高橋（2011a）ならびにその関連書物に基いて著者なりに整理すると次のようになる。

(3) 高橋の説き方に強さが見られる理由

　高橋（2011a）の説き方に強さがみられるのは、第1に、人間が潜在的に持つエネルギーは非常に大きいと認識されているからである（人間の潜在力に関する認識の差異）。そうした潜在力は人間の本心に源をもつエネルギー（知恵と意思）であり、具体的には各個人の人生におけるミッション（職業や仕事あるいは与えられた環境で本来的にその任務に尽力すべきことがら）にそれが現れるとされる。

　また個人がそうしたミッション（使命）を自覚すれば、それは「与える喜び」という深い喜びをもたらすため、人間はこの点からも本源的に大きな力を秘めていると説いている[19]。したがって、そうした人間の潜在力が顕現するならば、それは個人と社会の双方に対して当然大きな影響を持つことになる、と理解できる。

　第2に、人間が潜在的に持つエネルギーは上記のように非常に大きいにもかかわらず、ほとんどの人は各種の制約によってその本来的な力の発現を封じてしまったり、あるいはその力を自己顕示など実り少ない用途に向けてしまったりしているので、そうした制約の存在を自覚しそれを取り除くことができれば、これまで経験したことのない大きな力が顕現化する[20]、とみているからである（制約除去による人間力発現の可能性）。実は、各人が無意識のうちに抱えているそうした制約を発見し、そこから自由になることこそ新しい生き方である、というのが高橋（2011a）の基本的主張であり、またその具体的方法の提示でもある（後者は次章で詳細に述べる）。

　第3に、個人（自分）の行動が変われば、その人の仕事あるいはその人に与

---

19) 高橋（2011a：235-240ページ）。
20) 高橋（2011a：234ページ）。

えられた働きを介して、周囲にいる人間の行動も変えてゆくので、個人の変化は単にそれだけにとどまらず周囲ないし社会を変革する大きな力として作用すると考えられているからである（自己変革の周囲への波及性）[21]。そして自分の行動によって周囲が望ましい方向に変化すれば、個人はその生き方に確信を深め、その結果さらに大きなエネルギーを出すことができるようになる。こうした好循環が作動することが予想されていることも見逃せない点である。

第4に、社会がより良いものになる（例えば制度が個人の力量を発揮しやすいものに改善される）ならば、その結果として（図表12-2のケース3のように）個人の幸せ度合いも自ずから高まるからである（個人と社会の相互依存性）。

以上が、高橋（2011a）による言説が強さを持つ理由だと整理できよう。また、個人がその主張に沿った生き方をする場合の実践的な指針を提示していることも特徴であり、強みにもなっている。次章では、その実践方法や実践例ならびにその結果も含め、高橋の思想をより具体的にみることにしましょう。

(4) 本章の結論

本章では、幸福に関して三つの学問分野（経済学、文化人類学、哲学）から書かれた最近の書物3冊をとりあげ、それらを対比するかたちで様々な考察を行った。その主な論点は次のとおりである。

1. 幸せを捉える場合、経済学の視点（橘木 2013）では伝統的にそうであるように個人の幸せ（特に所得や消費）が中心になる一方、文化人類学の視点（辻 2008）では経済的な豊かさ追求がむしろ不幸せをもたらしているという認識がなされている。
2. これに対して、一つの実践哲学の視点（高橋 2011a）からは、個人レベルでのすがすがしい生き方という意味での幸せ（ミクロ）と社会としての発展（マクロ）の双方が同時に達成されるという思想が提示されている。

---

[21] この点を含め、高橋が基本に据えているのは「因縁果報」という知恵（高橋 2011a：149-160ページ）にある。すなわち、因は直接的な原因（自分自身の行動）、縁は間接的な原因ないし条件（同志、原則、システム）、そして果報は結果という理解であり、このため因の変革が社会の変革に結びつくことになる。これらの詳細や実例は、第13章の第3節と同章の付論2で述べる。

3．その主張は、論理的に明快であり、また従来にない先端性がある。今後その思想と実践が広まれば、人々の幸福感が高まると同時に日本が抱える各種社会問題の解決に資する可能性がある。

付論1　仏教経済学と「足るを知る」の普遍性

　主流派経済学に対する批判は従来から少なくないが、比較的早い段階で強力な批判を加えたのはドイツ生まれのイギリスの経済学者シューマッハーの著書『スモール・イズ・ビューティフル―人間中心の経済学―』（邦訳1986年刊行。原著 Schumacher 1973）である。その書物では、経済学に対する従来の見方、すなわち経済学は絶対性・不変性の真理を持つ科学でありそれはあたかも重力の法則のように妥当する（形而上学ないし価値と無縁である）という発想を厳しく糾弾するだけでなく、それに代わる一つの方向として仏教経済学が提案されている（同書邦訳第1部第4章「仏教経済学」69-81ページ）。

シューマッハーが提案する仏教経済学

　シューマッハーは、経済を構成する幾つかの重要な側面を取り上げ、現代経済学から見た場合と仏教経済学から見た場合を対比させることにより、前者が如何に特異な視点であるかを示す一方、後者が人間社会のあり方として妥当な見方を提供するかを述べ、仏教経済学が優れた社会認識の方法として成立するかをスケッチしている。それを簡単に要約すれば以下のようになる（**図表12-付1**を参照）。

　まず、経済学の基本視点について、現代経済学（主流派経済学）では、消費が経済活動の唯一の目的であると位置づけ、その極大化を図ろうとするのが基本認識である。したがって土地・労働・資本などの生産要素はその「手段」とみなされる。これに対して仏教的な観点からは、適正規模の消費により人間としての満足（簡素、人間性の純化、圧迫感の最小化、つながり、非暴力など）を極大化するという視点が基本となる。

　次に労働を見る視点は、現代経済学では、雇い主の観点からすればそれは一つのコストである（したがって可能な限り小さくしたいと考える）一方、労働者の観点からいえば労働は非効用である、つまり働くことは余暇と楽しみを犠牲にすることでありその見返りに賃金を受け取る、と捉えられる。これに対して仏教的な観点からは、仕事（労働）には少なくとも3つの役割があるという理解がなされる。

　すなわち仕事は(1)人間にその能力を発揮・向上させる場を与える、(2)一つ

図表12-付1　現代経済学と仏教経済学の対比

項目	現代経済学	仏教経済学
経済の基本視点	・消費が経済活動の唯一の目的であると位置づけ、その極大化を図ろうとする。 ・土地・労働・資本などの生産要素はその「手段」に過ぎない。	・適正規模の消費で人間としての満足（簡素、人間性の純化、圧迫感の最小化、つながり、非暴力など）を極大化するという視点。
労働	・雇い主の観点からすればそれは一つのコスト（可能な限り小さくしたいと考える）。 ・労働者の観点からいえば労働は非効用（働くことは余暇と楽しみを犠牲にすることであり賃金はその見返り）。	・仕事（労働）には3つの役割がある：(1)人間にその能力を発揮・向上させる場を与える、(2)一つの仕事を他の人たちと共にすることを通じて自己中心的な態度を棄てさせる、(3)ほどほどの生活に必要な財とサービスを作り出す。
再生可能な物質と再生不能な物質	・カネで表した価格によって全てのものを同一化・数量化する方法論をとるため、再生可能な物質と再生不能な物質の区別はない（石炭、石油、薪、水力など相互に代替可能な燃料はコストに差があるのみ）。	・再生不能な燃料（石炭、石油）と再生可能な燃料（薪、水力）の間には本質的な差異があり、前者を不用意かつ贅沢に使うのは一種の暴力行為である。 ・再生不能な燃料資源は地理的分布が極めて偏っており、また総量にも限界があるから、それをどんどん掘り出すのは自然に対する暴力行為であり、人間同士の暴力沙汰にまで発展する。

（注）シューマッハー（1986：第1部4章）をもとに著者作成。

の仕事を他の人たちと共にすることを通じて自己中心的な態度を棄てさせる、(3)まっとうな生活に必要な財とサービスを作り出す、という位置づけである。つまり、仕事と余暇は相互に補って生という一つの過程を作っており、二つを切り離してしまえば、仕事の喜びも余暇の楽しみもともに失われてしまう、というのが仏教的視点である。仕事を理解するには、この理解方法が真理を突いているといえよう（岡部 2007a：第11章第3節）。

さらなる例は、再生可能な物質と再生不能な物質についての理解の違いである。現代経済学では、カネで表した価格によって全てのものを同一化・数量化

する方法論をとるため、再生可能な物質と再生不能な物質の区別はない。したがって石炭、石油、薪、水力など相互に代替可能な燃料はコストに差があるだけである。これに対して仏教的な観点からは、再生不能な燃料（石炭、石油）と再生可能な燃料（薪、水力）の間には本質的な差異があり、前者を不用意かつ贅沢に使うのは一種の暴力行為であると捉える。さらに再生不能の燃料資源は地理的分布が極めて偏っており、また総量にも限界があるから、それをどんどん掘り出すのは自然に対する暴力行為であり、さらにその結果人間同士の暴力沙汰にまで発展する、と考える。

　仏教経済学では、消費はそれを最大化する視点に立たず、あくまでその適正規模を問題とするので、一見経済の停滞を示唆しているように受け取られかねない。しかし、問題は「近代的成長」をとるか「伝統的停滞」をとるかの選択ではなく、正しい経済成長の道（中道[22]）すなわち正しい生活を見出すことである、とされる。

日本における仏教経済学

　日本においても仏教経済学を提唱する論調が従来からみられる。井上信一『地球を救う経済学―仏教からの提言』（1994）はおそらくその嚆矢であり、それを拡張したものとして安原和雄『足るを知る経済―仏教思想で創る二十一世紀と日本』（2000）がある。

　井上（1994）は、仏教経済学を特徴づける三つのスローガンを挙げている。すなわち(1)自利他利円満の経済学、(2)平和の経済学、(3)地球を救う経済学、である。そして、仏教経済学が従来の経済学と大きく違う部分がでてくるとすれば、それは「ありがたい」（生かされている事実への感謝、すばらしい）と「すまない」（これまで気づかずに宇宙のリズムに背いてきた懺悔）という二つの気づきの有無があることだ（130 – 131ページ）と指摘、それが「少欲知足（しょうよくちそく）」すなわち欲望の抑制をもたらす、と主張している。

　安原（2000）も、「まだ足りない、もっとほしい」という貪欲と執着の生き

---

[22] 世界の主要3思想を対比した場合、中道がブッダの思想であることは第7章（図表7-3）ですでに述べた。また個人の生き方としても、ものごとを快楽か苦痛かという尺度で捉えるのではなく中道の心で捉えて行動することが人間が潜在的に持つエネルギーの出し方としても賢明である（第13章第2節を参照）。

方の反省にたって「もうこれで十分」（われ、ただ足ることを知る）を基本とする経済思想への転換が必要であることを強調、それは仏教の知恵（足るを知る、共生、中道）にほかならないと主張している。そしてそれは国際的に広く受け入れられている「持続可能な発展」(sustainable development)の思想に密接につながっていると指摘、人類が到達した知恵といえる持続可能な発展を日本国憲法の新理念として明記し、21世紀の世界をリードすべきだとの議論にまで発展させている。

　現代経済学は貨幣的価値と数量化を重視するのに対して、仏教経済学は非貨幣的価値と質を重視すると対比させ（同76ページ）、後者の基本は「知足」（足るを知ること。分相応のところで満足すること）にあると強調している点は井上（1994）と同じである。なお、安原（2000）は、仏教経済学と称するよりも「知足の経済学」という呼称がより適切であるとしている（「仏教」という用語には「葬式仏教」など近年幾つかのマイナスのイメージがついて回るため）。

「足るを知る」の普遍性

　上述した「足るを知る」という思想は、実は仏教にだけ見られるものでなく、人間にとって普遍性の高い一つの考え方と行動基準を示すものであるといえるかもしれない。例えば、個人の自由が尊重されるアメリカ社会では、個人が何か（例えば商品）を選択する場合「選択肢が多ければ多いほどより良い選択ができ、したがって満足度もより大きくなる」と常識的には考えられている。しかし、最近の心理学や行動科学などの研究結果によれば、選択肢は多ければ多いほど良いわけでないことが明らかにされている（Schwartz 2004；Mullainathan and Shafir 2013）。選択できる商品等の数が多いほど消費者は満足度が大きくなり、より幸せであるというわけではないのである（一種のパラドックス）。

　なぜ、そうなのか。それは、一言でいえば、選択肢が増えれば増えるほど選択主体にとって各種の心理的負担が大きくなり、満足度の上昇をもたらすわけでないからである。すなわち、選択肢が多くなれば、第1に、どれを選択するかについての意思決定に伴う負担（そのための時間、エネルギー、不安感）が増大するとともに、選択後には、正しい選択をしたと自分自身に言い聞かせる心理的負担（psychological distress）が発生するからである。第2に、選択肢

の増加により、一層大きな満足が得られるという期待（過大期待）が生じるので、それが外れた場合には不必要な心理的落ち込みが生じるからである。そして第3に、不適切な選択をした場合には自己嫌悪や後悔により、不安やストレスが増大してしまうからである。

したがって、より多くの選択肢の中からベストの選択をすることを試みようとするよりも、比較的少ない選択肢のなかから「good enough」（もうこれで十分、これで結構）という選択をするほうが結果的に満足できることになる（精神的安定が得られる）というわけである[23]。すなわち、より幸せになろうとすれば、最大限の満足を得ようとする行動をとるよりも、むしろ自分が現状で満足しているかどうかを基準に考えるべきであり、さらにいえば、意識的に感謝の心を持つようにすることが大切である（Schwartz 2004：229ページ）とされている。これは最近の心理学等の研究結果であるが、上記の仏教思想に通じる点がきわめて興味深い。

以上の心理学的な理由に対し、新分野開拓的な研究（Mullainathan and Shafir 2013）によっても「多ければ多いほど良い」わけではないどころか、希少性（scarcity）はむしろ積極的な意味を持つことが主張されている。まず希少性は、われわれが必要と感じるよりも少ないものしか持っていないという単なる物理的な制約と捉えるのではなく、それはわれわれの思考様式（mindset）を変える点に注目する。すなわち希少性に直面した時、われわれの気づき方、選択肢の評価の仕方、考え方、そして行動を変えることになる（同12ページ）。希少性は、このように問題を従来とは異なる仕方で捉えることを迫るので、われわれはより注意深くなり、より効率的になり、そして不注意によるミスを回避する、といった行動をわれわれに取らせる（同13ページ）。

このように希少性は(1)それ自身の論理を持ち、その他の力よりも優先して作用する、(2)稀少となる対象が何であれ広範に適用できる思考様式の変更をもたらす。こうした効果は、モノの場合はもとより、時間、お金、スペースなど広範にみられるとしている（例えば、時間的にデッドラインが迫っている場合にはものごとの優先順位が変わるなど）。これは「足るを知る」を別の視点

---

[23] これは、人間の判断における「限定合理性」の議論あるいは慣例・慣行・暗黙のルールの重要性の議論に結びつく（第5章第2節を参照）。

から説明する興味深い見解といえよう。

なお、上述した仏教経済学ないし「知足の経済学」は、その前提の確かさとビジョンの豊かさ（"What"）に著者は共感するところが多いが、そうした社会を個人の行動を基礎としてどのように作っていくか（"How"）についての検討が直接なされていない点には留意する必要があろう（次章第13章の課題がまさにこれである）。

付論2　主流派経済学の個人主義的・功利主義的幸福

本文で述べた主流派経済学（ことにミクロ経済学）の議論と橘木（2013）の議論をやや厳密に展開すれば、以下のようになる。まず、経済学の標準理論においては、個人の幸せは満足度（効用）と等値され、それは(a)自分が享受できる財やサービスの量に依存する、(b)そうした財やサービスはすべてカネで買える、(c)そうした財やサービスの量が多ければ多いほど満足度は上昇する、(d)ただし満足度の増え方は財やサービスの量が増えるに従って小さくなる（限界効用の逓減）、という前提が置かれる。これは個人主義と功利主義の考え方であり、これがすべての議論の出発点である。

この場合、ある個人の効用 U は、彼が保有する n 個の財ないしサービスの量を説明変数とする下記の関数によって表される。

$$U = U(x_1, x_2, \cdots, x_n) \tag{1}$$

そしてこの関数が上記の前提(c)および(d)を満たすことは、それぞれ下記(2)式および(3)式で表される性質を持つとして理解できる[24]。

$$\frac{\partial U}{\partial x_j} > 0 \qquad j=1, 2, \cdots, n \tag{2}$$

$$\frac{\partial^2 U}{\partial x_j^2} < 0 \qquad j=1, 2, \cdots, n \tag{3}$$

さらに、より一般的には、すでに述べたとおり（第1章第1節を参照）効用は上記のように表される現時点の効用だけでなく、将来の各時点における効用を

---

24) この(2)式および(3)式が妥当するひとつの具体的なケースは、本章の脚注9を参照。

も考え、それらの現在割引価値の合計をもって個人の総効用と規定される。そして、そのように規定された効用関数を一定の制約条件（例えば一定の収入額）のもとで最大化するのが個人の行動である、という定式化をすることによって経済の動きを分析するのが現代経済学の主流である。

上記の効用関数を利用した枠組を用いると、橘木（2013）の議論は、効用関数として上記(1)式でなく次の（1a）式のような関数を前提していると解釈することができる。

$$U^* = U(x_1^a, x_2^a, \cdots, x_n^a;\ x_1^b, x_2^b, \cdots, x_m^b) \tag{1a}$$

ただし、U^* はその場合の効用関数であり、$x_j^a\ (j=1,\cdots,n)$ はカネで買える財またはサービスの消費量、$x_k^b\ (k=1,\cdots,m)$ はカネで買う必要のないサービス（例えば趣味等）の消費量をそれぞれ表す。

すなわち、橘木（2013）は、今後余暇を楽しむことの大切さを強調しているが、その内容としては x_j^a に分類されることがら（入場料支払いを要する漫才や落語、相当大きな費用がかかる旅行や観光等）だけでなく、x_k^b に分類されるあまり費用のかからない楽しみ（スポーツ、音楽、絵画等）も重視している点が、従来の経済学の視点からはみ出て新しい視点を持ち込んでいると理解できる。一方、橘木（2013）が暗黙のうちに前提するこの効用関数では、上記の前提(c)すなわち上記(2)式が示す関数の性質（多ければ多いほどよいという前提）は維持されている。

つまり橘木（2013）は、幸せはカネで買えないものもあるとする点（上記(1)式を（1a）式のように拡張したこと）で主流派経済学の発想から一歩踏み出ているものの、個人にとってはカネで買えないもの（自分が享受できるモノや事柄）の量が多ければ多いほど望ましい（より幸せである）という考え方、すなわち「もらう幸せ、受ける幸せ」あるいは「できる幸せ（趣味やスポーツなど）」という考え方（上記(2)式）は崩さずに踏襲している。

以上の二つが特徴といえる。なお、幸せには「もらう幸せ、できる幸せ、あげる幸せ」の三つの発展段階があると理解するほうがより適切であるが（脚注14を参照）、橘木（2013）においては「あげる幸せ」は考察の射程外に置かれている

第13章 個人の幸福実現と社会発展を統合する実践哲学

　前章では、人間は大きな力を秘めており、その流出を妨げている要因を取り除けば人間は幸福と成長に導かれるだけでなく、社会を変えてゆく力も発揮すると説く実践哲学者[1]である高橋（2011a）の思想に着目した。

　本章では、その思想の先端性と現代性をややていねいに確認するほか、そこで説かれる自己変革の方法や各自が抱くビジョンを具現する方法など、人間の自己啓発に関して提示されている実践面をやや具体的に辿ることによって、この実践哲学の可能性を考察する[2]。

第1節　思想としての先端性と現代性

　高橋（2011a ほか一連の著作）の思想ないし実践哲学は、現代の多くの研究者や識者が説く人間学のなかでも先端性があり、またその発想や内容には現代性があることが大きな特徴といえる。ここでは、なぜそういえるのかを明らかにする。

1）この表現をする理由は、第12章の脚注3参照。
2）本章は、岡部（2012c：第2部第3章；2014a：3節；2015c）に依拠しつつ大幅に加筆したものである。なお、以下の記述は、高橋（2011a）をはじめとするその著作を著者なりに咀嚼し表現したものであり、かなりの単純化や場合によっては誤解が含まれている可能性もなしとしない。このため、詳細は原典（本書巻末に記載した高橋による一連の書籍）を参照されたい。

(1) 先端性

まず高橋の思想の先端性を理解する手がかりとして、開発経済学の泰斗（元国際開発学会会長）である西川潤氏による書物『グローバル化を超えて―脱成長期 日本の選択―』(2011)を取り上げよう[3]。

この書物は、従来の経済学の問題点を多面的に批判するとともに、脱成長期の日本はどのような取り組みをすべきかを論じたものである。その結論として次のことが述べられている。すなわち「個人の生活の自律性確立に始まって、自分の内なる可能性を引き出す人間発展、そして、個々の人間発展を通じて社会発展を導く理論…（中略）…このような人間・社会の発展こそが、脱成長、ポスト・グローバル化時代の共生社会を導く」という認識である。これが書物全体の大きな結論である。すなわち、西川が提案する現代社会への対応方法、それは何か（What）と言えばそれは「自分の内なる可能性を引き出す人間発展だ（内発的発展の理論）」（西川 2011：377ページ）という主張である。これは確かにたいへん魅力的な視点である。ただ、どのようにして（How）われわれが自分の内なる可能性を引き出すのか。これについては、残念ながら何も言及されていない。

この問題を正面から取り上げ、そしてその手法に至るまで具体的に示したのが高橋の一連の著作[4]ということができる。それらや最近の論考[5]において高橋は概ね次のように説いている。すなわち「現代に生きるわれわれには三つの闇が侵入している。それは唯物主義（目に見えるものしか信じない）、刹那主義（今さえ良ければそれでよい）、利己主義（自分さえ良ければそれでよい）、の三つである（時代の三毒）。その結果、われわれは一見現実的、効率的な生活をしており、独立心に満ちている」と現状をまず分析している。

次いで、そのような状況は落ち着きがなく、心から満たされた状態にないので、それは個人にとっても社会にとっても本来的なものではなく「自分の心の深奥に秘められた人間の根源的なエネルギーを解放することが必要であり、それによってはじめて自己の深化・成長そして社会の発展がもたらされる」という理解を提示している。

---

3) 以下、学術書の慣例に従って敬称は省略する。
4) 高橋（2001, 2002, 2004, 2005, 2008, 2009, 2010, 2011a, 2013b, 2014, 2015）。
5) 月刊誌『GLA』2012年1月号、16-17ページ。

つまり何を（What）に対しては、「自分の深部に秘められたエネルギー（菩提心）の解放だ」と答えている。これは、西川の主張する「自分の内なる可能性を引き出す」ことと基本的に同じものである。したがって、この2人の論者とも「自分の内なるエネルギーないし可能性の解放」を主張しており、それが個々人の人間的な成長だけでなく社会の発展をもたらす、と説いている点では共通している。つまり、この両者の見解は、既に見たように[6]人間の持つ潜在能力（capabilities）を顕現化させることを重視するセン（2002a, 2002b）の主張と軌を一にするものである、といってよい。

ただ、ここで注目すべき点は、高橋においては、西川の場合と異なり「自分の内なるエネルギーないし可能性の解放」を実現する手法とプロセスをきわめて具体的に提示していることである。これが高橋の大きな特徴である。その内容は、第2節および第3節で説明するとおり非常に興味深いものであり、また西川ほか多くの論者にはみられない点で先端性を示している、といえる。

また人間が自分の深部に秘めるエネルギーは非常に大きいという高橋の認識も、関連分野の思想や研究に合致しているといえよう。ちなみに、人間が内部に秘めるエネルギーという問題に対しては、主流派経済学の視点から解答がえられることは期待できない。なぜなら、例えば経済学においてはその業績が最も高く評価されている学者の一人サマーズ（当時ハーバード大学学長）の場合でも、愛、絆、利他心などは有限であり、その使い方を工夫する必要がある（Summers 2003）といった主張をしがちだからである。

一方、社会哲学者サンデル（Sandel 2013）によれば、こうした人間の心は、各種の商品と同一の性格を持つ（使用すれば減ってしまう）というよりも、むしろそれらは筋肉に例えることができるもの（それらは発揮すればするほどさらに発展させることができてより強くなる）と理解する方がより妥当である、としている。この方が事実に近いといえよう。高橋が人間の力は限りなく大きいと捉えるのも、後者の視点に整合的である。

(2) 現代性

高橋の思想には、以上みたような「先端性」があるだけでなく「現代性」も

6）第4章第4節を参照。

持ち合わせている。これが大きな特徴である。ここで現代性とは(1)まず個人の行動を基礎とする点で個人主義的であること、(2)思想とその実践が論理的、体系的に提示されている点で合理的であること、(3)上記のとおり単なる思想にとどまらずそれを実践する手段も提供されているので実践的であること、を意味する。そして、それは単に個人の幸福に関係しているだけでなく、前章でみたとおり個人の自己変革が社会を変える大きな力に発展していく力を秘めているという特徴も持つので(4)社会的積極性を持つこと、を指摘できよう。さらに、高橋の思想を知ろうとする場合、それが市販書籍として刊行されているほか、その講演会等には誰でも参加可能であるという意味で(5)開放性があること、も見逃せない。これら5点は、まさに現代の基本理念といえるので、高橋の思想は現代性を備えているといえる。

　こうした特徴をそれぞれ多少敷衍すると、次のように理解できる。高橋は、まず一人ひとりの人生は自分に責任があり、各自が幸福になる（安らかな精神的境地へ到達する）うえでは自己鍛錬・自助努力によることが出発点となっていると理解している。したがって、このようにすべては個人を出発点とする点で現代に支配的な個人主義的な思想である（上記1）。

　また、すべての現象は、原因がありその結果として起こってくるという厳格な因果律（原因と結果の法則、後述）で組み立てられている。何かを信じて拝めば救われるという思想ではなく、すべてのことに原因と結果を対応させる発想であるから、これは現代の合理精神そのものである（上記2）。さらに、第3節で詳細に説明するとおり、自己点検の方法とその結果への対応方法を具体的に提示している点で実践的である（上記3）。そして、個人の自己変革が社会の変革に結びつく点で社会的にも大きな意味を持つので社会的積極性がある（上記4）。例えば、個人を幸福にするある種の隠遁思想が仮に上記(1)～(3)の性質を有するものであっても、それはここでいう社会的積極性（社会を変革する力）を持つものにはなりえない。このため、社会的積極性を持つことは現代にふさわしい一つの基準となる。

　高橋の思想をこのように特徴づけるならば、それは釈迦（ゴータマ・シッダッタ）が説いた仏教（原始仏教）の性格に共通する点が非常に多いこと[7]に気

7）第7章第3節を参照。

図表13-1　高橋（2011a）による個人の幸せと社会改革の同時達成

■高橋（2009、2011a）が提示する行動の
大まかなステップ

1. 事態に対する自分の一般的対応傾向（反応の回路）を知る。
2. その傾向から脱却する道を修行と努力によって習得する。
3. 心の奥深くから出てくる微かな呼びかけ（英語ではcalling。責務、天職、人生の仕事など生き方を支える揺るぎない中心軸）を聴く。
4. その声に従った行動をすることにより大きなエネルギーが自分の内から汲み出される。
5. 心の平安、自信が得られ、人間としての深化・成長、そして社会の調和が生み出される。

（出所）岡部（2012c）資料50。

づく。現在世界各国でみられる仏教は、キリスト教やイスラム教や儒教とは比べものにならないほど拡散し、多様化しており、そうした各種仏教の共通点を見出すのは容易でない（橋爪・大澤 2013：19ページ）。しかし、当初の仏教（釈迦が説いた仏教）には(1)個人主義的（一人ひとりに責任がある）、(2)自由主義的（ドグマがない）、(3)合理的（因果論で構成されている）、(4)理想主義的（よりよい方向に向う手段がある）、という点が特徴であり、その点において現代的で前向きな思想であった（橋爪・大澤 2013：19ページ）。原始仏教のこうした現代的ともいえる特徴は、他の論者（佐々木 2012, 2013）によっても、自助努力、合理性（厳格な因果則）、実践の重要性などの表現を用いて同様に指摘されている。

このように考えると、高橋の思想は人類史的に遠い根源を持つものであり、それを継承しつつ、より現代的な思想ならびに実践として洗練し再生させたもの、と理解できよう。

第2節　実践性1：自己変革の方法

では、出発点となる自己変革は、どのような方法によるのか、そしてそれがどのようにして社会変革（社会にとって望ましい帰結ないし問題解決）をもた

図表13-2　人間の思考および行動における四つのタイプ

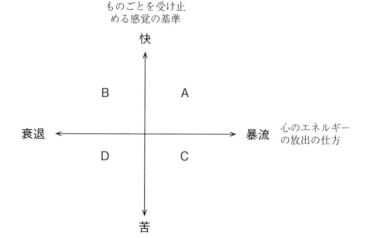

A＝快・暴流、B＝快・衰退、C＝苦・暴流、D＝苦・衰退

(注)　高橋（2008：183ページ、2009：1015ページ）の様式を変更し、多少追加記載。
(出所)　岡部（2012a）図4。

らすのか。その大まかなステップを本節および次節で簡単に紹介しよう（図表13-1）。

　まず自己変革を実現するうえでは順序があるとされ、その対応の仕方が明確に示されている。すなわち(1)事態に対する自分の一般的対応傾向（反応の回路）を知る。(2)その傾向から脱却する道を修行（心の鍛錬）と努力によって習得する。(3)心の奥深くから出てくる微かな呼びかけ（英語でいえばcalling。日本語では責務、天職、人生の仕事など生き方を支える揺るぎない中心軸）を自分の心の中から聴く。(4)その声に従った行動をすることによって大きなエネルギーが自分の内側から汲み出される。(5)その結果、心の平安と自信が得られ、人間としての深化・成長が図られるとともに、社会性のある問題の解決ないし社会の調和が生み出される。

　これがそのあら筋である。それぞれの段階を個人がどう取り組んで行けばよいのか。それに関しては、詳細な行動上の処方箋が次のように提示されている。

(1)人間に現れる四つの類型

　まず、出発点である自分自身の理解（上記1）に関しては、二つの独立した座標軸を導入することによってなされうる、と説いている（図表13-2）。すなわち、人間がものごとを受け止める感覚の基準として「快か、苦か」（肯定的に捉えるか、否定的に捉えるか）という一つの座標軸を設ける。一方、心のエネルギーの放出の仕方として「暴流か、衰退か」（激しい流出か、勢いの喪失か）という別の次元を設定している。そして、人間に現れる考え方と行動は、誰の場合でもこの二つの座標軸を組み合わせることによって出来上がる4種類[8]のうちいずれかの傾向を持つ、という理解の仕方を提示している。

　個人が上記四つのいずれのタイプの人間であるかが診断されれば（その診断方法も提示されているがここでは省略[9]）、そうした傾向は心を鍛錬することによって減退させることができる一方、それぞれのタイプが持つ本来的な力が現れてくる、と論じている。その核心部分をまとめると図表13-3のようになる。また、出発点（自己変革前）における上記四つのタイプの傾向を具体化すると図表13-4のようになる。

(2)四つの類型それぞれの特徴と秘める力

　まず、前掲図表13-2におけるタイプA（快・暴流）の場合、それは「独りよがりの自信家」と性格付けられるとしている。つまり、このタイプは、無意識のうちに物事を自分に都合良く受け取り（歪曲）、自分の言う通りにせよという行動（独尊）を周囲に対してとりがちである。その結果、周囲から人が離れて行く（孤立）傾向がある、としている。これは、図表13-4において「歪曲、独尊、孤立」と表現されている。

　しかし、そうした傾向を持つ人が心の鍛錬（物事の受け止め方や行動を歪みのないものにする努力）をすれば、そうしたマイナス面が消える一方、そのタ

---

8) 高橋はこの四つを人間の「煩悩」であると表現し、各自がそのうち主としてどの傾向を強く保有しているかを見極めることを「煩悩の意識化」と称している。なお、ここでいう「煩悩」は、アドラー心理学における「生活スタイル」（style of life。人間が成長の過程で身につけた事態対応の定型パターン）にほぼ該当する。この点は本章の第5節(2)を参照。

9) 自己診断のために「止観シート」というワークシートが提示されている。例えば高橋（2009：218-221ページ）を参照。

図表13-3　人間の考え方や行動に現れる特徴と心の鍛錬後に拓かれる可能性：四つの型

人間に現れる 基本的な型	事態の受け止め方や行動の傾向、 その帰結	心の鍛錬後に現れる 本来的な力
A（独りよがりの自信家）	・無意識のうちに物事を自分に都合良く受け取り、自分の言う通りにせよという行動。 ・周囲から人が離れて行き、孤立する傾向。	・本来、明るさ、元気さ、エネルギーを抱いているので、場を飛躍させ、新しいものを創造し、道を切り開いて行く力を発揮。
B（自己満足の幸福者）	・いま問題がなければよい、いま楽しければよいと受け取り、事態を曖昧に放置。 ・物事や事態が停滞あるいは混乱する傾向。	・本来、やさしさ、包容力、融和力を抱いているので、ねじれた関係を修復し、人々を癒し、安定した状態を導く力を発揮。
C（恨みの強い被害者）	・何事に対しても不足や欠点に目が向いて不満を抱き、それを正す正論を頑固に主張。 ・事態や相手を頑なに拒絶するので人間関係が硬直的、破壊的になる傾向。	・本来、責任感、強さ、勇気を抱いているので、大勢に流されずに弁別し、正義のために自分を超えて場や人々を守る力を発揮。
D（諦めに縛られた卑下者）	・自分にはとても無理と否定的に受け止め、卑屈になり、愚痴をいうので鈍重な雰囲気を醸成。 ・周囲や事態が沈鬱化し、衰弱する傾向。	・本来、誠実さ、まじめさ、愚直さを抱いているので、他人の悲しみに共感し、ひたむきさや献身によって周囲を支える力を発揮。

（注）高橋（2002：91-121ページ、2005：98-115ページ）をもとに著者作成。

イプの人に特有の本来的な長所が現れる、と説いている。すなわち、このタイプは本来、明るさ、元気さ、エネルギーを抱いているので、場を飛躍させ、新しいものを創造し、道を切り開いて行く力を発揮することになる、としている。

　ところが現実には、このタイプの人を含め人間は、それら各種エネルギーを発現することが残念ながら諸事情[10]によって妨げられていることが強調される。このため、心の鍛錬をしてそうした本来のエネルギーを解放することが重要であるとされている。

　タイプB（快・衰退）の場合は、「自己満足の幸福者」と表現でき「いま問

図表13-4　四つのタイプそれぞれの受け止め方と行動のパターン

```
                        快
                        ↑
            B           │           A
         ・鈍感          │         ・歪曲
         ・曖昧          │         ・独尊
         ・混乱          │         ・孤立
                        │
  衰退 ←─────────────────┼─────────────────→ 暴流
                        │
            D           │           C
         ・卑屈          │         ・批判
         ・鈍重          │         ・正論
         ・沈鬱          │         ・対立
                        │
                        ↓
                        苦
```

（注）高橋（2005：98-115ページ）をもとに著者作成。

題がなければよい、いま楽しければよい」と事態を受け取り、現状を曖昧に放置する傾向があるので、その結果、物事や事態が停滞あるいは混乱する結果をもたらす、としている。すなわち「鈍感、曖昧、混乱」を招くことが多い（図表13-4）

しかし、心の鍛錬をすれば、そうした消極的かつ楽観的な面が消える一方、本来的な長所であるやさしさ、包容力、融和力が現れ、その結果、ねじれた関係を修復し、人々を癒し、安定した状態を導く力を発揮できることになる、としている。

タイプC（苦・暴流）の場合は、「恨みの強い被害者」であり、何事に対しても不足や欠点に目が向いて不満を抱き、それを止す正論を頑固に主張する傾向が強いと指摘、このため事態や相手を頑なに拒絶するので人間関係が硬直的、破壊的になる事態をもたらす、としている。すなわち「批判、正論、対立」が

10）第一に、両親（血）を通してわれわれに流れ込む考え方・価値観・善悪感・感情の起伏、第二に、生まれ育った地域（地）の風土や風習・習慣などから身についた価値観や行動パターン、第三に、特定の時代における知識・情報・価値観（知）から流れ込む知識や思想・価値観など、である。この3要因（血・地・知）を高橋は「3つの『ち』」と称し、それが事態に対する各自の基本的反応パターンを形作っていると主張している（高橋2011a：143-146ページ）。

図表13-5　四つのタイプそれぞれが育むべき心

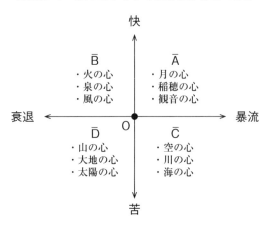

（注）高橋（2008：187ページ）の区分上に著者が符合（Ā など）を追記。

生まれる。

　この場合、心の鍛錬をすることによって、このタイプが本来持っている責任感、強さ、勇気が表に出てくるため、大勢に流されずに弁別し、正義のために自分を超えて場や人々を守る力を発揮できる、としている。

　最後のタイプD（苦・衰退）の場合、その人は「諦めに縛られた卑下者」であり、多くの場合、自分にはとても無理と否定的に受け止め、卑屈になり、そして愚痴をいう傾向が強いので周囲に鈍重な雰囲気を醸成する傾向が強い、とされる。このため、周囲や事態を沈鬱にしてしまう結果をもたらす、としている。すなわち「卑屈、鈍重、沈鬱」を招く。

　この場合、心の鍛錬をすれば、このタイプが本来的に持つ誠実さ、まじめさ、愚直さが現れることになり、その結果、他人の悲しみに共感し、ひたむきさや献身によって周囲を支える力を発揮することになる、としている。

(3) 四つの類型それぞれに秘められた力を引き出す方法

　では、上記でカギになる心の鍛錬はどのようにすれば可能になるのか。その方法は確かに存在し、それは要約すると**図表13-5**のようなものになる、と高橋は提案している。すなわち、タイプA（快・暴流）に該当する人の場合には、陰徳の心、感謝の心、慈悲の心を自分の心の奥深くに見つける鍛錬（修

行）をするべきであると説いており、そしてこれら3つの心は、比喩的にいえばそれぞれ月の心、稲穂の心、観音の心に該当する、と述べている。

例えば、月の心は「隣人をひそやかに陰で支えることができる陰徳の心」であるとしている。なぜこのように自然の心に例えるのか。その理由は、これらの心はわれわれ日本人が古来より心を寄せて親しみ、生き方をも学んできた自然の姿であり、人間の心のあり方として自然界の名称をつけるのがふさわしいとされているからだ、と説明している[11]。

同様に、タイプB（快・衰退）の人の場合は、熱き心（火の心）、知恵の心（泉の心）、無垢な心（風の心）の発掘が奨励される。そしてタイプC（苦・暴流）の人の場合には、自由な心（空の心）、清らかな心（川の心）、広き心（海の心）の涵養が勧められている。最後のタイプD（苦・衰退）の場合は、不動の心（山の心）、親の心（大地の心）、愛の心（太陽の心）を自らの中に発掘すべきであると述べている。

これら合計12の心は人間にとって最も普遍性の高い価値を表すものであるとされている。それらの詳細は高橋（2008）に詳しい説明があり、またそれを涵養する方法（いずれの方法も努力と継続が肝要とされる）は一連の著作（高橋2008ほか）で解説されているのでここでは省略する。

実は、それぞれのタイプごとに涵養すべき心のあり方を図表13-5のように整理をすることによって、きわめて興味深い点が浮き上がってくる。それらは、前掲図表13-4で示された四つのタイプそれぞれが持つ心の傾向を解消する方法になっているだけでなく、そうした対応をする結果として、各タイプの長所が浮かび上がるかたちになっているからである。

例えば、タイプA（快・暴流）の場合、その特徴は「歪曲、独尊、孤立」といった傾向であるが、その人が「月の心、稲穂の心、観音の心」（すなわち陰徳の心、感謝の心、慈悲の心）といったいわば対極に位置する心を育むならば、タイプAに特徴的な力（図表13-3の右欄で示した明るさ、元気さ、エネルギー）が自分のためでなく社会のために、そして創造的な方向に働くように

---

[11] 高橋（2008：6ページ）。なお、高橋が言及する12の菩提心は、第7章（図表7-6を参照）で述べた徳（virtue）そのものではないが、それらは少なからず徳に通じる面がある。例えば、火の心は勇敢に、太陽の心は親愛に、空の心は気高さに、大地の心は鷹揚に、それぞれ近似するなどである。

なることが示されている。

　このことを形式的に表現するならば、下記のようになろう。すなわち、タイプAとして特徴的な傾向（A）を持つ人が、それを解消して本来的なエネルギーを発現するための心の鍛錬（$\bar{A}$）をする場合には、その帰結を次のように表現できる。

$$A + \bar{A} = 0$$

　すなわち、タイプAの人は、潜在的に上記の特徴的な力を持つものの、従来は各種の宿命ないし束縛（A）によりそれが発揮されずにいた（その分だけ力量がマイナスになっていた）。しかし、心の鍛錬（$\bar{A}$）をすれば、そうした状況から解放され、その時々の状況や感情に左右されない受け止め方や行動が可能になること、換言すればマイナスが消えてその人が本来秘めている力が湧き出てくること、が示されている（その意味で上式では鍛錬後にはマイナスが0になると表現した）。また図表13-5によって理解するならば、当初第一象限（A）に位置していた自分が、鍛錬後には両軸が交差する原点Oと表示した地点に到達することを意味するものである。このことは、タイプAの人のほか、タイプB、タイプC、タイプDの場合も同様である。

(4) ブッダやアダム・スミスとも共振する人間理解

　人間は4つの領域（A, B, C, D）を脱して原点Oに移るべきであるとするこの見方は、極端を排して不偏で「中道」の道を歩むべきこと（正しい生活をすること）を説いているということができる。それは、仏教の基本思想のひとつである「中道」の心[12]を推奨するものに他ならず、さらに徳の基本は「中庸」であると説いたアリストテレス[13]にもつながる。このため、高橋の思想は歴史的にみると諸賢人の思想を継承している。

　それはまた、経済学の始祖とされるアダム・スミスが人間について説いた最も重要な側面の一つ（しかしその後の経済学が振り落としてしまった側面）に通じるものがある。すなわち人間は、自分の感情や行為が適切かどうかを測る

---

12) 中村（1981：960ページ）。原初仏教が中道（middle way）の達成を重視したことは、第7章第3節および図表7-3で述べたとおりである。

13) 第7章第5節および図表7-6を参照。

基準として、利害関心のない「公平な観察者」(impartial spectator) を自己の中に形成するものであり、そうした観察者が是認するような感情や行動を採る（例えば義務の感覚に従う）ことによって平静な心が保てるので、その結果として個人の行動が制御され、社会の秩序も維持される、という理解である（堂目 2008：第 1 章）。

つまり人間は、両極端に走らない考えや行動、換言すれば平静な心が維持できるような考えや行動を採ることを常に目指すことによって、個人の「幸せ」と社会の秩序がもたらされるというのが洋の東西を問わず認識されてきた一般的な原理に他ならない。したがって、高橋の主張する人間行動の4類型とその対応方法は、達観すればこうした思想潮流に合致する普遍性の高いものである、といえるのではなかろうか。

第3節　実践性2：ビジョン具現の方法

以上、人間が本来保有するエネルギーが、多くの場合なぜ隠れたままになっているのか、そうしたエネルギーの湧出を妨げる要因はどのようにすれば取り除くことができるのか、をみた。こうした対応を継続すれば、その軌跡は人間が日常的に生きていく中で累積し、人生のあり方を変えてゆく。

それと同時に、人間が特定のテーマないし出来事（困難や試練）に直面した場合にも、そうした対応の有効性が発揮できることを高橋は説いている。本節では、人が究極的に実現したいとして描くビジョンを実現するための方法として高橋が提示している「具現の循環」という考え方、そしてその具体的な取り組み方（ウイズダム・シート）を解説する。

(1) ビジョン具現の方法

人が究極的に実現したいとして描くビジョン（基本的設計図あるいは青写真）を具現するには、**図表13-6** で示したような循環過程（サイクル）を継続して歩むことが必要である、というのが高橋の考え方である。高橋はこれを「具現の循環」とよび、それは先智慧、実行、後智慧の三つの要素から成り、それを循環的に繰り返すことによって可能になる、としている（GLA 総合本部出版局 2012：36-37ページ）。

図表13-6 青写真を具現するサイクル

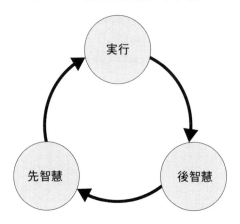

（出所）GLA 総合本部出版局（2012）37ページ。
但し、図は著者が大幅に簡略化。

「先智慧」とは、未来から呼びかけられていることを洞察し、どのように現実を切り開いてゆくのか、事前に目標や手段・方法を智慧を尽くして考え定めることであると規定している。「実行」は、先智慧に従って現実の事態と響き合いながら実行、実践することとしている。そして「後智慧」は、実行した結果を振り返り、現実化した事態に対して足りなかった点や達成できなかったことなどを振り替えることである。つまり後智慧とは、実行した結果において、立てた仮説（先智慧）がどのように青写真から外れていたのかを読み取り、それを修正することにより少しずつ仮説を真実の青写真に近づけて行く行動である、とされている。

一方、このサイクルを構成する3つの要素のうちでは、先智慧が圧倒的に重要であると位置づけており、このためそれに取り組む手法としてウイズダム・シート（後述）を具体的に提示している（GLA 総合本部出版局 2012：18-19 ページ）。

PDCA サイクルとの類似点と本質的な差異

この「具現の循環」は、一見、比較的良く知られた「PDCA（Plan-Do-Check-Act）サイクル」という対応方法に類似しているように見える。PDCA

サイクルとは、工業製品を生産する場合、その品質や生産過程を継続的に改善する手法の一つであり「PDCA」すなわち Plan（計画）、Do（実行）、Check（評価）、Act（対応策の実行）という4つの過程を順次行い、そしてそれを繰り返すという方法である[14]。

確かに、両者とも(1)それぞれのステップを順序良く、そして継続的に「回す」ことによって目的をより良く実現できる、(2)全ステップのうちとりわけ先智慧あるいは計画という事前ステップが決定的に重要とされる[15]、ことに共通点がある。

一方、事前ステップである先智慧（具現の循環の場合）、あるいは計画（PDCAサイクルの場合）における考慮範囲の広さについては、本質的に大きな差異がある。すなわち、前者では自分の態度や本心といった主体者としての関わり方も重要な要因として含むのに対して、後者では目標やそれを実現するためのプロセスなど自分の外部にある諸要素が検討課題となっており、主体者の人間的要素は対象とされない点である。

この差異は、二つのサイクルの性格を本質的に異なるものにしている。なぜなら、PDCAサイクルを回した場合、品質や生産過程といった人間外部に存在する事象が結果的に改善されるに過ぎない。これに対して、先智慧（後述するウイズダム・シートに基づく計画）を含むサイクルでは、自分の思考ないし行動パターンの反省と是正[16]、さらには自分の本来的な使命自覚といったことも関連する構造になっている。このため、具現の循環においては、事象の改善がより強力に進められるだけでなく、それに取り組む人に深い歓びをもたらすことになる。この点に高橋が提案する「具現のサイクル」の特徴がある。

計画が決定的に重要な理由

高橋が提案する先智慧を考える前に、まず計画することの意味を「原因と結

---

14) PDCAサイクルは、提案者 W. E. Deming の名にちなんでデミング・サイクルとも称される。この手法は、単に製造業にとどまらず、サービス業、公共機関の活動、個人の各種活動にとっても効果的かつ汎用性の高い手法として国内外で広く活用されている。その概要と特徴は、付論1を参照。
15) PDCAサイクルにおける計画の重要性については、付論1の説明を参照。
16) 中道に沿った無駄のないエネルギーの発露が可能になること（本章第2節を参照）。

図表13-7　因縁果報という理解方法

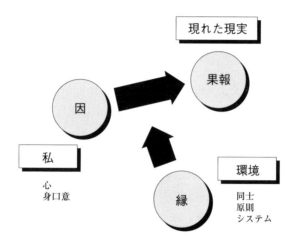

（出所）GLA 総合本部出版局（2012）15ページ。

果」という視点から考察しよう。すると、何事であれ、良い結果が得られたとすれば、それにはそうなった原因が必ず存在する、と考えることができる。つまり、どのような事象や現実もすべて何らかの原因があり、その結果として生起している（原因のない事象は存在しない）という考え方ができる。すなわちこれは、因果法則あるいは因果律（the law of causality）を適用してものごとを理解する視点である。

　これを単純化していえば「原因→結果」であるが、PDCA サイクルの場合には環境や取り組みの方法など外部に原因を見る。これに対して、高橋は「原因」をより具体的に二つの要素から成る（図表13-7）と理解する（高橋 2013b：231ページ）。この点に大きな差がある。一つは直接的な原因であり、これを「因」（自分の心や身口意[17]）と呼んでいる。もう一つは、直接的な原因が作用するための環境であり、これは間接的な原因と理解できる。これを

17）人間の動作を行う「身」、言語表現を行う「口」、精神作用をなす「心」の三つすべての働き。

「縁」（自分を取り巻く環境条件）とよぶ。そして、すべての現実はこうした二つの原因によって生み出されている、と理解する。高橋（2013bほか一連の著作）は、そうして生じる現実を「果報」とよび、このような理解方法を「因縁果報」と名づけて上掲図表13-7のように示している。

原因と結果（現れた現実）をこのように捉える見方は、特定の価値観を前提にしたものでなく、その意味で客観性と一般性を持つ。そして、どんな現実についても適用して理解できるので普遍性も持ち合わせている。

この理解を前提とすれば、良い結果（良い品質、良い運営方式など）にはそれに見合った原因が必ず対応しているはずである。換言すれば、良い結果を得るには、それを直接得ようとするのではなく、良い結果をもたらす直接的な原因（因）と間接的な原因（縁）の両方をまず究明することが必要になる。これこそ計画（Plan）することの第一歩に他ならない。ここに計画の圧倒的重要性がある。この認識は、普遍性の高い人類の知恵というべきものである[18]が、高橋の場合には、単に外部環境の整備にとどまらず行動者の身口意までも含めて「計画」を位置づけている点に大きな特徴がある。

したがって、良い結果を得るには、この二つの原因を行動主体自らが「作り出す」ことが必要になる。そのようにして条件を整えた上で初めて次のステップ（実行）に進むべきだ、と高橋は考えるわけである。

(2) 良い結果を得るための具体的方法

つまり、上記の因果律を前提にすると、良い結果を得るには、因果律を逆に考えて次のような三つの基本ステップを踏んで対応すれば良いことがわかる。すなわち、(1)まず理想的な姿（達成すべきビジョン、理想の青写真）がどんなものかを具体的に描く、(2)そうした結果が実現した場合に対応する直接的

---

18) 例えば、フランスの細菌学者パスツールの良く知られた言葉に"Le hasard ne favorise que les esprits préparés"というのがある。英語では"Chance favors only the prepared mind"と訳されており、日本語では「幸運の女神は準備された心にのみ訪れる」という表現が当てはまる。これは、準備する心を持った人、先に知って備える事の出来る人だけが期待した結果を得ることができる（描いたビジョンを実現できる、未来を変えられる、もし思い通りにいかなくてもそこから予想外のことを発見できる）ことを意味している。これはまた、第7章で論じたとおり、結果追求の生き方でなく原因指向の生き方にもほぼ対応しており、それはさらに持続性のある深い幸せにもつながる所以である。

な原因（因）と間接的な原因（縁）はどんなことかを究明する、(3)その結果明らかになった因と縁を作り出すための具体的な行動計画（アクションプラン）を作成する、というステップである。つまり、これらを考える作業こそが計画（Plan）を立てることに他ならない、という考え方である。

ここで大切なのは、直接的な原因、間接的な原因とはそれぞれ具体的にどんなことかを理解することである。直接的な原因（因）としては様々なことが考えられるが、「自分自身を『因』と見なす」という立場に立つことが必要であることを高橋（2004：222-224ページ）は強調している。それは「どのような状況に対しても自らの主導権を保持する受け止め方」（高橋 2014：15ページ）であり、そうした主体性（思い、心構え、行動、発言など）の転換によってモーメント（回転させる力）のエネルギーも転換し、その結果、試練や問題を解決でき、これまで世界には存在しなかった新たな現実を創造できる（同18ページ）からである、との理解を提示している。

一方、間接的な原因（縁）とは、「因」の現れ方を規定する条件のことであり、それは3つに要約することができる（高橋 2014：16-17ページ）。すなわちその3つとは、同志（協力者、仲間）、原則（ルール、約束事）、そしてシステム（人の体制、仕組み）である。これら三つの縁のいかんによって因の作用の仕方が変わってくるので、最終的な結果が大きく左右されることになる（前掲図表13-7を参照）。

では、こうした二つの原因（因と縁）を整えるには、どうすればよいのか。高橋は一連の書物（脚注4を参照）でそれを詳細に論じているが、ここでは二つの点だけを指摘しておきたい。第一に、決定的に重要なのは「因」を整えることだ、という点が強調されていることである。すなわち、自分の身に染み付いた無意識的に現れる考え方や行動のパターンをまず認識し、次いでそれを変革するという意味で「因の転換」をはかること[19]が重要だ、という指摘である。これは、自分の「本心」[20]を見出すことである、と表現することもでき

---

19) 高橋はこれを「菩提心の発掘」と称している。その詳細は高橋（2008）を参照。菩提心が発掘されれば心が大きく転換することを意味する。

20) 人が抱いている願い、すなわち人生で果たすべき目的と使命に向かって進んでゆくエネルギーのこと。高橋はこれを魂と称している（「『魂の学』序説86」『GLA』2016年2月号、17ページ）。

る。第二に、それを達成するために多様なワークシートが高橋によって開発されていることである[21]。

因と縁が整えられれば、次のステップは、そうした因と縁に沿った具体的な行動計画（アクションプラン）を作成することである。これは目的地に向かう具体的な道を示すものといえるので、極めて重要である。もし、すでに因と縁の転換が果たされていれば、アクションプランを作成する過程において、今まで見出していなかったような一筋の道が現れてくる[22]。

効果的な計画を作成するための詳細ステップ

上記のような性格を持った計画を作成する場合、大切なのは手順を踏んでそれを作り上げてゆくことである。高橋はそれを効果的に行うためのワークシート（「ウイズダム・シート基本篇」と称する作業用紙）[23]を作成しているが、以下では、その概略を解説した資料「問題解決の方法Ⅲ：ウイズダムによって問題を解決する」（高橋 2004：222-224ページ）ならびにその考え方を詳細に説明した最近の資料[24]をもとに、そのシートの構造と概要を解説する[25]。

なお前節では、必要なステップは大別すると3段階になる（自分の心の傾向を知る、そこから脱却するための自己鍛錬をする、心の奥深くから出てくる微かな呼びかけを聴く）と指摘したが、高橋のシートでは、以下のとおりそれらがより細かいステップに分けられている。ここではそれをまず概説し、次いで具体的な適用例を示すことにしたい。

より良い結果を得るためのウイズダム（智慧）と称されるこの計画書を作成するにあたっては、まず「表題」が重視される。それは、対象となる行為（行事やプロジェクト、あるいはそれらの最も望ましい姿）を端的に表現する言葉

---

21) 因を転換する意味とその効果の概略は、本章第2節を参照。高橋はそれら各ステップについて「止観シート」をはじめ各種ワークシートを開発して提供している。
22) 高橋佳子「『魂の学』序説69」『GLA』2014年9月号、18ページ。
23) このシート自体は市販されておらず、高橋が主催するグループ（GLAないしトータルライフ人間学）のメンバーに頒布されている。
24) 高橋佳子「『魂の学』序説68」「同69」「同70」『GLA』2014年8～10月号、GLA総合本部出版局。
25) なお高橋は、その他書籍における特有の用語をこのシートでも踏襲しているが、以下の説明は著者なりに表現し直した場合がある。

を自ら工夫して記入する。

　そして最初の項目「1. 願い」においては、表題で記載した行為ないし行事あるいはプロジェクトが理想的に行われるとすれば、それがどんな状態になることか、を具体的に記載する。これに続く「2. 現状」は2つの部分に分かれている。まず「現状Ⅰ」では、上記の「願い」に照らしてみるとどんな困惑ないし不都合が生じているかを記載する。そして「現状Ⅱ」では、「願い」ならびに「現状Ⅰ」の間にみられるギャップを自覚する時、このシートに取り組んでいる人にどのような思いが生じるか（自分がやればうまくゆく、だから相手はだめなのだ、何とかなるだろう、とてもできそうにないなど）を率直に記載することが求められる。

　これに続く「3. 変革」も2つの部分に分かれている。まず「変革Ⅰ」では、上記のギャップを埋めるためには自分自身の考え方や態度をどう変えるべきかを自問自答し、その回答を書く。そして「変革Ⅱ」では、上記の願いを実現するために整えるべき条件（同志は誰でありどう関わるか、場にどのような原則を作るか、システムをどう改善するか）を記載する。

　以上の準備が整ったあと、「アクションプログラム（行動計画書）」に取り組み、実施すべき事項を記載する。そこでは、上記「3. 変革」を実現するために必要な項目をできるだけ具体的に記載する。

　以上がこのワークシートの項目とその登場順である。ただし重要なのは、各項目は一度限りのステップというよりも、シート内における幾つかのステップに対して相互に循環性を持った対応をすることが求められていることである。例えば、特に重要な「現状Ⅰ」の理解が不適切（不十分）であれば、その前のステップ「1. 願い」自体に遡り、願い自体を修正する必要が生じる場合がある。「ウイズダム」シートでは、このようにして各プロセスを循環的に点検することによってシート全体を磨き上げ、完成させる手続きが採られる。

　このように考えると、この「計画書」はその作成過程自体のなかに一つのサイクルを内包している、と理解することができるかもしれない。すなわち、ウイズダム・シートの作成は、

　　(1) ビジョンの設定（願い）
　　(2) 机上におけるその実行（願いを前提したときの現状Ⅰの把握）

(3)上記の「実行」の評価(現状Ⅰと現状Ⅱの間のギャップの認識)
(4)上記ギャップを埋めるための行動計画修正(変革Ⅰと変革Ⅱ)

である。これは計画(Plan)策定において、まず頭のなかで実行するイメージを描くことによって計画を改訂するというステップを踏むことを意味している。つまり、青写真を具現するサイクル(前掲図表13-6)の「先智慧」段階の内部において、すでに一つの空想的サイクルを回すことを意味している。このため、具現の循環は「入れ子」構造(nested structure)[26]になっている面がある。したがって、ウイズダム・シートに基づく各種実践活動は、二つの階層(プランを作成する段階、それを実行して後智慧を得る段階)で質向上の仕組みが組み入れられているので、質のより高い計画ならびに結果を生むことになると理解できよう。

(3)計画の完成は「先智慧」の獲得を意味

　以上のように、一連の項目を含むシートを完成させることにより、計画全体が完成する。この結果、行為の究極的な目的が明確化されるうえ、プロジェクト取り組み時点ですでに発生している問題への取り組み方や、今後予想される問題への取り組みの方向が明らかになる。そして直ちに行動を起こすべきことがらも定まることになる。したがって、このワークシートを完成させることにより、各種行為やプロジェクトを成功させるための「先智慧[27]」(先回りする智慧)が得られたことを意味する。

　こうして計画が作成されれば、これに続き実行があり、そこから後智慧が得られる。そして類似の状況に対し、そうした後智慧を活かしつつ計画(先智慧)を立てることによって、具現のサイクルが回転することになる。

　以上、高橋が説く青写真を具現する手法をみた。これは、ものごとに取り組む場合、自分を変革することを含めて各ステップが論理的に組み立てられた対応の仕方であり、納得的な手法といえる。それは著者の個人的な実施経験に照らしても、自分の身口意(受取り方、行動の仕方)を変えることを含む点で有

---

26) 同じ形状で大きさの異なるもの(容器、人形など)を順に中に入れたもの。
27) 先智慧は、先験的(transcendental)な智慧(経験に先立つ智慧)といえる。

効性と一般性の高い取り組み方法（あるいは生き方）であると考えている（付論2を参照）。

なお、以上では高橋が提示する智慧の一端をみたが、高橋はそれをさらに拡張・進化させ、人間は様々な絆の中で生かされている存在とみる「トータルライフ人間学」ないし「魂の学」と称される一つの体系化した自己啓発（self enlightenment）の道を提示している。すなわち、痛み・混乱・停滞・破壊といった闇の現実を解決し、歓び・調和・活性・創造にあふれる光の現実（新しい未来の創造）への道を開く智慧としての体系を提示し、その方法の一つとして因縁果報「ウイズダム」を位置づけている。その体系は興味深いものであるが、本書の学術書としての性格上それらには立ち入らない[28]。

第4節　実践性がもたらす社会的帰結

以上、第2節では自己変革の方法、そして第3節ではビジョンを具現するための具体的方法を述べた。これらは、果たしてどのような結果をもたらしてきたのだろうか。本節ではその具体例をみることにしよう。

(1) 自己変革の帰結

前述した四つそれぞれのタイプの人の場合、それぞれの人が持つ強いエネルギーが開放されて生産的な方向に向けられるならば、それは何を意味するのか。先ずそれは、個人として自由ですがすがしく、エネルギッシュで忍耐強く、慈しみと包容力に満ちて、謙虚さを失わない（これらは幸せを構成する諸要素といってよい）自分が現れてくる[29]。また、それだけでなく、社会全体としていろいろな問題を草の根レベルで解決してゆく大きな力になることが強調されている。

なぜなら、社会は千差万別の任務、仕事、働き、職業が連鎖することによって機能するものであるが、そうした機能を十全に発揮させることができるのは究極的にはそれぞれの場に関わる個人であり、したがって個人の考え方と行動

---

[28] 詳細は、高橋による書籍（脚注4）を参照。
[29] 高橋（2008：7ページ）。

が変わればそれは人的ネットワークを介して結局組織や社会全体を変えてゆくことになる[30]からである。つまり人間は、表面上四つのタイプがあるものの、それが克服され、そして内なる資質とエネルギーが現れ、それが外部（仕事や立場）からの要請に一致するところに各人が果たすべき個々人のミッション（人生の目的と使命）がある。それを具体化したものとして、一般に各人の仕事ないし職業が位置づけられる。したがって各人が自らのミッション（それは心の鍛錬を通じて発見する以外にない）に目覚めれば、その仕事や働きを通じて社会全体が大きく変わってゆくからである、と説いている[31]。

つまり、人は相互のコミュニケーションや信頼（時には反発や不信）によって相互に関係をもつ存在である（ネットワーク的つながりを持つ存在である）ゆえに、個人の想いと行動が変革すれば、それはその個人の職業ないし任務を介して社会全体を変えてゆく。そうした効果が現実にみられた幾つかの実例を図表13-8に提示した。

ここには、企業経営者、技術者、医師、主婦、スポーツ選手、組織の中で働く人など、多種多様な職業ないし働きにおける実例が挙げられている。いずれの人も、本書で述べた方法によって自己鍛錬を重ねることによって自分の心の傾きを知るとともに、試練に出会うなかで活路を拓いたり、自分の本当の使命を自覚したりしており、その結果、周囲を変革したことが分かる。

それらをやや詳しくみると、いずれの場合にも共通している点が幾つかある。第一に、どの例においても、当初は生まれ育つ過程で知らず知らずのうちに身に染み込ませてきた価値観[32]を基礎として生きていたことである。そしてそれは、事後的にみれば本当の幸福（第11章参照）とはいえなかったとそれぞれの人が述懐している。第二に、いずれのケースにおいても、高橋の説く実践哲学を習得し、実践することによって、遭遇した大きな試練の意味とそれへの対応が従来にない結果（自分が果たすべき使命の気づき、あるいは自己変革の契機）をもたらしたとしていることである。そして第三に、自己変革とそうした気づきによって、人は職業として選んだ「仕事」ないし社会の中で担う様々な「働き」を通して、社会を変えてゆく一因子となったことである。

---

30) 高橋（2011a：149-160ページ）。
31) 高橋（2011a：235-240ページ）。
32) 「三つのち」（血、地、知）という束縛。脚注10を参照。

図表13-8　自己の変革が仕事や働きを介して周囲や社会を変革した事例

氏名	職業	経歴	個人の自己変革
A氏	老舗企業の経営者。	一族企業における8代目社長を運命づけられて養育。	・会社の業績が悪化すると社員のせいにし、自分は無難に生きるというのが当初の生き方。 ・自己鍛錬の結果、周囲の人たちとのつながりを強く認識し、会社は共同体であると確信するに至る。
B氏	電動くるま椅子の製造と販売。	海外での自動車冒険。その後、技術を活かすボイラーシステムの会社を創業。	・幼い頃から「際立つ生き方」を追求、会社創業後も順風満帆の人生。 ・自分の心の声に耳を傾ける鍛錬をした結果、技術を持って他人のために尽くすことこそ自分の仕事（ミッション）だと気づき、くるま椅子工房を立ち上げ。
C氏	小児科医。	両親や周囲からの勧めと期待のまま医科大学に進学、医師に。	・知識と技術では救えずに亡くなっていく幼児や子供の姿を医療現場で体験し、敗北感とニヒリズムに陥る。 ・人間を深く見つめる鍛錬の結果、医療には「治す医療」だけでなく「癒やし支える医療」もあるはずだと確信。
D氏	医師、重症心身障害児施設長。	医科大学を出て博士号を取得、在外研究の後、国立研究所で研究室長。	・未来を約束された医学研究者として活躍していたが、何か心が満たされない状態。 ・重症患者に具体的に応えたいという心の底から湧いてくる願いに感電、臨床医に方向転換。その後思いがけない試練に直面したが、問題の原因は自分にあったことを発見して自己を変革。
E氏	主婦、NPO法人引退馬協会の代表。	裕福な家庭で育ち、嫁ぎ先の家庭で平凡な主婦。	・乗馬クラブを経営していた夫が脳腫瘍で病死、ほとんどのスタッフが辞職。夫の志半ばの想いを受け止めかねていた状態。 ・自己鍛錬により、自分の魂に刻まれた願い（人間と馬の絆、馬に対する想い）を引き出す一方、結果を求める側でなく良い結果をもたらすために自分が原因側に立つという中心軸を確立。
F氏	元スキージャンプ選手。	学生時代から国内外のスキージャンプ競技大会で優勝。	・フィンランドで練習中に大事故（頭蓋骨骨折、脳挫傷、当時は記憶喪失）、さらに後日婚約者がガンの宣告をうけるという試練（その後他界）。 ・事故前から心の練磨に取り組んでいたことにより最善の道が一つあることを確信、日々努力。夫婦が支え合って試練に対応。
G氏	都市再開発の企画運営の責任者。	生まれ育った小樽市のビル管理会社で自社ビルを含む再開発の事実上の責任者。	・再開発を巡る大きな問題の発生（テナントの倒産、ビルの空洞化、権利調整の難航、反対運動の発生等）に対し、いつか何とかなるという曖昧な対応。 ・試練は呼びかけであり、全てのことには可能性が含まれるとみる受け止め方ができるように自己鍛錬、そして率先して考え準備する心構えで対応。

（注1）具体的には、A氏は野々内達雄、B氏は斎藤省、C氏は前田浩利、D氏は許斐博史、E氏は沼
（注2）［注a］C氏による小児在宅医療は、その後NHK「クローズアップ現代」（幼い命を守れ：医
　　　　［注b］F氏のことは、朝日新聞の「ひと」コラム（2013年1月15日）でも取り上げられた。
（出所）高橋（2013b, 2014, 2015）の記述をもとに著者が一覧表を作成。なお、注aと注bは著者による

左記に伴う周囲・組織・ 社会の変革
• 社長以下社員全員が一体化、そして新製品を続々と開発することに成功。じり貧であった業績から一転「第二の創業」を実現。
• 国内の身障者のためにオーダーメイドのくるま椅子を製作。その後はアジアなど海外にもその活動を広げ、パキスタンでは大統領がくるま椅子の交付制度を設立することにも貢献。
• 人間の魂を見据えた医療という視点に立った医療こそ自分のライフワークであることを発見。小児の在宅医療という日本では未開拓の分野を確立、その普及に尽力。[注a]
• 医師と患者という次元だけでなく、人間と人間、魂と魂という次元で患者の子供たちと交流する診療を実施。類似施設のモデルとして全国から注目されている。
• 乗馬クラブを復活させることができただけでなく、引退馬がゆっくり暮らせるためにNPO法人引退馬協会を設立、海外の多くの国とも連携する中でその取り組みを開始。
• 大事故から1年3ヶ月後の国体に復帰、奇跡的に優勝。2つの試練に直面した自分だからこそできることがある(それが自分のミッション)と理解、現役引退後は人々を励まし希望をもたらす講演活動に尽力。なお、試練を乗り越えた2人の物語はドキュメンタリー番組として2013年初にテレビ放映された。[注b]
• 相手のいうことを「聞く、聴く、訊く」そして一緒に考える、という対応を徹底。この結果、小樽駅前ビル群の再開発を実現。

田恭子、F氏は金子祐介、G氏は浅村公二、の各氏を表わしている(いずれも実在の人物)。
療と福祉の連携、2013年5月28日)でも取り上げられた。

追記である。

これらの実例は、高橋の説く実践哲学には前述したとおり「社会的積極性」（単に個人の幸福をもたらすだけでなくその結果として社会をより良い方向に導く可能性）があることを示している。ちなみに、高橋が刊行した最も新しい書籍では、その具体的方法に一層立ち入った提言がなされているほか、それぞれの書物の副題が「人生の仕事の見つけ方」（高橋 2013b）、「５つの自分革命が仕事と人生を変える」（高橋 2014）、「試練に強くなる『カオス発想術』」（高橋 2015）となっており、そのことが強く示唆されている。

(2) 仕事の意味の変化そして使命の自覚

上記の実例は、人間社会における「仕事」に対する洞察の深さを示しているように思われる。すなわち、欧米流（正統派経済学）の労働観を一言でいうと（第12章の付論１を参照）、「労働は苦痛なり」（それは生活の糧を得るためのものに過ぎず真の人生は労働の中にはなく余暇の中に見出される）というものであり、仕事に対して個人的価値を積極的に認めるわけではない。これに対して高橋は、仕事には個人的にも社会的にも大きな意義があると考えており、このため、個人の変革が仕事を通じて社会も大きく変えて行くことを見通している。

こうした仕事観は、仏教的な仕事観ということができる。なぜなら、仏教的観点に立てば、仕事の役割は少なくとも三つあるとされるからである（第12章の付論１参照）。すなわち仕事は(1)人間にその能力を発揮向上させる場を与えること、(2)一つの仕事を他の人たちと共にすることを通して自己中心的な態度を捨てさせること、(3)そこそこの生活をしていく上で必要な財とサービスを造り出すこと、と位置づけることができるからである。

上記のように個人が変化すれば、それが社会の変化をもたらすことは、上掲図表13-8にその一端が提示されているとおり、高橋によるその他一連の著作において多数紹介されている。またその思想を学び、心の鍛錬をするセミナーなどの場においても同様の事例が詳細かつ多数報告されている[33]。

これらの事例をみると、高橋が提示する実践哲学は多種多様な職業や立場の人々に広がりつつあることがわかる。現に、その思想を実践した結果「自分が変われば世界が変わる」「忙しいけれども元気、平穏でありながら充実してい

---

33) 高橋（2011a：235-237ページ）。

る、問題と向かい合いながらも颯爽としている、現実に応えながら夢への挑戦をしている」といった生き方ができるようになったことが多数かつ継続的に報告されている[34]。

また、ごく最近刊行された書籍『1億総自己ベストの時代―人生の仕事の見つけ方』（高橋 2013b）においては、日本が直面する大きな問題（少子高齢化）に対応するとともに新時代の扉を開くうえでは個々人の対応が不可欠であるとして、個人からスタートして国全体の将来ビジョンに結びつける必要があるとの主張が展開されている[35]。

第5節　実践哲学の可能性

(1) 高橋が提示する実践哲学の特徴

以上概観した高橋による実践哲学の特徴をまとめておこう。第一に、そこには人間と現代社会に対する深い洞察があるほか、その思想は体系的であり、かつ論理的にきわめて明快なことである（体系性、明快さ）。現代社会は唯物主義、刹那主義、利己主義という「時代の三毒」が支配するようになったという前述した指摘は、社会全体が市場化し、グローバル化したことの負の結末の一端を鋭く見抜いているといえる。また、人間の考え方と行動の特徴を理解する場合、上述した二つの異質の次元を組み合わせて（四つのタイプによって）理解しようとするアイデアは独創的であり、かつ論理的にも納得がゆく。

さらに高橋は、人間の幸せには「もらう幸せ、できる幸せ、あげる幸せ」の3段階があると主張、これらは概ね人間の成長度合いに対応しているという見方を提示しているが（高橋 2008：116ページ）、これもたいへん新鮮であり、また興味深い。

標準的な経済学においては、前述したとおり、人間は功利的かつ利己的な主体であることを前提とし（つまり「もらう幸せ」だけしか考慮せず）、それ以

---

[34] 高橋（2009：178-182ページ）。
[35] 高橋（2013b）では、どのような人間の集団や組織においても、それが本来果たすべき機能を現実に担っているのはその集団構成員のわずか20％の人間であるという経験則（いわゆるパレートの法則）を指摘するとともに、日本が直面する課題を解決するにはその割合を100％にまで引き上げる必要があり、またそれは可能である、と主張している。

外の幸せは議論の対象としてこなかった。しかし人間は、利己的側面のほか、既述のとおり（第8章を参照）明らかに利他的側面も併せ持っている。このことは心理学をはじめ現代の各種社会科学の研究において広く知られることとなっている（Luks 1988）。また東日本大震災（2011年3月11日）の発生直後、各種のボランティア活動（利他的行動）が活発化した現実に照らしても、その妥当性は明らかである。高橋の思想はこれらの点も包摂するものといえよう。

　高橋は、これらの源には「菩提心」と名づける人間の心深くに潜む衝動のエネルギーがあると説いている。すなわち人間には、痛みには歓びを、混乱には調和を、停滞には活性を、破壊には創造を、それぞれ求める心が潜んでいる（高橋 2009：124ページ）と洞察しており、上記の現象はいずれもその延長上に位置づけられよう。

　第二に、個人がまず変わることから出発するこの思想において、個人が自己変革をするための方法や手段がそれぞれのステップごとにきわめて具体的に示されていることである（実践性）。幸福思想ないし社会思想が提示される場合、たいていはその考え方の記述にとどまるが、高橋の場合、思想自体にとどまらずその具体的な実践方法も併せて提示されている点が類似思想にない大きな特徴になっている[36]。

　第三に、個人が新しい生き方を実践すれば、個人の幸せが高まるばかりでなく、その人的ネットワークを介して組織や社会全体の様々な問題が解決されること（社会変革力）が積極的に主張され、現にそのような結果が非常に多く生まれていることである（実証性）。前掲図表13-8に示される実践例とその蓄積は、この思想の確かさを示すものといえる。

　以上のような特徴を持つ高橋の思想のエッセンスをイメージ的に表現すれば、**図表13-9**のようになる。すなわち、この実践哲学を修得し実践するならば、事象を受止める場合「快か苦か」といった尺度で見ることはなくなり、行動に際しても中道（ブッダによる説明）あるいは中庸（アリストテレスによる説明）の振る舞いができるようになる。そうすれば、個人として自由ですがすがしく、エネルギッシュで忍耐強く、慈しみと包容力に満ちて、謙虚さを失わな

---

[36] この点は、原初仏教が祈ったり拝んだりして外界の不思議なパワーで助けてもらう宗教ではなく、教えの実践をベースとした自己鍛錬システムにあったこと（佐々木 2015：7ページ）と共通する性格である。

図表13-9　実践哲学を修得し実践する効果（イメージ図）

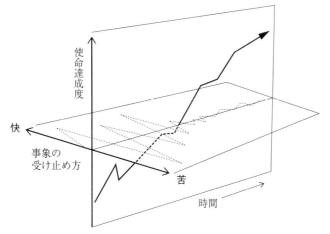

（出典）高橋佳子「トータルライフ人間学セミナー」講演（2014年9月28日）においてスクリーン提示された画像を著者がフリーハンドで書き写し、それを改めて著者が製図したもの。

い（これらは「幸せ」を構成する諸要素といってよい）自分が現れてくる[37]。一方、個人の考え方と行動がこのように変るならば、個人の使命達成度が高まり、それが人的ネットワークを介して組織や社会全体を変えてゆくことになる[38]。

(2)科学的接近との共鳴

以上のような高橋の人間観と生き方に関する実践哲学は、思想史の面で普遍性があることは既に指摘したが、それだけにとどまらず科学的観点（一つの主流心理学）の流れからみても共鳴する思想であることを指摘できる。例えば、フロイトおよびユングと並んで現代のパーソナリティ理論や心理療法を確立したアドラー[39]は、次のような主張をしており（岸見 2016；アドラー 1984）、これは、用語面でかなり異なるものの実体的には高橋の主張と呼応する面を非

---

37) 高橋（2008：7ページ）。
38) 高橋（2011a：149-160ページ）。

常に多く含んでいる。

　すなわちアドラーの主張は、大筋次のようなものである。(1)人間は誰でも成長の過程で事態対応の定型パターン（生活スタイル：style of life）を身につけている。(2)こうした自分の定型パターンをまず具体的に「意識化」してみること、そして選択肢に直面する場合、最も適切なものを選ぶことができるように自分を意識的に変えること、が全ての出発点になる。(3)最も適切な選択肢を選ぶうえでは、他人を尺度にして自分の優越や劣等を考えるのではなく自分の人生における目標[40]の追求と関連させて判断する必要がある。(4)そのような判断と行動をするならば、過去の事実は変えられないものの過去の意味は変えることができ、したがって現在の行動を変えて未来を変えることができる。(5)人間は他者と結びついて生きる存在である（深いところで共同体感覚を持つ）ので、自分の課題にこのように対応していけば、自分も他人も幸せになることができる。

　これらを高橋の場合に関連づけるならば、(1)は人間の感情と行動が「三つの『ち』」[41]によって形成されるとする高橋の理解（四つの類型による理解）に対応しており、(2)は心の鍛錬（煩悩の意識化[42]）および因縁果報の原則をもとにした計画作り（ウイズダム・シートへの取り組み）に対応している。そして(3)および(4)は自己鍛錬による人生の使命発見とそれに沿った行動に、また(5)は自己変革が各自の仕事や働きを介して社会の変革につながることに、それぞれ対応している。なお、アドラーは実践の重要性を強調しているが、そのための具体的手段を提供するには至っていない一方、高橋はそのための各種ツールを提供している点に大きな特徴があるのは既述のとおりである。

　実践哲学と科学がこのように実体的にほぼ同じ主張をしているのは、実に興

---

39) Alfred Adler（1870-1937）。オーストリア出身の精神科医、心理学者。人間は個人が必要な機能等を使って目的に向かって行動しているとする個人心理学（アドラー心理学）を創始した。こうした心理学の研究と普及を推進するため、個人心理学国際学会（国際アドラー心理学会、http://www.iaipwebsite.org/）が組織されている。

40) 各個人にとっての理想（アドラー 1984：8 ページ）。これは、一つの虚構ではあるが心理学者が個人の行動を理解するうえで有効な仮説である（アドラー 1984：訳者解説335ページ）。高橋の場合における「本心」あるいは「魂」に該当すると理解できる。

41) 本章の脚注10を参照。

42) 本章の脚注8を参照。

味深いことであり、また驚くべきこととともいえる。逆に言えば、本書で言及した実践哲学は堅固な論理的基礎を持つとともに、明確に普遍性を持つことを示しており、したがって今後大きな可能性を持つことを示唆しているといえよう。

(3) 本章の結論
本章の主要論点を要約すれば次のとおりである。
1. 個人の幸福に関する高橋の主張は、論理的な明快さ、体系性を持っているほか、全て個人の思考と行動が変革の出発点であるとする点において現代性を持つ思想といえる。
2. そうした自己啓発（self enlightenment）ないし自己変革を推進しようとする場合、その具体的な方法（メソッド）も提示されているのでそれは実践性を持っており、またその実践事例（ケース・スタディ）も数多く蓄積している。このため、その思想は実践哲学ということができる。
3. さらに、それはミクロの変革（個人の自己変革とその結果生まれるすがすがしい生き方の実現）にとどまらず、マクロ的にも大きな意味を持つ帰結（各人に与えられた仕事や任務の遂行に対する大きなエネルギーを自己の中から汲み出すことによる周囲や社会への貢献）と統合している点に、斬新さと先端性を併せ持っている。
4. この実践哲学は、一つの科学（アドラー心理学）の立場からなされている主張と実体的に共通する面を多く持っている。このため、その論理体系と実践手法には普遍性があり、今後それが広まれば、個人の幸福感を高めるだけでなく、人間が持つ大きな内在的エネルギーないし潜在能力（capabilities）が解放されて日本が抱える各種社会問題の解決に資する可能性を秘めている。

付論1　品質改善の手法「PDCAサイクル」

　PDCA（Plan-Do-Check-Act）サイクルは、企業が生産工程を改善する場合などに典型的にみられる手法であり、**図表13-付1**のように視覚的に示される場合が多い[43]。すなわち、計画（Plan）、実行（Do）、評価（Check）、対応策の実行（Act）という4つの論理的に独立した対応をこの順序に従って行う行動を指す[44]。これは、1950年代、品質管理に科学的手法を導入した米国のデミング（W. Edwards Deming）が考えだした品質向上のための手法である。その後、日本の製造業においても生産に関する各過程を「改善」する活動としてこれが幅広く取り入れられ[45]、日本の製造業の強さを支える重要な要素の一つとして広く知られるようになった[46]。

　ここで計画（Plan）とは、目標を設定し、それを実現するためのプロセスを設計することを指す。実行（Do）は、計画を実施し、それによって得られた結果を測定し記録する過程までを含む。評価（Check）とは、実現した結果を当初の目標と比較することによって目標の達成度合いとその齟齬が発生した原因を明らかにすることを指す[47]。対応策の実行（Act）とは、目標の達成度を高めるため、当初想定した対応を変更し、あるいは必要となる新たな対応を実行することを指す。

43）付論1は、岡部（2015c：第1節）に基づく。
44）これに関する解説書は数多いが、例えば、経営能力開発センター（2006：180–183ページ）、川原（2012）、Gorenflo and Moran（2010）などを参照。
45）例えば、企業は「QC（quality control）サークル」活動を推進するなどの形で従業員の品質改善活動を支援してきた。
46）米国ではデミング（W. Edwards Deming）を記念してThe Deming Instituteが1993年に非営利組織として設立され、同氏が示した品質管理、組織運営、リーダーシップ面での理念を企業、政府、非営利組織、健康管理機関、教育機関などに伝える活動を展開している。それについては＜https://www.deming.org/＞を参照。なお、これを含むデミングの経営論は、デミング（1996）に集約されている。
47）第3番目に位置するこの"C（Check）"の過程は分析的であるため、Checkというよりも"Study"という方が相応しいとして"C"でなく"S"であらわされることもある。この場合には、PDCAではなくPDSAと称される。ちなみに、Deming Institute（注46を参照）ではPDSA（Plan-Do-Study-Act）cycleという表現を採用している。なお、Actについても、"Adjust"（修正策の実行）の方がより的確な表現だとする理解も最近ではみられる。

図表13-付1　PDCAサイクル

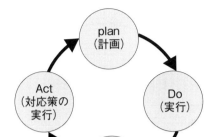

(注) 著者作成。

継続性と累積性

　PDCAの特徴は、第一に、P-D-C-Aを1回限りのサイクルで終わらせるのではなく、そこで得られた結果（改善）を次の計画に活かして新たなサイクルをスタートさせるという継続的、循環的な対応手法として規定されていることである（継続性と累積性）。

　このため、PDCAは、PDCA「サイクル」と称されることが多く、このプロセスを継続することによって製造過程の改善や製品の品質向上が螺旋（スパイラル）的、累積的に行われることになる。当初の計画と対応は、常時軌道修正されながら進化してゆくわけである。このようなPDCAサイクルの機能を、イメージ的に表現すると図表13-付2のようになる。すなわち、サイクルを「回す」ことで製品や製造過程が継続的にステップアップしてゆく。こうした継続性と累積性こそが、PDCAサイクルの最大の特徴とされる。

　この論理から明らかなとおりPDCAは、品質の向上を目指すうえで単純かつ強力（both simple and powerful）な方法である（Gorenflo and Moran 2010）。

汎用性

　第二の特徴は、PDCAサイクルを活用できる範囲が非常に広いことである（汎用性）。企業の場合、従業員の作業単位の小さいグループから組織の全体に

図表13-付2　PDCAサイクル継続による品質向上

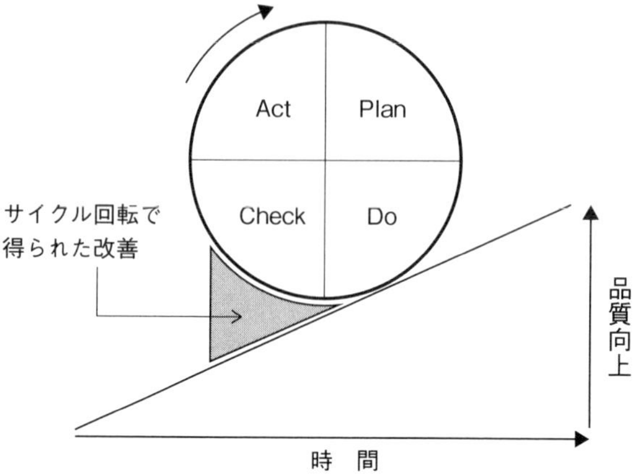

（注）ウエブサイト（https://kaizenspecialist.wordpress.com/2012/08/28/5-steps-to-personal-kaizen/）に掲載された図に加筆して著者が作成。

わたる様々な規模にまで適用できる。また、その対象も製造業における品質の管理や改善にとどまらず、組織一般における業務の進め方の改善など活動全般に応用できる。さらには、民間企業にとどまらず公的機関なども含め非常に幅広く活用できる。

　例えば、米国の公衆衛生基準協会は、PDCAサイクルを活用することによって公衆衛生関連活動の改善を提案している（Gorenflo and Moran 2010）。また、国際標準化機構（International Organization for Standardization、略称ISO）の中核をなす規格「ISO 9001」においては、品質マネジメントに関してPDCAサイクルの考え方が利用されている[48]。このようにPDCAは、民間の営利、非営利を問わず多様な組織において品質や業務運営の改善方法として活用されている。また、組織の場合にとどまらず、個人の業務活動改善や、個人がその任務や使命を果たすための行動においても、適用できる手法である。そして現にそうした面でも広く利用されている。PDCAサイクルは、このよう

48）http://ja.wikipedia.org/wiki/ISO_9000#cite_note-14。

にあらゆる領域に対して適用可能である点（汎用性）に一つの特徴がある。

計画（Plan）段階が圧倒的に重要

　第三の特徴は、PDCA の四つの行動についてどれが重要であるかについては多様な見解があるが[49]、やはり計画（Plan）することが決定的に重要な位置を占めることである（伊丹・加護野 2003：327ページ）。

　なぜなら、計画するとは(1)どのような目標を達成するかを考えること、(2)今後の環境とその中で目標達成に至るメカニズムを事前に考えること、(3)そのような目標と環境のなかで今どのような行動をとる必要があるかを考えること、を意味するので、計画の策定は、自分自身の仕事とそれを取り巻く環境について理解を深めるとともに、将来修正行動が必要になってもそれを考えやすくするので、最も重要になる（同）からである。つまり、計画づくりは、人々に深く考えることを促す点に大きな意義がある（同：328ページ）。このような側面は、グループで PDCA を行う場合も、個人が PDCA を行う場合にも、共通している。

　計画することの意義は、意外に小さく見積もられがちであるが、松下電器産業（現パナソニック）の元社長・山下俊彦は計画の重要性について次のように述べている[50]：「私は、事業にとって計画が何よりも大事だと思う。それにはまず、計画段階で全員の知恵を集めて徹底的に考え抜く。そうして計画が出来上がれば、仕事は60％もできたも同然である。計画の精度が低く、大きく狂うようであれば、それはヤマカンであって計画とはいえない。そして計画の達成に意欲を燃やし努力すれば、感激も生まれる」（山下 1987）。

　ちなみに、PDCA サイクルを発案したデミングも次のように述べている。「ステップ1（P：計画）はサイクル全体の基盤である。性急なスタートをしたのでは非効率的でコストがかさみ、失敗に終わるだろう。人は得てしてこのステップを端折りたがる。そうした人は何かを始めると自分で活動的で忙しそうに見せたくて待ちきれずに、ステップ2（D：実行）へ移行してしまうので

---

[49] 例えば、計画や目標は環境変化に対して迅速に変えることが不可欠だから、評価（Check）と対応策の実行（Act）こそがとくに重要とする見解（経営能力開発センター 2006：182ページ）がある。

[50] 以下は、伊丹・加護野（2003：328ページ）によって引用されたものによる。

ある。」[51]

　極端な例では、良い計画ができればそれで勝負は90％ついたも同然である[52]、とする見方もあるほどである。4つのステップのうち、計画はそれほどに重要性を持つ。

　なお、PDCAサイクルにおける「計画」と高橋が提示する「先智慧」の間には決定的な差異がある。この点（後者には自分の本心や主体者としての関わり方を含むが前者ではそれを含まない）は、本文の第3節(1)で述べたとおりである。

付論2　「先智慧」重視とその効果：一つの実践例

　ここでは、本文で述べた高橋が提案する「具現の循環」の考え方によって対応した一例を示すことにしたい[53]。むろん、このサイクル全体を構成する三つのステップを取り上げることも可能であるが[54]、ここではそのうち最も重要な計画（先智慧）に焦点を合わせ、そこにおける効果的な計画の立て方（先智慧の獲得）とその現実的有効性を提示したい。

　ここで取り上げる実例は、著者がかつて勤務した大学（慶應義塾大学）を退任する際に行った「最終講義」（2007年7月4日）[55]を実施した時の準備に関するものである。以下では、この最終講義の実施に先立って著者が同年6月20日に取り組んだ「計画」（先智慧シート、ウイズダム・シート）への取り組み

---

51) デミング（1996：151ページ）。
52) 川原（2012）では、計画（P）を論じた第2章の表題として「計画策定段階で勝負は90％決まる」と謳っている。
53) 付論2は、岡部（2015c：第3節）に基づく。以下のことがらは本来第三者に開示する性質のものではないが、本文で述べたウィズダム・シートの構造と性格をより具体的に理解していただくために敢えて記載するものである。
54) サイクル全体を取り上げるならば、著者の場合、毎学期初めに同様の計画を立てるので「新学期の最初の講義を実り多いものにするためのウイズダム」といった実例を挙げることができる。
55) この最終講義（90分のビデオ録画）は、慶應義塾大学湘南藤沢キャンパスの「最終講義アーカイブ」に保管され、下記ウエブ上で一般に公開されている< http://gakkai.sfc.keio.ac.jp/lecture/index.html >。また書物のかたちでもこの講義録（岡部2007b）を刊行した。

を紹介し、最後にその結果を述べる。実は、最終講義の準備はすでにその年の春先（4月）から徐々に進めてきていたが、実施日が近くなったので、最後の詰めの作業をするためにこのシートを書いた。まず、計画の名称を「有意義な最終講義のためのウイズダム」とした。そして各項目を次のように記載していった[56]。

願い

「1. 願い」については、それを明確化するための問い「この場に、いかなる創造が果たされることを願いますか」が問われている。この問いに対しては、抽象的でなく具体的なことがら（達成度を確認できるようなことがら）を記載することが大切であると指示されている。これに対して次の三つを挙げた。

（1）参加学生、卒業生、同僚教員が、この講義を通して勉学や研究あるいは生活態度につき有意義な指針が得られたといえるようなものになること。
（2）自分の過去40年の職業生活をややていねいに振り返り、そこから抽出しただけあってメッセージには具体性と納得性があるといえるものになっていること（単に第三者の説教の受け売りをするのではないこと）。
（3）人間は、何歳になっても努力すれば成長できることを納得してもらうこと。

現状

次に「2. 現状」のそのⅠ（暗転の果報）に関しては、問い「この場には、どのような困惑の現実が生じているでしょうか」が設定されている。これに対して次の4つを記載した。

（1）現在までの準備では、自分のこれまでの経験を誇示するという姿勢が強い。
（2）自分の経験と参加者へのメッセージの関連が十分つけられるかどうか、現時点ではなお不明確。
（3）最終講義のためのノート（発表用パワーポイント）の完成スケジュールをあいまいにしたまま執筆（PC入力）作業を続けている。

56）ウイズダム・シートは、1枚目（願い、現状、変革を記載）と2枚目（アクションプログラムを記載）の2枚からなるが、1枚目の項目を用紙の枠内に書ききれない場合には、その項目は別紙に記載してもよいことになっている。

(4) 講義時間（90分）以内に収まる内容になるかどうか不明確。

　そして現状のそのⅡ（暗転の因）については、「この困惑の現実を前にしたときに、あなたにはどのような想いが生じるでしょうか」と問われている。ここでは、自分を動かしている本当の想い、本当のつぶやきを掴むことが要請されており、これが全てのステップの中で最も重要な部分になる[57]。それを掴むことができたなら、その次のステップ（「3．変革」のそのⅠ：因の転換）は半ばを通り過ぎたといえるほどである[58]。この問いに対して、率直に次の2つを記載した。

(1) 自分ほど多様な経験（実務と学界、国内と海外）をした教員は少ないので、最終講義は良いものになるはずだという思い込みがある。
(2) いま曖昧な面を残していても、講義ノートの作成作業を続けていれば最終的には何とかなるだろうという想いがある。

変革

　以上のように現状を把握したあと、次に来るステップは「3．変革」に取り組むことである。変革のそのⅠ（因の転換）に関する問い「その想いをどのように変革しますか」に対して次の二つを記載した[59]。

(1) 知らず知らずのうちに自分中心の見方（自己正当化、自己顕示）に陥っており、またこれまでに与えられた大きな恵みへの自覚が足りない。このため、他人を思う心を忘れず、そして恩恵の自覚（稲穂の心）を意識した最終講義にする。
(2) 時間に関する猶予の感覚を退け、自分の人生を総まとめする意味を持つこの

---

[57] 自分の「本当の想い」を見出すには、高橋（2006）における「こころに祈る」（31-341ページ）における該当項目が大きな手助けとなる（髙橋佳子「『魂の学』序説69」『GLA』2014年9月号、16ページ）。すなわち、そこに記載された約50の祈りのそれぞれの冒頭部分には様々な心の状態が記されているので、自分の心を思いながらその言葉を重ねあわせることによって本当の想いに行き当たるからである（同）。
[58] 髙橋佳子「『魂の学』序説68」『GLA』2014年8月号、17ページ。
[59] この部分を洞察する場合、とりわけ参考になるのは高橋（2006）における「12の菩提心を育む（687-732ページ）および高橋（2008）である。

最終講義に目先の全てを集中する心（火の心）で準備をする。また我意を超え、参加者に本当に伝えたいことは何か（風の心）を考えぬいた最終講義にする。

変革のもう一つの項目、そのⅡ（縁の転換）については、三つの問い「願いを実現するための同志とは誰で、その方にどう関わりますか。場にどのような新たなる原則をつくりますか。システムをどう改善することができるでしょうか」が設けられている。これに対して次の三つを記載した。

(1) 同志：
- 当日の司会をお願いしているK教授。最終講義で自分が意図していること、当日の取り運び方、事前に依頼したいこと（学内関係教員や大学院生への案内メール発信など）などを伝える。
- 自分の担当授業「マクロ経済学1」の履修者。最終講義はこの授業の最終回として実施するので、履修者にその意義を予め理解してもらい、出席を勧誘する。
- 岡部研究会（ゼミ）のメンバー。とくにこの行事の準備に積極的に関わってくれているIさんとK君には、岡部ゼミ卒業生への案内メール発信、キャンパス内でのポスター掲示、当日の細かい対応事項（講義目次の配布等）、などの依頼と確認をする。
- 妻。自分の人生において一度限りの大行事なので、実施日時に間違いなく来校してもらう。

(2) 原則：
- 事前準備と当日の運営は、学生に命令してやってもらうのではなく、あくまで学生の自発性と協力姿勢を基礎として対応してもらうこと。また最終講義はこれまでに会った人や支えてくれた人、そして仕事環境に対して感謝を表す機会でもあることを忘れないこと。

(3) システム：
- 通常の授業にはない対応（最終講義をSFC情報アーカイブに保存するためのビデオ収録）が間違いなく行われるよう責任者（湘南藤沢学会）に連絡をとり確認をする。

アクションプログラム

以上を踏まえて行う最後の作業は「4．アクションプログラム」の作成であ

る。それについては「『因の転換』のためのアクションプログラム、『縁の転換』のためのアクションプログラムを定めましょう」と問いかけられているので、下記のように記載した（一部省略）。

(1) 講義ノート（PPT）作成：スケジュールの明確化と内容の点検・改善。
　6月21日（木）：先週以来作業をしてきたパワーポイント（PPT）を完成させる。講義主題を「日本経済と私とSFC―これまでの歩みとメッセージ―」とすることでよいかの再検討と確認。
　6月22日（金）：内容の点検（謙虚さを失っている箇所がないかをチェック）。
　6月23日（土）：実施会場（オメガ11号大教室）にパソコンを持ち込んで実際にスクリーンに映写し、機器と画面の具合をテスト（特に活字サイズの適否のチェック）。
　6月24日（日）：関連資料（TL人間学の資料、自分の著書、同僚による過去の最終講義の配布資料）を読み、追加すべき内容を検討。またプレゼンテーション全体の流れがスムーズか、伝えるべきメッセージ（5つ程度）が明確になっているかも確認し、必要に応じて修正。
　6月27日（水）：「マクロ経済学1」の最終回（次週水曜日）は、慶應義塾大学における自分の最終講義というかたちで実施する旨をこの日の授業中に伝える。
　6月28日（木）：実施会場にパソコンを持ち込んでプレゼンテーション全体をひと通りリハーサル。改善すべき点の発見とPPTの手直し。
　7月3日（火）：実施会場での最終リハーサル。細部の手直しをして完成する。
　7月4日（水）　9 : 25-10 : 55：最終講義本番。

(2) 同志への協力依頼：6月20日に下記を行う。
　• 案内メールの発信依頼(1)：司会役のK教授への依頼（案内先アドレスはSFC全教員リストあて、COE研究グループ助手リストあて）。
　• 案内メールの発信依頼(2)：大学院生のKさんへの依頼（案内先アドレスは大学院生セミナーグループあて）。
　• 案内メールの発信依頼(3)：岡部ゼミ生のIさんとKさんへの依頼（案内先は岡部ゼミの現役生、および卒業生全員あて）。
　• キャンパス内のポスター掲示：IさんとKさんに依頼（6月22日頃に掲示）、
　• なお、キャンパスインターネット情報誌 *SFC-Clip*（6月22日号）への広告掲

載の依頼は自分が行う。

結果

以上のような計画の作成（ウイズダム・シートへの記載）を行うことにより、それ以降当日までの必要作業が明確になり、心に落ち着きが生まれた。幸いにも当日は、学部学生、大学院生、同僚教員、岡部ゼミ卒業生など多数の方々が最終講義に参加してくれた。そして、講義終了後には、参加者からメールや手紙などで多くの感想をいただいた。

やや気恥ずかしい思いもするが、その一部を紹介しておきたい[60]。学部学生からは「先生の授業を受けることができて幸せです。先生とめぐり合うことができて幸せです」、「最終授業で先生が話されたことがとても心に残っています」などの感想があり、大学院生からは「最終講義を聞き身が引き締まる思いでした」、「大学の講義を聞いて涙が出たのは初めてです」、「厳かな気持ちになりました」といった感想メールを多くいただいた。

若手研究者からのコメントには「これから教員になろうとする私にとって先生のメッセージはどれも心に深く染み入るものでした」、「SFCの学生や教員に宛ててくださったメッセージ、重く受け止めました。恵まれた環境にいる自分を認識し、襟を正して常に努力を続けようと思いました」などの気概が記されていた。

同僚教員からは「大変素晴らしい最終講義を聴かせていただき感銘を受けました。永く心に留めたいと存じております」などの感想をいただき、また事務スタッフからは「心に深く響いてくる言葉が多々ありました。悩んで行き詰った時、また道を決めて進まなければいけない時など人生の節目で先生の講義を思い出し、行動する勇気が湧いてきました」との感想をいただいた。

これらの感想をみると、著者が学部学生、大学院生、そして同僚教員に対して伝えておきたいと考えたメッセージ（上記「１．願い」で記載したことがら）が幸いにも的確に伝わっていたと感じた。そして、計画すること（ウイズダム・シートへの取り組み）が秘めている大きな力を確信した。

なお著者は、全く予想外にも、明治学院大学の退任に際しても再び最終講義

---

60) 以下の記述は、岡部（2007b：あとがき125-127ページ）からの抜粋引用である。

をする機会に恵まれた[61]。そこでは、前回の最終講義とは異なり、経済学が抱える課題と今後たどるべき方向について著者の考えを述べることとし「現代経済学を超えて―私の経歴と考え方の発展―」というテーマで講義を行った（ちなみに本書はその講義内容を大きく発展させたものである）。

　それを準備する過程においては、上記と同じシートに基づき、講義内容を勘案しつつ計画を立てた。その結果「本日の講義からは先生の従来の講義とはまた違った感動をいただきました。うまく言えませんが、頭（論理的な部分）と心（気持ちや感情）がひとつになった『人間』としての完成形というような…まさに集大成という感じがいたしました」（慶應義塾大学から来校して参加してくれたかつての同僚教員）との感想メール[62]にみられるとおり、講義の意図を受け止めてもらうことができたと感じた。そしてウイズダム・シートを利用して計画することの力を改めて確信した。

---

[61] この最終講義も書籍（岡部 2012c）として別途刊行する機会を得た。
[62] 岡部（2012c：あとがき112-113ページ）。

結　語

　経済学研究者の研究軌跡を大別するならば、それは二つに区分できるだろう。
　一つは、当初から特定の領域に関心があり、その分野における国内外の研究動向に沿って次第に研究を深める一方、それに関連する現実の展開を追跡するという行き方である。例えば、金融政策を研究対象とする場合、様々なマクロ経済理論（フィリップス曲線、通貨数量説など）をはじめ、次々に登場する具体的な政策論（インフレ率目標政策、量的緩和政策、マイナス金利政策など）に歩調を合わせて取り組んでゆく、という研究の仕方である。大多数の研究者はこのような研究姿勢を採っており、著者の研究上の知己もほとんどがこの区分に属する。
　もう一つは、当初は特定の領域の研究が中心であっても、その後何らかの理由により次第に研究の重点を移動させ、ある程度の期間が経過すると当初の領域からは相当隔たった領域の研究が中心になってくる、というケースである。例えば、当初は金融政策の研究が中心であっても、その後はそれから相当離れた領域（金融政策の歴史、技術革新と金融、経済政策思想、社会哲学など）が研究の中心対象となるような場合である。この二つのケースの優劣を論じることはできない。それは、あくまでそれぞれの領域でどの程度生産的な研究成果を生み出しているかによる、というべきであろう。
　著者の研究歴を顧みると、この2分類では後者のケースに該当する。そして達観すれば、三つの段階を経て本書の刊行に帰着することとなった。
　当初は、日本銀行に20年余り在籍したことから、金融という切り口から経済を理解すること（いわばカネに着目した社会の理解）に圧倒的重点があり、その結果を2冊の書物（岡部 1999a、1999b：合計888ページ）として取りまとめた（そしてその一部を学位論文とした）。一方、米国のペンシルバニア大学およびプリンストン大学で日本経済論の講義を担当する機会を得た際には、それまでの理解によって日本経済の姿を的確かつ生き生きと描くことは不十分であり、企業という切り口からの理解（いわばカネとヒトの結合体に着目した社会

の理解）が適切かつ不可欠であることに気が付くに至った。そして、そうした基本的視点からの研究結果（岡部 2007a：363ページ）をその後刊行した。

　しかし経済学は、その対象が人間とその行動であるうえ、それは究極的により良い社会を構築することを心構えとする研究でなければならないという考え方を次第に強めた。この結果、人間を中心においた社会の理解ないし政策発想（いわばヒトに着目した社会観）こそ経済学あるいは社会科学のあるべき姿として追求する必要を感じるようになった。本書は、著者がこのようにして到達した研究遍歴の第3段階に該当する報告書である。書名を『人間性と経済学』としたのはその意味からであり、序文で述べたとおり本書は主流派経済学を批判するとともに、その改善方向を提示する試みとなっている。なお、豊かな人間性を築くうえでは教育（とくに大学教育）の役割が決定的に重要であるとの視点から、そのあり方についての書物（岡部 2013b）も別途刊行した。

　現在の主流派を形成している経済学を単純化していえば、それは「人間行動の合理性を前提として市場メカニズムを分析するとともに、公共政策としては効率性達成のために規制撤廃を主張すること」を基本的に説く経済学である。現代の経済学を支配するこの論理、すなわち市場原理主義（market fundamentalism）あるいは新自由主義（neo-liberalism）と称される論理には大いに強さがある。しかし、人間の行動やその動機についての前提は余りにも単純かつ一面的であり、こうした経済学には大きな限界もある。

　本文で提示したように、人間の多様な側面を考慮にいれて経済学の研究をするならば、より現実的かつ豊かな社会像を描くことができる。また各種課題の解決の仕方や手段も広がってゆく。本書を通読していただけば、その感覚を得ていただけたのではないかと思う。

　むろん、本書で扱った様々なことがらには不十分な面（場合によっては過度な単純化）が含まれうることは承知している。また、今後取り組む必要がある課題も非常に多い。例えば、非営利組織から成る第三部門を考慮した場合、経済の均衡はどのようにして成立するのか、それがどのようにそしてどの程度社会の状況改善（パレート改善）につながるのか、といった抽象的な議論は全く展開していない。今後に残された検討課題は山積している[1]）。

　こうした状況を前にして、著者には一つ不思議に記憶に残っていることが思

い出される。それは、著者が金融システムの変貌と企業ガバナンスの変化を関連づけて執筆した上記の書物（岡部 2007a）を刊行した際、それを読んだ大学院生からもらった感想である。彼はこのように言ってくれた。「本書を読むことによって多くの関連事項につき理解を整理することができました。しかし何よりも、今後の研究テーマが至る所にごろごろ転がっていることに気づかされ、ワクワクしました」と。これは、著者として全く予期していなかったうれしい感想であった。

　本書がこういう面を持っているかどうかは、著者にはわからない。ただ、もし本書が経済学研究者にそういう面を持っているならば、そして現にそのような方向を見いだして研究を進めるきっかけを得てくださるケースがあれば、著者として本望である。

　　　　　　　　　　　　　　　　　　　　　　　　　　　　著　者

1）各種課題のうち、第三部門を追加する意義は、本書脱稿後、より厳密に理論的に示すことができた（岡部 2016c：第 3 節）。

引 用 文 献

秋山美紀（2013）『コミュニティヘルスのある社会へ―「つながり」が生み出す「いのち」の輪―』岩波書店。
浅子和美（2000）『マクロ安定化政策と日本経済』岩波書店。
アドラー、アルフレート（1984）『人生の意味の心理学』高尾利数訳、春秋社。（原書：Alfred Adler, *What Life Should Mean to You*, Little, Brown, and Company, 1931.）
天野明弘（1997）『環境との共生をめざす総合政策・入門』有斐閣。
天野明弘（1998）『総合政策・入門』有斐閣。
新井富雄（2007）「敵対的企業買収について考える」（日本ファイナンス学会第15回大会会長講演配付資料）6月17日。
アラン（2008）『幸福論』串田孫一・中村雄二郎訳、白水Uブックス1098、白水社。（原書：Alain, *Propos sur le Bonheur*, 1928.）
アリストテレス『ニコマコス倫理学』（アリストテレス全集15）神崎繁訳、岩波書店、2014年。
アリストテレス『大道徳学、エウデモス倫理学、徳と悪徳について』（アリストテレス全集 14）茂手木元蔵 訳・解説、山本光雄・編集、岩波書店、1988年第3刷（第1刷：1968年）。
アンベードカル、B. R.（2004）『ブッダとそのダンマ』山際素男訳、光文社新書165、光文社。
池田信夫（2004）「情報通信産業のアーキテクチャについての研究」慶應義塾大学大学院 政策・メディア研究科博士論文。（NTT出版より『情報技術と組織のアーキテクチャ』として2005年に刊行）。
伊丹敬之・加護野忠男（2003）『ゼミナール経営学入門 第3版』日本経済新聞社。
伊藤秀史・小佐野広（編著）（2003）『インセンティブ設計の経済学―契約理論の応用分析―』勁草書房。
稲葉陽二（編著）（2008）『ソーシャル・キャピタルの潜在力』日本評論社。
稲葉陽二（2011）『ソーシャル・キャピタル入門―孤立から絆へ―』中公新書2138、中央公論新社。
稲葉陽二ほか（編）（2011）『ソーシャル・キャピタルのフロンティア―その到達点と可能性―』ミネルヴァ書房。

井上光太郎・加藤英明（2006）『M&Aと株価』東洋経済新報社。
井上信一（1994）『地球を救う経済学―仏教からの提言―』鈴木出版。
井上輝夫・梅垣理郎（編）（1998）『メディアが変わる知が変わる―ネットワーク環境と知のコラボレーション―』有斐閣。
今村晴彦・園田紫乃・金子郁容（2010）『コミュニティのちから―"遠慮がちな"ソーシャル・キャピタルの発見―』慶應義塾大学出版会。
岩井克人（2015）『経済学の宇宙』日本経済新聞出版社。
宇沢弘文・内橋克人（2009）『始まっている未来―新しい経済学は可能か―』岩波書店。
内山勝利（責任編集）（2008）『哲学の歴史』第１巻（哲学誕生：古代１）中央公論新社。
大江守之・岡部光明・梅垣理郎（編）（2006）『総合政策学―問題発見・解決の手法と実践―』慶應義塾大学出版会。
大垣昌夫・田中沙織（2014）『行動経済学―伝統的経済学との統合による新しい経済学を目指して―』有斐閣。
大塩　武（2005）「はじめに」『明治学院大学の教育理念と創設者ヘボンの生涯』明治学院大学学長室。
大竹文雄・白石小百合・筒井義郎（編著）（2010）『日本の幸福度―格差・労働・家族―』日本評論社。
岡田　章（2011）『ゲーム理論［新版］』有斐閣。
岡田　章（2014）『ゲーム理論・入門［新版］―人間社会の理解のために―』有斐閣。
岡部光明（1988）「円高基調下での金融政策―理論的整理―」、金融学会編『金融学会報告』第69号、138-144ページ。
岡部光明（1999a）『現代金融の基礎理論―資金仲介・決済・市場情報―』日本評論社。
岡部光明（1999b）『環境変化と日本の金融―バブル崩壊・情報技術革新・公共政策―』日本評論社。
岡部光明（2002）『大学生の条件　大学教授の条件』慶應義塾大学出版会。
岡部光明（2003a）「金融市場の世界的統合と政策運営―総合政策学の視点から―」慶應義塾大学大学院21世紀COEプログラム、総合政策学ワーキングペーパーシリーズ第9号。
〈http://coe21-policy.sfc.keio.ac.jp/ja/wp/index.html〉
岡部光明（編）（2003b）『総合政策学の最先端Ⅰ―市場・リスク・持続可能性―』慶應義塾大学出版会。

岡部光明（2005）「米国プリンストン大学における学部教育について―その理念・制度的特徴・SFCへの示唆―」慶應義塾大学湘南藤沢学会リサーチメモ RM2004-12。
〈http://www.okabem.com/book/princeton.html〉
岡部光明（2006a）「総合政策学の確立に向けて(1)―伝統的「政策」から社会プログラムへ―」、大江守之・岡部光明・梅垣理郎（編）『総合政策学―問題発見・解決の手法と実践―』慶應義塾大学出版会、3-40ページ。
岡部光明（2006b）「総合政策学の確立に向けて(2)―理論的基礎・研究手法・今後の課題―」、大江守之・岡部光明・梅垣理郎（編）『総合政策学―問題発見・解決の手法と実践―』慶應義塾大学出版会、41-91ページ。
岡部光明（2006c）『私の大学教育論』慶應義塾大学出版会。
岡部光明（2007a）『日本企業とM&A―変貌する金融システムとその評価―』東洋経済新報社。
岡部光明（2007b）『日本経済と私とSFC―これまでの歩みとメッセージ―（慶應義塾大学最終講義）』慶應義塾大学出版会。
岡部光明（2008）「歪曲された企業理解―人間を重視した企業論の確立を―」『MARR』（M&A専門誌）8月号、10-11ページ。
岡部光明（2009a）「日本におけるコーポレート・ガバナンス―その特徴、変遷、今後の課題―」、明治学院大学『国際学研究』第34号、21-58ページ。
〈http://hdl.handle.net/10723/1371〉
岡部光明（2009b）『大学生へのメッセージ―遠く望んで道を拓こう―』（日本図書館協会選定図書）慶應義塾大学出版会。
岡部光明（2009c）「国際学の発展―学際研究の悩みと強み―」、明治学院大学『国際学研究』第36号、1-28ページ。
〈http://hdl.handle.net/10723/1400〉
岡部光明（2009d）「経済学の新展開、限界、および今後の課題」、明治学院大学『国際学研究』第36号、29-42ページ。
〈http://hdl.handle.net/10723/1401〉
岡部光明（2011a）『大学院生へのメッセージ―未来創造への挑戦―』慶應義塾大学出版会。
岡部光明（2011b）「書評：ムハマド・ユヌス著『ソーシャル・ビジネス革命―世界の課題を解決する新たな経済システム―』岡田昌治監修・千葉敏生訳、早川書房」、『KEIO SFC JOURNAL』11巻2号、169 172ページ。
岡部光明（2011c）「金融市場のグローバル化と金融ガバナンス」、香川敏幸・市川顕（編著）『グローバル・ガバナンスとEUの深化』第1章、慶應義塾大学出

版会。
岡部光明（2011d）「経済政策の目標と運営についての再検討―二分法を超えて（序説）―」、明治学院大学『国際学研究』第39号、1-19ページ。
〈http://hdl.handle.net/10723/1481〉
岡部光明（2011e）「為替相場の変動と貿易収支―マーシャル＝ラーナー条件の一般化とJ-カーブ効果の統合―」、明治学院大学『国際学研究』第39号、19-33ページ。〈http://hdl.handle.net/10723/1482〉
岡部光明（2012a）「経済学的世界観の強さと限界―経済学における人間の行動前提の再考そして対応方向―」、明治学院大学『国際学研究』第41号、37-49ページ。〈http://hdl.handle.net/10723/1133〉
岡部光明（2012b）「"Do for others"の現代性と普遍性」、明治学院大学『白金通信』3月号。
岡部光明（2012c）『現代経済学を超えて―私の経歴と考え方の発展―（明治学院大学最終講義）』慶應義塾大学出版会。
岡部光明（2013a）「幸福度等の国別世界順位について―各種指標の特徴と問題点―」、明治学院大学『国際学研究』第43号、75-93ページ。
〈http://hdl.handle.net/10723/1317〉
岡部光明（2013b）『大学生の品格―プリンストン流の教養24の指針―』日本評論社。
岡部光明（2014a）「個人の『幸せ』は社会とどう関連するか」、明治学院大学『国際学研究』第45号、65-89ページ。
〈http://hdl.handle.net/10723/1922〉
岡部光明（2014b）「『自分にしてもらいたいように人に対してせよ』―黄金律の生成と発展―」慶應義塾大学SFCディスカッションペーパー SFC-DP2014-001。〈http://gakkai.sfc.keio.ac.jp/publication/dp_list2014.html〉
岡部光明（2014c）「利他主義（altruism）の動機と成立構造について」慶應義塾大学SFCディスカッションペーパー SFC-DP2014-002。
〈http://gakkai.sfc.keio.ac.jp/publication/dp_list2014.html〉
岡部光明（2014d）「Do for Others（他者への貢献）―黄金律および利他主義の系譜と精神構造について―」、明治学院大学『国際学研究』第46号、19-49ページ。〈http://hdl.handle.net/10723/2143〉
岡部光明（2014e）「最近の経済学の動向について―特徴、問題点、対応方向―」『KEIO SFC JOURNAL』第14巻1号、238-248ページ。
岡部光明（2014f）「書評：秋山美紀著『コミュニティヘルスのある社会へ―「つながり」が生み出す「いのち」の輪―』」、『KEIO SFC Journal』第14巻1号、

250-256ページ。
岡部光明（2014g）「書評：高橋源一郎・辻信一 著『弱さの思想―たそがれを抱きしめる―』大月書店」、明治学院大学『国際学研究』第46号、69-74ページ。
〈http://hdl.handle.net/10723/2146〉
岡部光明（2015a）「幸福度指標をめぐる最近の展開と課題」慶應義塾大学SFCディスカッションペーパー SFC-DP 2014-006。
〈http://gakkai.sfc.keio.ac.jp/dp_pdf/14-06.pdf〉
岡部光明（2015b）「第2次安倍内閣の経済政策『アベノミクス』の中間的評価」、明治学院大学『国際学研究』第47号、81-113ページ。
〈http://hdl.handle.net/10723/2343〉
岡部光明（2015c）「品質改善の基本手法『PDCA（Plan-Do-Check-Act）サイクル』について―その有効性向上にとっての2つの核心―」、明治学院大学『国際学研究』第47号、115-125ページ。
〈http://hdl.handle.net/10723/2344〉
岡部光明（2015d）「最近の日本の金融政策―量的・質的緩和の効果と問題点―」、明治学院大学『国際学研究』第48号、1-24ページ。
〈http://hdl.handle.net/10723/2554〉
岡部光明（2015e）「何が人を幸せにするか？ 経済的・社会的諸要因そして倫理の役割復活」、明治学院大学『国際学研究』第48号、91-109ページ。
〈http://hdl.handle.net/10723/2559〉
岡部光明（2016a）「コミュニティの力―市場経済における非営利組織（NPO）の機能―」、明治学院大学『国際学研究』第49号、85-103ページ。
〈http://hdl.handle.net/10723/2686〉
岡部光明（2016b）「なぜ『正直は最良の策』なのか？ インテグリティの個人にとっての意義と社会的機能」、明治学院大学『国際学研究』第49号、105-122ページ。〈http://hdl.handle.net/10723/2687〉
岡部光明（2016c）「経済学の新しいパラダイムをめざして―人間性を取り込むための三提案―」慶應義塾大学SFCディスカッションペーパー SFC-DP2016-004。〈http://gakkai.sfc.keio.ac.jp/publication/dp_list2016.html〉
加藤　寛（1992）『慶應湘南藤沢キャンパスの挑戦―きみたちは未来からの留学生―』東洋経済新報社。
加藤　寛・中村まづる（1994）『総合政策学への招待』有斐閣。
金井良太（2013）『脳に刻まれたモラルの起源―人はなぜ善を求めるのか―』岩波科学ライブラリー209、岩波書店。
金子郁容（2004）『新版 コミュニティ・ソリューション―ボランタリーな問題解決

に向けて―』岩波書店。
川原慎也（2012）『これだけ！ PDCA―必ず結果を出すリーダーのマネジメント4ステップ―』すばる舎。
岸見一郎（2016）「アドラー『人生の意味の心理学』―決めるのはあなたです―」（100分de名著）NHKテレビテキスト、NHK出版。
金融庁（2006）「金融検査評定制度施行後における検査について」12月26日。
　〈http://www.fsa.go.jp/news/18/ginkou/20061226-3.html〉
熊谷尚夫（1964）『経済政策原理』岩波書店。
熊本一規（2010）『海はだれのものか―埋立・ダム・原発と漁業権―』日本評論社。
経営能力開発センター（編）（2006）『経営戦略と組織』（経営学検定試験公式テキスト2）中央経済社。
慶應義塾大学湘南藤沢学会（2007）『KEIO SFC JOURNAL』総合政策学特別号、7巻1号。
慶應義塾大学湘南藤沢学会（2008）『KEIO SFC JOURNAL』総合政策学特別号、8巻1号。
経済産業省企業価値研究会（2005）「企業価値報告書―公正な企業社会のルール形成に向けた提案―」。
経済社会学会（編）（2015）『経済社会学キーワード集』富永健一（監修）、ミネルヴァ書房。
玄田有史・大竹文雄・岩本康志・澤田康幸・大橋弘・塩路悦朗（2016）「石川賞10周年パネル　日本の経済問題と経済学」、照山博司・細野薫・松島斉・松村敏弘（編）『現代経済学の潮流 2016』東洋経済新報社。
小島朋之・岡部光明（2003）「総合政策学とは何か」総合政策学ワーキングペーパー第1号、慶應義塾大学大学院 政策・メディア研究科。
　〈http://coe21-policy.sfc.keio.ac.jp/ja/wp/index.html〉
後藤康雄（2014）『中小企業のマクロ・パフォーマンス―日本経済への寄与度を解明する―』日本経済新聞出版社。
齊藤　誠（2015）『震災復興の政治経済学―津波被災と原発危機の分離と交錯―』日本評論社。
佐伯政男・大石繁宏（2014）「幸福感研究の最前線」『感情心理学研究』第21巻2号、92-98ページ。
　〈https://www.jstage.jst.go.jp/article/jsre/21/2/21_92/_pdf〉
佐々木　閑（2012）「ブッダ『真理のことば』―仏教は「心の病院」である！―」（100分de名著）NHKテレビテキスト、NHK出版。
佐々木　閑（2013）『本当の仏教を学ぶ一日講座　ゴータマは、いかにしてブッダ

となったのか』NHK出版新書399、NHK出版。
佐々木　閑（2015）「ブッダ『最期のことば』―正しい教えは滅びない―」（100分de名著）NHKテレビテキスト、NHK出版。
サルトゥー＝ラジュ、ナタリー（2014）『借りの哲学』高野優・小林重裕訳、太田出版。
佐和隆光（1982）『経済学とは何だろうか』岩波新書（黄-182）、岩波書店。
シューマッハー、E. F.（1986）『スモール・イズ・ビューティフル―人間中心の経済学―』小島慶三・酒井懋訳、講談社学術文庫730、講談社。（原書：E. F. Schumacher, *Small is Beautiful: A Study of Economics as if People Mattered*, 1973.）
GLA総合本部出版局（編）（2012）『神理の言葉2012』GLA総合本部出版局。
杉山智映（2009）「戦時下のキリスト教系学校の対応―明治学院の特異性―」（明治学院大学国際学部卒業論文、2008年度優秀卒業論文）。
〈http://www.meijigakuin.ac.jp/~kokusai2/article.html〉
スキデルスキー、ロバート＆エドワード・スキデルスキー（2014）『じゅうぶん豊かで、貧しい社会―理念なき資本主義の末路―』村井章子訳、筑摩書房。（原書：Robert Skidelsky and Edward Skidelsky, *How Much is Enough? Money and the Good Life*, Penguin, 2013.）
鈴木宣弘（2011）「TPPと国益」『學士會会報』890号、46-59ページ。
政策分析ネットワーク（編）（2003）『政策学入門―ポリシースクールの挑戦―』東洋経済新報社。
セドラチェク、トーマス（2015）『善と悪の経済学―ギルガメシュ叙事詩、アニマルスピリット、ウォール街占拠―』村井章子訳、東洋経済新報社。（原書：Tomas Sedlacek, *Economics of Good and Evil: The Quest for Economic Meaning from Gilgamesh to Wall Street*, Oxford University Press on Demand, 2011.）
セン、アマルティア（2002a）『経済学の再生―道徳哲学への回帰―』徳永澄憲ほか訳、麗澤大学出版会。（原書：Amartya Sen, *On Ethics and Economics*, Basil Blackwell, 1987.）
セン、アマルティア（2002b）『貧困の克服―アジア発展の鍵は何か―』大石りら訳、集英社新書。
田島英一（2009）「文脈と協働に見る『公共』の創出可能性」、田島英一・山本純一（編）『協働体主義―中間組織が開くオルタナティブ―』慶應義塾大学出版会。
高橋佳子（2001）『新しい力―「私が変わります」宣言―』三宝出版。
高橋佳子（2002）『「私が変わります」宣言―「変わる」ための24のアプローチ―』

三宝出版。
高橋佳子（2004）『いま一番解決したいこと』三宝出版。
高橋佳子（2005）『あなたが生まれてきた理由』三宝出版。
高橋佳子（2006）『新 祈りのみち―至高との対話のために―』三宝出版。
高橋佳子（2008）『12の菩提心―魂が最高に輝く生き方―』三宝出版。
高橋佳子（2009）『Calling―試練は呼びかける―』三宝出版。
高橋佳子（2010）『魂の冒険―答えはすべて自分の中にある―』三宝出版。
高橋佳子（2011a）『魂の発見―時代の限界を突破する力―』三宝出版。
高橋佳子（2011b）『果てなき荒野を越えて』三宝出版。
高橋佳子（2012）『彼の地へ―3.11からのメッセージ―』三宝出版。
高橋佳子（2013a）『希望の王国―地図にない国を求めて―』三宝出版。
高橋佳子（2013b）『1億総自己ベストの時代―人生の仕事の見つけ方―』三宝出版。
高橋佳子（2014）『魂主義という生き方―5つの自分革命が仕事と人生を変える―』三宝出版。
高橋佳子（2015）『未来は変えられる！―試練に強くなる「カオス発想術」―』三宝出版。
高橋源一郎・辻信一（2014）『弱さの思想―たそがれを抱きしめる―』大月書店。
高橋潤二郎・金安岩男・武山政直（1996）『知的キャンパスのプラニング―慶應義塾大学湘南藤沢キャンパスSFCの実践―』日科技連出版社。
橘木俊詔（2013）『「幸せ」の経済学』岩波現代全書002、岩波書店。
筒井義郎・大竹文雄・池田新介（2009）「なぜあなたは不幸なのか」『大阪大学経済学』第58巻4号、20-57ページ。
〈http://hdl.handle.net/11094/24473〉
辻 信一（2008）『幸せって、なんだっけ―「豊かさ」という幻想を超えて―』ソフトバンク新書072、ソフトバンク クリエイティブ。
都留重人・福田歓一・豊田利幸・坂本義和・宮崎義一（1987）「座談会 国際学の課題と展望」、明治学院大学国際学部『国際学研究』創刊号（第1巻1号）、1-17ページ。
ディキシット、アビナッシュ・K（2000）『経済政策の政治経済学』北村行伸訳、日本経済新聞社。
デミング、W. エドワーズ（1996）『デミング博士の新経営システム論』NTTデータ通信品質管理研究会訳、NTT出版。（原書：W. Edwards Deming, *The New Economics for Industry, Government, Education*, second edition, 1994.）
ドーア、ロナルド（2005）『働くということ―グローバル化と労働の新しい意味―』

石塚雅彦訳、中公新書1793、中央公論新社。

堂目卓生（2008）『アダム・スミス―「道徳感情論」と「国富論」の世界―』中公新書1936、中央公論新社。

ドラッカー、P. F.（2007）『非営利組織の経営』上田惇生訳、ダイヤモンド社。（原著 P. F. Drucker, *Managing the Nonprifit Organization,* HarperCollins, 1990.）

内閣府（2011）「幸福度に関する研究会報告―幸福度指標試案―」幸福度に関する研究会。
〈http://www5.cao.go.jp/keizai2/koufukudo/koufukudo.html〉

中谷　巌（2000）『ｅエコノミーの衝撃』東洋経済新報社。

中沢新一（2011）『日本の大転換』集英社新書、集英社。

中野剛志（2011）『TPP亡国論』集英社新書、集英社。

中村　元（1981）『佛教語大辞典　縮刷版』東京書籍。

中室牧子（2015）『「学力」の経済学』ディスカヴァー・トゥエンティワン。

西川　潤（2011）『グローバル化を超えて―脱成長期 日本の選択―』日本経済新聞出版社。

西川　潤（2016）「共生主義とは何か？」、明治学院大学国際平和研究所主催研究会「共生主義と平和―レンヌ共生主義大会の成果を踏まえて―」配布資料、1月22日。

日本銀行金融研究所（1986）「円高による対外収支の調整について」、金融第5号、10月。［非公表論文］

日本計画行政学会（2014）「『幸福度』再考」、『計画行政』37巻2号、3-40ページ。

二宮尊徳（1933）『二宮翁夜話（福住正兄筆記）』岩波新書、昭和8年。

根本祐二（2010）「政府／市場／地域の連携核に―PPPで効果最大化―」日本経済新聞、4月23日。

野口悠紀雄（2007）『野口悠紀雄の「超」経済脳で考える』東洋経済新報社。

野中郁次郎・紺野登（2003）『知識創造の方法論―ナレッジワーカーの作法―』東洋経済新報社。

ハイト、ジョナサン（2011）『しあわせ仮説―古代の知恵と現代科学の知恵―』藤澤隆史・藤澤玲子（訳）、新曜社。（原書：Jonathan Haidt, *The Happiness Hypothesis: Modern Truth in Ancient Wisdom*, Basic Books, 2006.）

橋爪大三郎・大澤真幸（2013）『ゆかいな仏教』サンガ新書060、サンガ。

長谷川計二（2005）「共同体でもなく原子化された個人でもなく―社会的ジレンマにおけるゲームのリンケージとしての社会関係資本―」数土直紀・今田高俊（編著）『数理社会学入門』数理社会学シリーズ1、第8章、勁草書房。

浜田宏一（1967）『経済成長と国際資本移動―資本自由化の経済学―』東洋経済新

報社。

ピーターソン、クリストファー（2012）『ポジティブ心理学入門―「よい生き方」を科学的に考える方法―』宇野カオリ訳、春秋社。（原書：Christopher Peterson, *A Primer in Positive Psychology*, Oxford University Press, 2006.）

ピケティ、トマ（2014）『21世紀の資本』みすず書房。（原書：Thomas Piketty, *Capital in the Twenty-First Century*, Belknap Press, 2014.）

久山道彦（2005）「Do for Others―『他者への貢献』と『黄金律』―」『明治学院大学の教育理念と創設者ヘボンの生涯』明治学院大学学長室、1-6ページ。

平田雅彦（2005）『企業倫理とは何か―石田梅岩に学ぶCSRの精神―』PHP新書、PHP研究所。

ヒルティ、カール（2012）『ヒルティ 幸福論Ⅱ』斎藤栄治訳、白水社。（原書：Carl Hilty, *Glück*, 1895.）

広井良典（2006）『持続可能な福祉社会―「もう一つの日本」の構想―』ちくま新書603、筑摩書房。

フィッシャー、レン（2010）『日常生活に潜むゲーム理論』松浦俊輔訳、日経BP社。（原書：Len Fisher, *Rock, Paper, Scissors: Game Theory in Everyday Life*, Basic Books, 2008.）

福川伸次・根本祐二・林原行雄（2014）『PPPが日本を再生する―成長戦略と官民連携―』時事通信社。

福沢諭吉（2006）『童蒙おしえ草 ひびのおしえ』岩崎弘訳・解説、慶應義塾大学出版会。

福武 直（1949）『社会科学と価値判断』春秋社。

藤原正彦（2007）「国家の堕落」『文藝春秋』1月号。

ペイン、リン・シャープ（1999）『ハーバードのケースで学ぶ企業倫理―組織の誠実さを求めて―』梅津光弘・柴柳英二訳、慶應義塾大学出版会。（原書：Lynn Sharp Paine, *Cases In Leadership, Ethics and Organizational Integrity: A Strategic Perspective*, New York: McGraw-Hill, 1997.）

丸尾直美（1993a）『入門 経済政策 改訂版』中央経済社。

丸尾直美（1993b）『総合政策学』有斐閣。

三隅一人（2013）『社会関係資本―理論統合の挑戦―』ミネルヴァ書房。

宮川公男（編）（1997）『政策科学の新展開』東洋経済新報社。

宮川公男（2002）『政策科学入門』第2版、東洋経済新報社。

宮川公男・大守隆（編）（2004）『ソーシャル・キャピタル―現代経済社会のガバナンスの基礎―』東洋経済新報社。

ミュルダール、G．（1971）『社会科学と価値判断』丸尾直美訳、竹内書店。

安原和雄（2000）『足るを知る経済―仏教思想で創る二十一世紀と日本―』毎日新聞社。
柳川範之（2000）『契約と組織の経済学』東洋経済新報社。
山内直人（2004）『NPO入門』第2版、日経文庫1016、日本経済新聞社。
山内志朗（2015）「宇宙時代の幸福を考える」、慶應義塾『三田評論』5月号、32-37ページ。
山下俊彦（1987）『ぼくでも社長が務まった』東洋経済新報社。
ユヌス、ムハマド（2008）『貧困のない世界を創る―ソーシャル・ビジネスと新しい資本主義―』猪熊弘子訳、早川書房。
ユヌス、ムハマド（2010）『ソーシャル・ビジネス革命―世界の課題を解決する新しい経済システム―』早川書房。（原書：Muhammad Yunus, *Building Social Business: The New Kind of Capitalism That Serves Humanity's Most Pressing Needs*, New York: Public Affairs, 2010.）
横尾　真・櫻井祐子・松原繁夫（2002）「架空名義入札に頑健な組合せオークションプロトコル」『情報処理学会論文誌』46巻6号。

Akerlof, George A., and Robert J. Shiller (2009) *Animal Spirits: How Human Psychology Drives the Economy and Why It Matters for Global Capitalism*, Princeton University Press.
Alesina, Alberto, and Paola Giuliano (2015) "Culture and Institutions," *Journal of Economic Literature* 53(4), pp.898-944.
Andreoni, James, William T. Harbaugh and Lise Vesterlund (2008) "Altruism in Experiments," in *The New Palgrave Dictionary of Economics*, Second Edition, Steven N. Durlauf and Lawrence E. Blume, eds. Palgrave Macmillan, pp.134-138.
Anheier, Helmut K. (2005) *Nonprofit Organizations: Theory, Management, Policy*, London: Routledge.
Arrow, Kenneth J. (1963) *Social Choice and Individual Values*, Yale University Press.（邦訳：ケネス・J・アロー『社会的選択と個人的評価』長名寛明訳、日本経済新聞社、1977年）
Backhouse, Roger E., and Steven G. Medema (2009) "Retrospectives: On the Definition of Economics," *Journal of Economic Perspectives* 23(1), Winter, pp. 221-233.
Baldwin, Carliss Y., and Kim B. Clark (2000) *Design Rules: The Power of Modularity*, MIT Press.
Bannock, Graham, Ron Baxter, and Evan Davis (2003) *Dictionary of Economics*,

forth edition, Princeton, New Jersey: Bloomberg Press.

Basu, Kaushik (2008) "Methodological Individualism," in Steven N. Durlauf and Lawrence E. Blume (eds.) *The New Palgrave Dictionary of Economics*, Basingstoke, Hampshire; New York: Palgrave Macmillan, pp.586-590.

Basu, Kaushik (2011) *Beyond the Invisible Hand: Groundwork for a New Economics*, Princeton University Press.

Batson, C. Daniel, Nadia Ahmad, and E. L. Stocks (2010) "Four Forms of Prosocial Motivation: Egoism, Altruism, Collectivism, and Principlism," in David Dunning (ed.) *Social Motivation* (Frontiers of Social Psychology), Psychology Press, pp. 103-126.

Becker, Gary S. (1974) "A Theory of Marriage," in Theodore W. Schultz (ed.) *Economics of the Family: Marriage, Children, and Human Capital*, UMI, pp. 299-344.

Becker, Gary S., and Richard A. Posner (2004) "Suicide: An Economic Approach," preliminary draft.

Benkler, Yochai (2011) *The Penguin and the Leviathan: How Cooperation Triumphs over Self-Interest*, Crown Business.（邦訳：ヨハイ・ベンクラー『協力がつくる社会―ペンギンとリヴァイアサン―』山形浩生訳、NTT出版、2013年）

Berchman, Robert M. (2009) "The Golden Rule in Graeco-Roman Religion and Philosophy [1]," in Jacob Neusner and Bruce Chilton (eds.) *The Golden Rule: Analytical Perspectives* (Studies in Religion and the Social Order), University Press of America.

Berthold, Daniel (2009) "The Golden Rule in Kant and Utilitarianism," in Jacob Neusner and Bruce Chilton (eds.) *The Golden Rule: Analytical Perspectives* (Studies in Religion and the Social Order), University Press of America.

Besley, Timothy (2013) "What's the Good of the Market? An Essay on Michael Sandel's 'What Money Can't Buy'," *Journal of Economic Literature* 51(2), pp. 478-495.

Bhatt, Vipul, Masao Ogaki, and Yuichi Yaguchi (2013) "Behavioral Public Economics based on Unconditional Love and Moral Virtue," ISER Seminar Series, Osaka University.
〈http://www.iser.osaka-u.ac.jp/seminar/2013/Draft_April042013(VB).pdf〉

Bhatt, Vipul, Masao Ogaki, and Yuichi Yaguchi (2015) "Normative Behavioural Economics Based on Unconditional Love and Moral Virtue," *Japanese*

Economic Review 66(2), pp.226-246.

Blanchard, Olivier J., and Stanley Fischer (1989) *Lectures on Macroeconomics*, MIT Press.

Blumberg, Borris F., Jose M. Peiro, and Robert A. Roe (2012) "Trust and Social Capital: Challenges for Studying their Dynamic Relationsip," in Furgus Lyon, Guido Mollering, and Mark N. K. Saunders (eds.) *Handbook of Research Methods on Trust*, Edward Elgar.

Boehm, Christopher (2009) "How the Golden Rule can Lead to Reproductive Success: A New Selection Basis for Alexander's 'Indirect Reciprocity'," in Jacob Neusner and Bruce Chilton (eds.) *The Golden Rule: Analytical Perspectives* (Studies in Religion and the Social Order), University Press of America.

Boniwell, Ilona (2008) "The Concept of Eudaimonic Well-being," Positive Psychology UK, November.
⟨http://www.positivepsychology.org.uk/pp-theory/eudaimonia/34-the-concept-of-eudaimonic-well-being.html⟩

Borzaga, Carlo, and Ermanno Tortia (2007) "Social Economy Organizations in the Theory of the Firm," in Antonella Noya and Emma Clarence (eds.) *The Social Economy: Building Inclusive Economies*, Paris: OECD.

Buchanan, James M., and R. E. Wager (1996) "Democracy and Keynesian Constitutions: Political Biases and Economic Consequences" (originally published in 1978), in Paul Peretz (ed.) *The Politics of American Economic Policy Making*, M.E. Sharpe.

Castiglione, Dario, J. W. van Deth, and G. Wolleb (eds.) (2008) *The Handbook of Social Capital*, Oxford University Press.

Centre for Bhutan Studies (2012) *A Short Guide to Gross National Happiness Index*.
⟨http://www.bhutanstudies.org.bt/⟩

Chetty, Raj (2015) "Behavioral Economics and Public Policy: A Pragmatic Perspective," *American Economic Review* 105(5), pp.1-33.

Coase, R. H. (1974) "The Lighthouse in Economics," *Journal of Law and Economics* 17(2), pp.357-376.

Dahlsgaard, Kathcrinc, Christopher Peterson, and Martin E. P. Seligman (2005) "Shared Virtue: The Convergence of Valued Human Strengths Across Culture and History," *Review of General Psychology* 9(3), September, pp.203-213.

Dasgupta, Partha (2008) "Social Capital," *The New Palgrave Dictionary of Economics*, revised edition, Steven N. Durlauf and Lawrence E. Blume (eds.) Basingstoke, Hampshire: Palgrave Macmillan, volume 7, pp.573-578.

Diener, E., Kahneman, D., and Helliwell, J. F. (eds.) (2010) *International Differences in Well-being*, New York: Oxford University Press.

Dixit, Avinash K. (2009) "Governance Institutions and Economic Activity," *American Economic Review* 99(1), March, pp.5-24.

Donahue, John D., and Richard J. Zeckhauser (2011) *Collaborative Governance: Private Roles for Public Goals in Turbulent Times*, Princeton University Press.

Durlauf, Steven N., and Lawrence E. Blume (2008) *The New Palgrave Dictionary of Economics*, revised edition, Palgrave Macmillan, Basingstoke, Hampshire, UK; New York, USA.

Easterlin, Richard A. (1974) "Does Economic Growth Improve the Human Lot?" in Paul A. David and Melvin W. Reder (eds.) *Nations and Households in Economic Growth: Essays in Honor of Moses Abramovitz*, New York: Academic Press.

Fehr, Ernst, and Urs Fischbacher (2003) "The Nature of Human Altruism," *Nature* 425, 23 October, pp.785-791.

Fontaine, Philippe (2008) "Altruism, History of the Concept," *The New Palgrave Dictionary of Economics*, revised edition, Steven N. Durlauf and Lawrence E. Blume (eds.) Palgrave Macmillan, pp.123-134.

Frey, Bruno S. (2008) *Happiness: A Revolution in Economics* (Munich lectures in economics), MIT Press. (邦訳：フライ『幸福度をはかる経済学』白石小百合訳、NTT出版、2012年)

Frey, Bruno S., and Alois Stutzer (2011) *Happiness and Economics: How the Economy and Institutions Affect Human Well-Being*, Princeton University Press.

Friedman, Milton (1970) "The Social Responsibility of Business is to Increase its Profits," *New York Times*, September 13: 32-33, 122-126.

Fukuyama, Francis (1995) *Trust: The Social Virtues and the Creation of Prosperity*, New York: Free Press; London: H. Hamilton.

Gensler, Harry J. (2009) "Gold or Fool's Gold? Ridding the Golden Rule of Absurd Implications," in Jacob Neusner and Bruce Chilton (eds.) *The Golden Rule: Analytical Perspectives* (Studies in Religion and the Social Order) University Press of America.

Gibbons, Michael, et al.（1994）*The New Production of Knowledge: The Dynamics of Science and Research in Contemporary Societies*, SAGE Publications.（邦訳：ギボンズ（編著）『現代社会と知の創造—モード論とは何か—』小林信一監訳、丸善、1997年）

Gino, Francesca, Michael I. Norton and Roberto A. Weber（2016）"Motivated Bayesians: Feeling Moral While Acting Egoistically," *Journal of Economic Perspectives* 30(3), pp.189–212.

Glaeser, Edward L.（ed.）（2003）*The Governance of Not-for-Profit Organizations*, Chicago: University of Chicago Press.

Graeber, David（2012）*Debt: The First 5,000 Years*, Brooklyn, N.Y.: Melville House.

Graham, Carol（2011）*The Pursuit of Happiness: An Economy of Well-being*, Washington, D.C.: Brookings Institution Press.（邦訳：グラハム『幸福の経済学—人々を豊かにするものは何か—』多田洋介訳、日本経済新聞出版社、2013年）

Green, William S.（2009）"Parsing Reciprocity," in Jacob Neusner and Bruce Chilton（eds.）*The Golden Rule: Analytical Perspectives*（Studies in Religion and the Social Order）, University Press of America.

Gorenflo, Grace, and John W. Moran（2010）"The ABCs of PDCA", Public Health Foundation.
〈http://www.phf.org/resourcestools/Pages/The_ABCs_of_PDCA.aspx〉

Helliwell, John F., Richard Layard, and Jeffrey Sachs（eds.）（2013）*The World Happiness Report 2013*, New York: UN Sustainable Development Solutions Network.

Hicks, J. R.（1939）"Mathematical Appendix" in *Value and Capital: An Inquiry into Some Fundamental Principles of Economic Theory*, Oxford: Clarendon Press.

Huppert, F. A., N. Marks, A. Clark, J. Siegrist, A. Stutzer, J. Vitterso, and M. Wahrendorf（2009）"Measuring Well-being Across Europe: Description of the ESS Well-being Module and Preliminary Findings," *Social Indicators Research* 91, pp.301–315.

International Human Dimensions Programme on Global Environmental Change （UNU-IHDP and UNEP）（2012）*Inclusive Wealth Report 2012: Measuring Progress Toward Sustainability*, United Nations University, United Nations.
〈http://www.ihdp.unu.edu/article/iwr〉

International Institute for Management Development（IMD）（2012）*IMD World Competitiveness Yearbook 2012*.

〈http://www.imd.org/〉
International Monetary Fund (IMF) (2012) *World Economic Outlook Databases.*
　〈http://www.imf.org/external/ns/cs.aspx?id =28〉
Ioannides, Yannis M. (2010) "A Review of Scott E. Page's *The Difference: How the Power of Diversity Creates Better Groups, Firms, Schools, and Societies*," *Journal of Economic Literature* 48(1), March, pp.108-122.
Ito, Takahiro, Kohei Kubota, and Fumio Ohtake (2015) "The Hidden Curriculum and Social Preferences," Discussion Paper 954, Institute of Social and Economic Research, Osaka University.
　〈http://www.iser.osaka-u.ac.jp/library/dp/2015/DP0954.pdf〉
Iyer, Sriya (2016) "The New Economics of Religion," *Journal of Economic Literature* 54(2), June, pp.395-441.
Jensen, Michael C., and William H. Meckling (1976) "Theory of the Firm: Managerial Behavior, Agency Costs and Ownership Structure," *Journal of Financial Economics* 3(4), pp.305-360.
Jones, Charles I., and Peter J. Klenow (2016) "Beyond GDP? Welfare across Countries and Time," *American Economic Review* 106(9), pp.2426-2457.
Kahneman, Daniel (2003) "Maps of Bounded Rationality: Psychology for Behavioral Economics," *American Economic Review* 93(5), December, pp.1449-1475.
Kahneman, Daniel (2011) *Thinking, Fast and Slow,* New York: Farrar, Straus and Giroux.
Kerr, Benjamin, Peter Godfrey-Smith, and Marcus W. Feldma (2004) "What is Altruism?" *Trends in Ecology & Evolution* 19(3), March, pp.135-140.
Khalil, Elias L. (2004) "What is Altruism?," *Journal of Economic Psychology* 25(1), February, pp.97-123.
Kitzmuller, M., and J. Shimshack (2012) "Economic Perspective on Corporate Social Responsibility," *Journal of Economic Literature* 50(1), pp.51-84.
Krugman, Paul, and Robin Wells (2004) *Microeconomics,* New York: Worth Publishers.（邦訳：ポール・クルーグマン、ロビン・ウェルス『クルーグマンミクロ経済学』大山道広ほか訳、東洋経済新報社、2007年）
Lazear, Edward P. (2000) "Economic Imperialism," *Quarterly Journal of Economics,* February, pp.99-146.
Lishner, David A., and E. L. Stocks (2008) "Altruism," in William A. Darity (ed.) *International Encyclopedia of the Social Sciences,* second edition, Macmillan Reference USA, Detroit, Mich., pp.87-88.

Luks, Allan (1988) "Helper's High: Volunteering Makes People Feel Good, Physically and Emotionally," *Psychology Today* 22(10), October.

Luks, Allan, and Peggy Payne (1992) *The Healing Power of Doing Good: The Health and Spiritual Benefits of Helping Others*, Fawcett.

Mannino, Celia Anna, Mark Snyder, and Allen M. Omoto (2010) "Why do People Get Involved? Motivations for Volunteerism and Other Forms of Social Action," in David Dunning (ed.) *Social Motivation* (Frontiers of Social Psychology), Psychology Press, pp.127-146.

Maslow, A. H. (1943) "A Theory of Human Motivation," *Psychological Review* 50, pp.370-396.
⟨http://psychclassics.yorku.ca/Maslow/motivation.htm⟩

McFall, Lynne (1987) "Integrity," *Ethics* 98(1), October, pp.5-20.

McGillivray, Mark (1991) "The Human Development Index: Yet Another Redundant Composite Development Indicator?," *World Development* 19(10), October, pp.1461-1468.

Montefiore, Alan (1999) "Integrity: A Philosopher's Introduction," in Alan Montefiore and David Vines (eds.), *Integrity in the Public and Private Domains*, London and New York: Routledge.

Morduch, Jonathan (1999) "The Microfinance Promise," *Journal of Economic Literature* 37(4), pp.1569-1614.

Mullainathan, Sendhil, and Eldar Shafir (2013) *Scarcity: Why Having Too Little Means So Much*, Times Books.

Myerson, Roger B. (2008) "Perspectives on Mechanism Design in Economic Theory," *American Economic Review* 98(3), June, pp.586-603.

Neusner, Jacob, and Bruce Chilton (eds.) (2009) *The Golden Rule: Analytical Perspectives* (Studies in Religion and the Social Order), University Press of America.

Newman, Peter, John Eatwell, and Murray Milgate (eds.) (1987) *The New Palgrave: A Dictionary of Economics*, Palgrave Macmillan, Basingstoke, Hampshire, UK; New York, USA.

OECD (2003) *The Non-profit Sector in a Changing Economy*, Paris: OECD.

OECD (2004) *Measuring Sustainable Development: Integrated Economic, Environmental and Social Frameworks*, Paris: OECD.

OECD (2007) *The Social Economy: Building Inclusive Economies*, eds. by Antonella Noya and Emma Clarence, Paris: OECD.

OECD (2008) *Public-Private Partnerships: In Pursuit of Risk Sharing and Value for Money*, Paris: OECD.

OECD (2011) *How's Life? Measuring Well-being*, OECD Publishing, Paris. 〈http://dx.doi.org/10.1787/9789264121164-en〉

OECD (2013a) *How's Life? 2013: Measuring Well-being*, OECD Publishing, Paris.

OECD (2013b) *OECD Guidelines on Measuring Subjective Well-being*, OECD Publishing, Paris.

Okabe, Mitsuaki (2009) "Corporate Governance in Japan: Evolution, Policy Measures, and Future Issues," in Felix J. Lopez Iturriaga (ed.) *Codes of Good Governance Around the World*, New York: NOVA Science Publishers.

Ooshio, Takeshi (2004) "Objectives of 'Meiji Gakuin University Branding Projects'."
〈http://www.meijigakuin.ac.jp/project/branding/message_en.html〉

Ostrom, Elinor (2010) "Beyond Markets and States: Polycentric Governance of Complex Economic Systems," *American Economic Review* 100(3), June, pp. 641-672.

Ostrom, Elinor, and T. K. Ahn (eds.) (2003) *Foundations of Social Capital*, Edward Elgar Publishing.

Page, Scott E. (2007) *The Difference: How the Power of Diversity Creates Better Groups, Firms, Schools, and Societies*, Princeton University Press.

Pfaff, Donald W. (2007) *The Neuroscience of Fair Play: Why We (Usually) Follow the Golden Rule*, Dana Press.

Post, Stephen G. (ed.) (2007) *Altruism and Health: Perspectives from Empirical Research*, Oxford University Press.

Post, Stephan G. (2009) "The Golden Rule in its Idealistic Formulation: Benefits for the Moral Agent," in Jacob Neusner and Bruce Chilton (eds.) *The Golden Rule: Analytical Perspectives* (Studies in Religion and the Social Order), University Press of America.

Putnam, Robert D. (1993) *Making Democracy Work: Civic Traditions in Modern Italy*, Princeton University Press.（邦訳：パットナム『哲学する民主主義―伝統と改革の市民的構造―』河田潤一訳、NTT出版、2001年）

Putnam, Robert D. (2000) *Bowling Alone: The Collapse and Revival of American Community*, Simon & Schuster Paperbacks.（邦訳：パットナム『孤独なボウリング―米国コミュニティの崩壊と再生―』柴内康文訳、柏書房、2006年）

Rossi, Peter H., Mark W. Lipsey, and Howard E. Freeman (2004) *Evaluation: A*

Systematic Approach, seventh edition, SAGE Publications.
Ryan, Richard M., and Edward L. Deci（2000）"Self-Determination Theory and the Facilitation of Intrinsic Motivation, Social Development, and Well-being," *American Psychologist* 55(1), pp.68-78.
Ryff, Carol D.（1989）"Happiness is Everything, or Is It? Explorations on the Meaning of Psychological Well-being," *Journal of Personality and Social Psychology* 57(6), pp.1069-1081.
Ryff, Carol D., and Corey Lee M. Keyes（1995）"The Structure of Psychological Well-being Revisited," *Journal of Personality and Social Psychology* 69(4), pp.719-727.
Sachs, Jeffrey D.（2013）"Restoring Virtue Ethics in the Quest for Happiness," in John F. Helliwell, Richard Layard, and Jeffrey Sachs（eds.）*The World Happiness Report 2013*, New York: UN Sustainable Development Solutions Network, pp.80-97.
Salanié, Bernard（2005）*The Economics of Contracts: A Primer*, second edition, MIT Press.
Sandel, Michael J.（2009）*Justice: What's the Right Thing to Do?*, New York: Farrar, Straus and Giroux.（邦訳：マイケル・サンデル『これからの「正義」の話をしよう―いまを生き延びるための哲学―』鬼澤忍訳、早川書房、2010年）
Sandel, Michael J.（2012）*What Money Can't Buy: The Moral Limits of Markets*, Farrar Straus & Giroux.（邦訳：マイケル・サンデル『それをお金で買いますか―市場主義の限界―』鬼澤忍訳、早川書房、2012年）。
Sandel, Michael J.（2013）"Market Reasoning as Moral Reasoning: Why Economists Should Re-engage with Political Philosophy," *Journal of Economic Perspectives* 27(4), fall, pp.121-140.
Schelling, Thomas C.（1984a）"The Intimate Contest for Self-command," in *Choice and Consequence*, Harvard University Press, pp.57-82.
Schelling, Thomas C.（1984b）"Ethics, Law, and the Exercise of Self-command," in *Choice and Consequence*, Harvard University Press, pp.83-112.
Schwartz, Barry（2004）*The Paradox of Choice: Why More Is Less*, HarperCollins Publishers.
Seligman, Martin E. P.（2001）"Positive Psychology, Positive Prevention, and Positive Therapy," in Snyder, C. R., and Shane J. Lopez（eds.）*Handbook of Positive Psychology*, Oxford University Press.
Seligman, Martin E. P.（2002）*Authentic Happiness: Using the New Positive*

Psychology to Realize Your Potential for Lasting Fulfillment, New York: Free Press.

Sen, Amartya (1985) "Well-Being, Agency and Freedom: The Dewey Lectures 1984," *Journal of Philosophy* 82(4), pp.169-221.

Sen, Amartya (1993) "Capability and Well-Being" in Martha Nussbaum and Amartya Sen (eds.) *The Quality of Life*, Oxford Clarendon Press, New York, pp.30-53.

Sen, Amartya (1999) *Development as Freedom*, New York: Anchor Books.

Shleifer, Andrei (2002) "The New Comparative Economics," NBER Reporter: Fall 2002.
〈http://www.nber.org/reporter/fall02/newEconomics.html〉

Simon, Herbert A. (1972) "Theories of Bounded Rationality," in C. B. McGuire and Roy Radner (eds.) *Decision and organization*, North-Holland.

Simon, Herbert A. (1997) *Models of Bounded Rationality, Vol. 3: Empirically Grounded Economic Reason*, MIT Press.

Skidelsky, Robert, and Edward Skidelsky (2013) *How Much is Enough? Money and the Good Life*, Penguin.（邦訳：ロバート・スキデルスキー、エドワード・スキデルスキー『じゅうぶん豊かで、貧しい社会―理念なき資本主義の末路―』村井章子訳、筑摩書房、2014年）

Smith, Adam (1761) *The Theory of Moral Sentiments*, Reproduced in 1992 from the 2nd edition of 1761, London: printed for A. Miller, in the Strand; and A. Kincaid and J. Bell in Edinburgh.（邦訳：アダム・スミス『道徳感情論』水田洋訳、筑摩書房、1973年）

Sober, Elliott, and David Sloan Wilson (1998) *Unto Others: The Evolution and Psychology of Unselfish Behavior*, Cambridge, Mass.: Harvard University Press.

The Stanford Encyclopedia of Philosophy, "Virtue Ethics," by Rosalind Hursthouse, Fall 2013 Edition, Edward N. Zalta (ed).
〈http://plato.stanford.edu/archives/fall2013/entries/ethics-virtue/〉.

Steinberg, Richard, and Burton A. Weisbrod (2008) "Non-profit organizations," in Steven N. Durlauf and Lawrence E. Blume (eds.) *The New Palgrave Dictionary of Economics*, second edition, volume 6, Basingstoke, Hampshire: Palgrave Macmillan, pp.118-122.

Stiglitz, Joseph E., Amartya Sen, and Jean-Paul Fitoussi (2009) *Report by the Commision on the Measurement of Economic Performance and Social Progress*.
〈www.stiglitz-sen-fitoussi.fr〉

Stiglitz, Joseph E., Amartya Sen, and Jean-Paul Fitoussi (2010) *Mismeasuring Our Lives*, New York: New Press, 2010.（邦訳：ジョセフ・E. スティグリッツ、ジャンポール・フィトゥシ、アマティア・セン『暮らしの質を測る―経済成長率を超える幸福度指標の提案―』福島清彦訳、金融財政事情研究会、2012年）

Summers, Lawrence H. (2003) "Economics and Moral Questions," Morning Prayers address, Memorial Church, September 15. Reprinted in *Harvard Magazine*, November–December 2003.
⟨http://harvardmagazine.com/2003/11/economics-and-moral-ques.html⟩

Svendsen, G. T., and G. L. H. Svendsen (eds.) (2009) *Handbook of Social Capital: The Troika of Sociology, Political Science and Economics*, Edward Elgar Publishing.

United Nations Development Programme (UNDP) (2011) *Human Development Report 2011*.
⟨http://hdr.undp.org/en/⟩

van Zanden, J. L., et al. (eds.) (2014) *How Was Life? Global Well-being Since 1820*, OECD Publishing, Paris.

Waterman, Alan S. (1993) "Two Conceptions of Happiness: Contrasts of Personal Expressiveness (Eudaimonia) and Hedonic Enjoyment," *Journal of Personality and Social Psychology* 64(4), pp.678–691.

Wattles, Jeffrey (1996) *The Golden Rule*, Oxford University Press.

Weimer, David L., and Aidan R. Vining (1989) *Policy Analysis: Concepts and Practice*, Prentice-Hall.

Weir, Kirsten (2011) "Golden Rule Redux," American Psychological Association *SCIENCE WATCH* 42(7), p.42.
⟨https://apa.org/monitor/2011/07-08/golden-rule.aspx⟩

Weisbrod, Burton A. (1988) *The Nonprofit Economy*, Cambridge, Mass.: Harvard University Press.

White, A. (2007) "A Global Projection of Subjective Well-being: A Challenge to Positive Psychology?," *Psychtalk* 56, pp.17–20.

Williamson, Oliver E. (2010) "Transaction Cost Economics: The Natural Progression," *American Economic Review* 100(3), June, pp.673–690.

Woodford, Michael (2009) "Convergence in Macroeconomics: Elements of the New Synthesis," *American Economic Journal: Macroeconomics* 1(1), pp.267–279.

The World Bank (1997) *World Development Report 1997: The State in a Changing World*, Oxford University Press.

World Economic Forum (WEF) (2012) *The Global Competitiveness Report 2012-2013*.
〈http://www.weforum.org/issues/global-competitiveness〉

Yunus, Muhammad (2010) *Building Social Business: The New Kind of Capitalism that Serves Humanity's Most Pressing Needs*, Philadelphia: Public Affairs. (邦訳：ムハマド・ユヌス『ソーシャル・ビジネス革命—世界の課題を解決する新たな経済システム—』岡田昌治監修・千葉敏生訳、早川書房、2010年)

Zak, Paul J. (ed.) (2008) *Moral Markets: The Critical Role of Values in the Economy*, Princeton University Press.

索　引*

[事項]

【あ行】

アーキテクチャ　138, 138n, 148n
アカウンタビリティ　→説明責任
アダム・スミス
　——の共感　95, 95n
　——の中立的な（公平な）観察者　95, 409
　——の人間観　93-95, 218, 226, 408-409
　——問題　95n
アドラー心理学　7, 403n, 426n, 427
アメリカ経済学会　2, 25-28, 38, 47, 217, 218n, 220n, 277
暗黙知と形式知　163-164
イースタリンの逆説　203n, 210, 222, 377n
意義深い人生　4, 223-225, 247, 365
インセンティブ　17-21, 23, 28, 31, 139-140, 310n, 320, 355
インターネット　21, 28-29, 39n, 91n, 127, 132-133, 138, 146, 147n, 153, 160-161, 190, 202, 301n, 302, 306, 436
インテグリティ　6, 97, 113n, 121, 121n, 337, 343n, 364n, 367-368
　——と大学教育　364-367, 368

　——の概念　337-339, 367
　——の機能　342-344, 367
　——の経済分析　353-362, 367
　——の構成要素　340-342, 367
　——欠如の実例　121, 360n, 361
　——普及の必要性　362-368
因縁果報　387n, 413, 418, 426
因縁指向と果報指向　241, 241n
因の転換と縁の転換　414-415, 436
ウイズダム・シート　409-411, 415-417, 426, 432-438, 433n
「受けるよりは与える方が幸いである」　5, 269-270, 274
エウダイモニア　v, 4, 217, 223-226, 230, 232-243, 242n, 244-245, 247, 249, 366
　——的幸福と快楽的幸福　241-243
　——と徳倫理の関連　239-243
　——にとっての要素　234-239
　——の定義　234
　自己実現と——　236-238
エージェンシー・コスト　71-72, 72n, 102n
エネルギー問題　1, 127
黄金律（Golden Rule）　5, 96, 244, 244n, 253-255, 281, 281n, 282n, 288n, 299n
　——と明治学院大学　301-303
　——と利他主義　290-292
　——の意義　292-296

---

* nは脚注における記載を意味する。なお、人名は文中に記載された人名であり、謝辞対象人名（序文）ならびに引用文献の著者名としての人名は除く。

――の禁止型と積極型　281-285
――の相互性　5,244,294-295
――の普遍性　285-290
――の留意点　296-299

【か行】

快楽主義　227-231
格差拡大　1,1n,167,371
価値中立性、価値中立的　iii,40,246
ガバナンス　v,3,28,82-83,83n,85,91,
　95-97,102n,111,112n,115,130,133n,
　135,141,155,187,207,222,322
　――と総合政策学　130-132
　――の定義　83,132
　コーポレート――　1n,56,111,112n,
　　132,360,441
　非営利組織の――　100n
株主への配当支払い禁止　106-107
機会費用　120,258
企業の合併と買収（M&A）　52,53-57,
　54n
企業の社会的責任（CSR）　108-109,
　111,118-124
絆　→人間の絆
境界の曖昧化　25
共感　1,95
共生社会　381,384,398
協同組合　100,107,312
協働体　84,100,100n
共有資源　v,3,80,85,329
共有地の悲劇　329
銀色律（Silver Rule）　283-286,292,299n
均衡　2-3,13,34,35n,36,36n,57,67,
　67n,83,88,91,95,97,115,130,132,
　158-160,331,440
　――の定義　34,331
　ナッシュ――　34-35,278-279
銀行監督　20,69

禁欲主義　227-232
経営学　24,122,124,128,147
景気と物価の安定　2,60,84
経済学
　――の制度化　47
　教育の――　21
　結婚の――　21,38
　幸福の――　219-220
　行動――　21-23,23n,25,27,29,
　　43-44,44n,47n,98,114,211n,219-221,
　　220n,234,346
　実験――　21-22,25,29,211n
　主流派――　→主流派経済学
　情報の――　136n
　神経――　21,25,27,219
　制度派――　33n
　マルクス――　33n
経済学帝国主義　2,21,26,35,38-39,43,
　58,276
経済成長　3,16,30n,60,84,168,221,
　326,328,371,374,376,391
契約理論　25,30,136n
ケインジアン　12,67
ゲーム
　ゼロ和――　356
　非ゼロ和――　356-359,367
ゲーム理論　6,25,30,34,97,113n,141,
　261,264,277-279,323,329-331,329n,
　344n,355-359,361,362n,367
原因指向と結果指向　241-243,241n
限定合理性　v,2,44,58,91,98,114-115,
　137-141,393n
現場主義　137,153
公共財　70,82,99,120,122-123,130,
　276,317-318,322,333
　――の二条件　99n,318
　準――　5,312,318-319,328
公共選択論　70

幸福　iv, 3-6, 42, 55, 58, 61, 91, 94, 97, 115, 127, 236-238, 365n, 377n
　──と倫理の関連　239-243
　──に影響する要因　221-226, 236n
　──に関する三思想　226-232
　──に関連する用語　225-226
　──の経済学的視点　370-371, 376, 379-385
　──の研究方法　217-221
　──の三段階　224-225, 381n, 395
　──の三類型　222-225
　──の実践哲学的視点　374-375, 378, 381-387
　──の文化人類学的視点　371-374, 376-378, 381-385
　アリストテレスにおける──　227-231
　持続性のある深い──　→エウダイモニア
　二種類の──　→エウダイモニア的幸福と快楽的幸福
　仏教における──　227, 232, 377n
　ローマ・カトリックにおける──　231-232
幸福度　v, 3-4, 167, 346
　──とGDPの関連　168-170, 203-205
　──の社会調査結果（世界）　176-177, 179-183, 188-192, 371
　──の社会調査結果（日本）　175, 346
　──を規定する要因　4, 192-194, 206-210, 221-222
幸福度指数（Better Life Index, OECD）　172-177, 186-192, 206, 208, 211, 370
　──のウエイト付け問題　187-192
幸福度指標　4
　日本で検討中の──　172n, 173n
幸福度指標（Well-being Score, 国連）　174-177, 179-183, 206, 209
幸福度指標（Well-being Indicator, OECD）　172, 174-177, 185, 192-199, 206, 208
幸福論
　アランの──　242n, 369n
　行動経済学の──　220-221
　ショーペンハウエルの──　369n
　ヒルティの──　344n, 369n
　福田恆存の──　369n
　ヘッセの──　369n
　ラッセルの──　369n
公民連携（PPP）　81, 85, 92
効用関数　16, 42, 116, 221, 248, 276, 278, 395
功利主義　36, 41, 226, 233, 260-261, 274, 289, 379, 381n, 394
効率性の定義　35, 60
国際競争力指数　172
　──（WEFによる）　212-215
　──（IMDによる）　212-215
国内総生産（GDP）
　──に代わる新指標　170-172
　──の限界、問題点　168-170
国民総幸福（GNH）　171, 174-175, 200-203, 200n, 206-207, 209, 211, 370
国民総人間力　211n
互酬性の規範　324-326, 328
コミットメント　92-93, 113, 146, 153, 293, 342, 351, 354-355
コミュニティ（共同体）　v, 3, 5, 47n, 76, 80-81, 84, 91, 96, 99-102, 100n, 112-113, 112n, 115, 212, 245, 253, 259, 277, 294, 306-307, 306n, 307n, 311n, 326n, 328, 333, 374
　──の概念　306-307
　──の機能　306
　──の定義　99-100, 306
　──を支えるソーシャル・キャピタル

327

【さ行】

最高善　230
財政赤字　1
財団　107, 311-312
先智慧　409-413, 417-418, 417n, 432
サブプライム住宅ローン危機　23
三部門モデル　iv-v, 3, 81, 85, 87, 91, 95-103, 108, 111, 133, 245, 245n, 272, 305, 328
　——の理論的根拠　103-104
シェリングの自己管理モデル　345-353
　——の拡張　353-362
ジェンダー・エンパワーメント指数　178
時間的非整合性　69
資源の効率的配分　2, 60, 84, 89
自己管理　345
自己啓発　7, 274-275, 397, 418, 427
自己決定理論　237n
自己実現　56, 233, 233n, 238, 241n
自殺の経済分析　39
自主統治　80
市場原理主義　iv, 48n, 51, 91n, 93, 111-112, 440
市場の失敗　60, 70, 79, 88, 98, 102, 130, 319, 321
自然資本　184, 206
慈善　106, 231, 254n, 264, 268, 276
慈善団体　107, 313
持続可能な発展　143, 143n, 200n, 392
時代の三毒　423
失業保険　20-21, 371
実践哲学　iv-v, 6, 90n, 98, 245, 274-275, 337, 366n, 370, 370n, 374-375, 378, 387, 419, 422-423, 427
　——とエウダイモニア　245

——の可能性　423-427
　——の先端性と現代性　397-401
ジニ係数　169
社会関係資本　v, 3, 5, 80-81, 85, 322-328, 324n（→ソーシャル・キャピタルも参照）
社会共通資本　81, 324n
社会厚生関数　61, 68, 74-76, 78, 201
社会的規範　254n, 330-331
社会的ジレンマ　329-331
社会プログラム　134, 135n, 137, 142-146, 142n, 152, 155
社会保障　30-31, 31n
宗教　5, 26n, 38, 57, 93, 100, 163n, 205, 243, 254, 267, 274, 281n, 282-286, 282n, 285n, 289-290, 292-294, 299-300, 311, 369n, 370, 370n, 424n
　——哲学　89
囚人のジレンマ　278, 331
主観的幸福度　170, 174-177, 179, 194, 202-206, 202n, 206n, 211
主流派経済学　iv-v, 1-3, 33, 44, 58, 59, 83-84, 87-89, 93, 96-98, 110, 114, 211, 305, 376-377, 379, 389-390, 399, 440
　——が前提する個人の行動　13-16, 113
　——と仏教経済学　389-394
　——と利他主義　42, 277-279
　——に対する四つの対応　95-98
　——の企業観　37
　——の幸福観　394-395
　——の今後のあり方　91-95
　——の政策論　48-53, 78-79
　——の政策論における歪み　49, 53, 84-85
　——の強さ　33-40
　——の定義　2, 440
　——の人間像　88

――の三つの基本概念　2,34-35,57
　　――の弱さ　40-44,84-85,114-115
準公共財　→公共財
少子高齢化　1,30,31n,128,423
情報の非対称性　136,317,319-321,319n
所得の公正な分配　2,60,64-66,84
進化生物学　iv,5,147,219,267-268,
　　268n,272-276,281n
神経科学　5,220,268,272,274
新古典派経済学　2,33n,84,112,219,248
新自由主義　48n,67,440
人生の目的意識　4,236,247
信念体系　205
ステークホルダー　37,52,55,57,101,
　　119,122-123,145
ストア哲学　232
正義　76,100n,230n,231,238,287,323,
　　406
政策デザインと工業デザイン　135-137
政府の失敗　68,70-72,79,321
節度　226,230,240,374,377
説明責任（アカウンタビリティ）　6,
　　145,342,367
潜在能力（人間の）　4,7,56,113,115,
　　144,173,187,193,211,378n,399,427
全要素生産性（TFP）　327,332-334
双曲線型割引率　23n
総合政策学　iv,3,83,83n,85,97,114,
　　127,128n,133n,147n,150n,152n
　　――とガバナンス　133-135
　　――と国際学の類似性　160-163
　　――と従来の社会科学　153-155
　　――と制度構築　140-141
　　――の理論的基礎　137-138
　　――を特徴付ける四側面　128-133
双対定理　61
ソーシャル・キャピタル　5,81,113,
　　115,164,164n,307n,311,316,322-328,
　　324n,326n　（→社会関係資本も参照）
　　――の機能　326-327
　　――の帰属先　325,332-334
　　――の構成要素　323-325
ソーシャル・ビジネス　v,100,
　　104-110,108n,109n,115,119-120,122,
　　312-313,313n
　　――の提案と実施　104-110
　　――の発展可能性　109-110
　　――の理念　104-106

【た行】
第三の国難　374,374n,382
第三部門　80,85,92,101-104,100n,110,
　　137,305,308,440
宝くじと幸福感　242-243
ダボス会議　212n
多様性は力なり　165-166
地球温暖化　1,127,160,167,329,371
中道　227,231,245,391-392,391n,408,
　　408n,411n,424
中庸　230-231,239-240,408,424
つながり（人間の）　1,4,170,187,194,
　　207,210,222,225-226,266n,306,322,
　　324,328,374,377,389,419　（→人間の
　　絆も参照）
ティンバーゲンの原理　4,103,103n,
　　109n,119,137,156,320
適応効果　203
デフレ　1
デンマーク（幸福度第1位の）　180,
　　206,206n,371
動機整合性　19,19n,21,48,70n
投票のパラドックス　68,144n
トータルライフ人間学　vii,245
徳、徳性　210-211,218,226-232,
　　238-240,240n,244-245,287,339,364
　　――に関する経済学者の見方　240n

——の中庸性　　238-240, 408
　　——の定義　　239, 364
　　アリストテレスが説く——　238-240
徳倫理（virtue ethics）　v, 4, 218, 232,
　　238, 240-245, 247, 359, 362, 367
　　——と幸福の関係　239-245, 244n
　　——の公共政策への含意　244-246,
　　244n
　　——の再興可能性　243-244

【な行】

内発的発展　110, 398
ナッシュ均衡　→均衡
二部門モデル　iv, 81, 88, 98-100, 108,
　　132-133, 272, 328
二分法　3, 41, 80-85, 98-100, 108,
　　112-113, 115, 118, 122, 132, 159, 245,
　　305-306, 328
日本NPO学会　308n
日本金融学会　45n
日本経済学会　2, 16, 28-31, 44, 44n, 45n,
　　46, 47n
人間開発指数　171-178, 211
人間性　1, 2, 6, 39n, 40, 58, 89, 95, 98,
　　230, 240, 244-245, 277, 337, 440
　　——と社会　230-231
　　——と仏教経済学　389-394
　　——と利他主義　277
　　——の原則　245
　　——の内容　1-2, 58
　　——の無視　53-57
人間性心理学　233
人間の絆　v, 2, 4, 58, 90, 93, 115, 237,
　　240, 247, 324, 328, 399, 418（→人的ネ
　　ットワークも参照）
ネットワーク　1, 81, 91, 132, 138n, 141,
　　146, 147n, 324-327
　　——の密度　327

　　——外部性　325, 332-334
　　社会的——　164, 307, 307n, 324-325,
　　326n, 328
　　人的——　153, 218, 307, 322, 324-327,
　　418-419, 425
　　ソーシャルキャピタルと——
　　324-325, 418-419
　　物理的——　138n, 153
脳科学　iv, 4, 97, 217, 219-220, 241n,
　　243, 246
ノーベル経済学賞　11n, 19, 22, 39, 44n,
　　80n, 83n, 88n, 134n, 171, 185-186, 204,
　　344n, 349n, 377n, 378n
ノーベル平和賞　104, 104n, 312

【は行】

ハーベイロードの前提　70n, 131n, 136
パレート
　　——改善　440
　　——効率性　321
　　——最適　331
　　——の法則　423n
　　——優位　350, 350n
非営利組織、NPO　iv-v, 3, 5, 41, 80, 84,
　　96, 98-102, 100n, 102n, 104n, 106, 112,
　　112n, 115, 121, 122n, 132, 134, 137, 142,
　　153, 159, 161, 165, 245, 305, 307, 308,
　　308n, 310n, 316n, 318-321, 319n, 328,
　　428n, 440
　　——とNGOの差異　308n
　　——の成立条件　308-310
　　——の活動領域　311-312
　　——の組織形態　311-313
　　——の経済的重要性　313-316
　　——の存在理由　317-321
　　——の存立基盤　322-327
　　——学会　→日本NPO学会
　　——法　316n

――法人数　316n
非営利組織/非政府組織、NPO/NGO
　　80-84, 98-103, 119-122, 137, 142, 153,
　　159, 161, 245
　　――の行動特性　99-102
東日本大震災　41, 117, 253, 256, 374n,
　　378n, 424
非合理性　v, 2, 23, 43, 58, 91, 114
非政府組織、NGO　41, 80, 84, 100,
　　106n, 112, 307-308, 308n, 327
ビッグデータ　28, 30
非分配制約（NPOにおける）　310,
　　310n, 313
非利潤分配（NPOにおける）　5, 309,
　　328
ファイナンス論　51-57
フィールドワーク　146, 147n, 153, 162,
　　164, 164n
フォーク定理　331
負債（恩や負い目）　264-266, 266n
仏教経済学　205n, 240n, 377, 377n,
　　389-394
プリンシパル=エージェント理論　37, 70
プリンストン大学における期末試験
　　363
フロー指標とストック指標　170, 184,
　　200, 210
文脈効果　22
ペイ・フォワード　266n
包括的資産指数　171, 174-177 180-185
方法論的個人主義　36-37, 70
ポートフォリオ選択理論　165-166
ポジティブ心理学　217n, 233, 243n, 246,
　　263
ホモ・エコノミカス　219
ボランティア活動　4, 21, 26, 41, 120,
　　170, 242, 244, 248, 253, 257-259, 258n,
　　269, 303, 307, 315-316, 424

――の動機　257-259
ボランティア部門　308

【ま行】
マーシャル=ラーナー条件　45n
マイクロクレジット（少額無担保融資）
　　104n
マクロ経済学のミクロ的基礎付け　12,
　　36
マネタリスト　12, 67, 67n
マンデルの定理　4, 103, 120, 137, 156,
　　321
メカニズムデザイン　19
モジュール　135, 135n, 146, 147n, 148n,
　　150n
　　――化の利点　151-152
　　――の概念　147-149
「もらう幸せ、できる幸せ、あげる幸せ」
　　→幸福の三段階

【や行】
誘因両立性　→動機整合性
より良い暮らし指数　→幸福度指数
　　（Better Life Index, OECD）

【ら行】
ラグランジュの未定乗数法　35, 36n
利他主義　iv-v, 2, 4-5, 41-42, 58, 91,
　　93-96, 93n, 96n, 113, 115-117, 163n,
　　248, 248n, 254n, 264, 268, 274, 300,
　　306n
　　――的行動と利己的動機　iv, 277-279
　　――と黄金律　290-291
　　――とボランティア活動　257-259
　　――の定義　256-257
　　――の動機　iv, 254-256, 274
　　各種学問領域からみた――　259-270
　　経済学と――　276-277

実験結果からみた―― 270-273
真性の―― 5, 42, 93, 253-257, 260, 263, 270-274
リニア・プログラミング 36
倫理学の三大原理（領域） 230n, 238-239
倫理観
　アリストテレスの―― 227-232
　仏教の―― 227-232
　ローマ・カトリックの―― 227-232

【わ行】

ワシントン・コンセンサス 48n

【A〜Z】

Alchoholics Anonymous 354n
CSR →企業の社会的責任
GDP →国内総生産
GNH →国民総幸福
Golden Rule →黄金律
Green economy 184
ICANN 137, 138n
Incentive compatibility →動機整合性
Life（に対応する日本語） 226n
M & A →企業の合併と買収
NGO →非政府組織
NPO →非営利組織
NPO/NGO →非営利組織/非政府組織
PDCA サイクル 410-413, 411n, 428-432, 428n
Public-private partnership（PPP）→公民連携
Silver Rule →銀色律
Virtue ethics →徳倫理
Well-being 4, 167, 172, 179, 186, 192-193, 193n, 199, 210, 221n, 223, 225-226, 225n, 231, 233, 237-238, 377n

［人名］

アカロフ（G. Akerlof） 44n
アクィナス（T. Aquinas） 227, 231
アッシジの聖フランシス（Saint Francis of Assisi） 269-270
アドラー（A. Adler） 425-426, 426n
アリストテレス 4, 217, 226-233, 230n, 236, 238-239, 247, 286, 364, 366, 369, 408, 424
アロー（K. Arrow） 68, 144, 144n, 186
岩本康志 47n
ウエーバー（M. Weber） 145
宇沢弘文 30n, 39n
オーマン（R. Aumann） 344n
オストロム（E. Ostrom） 80n
カーネマン（D. Kahneman） 22, 23n, 186
カント（I. Kant） 289
キリスト（J. Christ） 287-289, 288n, 292
サイモン（H. Simon） 140n
サックス（J. Sachs） 218
サマーズ（L. Summers） 90, 399
サンデル（M. Sandel） 399
シェリング（T. Schelling） 344-346, 344n, 345n, 351, 353
塩路悦朗 47n
シューマッハー（E. Schumacher） 389-391
シラー（R. Shiller） 44n
スティグリッツ（J. Stiglitz） 185-186
スミス（A. Smith） iv, 93, 374, 408
セリグマン（M. Seligman） 223, 233n, 236
セン（A. Sen） 88, 92-93, 186, 276, 377n, 399

ダーウィン（C. Darwin）　267
高橋佳子　211n，366n，370，370n
橘木俊詔　370
チャーチル（W. Churchill）　269
辻信一　370
ディートン（A. Deaton）　134n
ティーリッヒ（P. Tillich）　299
ディズニー（W. Disney）　269
デミング（W. E. Deming）　428，428n，432n
二階堂副包　30n
西川潤　381，398
二宮尊徳　269
ハーヴィッツ（L. Hurwicz）　19n
パスツール（L. Pasteur）　413n
畠中道雄　30n
ピケティ（T. Piketty）　1n
フェルプス（E. Phelps）　276
福澤諭吉　338
ブッダ（仏陀）　227-232，227n，285n，391n，424

フランクリン（B. Franklin）　338
フリードマン（M. Friedman）　98n，122n
ベッカー（G. Becker）　38-39，39n，276-277，349n
ヘックマン（J. Heckman）　186
ヘボン（J. Hepburn）　301，303
ベンタム（J. Bentham）　226，289
マーシャル（A. Marshall）　iv
マイヤーソン（R. Myerson）　19n
マスキン（E. Maskin）　19n
マズロー（A. Maslow）　233，233n
ミル（J. S. Mill）　289，374
モース（M. Mauss）　266n
森嶋通夫　30n
ユヌス（M. Yunus）　104，104n，108n，313n
ユング（C. Jung）　233，233n，425
レヴィ=ストロース（C. Lévi-Strauss）　266n
老子　269

岡部　光明　（おかべ　みつあき）

慶應義塾大学名誉教授。博士（政策・メディア）。
1968年　東京大学経済学部卒業、米ペンシルベニア大学大学院修士課程修了。日本銀行において研究第1課長、参事などを勤めた後、米プリンストン大学客員講師、豪マックオーリー大学教授、慶應義塾大学教授、明治学院大学教授などを歴任。この間、英オックスフォード大学上級客員研究員、仏エセック大学院大学客員教授などを兼任。

主な著書　　『現代経済学を超えて』（慶應義塾大学出版会、2012年）
　　　　　　『日本企業とM＆A』（東洋経済新報社、2007年）
　　　　　　『総合政策学』（共編著、慶應義塾大学出版会、2006年）
　　　　　　『総合政策学の最先端Ⅰ』（編著、慶應義塾大学出版会、2003年）
　　　　　　『経済予測』（日本評論社、2003年）
　　　　　　『株式持合と日本型経済システム』（慶應義塾大学出版会、2002年）
　　　　　　『現代金融の基礎理論』（日本評論社、1999年）
　　　　　　『環境変化と日本の金融』（日本評論社、1999年）
　　　　　　『大学生の品格』（日本評論社、2013年）
　　　　　　『Cross Shareholdings in Japan』（英エドワード・エルガー社、2002年）
　　　　　　『The Structure of the Japanese Economy』（編著、英マクミラン社、1995年）
ホームページ　http://www.okabem.com/

人間性と経済学
社会科学の新しいパラダイムをめざして

2017年2月10日　第1版第1刷発行

著　者——岡部光明
発行者——串崎浩
発行所——株式会社日本評論社
　　　　　〒170-8474　東京都豊島区南大塚3-12-4
　　　　　電話　03-3987-8621（販売）、8595（編集）、振替　00100-3-16
印　刷——精文堂印刷株式会社
製　本——株式会社松岳社
装　幀——林健造
検印省略　Ⓒ Mitsuaki Okabe, 2017
Printed in Japan　ISBN978-4-535-55867-0

JCOPY　〈(社)出版者著作権管理機構　委託出版物〉
本書の無断複写は著作権法上での例外を除き禁じられています。複写される場合は、そのつど事前に、(社)出版者著作権管理機構（電話03-3513-6969、FAX03-3513-6979、e-meil: info@jcopy.or.jp）の許諾を得てください。
また、本書を代行業者等の第三者に依頼してスキャニング等の行為によりデジタル化することは、個人の家庭内の利用であっても、一切認められておりません。